누구나 쉽게 데이터를 분석하고 시각화시키는

Power BI

심흥섭 | 류인애 | 문재영

도서출판 청람

_저자 서문

변화와 혁신의 중심에는 항상 데이터가 있습니다. 우리는 지금, 대량의 데이터를 빠르게 수집하고, 분석하며, 통찰력 있는 결론을 도출할 수 있는 시대, 즉 '데이터 시대'에 살고 있습니다. 이런 환경에서 데이터를 관리하고 분석하는 능력은 점점 더 중요해지고 있습니다. 이러한 요구를 충족시키기 위해 많은 사람들이 데이터 분석 및 시각화 도구를 사용하고 있으며, 그중에서도 Microsoft의 Power BI는 대표적인 도구 중 하나로 자리 잡고 있습니다.

Power BI는 풍부한 시각화 기능, 직관적인 사용자 인터페이스, 그리고 Microsoft의 다른 제품군과의 뛰어난 호환성을 통해 누구나 쉽게 데이터 분석을 수행하고 그 결과를 공유할 수 있습니다. 이는 비즈니스 인텔리전스(BI)를 보다 접근하기 쉽게 만들어주는 중요한 역할을 합니다.

본 책은 Power BI의 기본부터 중급 수준까지를 체계적으로 배울 수 있도록 구성되어 있습니다. 여기에는 데이터의 수집, 변환, 분석, 시각화, 그리고 공유에 이르는 전체 과정이 포함되어 있습니다.

더불어 본 책은 Power BI의 특징을 최대한 활용할 수 있도록 구성되었습니다. 이를 통해 읽는 이들이 Power BI를 활용한 데이터 분석에 대한 깊은 이해를 갖추고, 이를 통해 기업이나 조직에서의 데이터 기반의 의사결정을 보다 효과적으로 수행할 수 있게 되길 바랍니다.

이 책을 통해 여러분은 데이터 시각화라는 새로운 세계로의 여행을 시작하게 될 것입니다. 이 여행은 여러분이 세상을 이해하고 변화를 주도하는 데 중요한 도구를 제공할 것입니다. 그럼, 이제 함께 Power BI를 통해 데이터 시각화의 세계로 떠나봅시다!

2023년 8월

저자 일동

_차례

CHAPTER 01
Power BI 알아보기

01 Power BI 소개 ▪ 2
02 Power BI 요소 ▪ 2
03 Power BI 라이선스 ▪ 4

CHAPTER 02
Power BI Desktop 알아보기

01 Power BI Desktop 소개 ▪ 8
02 Power BI Desktop 설치 ▪ 8
03 Power BI Desktop 화면 구성 ▪ 11
04 Power BI Desktop 옵션 및 설정 ▪ 12

CHAPTER 03
데이터 가져오기

01 Excel 데이터 가져오기 ▪ 18
02 웹 페이지 데이터 가져오기 ▪ 21

CHAPTER 04

데이터 변환하기

01 Power Query 편집기 화면 구성 ▪ 32

02 Power Query 편집기 사용하기 ▪ 33

1. Power Query 편집기 실행과 닫기 및 적용 ▪ 33
2. 데이터 변환 ▪ 35

2.1 첫 행을 머리글로 사용 ▪ 36
2.2 행/열 제거 ▪ 38
2.3 값 채우기 ▪ 39
2.4 열 피벗 해제 ▪ 40
2.5 데이터 형식 변경 ▪ 42
2.6 날짜 추출 ▪ 43
2.7 열 병합/분할 ▪ 45
2.8 값 바꾸기 ▪ 47
2.9 조건 열 ▪ 49
2.10 예제의 열 ▪ 50
2.11 쿼리 그룹화 ▪ 52
2.12 쿼리 추가/병합 ▪ 53
2.13 사용자 지정 열 ▪ 55
2.14 쿼리 병합 ▪ 57

CHAPTER 05

데이터 모델링하기

01 관계 설정 및 편집 ▪ 62

1. 관계 설정 및 옵션 ▪ 64

1.1 자동 검색으로 관계 설정 ▪ 64
1.2 수동으로 관계 설정 ▪ 67
1.3 관계 편집 및 삭제 ▪ 72
1.4 관계 설정 옵션 ▪ 74

02 테이블 및 필드 설정 ▪ 76

1. 테이블 이름 변경 ▪ 76
2. 필드 이름 변경 ▪ 78
3. 테이블 및 필드 삭제 ▪ 80
4. 데이터 형식 변경 및 서식 지정 ▪ 82
5. 데이터 범주 ▪ 85
6. 데이터 정렬 및 필터 ▪ 87
7. 열 기준 정렬 ▪ 89
8. 데이터 그룹 ▪ 91

9. 보고서 뷰에서 숨기기 ▪ 98

03 계산 열, 측정값 ▪ 102

1. DAX 함수를 활용한 계산 열, 측정값 생성 ▪ 102

1.1 계산 열(새 열) ▪ 102

1.2 측정값 ▪ 103

CHAPTER 06

DAX 활용하기

01 DAX 함수란? ▪ 108

1. DAX 구문 ▪ 108

2. DAX 수식 연산자 기호 ▪ 108

3. 함수 인텔리센스 ▪ 109

02 DAX 활용 ▪ 110

1. 날짜 및 시간 함수: YEAR, QUARTER, MONTH, DAY, WEEKDAY ▪ 110

2. 날짜 및 시간 함수: DATEDIFF ▪ 112

3. 논리 함수: IF, SWITCH ▪ 113

4. 관계 함수: RELATED ▪ 116

5. 집계 함수: SUM, COUNT, COUNTROWS, MIN, MAX, AVERAGE ▪ 118

6. 집계 함수: SUMX ▪ 124

7. 삼각/수학 함수: DIVIDE ▪ 125

8. 필터 함수: CALCULATE, FILTER, ALL, ALLSELECTED, ALLEXCEPT ▪ 127

9. 시간 인텔리전스 함수: DATEADD, SAMEPERIODLASTYEAR, DATESYTD, TOTALYTD ▪ 136

03 빠른 측정값 ▪ 143

CHAPTER 07

데이터 시각화하기

01 다양한 시각적 개체 활용 ▪ 148
1. 보고서 페이지 관리 ▪ 148
2. 보고서 페이지 서식 ▪ 151
3. 시각적 개체 분석 기능 ▪ 155
4. 시각적 개체 사용 ▪ 157
02 상호 작용 편집 ▪ 228
03 도구 설명 ▪ 230
04 보고서 디자인 ▪ 234
1. 캔버스 배경 ▪ 234
2. 삽입 요소 ▪ 236
3. 조건부 서식 ▪ 271
4. 테마 ▪ 279

CHAPTER 08

보고서 게시 및 공유하기

01 보고서 게시 및 공유 ▪ 286
1. 보고서 게시 ▪ 286
2. 게시된 보고서 확인 ▪ 288
3. 보고서 공유 ▪ 291
02 대시보드 생성 및 공유 ▪ 295
1. 대시보드 생성 ▪ 295
2. 대시보드 편집 ▪ 301
3. 대시보드 공유 ▪ 305
03 Power BI Mobile ▪ 307
1. Power BI Mobile 설치 ▪ 307
2. 모바일 레이아웃 제작 ▪ 308
2.1 보고서 모바일 레이아웃 ▪ 308
2.2 대시보드 모바일 레이아웃 ▪ 314
3. 보고서 및 대시보드 확인 ▪ 317

01
Chapter

Power BI 알아보기

01 Power BI 소개
02 Power BI 요소
03 Power BI 라이선스

01 Power BI 소개

▶ Power BI는 Microsoft에서 개발한 개발한 상호 작용 데이터 시각화 소프트웨어 제품으로, 보다 자세한 데이터 인사이트를 얻을 수 있는, 셀프 서비스 및 엔터프라이즈 BI(비즈니스 인텔리전스)를 위한 확장형 통합 플랫폼입니다.

▶ Power BI를 사용하면 누구나 쉽게 데이터 원본에 연결하고, 해당 데이터를 자유롭게 가공하여 다양한 시각적 보고서를 만들 수 있습니다. 또한 사용자가 생성한 보고서를 웹 및 모바일 장치를 통해 사용할 수 있도록 게시할 수 있으며, 대시보드를 구성하여 원하는 모든 사람과 공유가 가능합니다.

▶ 원본 데이터는 그대로 유지시키고 Power BI에서 제공하는 다양한 기능을 통해 데이터를 가공 및 시각화할 수 있습니다.

- Power BI에 대한 자세한 설명은 아래 링크를 통해 확인할 수 있습니다.
  https://powerbi.microsoft.com/ko-kr/what-is-power-bi/

02 Power BI 요소

▶ Power BI는 기본적으로 아래 세 가지 요소로 구성됩니다.

- Power BI Service: 온라인 SaaS(Software as a Service)
- Power BI Desktop: Windows 데스크톱 애플리케이션
- Power BI Mobile: iOS 및 Android 디바이스용

| Power BI Service

Power BI Service는 Power BI의 SaaS(Software as a Service)입니다. SaaS는 클라우드 환경에서 운영되는 애플리케이션 서비스로 모든 서비스가 클라우드에서 이루어지기 때문에 따로 소프트웨어를 구입하여 PC에 설치하지 않아도 웹을 통해 언제든 바로 사용할 수 있습니다.

Power BI Service에서는 Power BI Desktop을 통해 작성한 보고서를 대시보드 형태로 구성하여 조직 내 다른 구성원들과 공유 및 협업을 할 수 있습니다. 단, 해당 서비스를 이용하기 위해서는

Power BI 계정 등록이 반드시 필요합니다. 계정은 개인 이메일 주소로는 등록할 수 없으며 회사 또는 학교 이메일 주소만 등록이 가능합니다. 계정을 등록하면 Power BI Service 외에도 Power BI Desktop, Power BI Mobile에서도 보다 다양한 기능을 사용할 수 있습니다.

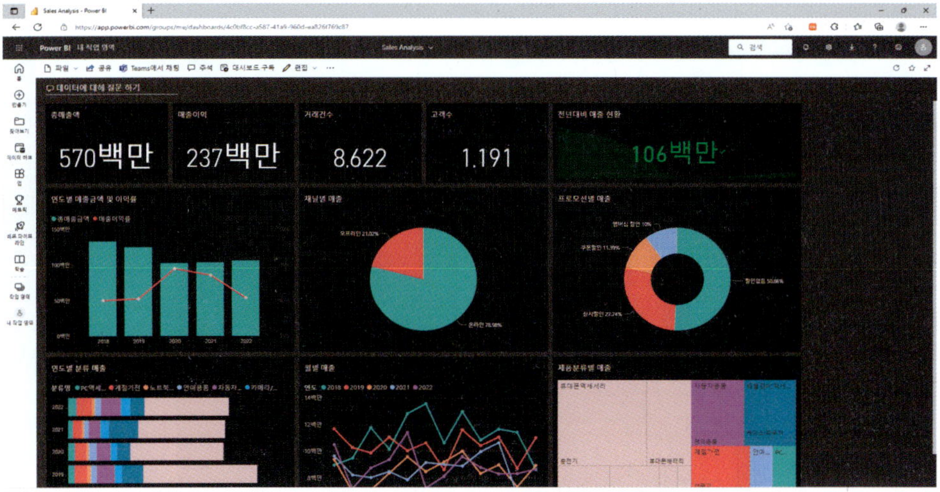

| Power BI Desktop

Power BI Desktop은 Power BI Service와 다르게 각 사용자의 로컬 컴퓨터에 설치하여 사용하는 무료 애플리케이션입니다. 데이터 분석을 위한 다양한 시각화 보고서를 작성하는 공간으로 대부분의 사용자는 Power BI Desktop을 사용하여 보고서를 작성하고 Power BI Service로 게시하여 다른 사용자와 해당 보고서를 공유합니다.

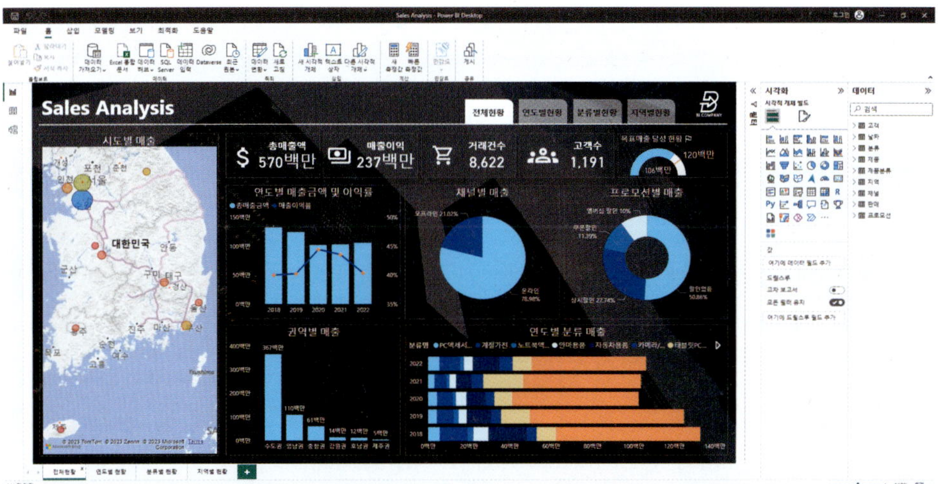

| Power BI Mobile

Power BI는 iOS(iPad, iPhone, iPod Touch 또는 Apple Watch) 및 Android(휴대폰 또는 태블릿) 모바일 디바이스용 앱을 제공하며 해당 모바일 디바이스에서 보고서 및 대시보드를 확인하고 상호 작용할 수 있습니다.

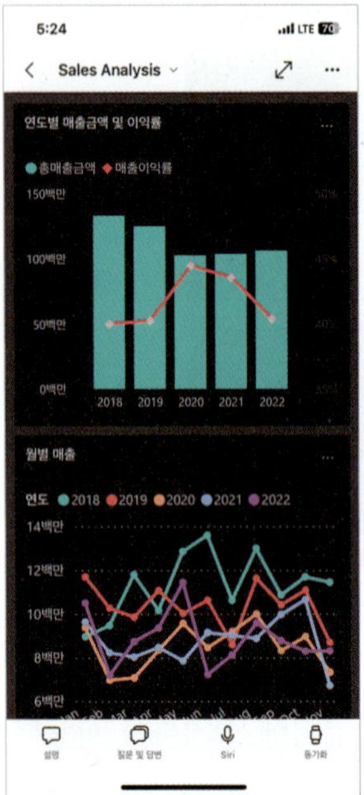

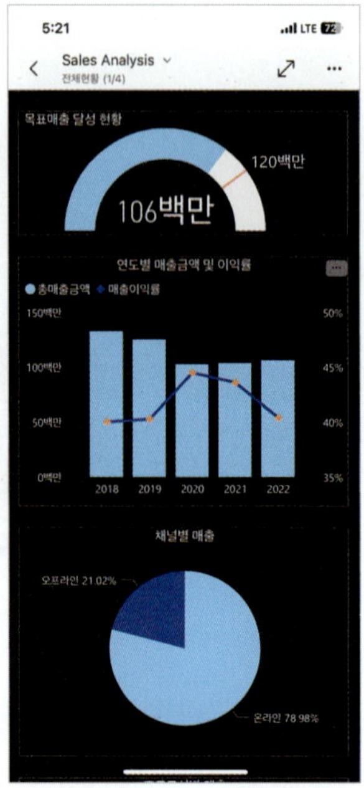

03 | Power BI 라이선스

▶ Power BI는 무료버전으로 사용할 수 있지만 추가 기능을 사용하기 위해서는 요금을 지불하여 계정을 업그레이드해야 합니다. 현재 Power BI가 제공하고 있는 라이선스 유형은 다음과 같습니다.

- **무료**: Power BI Desktop을 통해 시각화 보고서를 작성하고 Power BI Service에 게시하여 대시보드를 생성할 수 있습니다. 하지만 공유 및 협업 기능은 사용할 수 없습니다.
- Power BI Pro: 개별 사용자에게 라이선스를 부여하여 다른 사용자와 보고서 및 대시보드를 공유하고 공동 작업을 수행할 수 있습니다. 공유된 콘텐츠를 확인하고 협업을 진행하기 위해서는 공유받은 사용자도 해당 라이선스를 가지고 있어야 합니다.

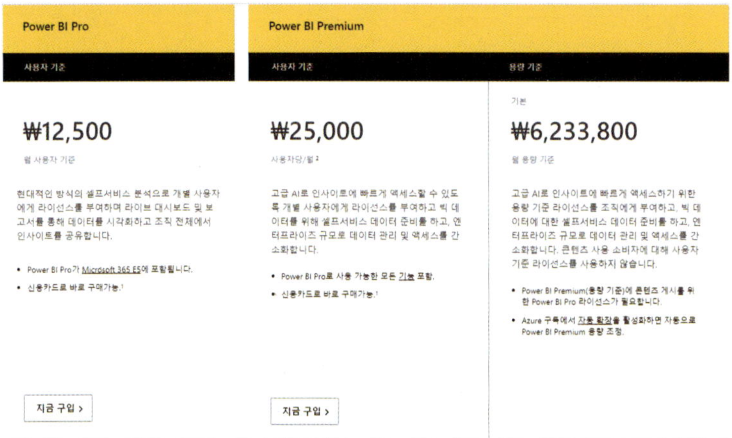

- Power BI Premium: Power BI Pro로 사용 가능한 모든 기능을 포함하며 대용량의 데이터 모델 크기를 지원, 고급 AI 및 기타 기능을 추가로 사용할 수 있습니다. 사용자 단위로 Premium 기능의 라이선스를 부여하는 사용자 기준 라이선스와 개별 사용자가 아닌 조직에게 라이선스를 부여하는 용량 기준 라이선스가 있습니다.

> • Power BI 라이선스 유형별 기능에 대한 자세한 정보는 아래 링크를 통해 확인할 수 있습니다.
> https://powerbi.microsoft.com/ko-kr/pricing/

02 Chapter

Power BI Desktop 알아보기

01 Power BI Desktop 소개
02 Power BI Desktop 설치
03 Power BI Desktop 화면 구성
04 Power BI Desktop 옵션 및 설정

01 Power BI Desktop 소개

- Power BI Desktop은 데이터를 연결, 변환 및 시각화할 수 있도록 로컬 컴퓨터에 설치하는 무료 애플리케이션입니다.
- Power BI Desktop을 사용하면 여러 다양한 데이터 원본에 연결하고 데이터 모델로 결합할 수 있습니다.
- 데이터 모델을 통해 시각적 개체 및 시각적 개체 컬렉션을 작성하여 조직 내 다른 사용자와 공유할 수 있습니다.

02 Power BI Desktop 설치

- Power BI Desktop은 Microsoft Power BI 공식 사이트를 통해 설치가 가능합니다.

01 웹 브라우저를 실행한 후 주소창에 powerbi.microsoft.com을 입력하여 접속하고 화면 상단의 [제품] 메뉴를 클릭한 후 [Power BI Desktop]을 선택합니다.

02 새 화면이 표시되면 화면 가운데 [무료 다운로드]를 클릭합니다.

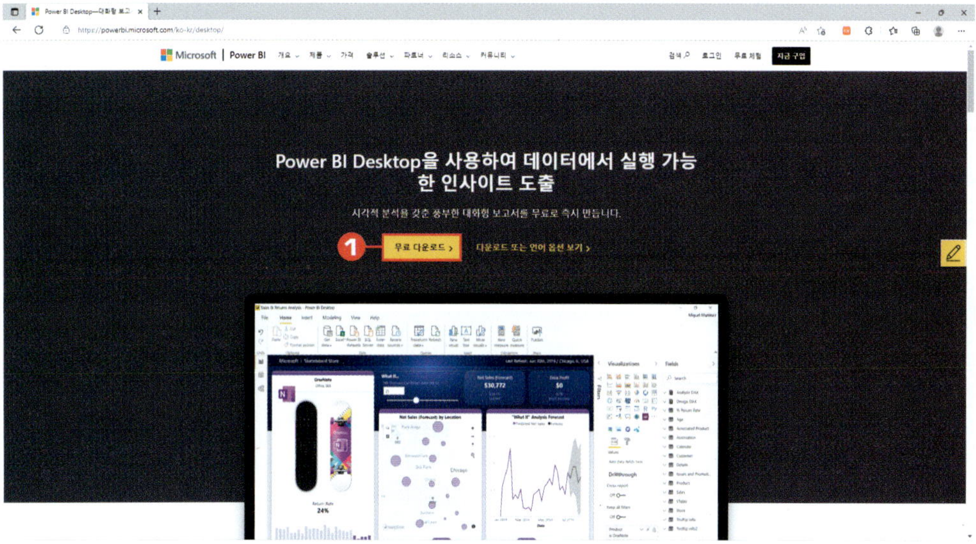

03 [이 사이트에서 Microsoft Store을 열려고 합니다.] 창이 표시되면 [열기]를 클릭합니다.

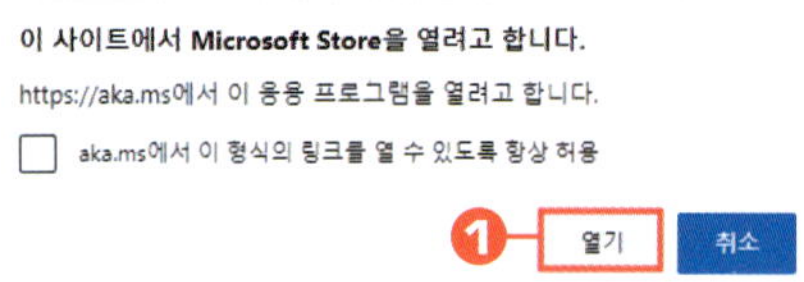

04 화면 오른쪽 상단 [설치]를 클릭하여 Power BI 설치를 시작합니다.

05 설치가 완료되면 [열기]를 클릭합니다.

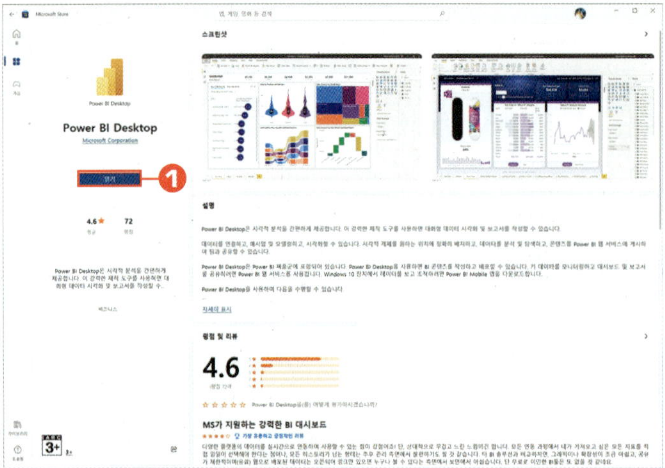

06 Power BI Desktop이 실행되면 [시작] 버튼을 클릭합니다.

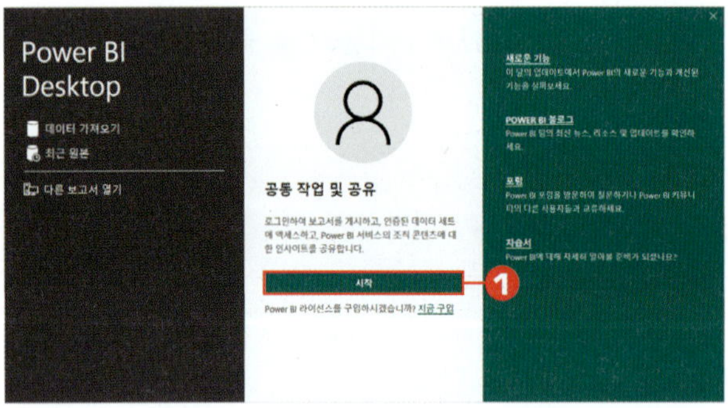

07 전자 메일 주소 입력창이 뜨면 Power BI 계정을 입력하고 [계속] 버튼을 클릭합니다. 만약 Power BI 계정이 없다면 [취소] 버튼을 클릭하거나 대화상자를 닫고 시작합니다. Power BI Desktop은 로그인 하지 않아도 사용이 가능합니다(단, Power BI Service 게시를 위한 공유 기능을 사용하고자 할 경우에는 로그인이 반드시 필요합니다).

08 Power BI Desktop 보고서 페이지가 나타납니다. 이제 Power BI Desktop을 사용할 준비가 완료되었습니다.

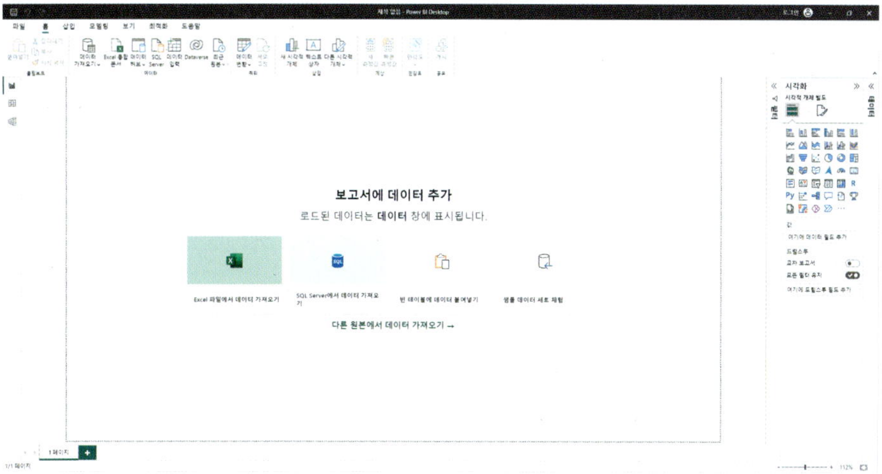

03 Power BI Desktop 화면 구성

▶ Power BI Desktop의 화면 구성을 알아보겠습니다.

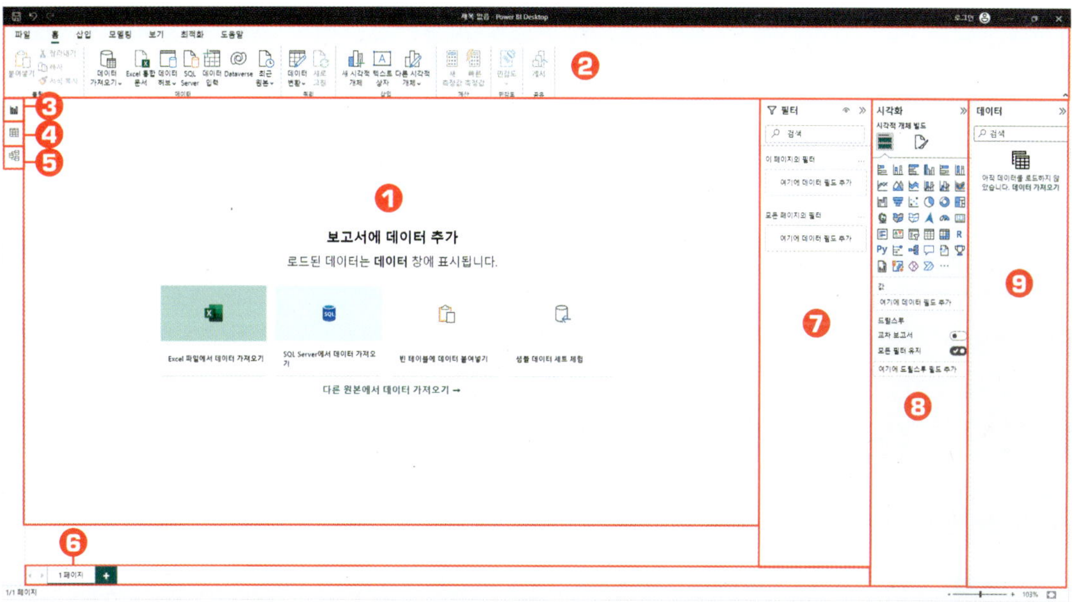

❶ 보고서 페이지: 보고서가 만들어지는 화면입니다.
❷ 리본 메뉴: 데이터 가져오기, 모델링 및 시각화와 관련된 다양한 메뉴를 제공합니다.
❸ 보고서 보기: 보고서 페이지를 표시합니다.
❹ 데이터 보기: 연결된 데이터의 테이블 및 필드 값을 표시합니다.
❺ 모델 보기: 데이터 모델을 표시합니다. 테이블 간의 관계를 설정 및 편집할 수 있습니다.
❻ 보고서 페이지 관리: 보고서 페이지를 추가/삭제/복사/숨기기할 수 있습니다.
❼ 필터 창: 해당 창에 필드를 추가하여 시각적 개체 및 페이지에 필터를 설정할 수 있습니다.
❽ 시각화 창: 다양한 시각적 개체를 추가할 수 있고 페이지 및 시각적 개체의 서식을 지정할 수 있습니다.
❾ 데이터 창: 연결된 데이터의 테이블 및 필드 목록을 표시합니다.

04 Power BI Desktop 옵션 및 설정

▶ Power BI Desktop의 [파일] 메뉴 [옵션 및 설정]에서 Power BI Desktop 환경에 대한 설정을 변경할 수 있습니다.

01 Power BI Desktop 화면의 상단 메뉴 [파일]을 클릭합니다.

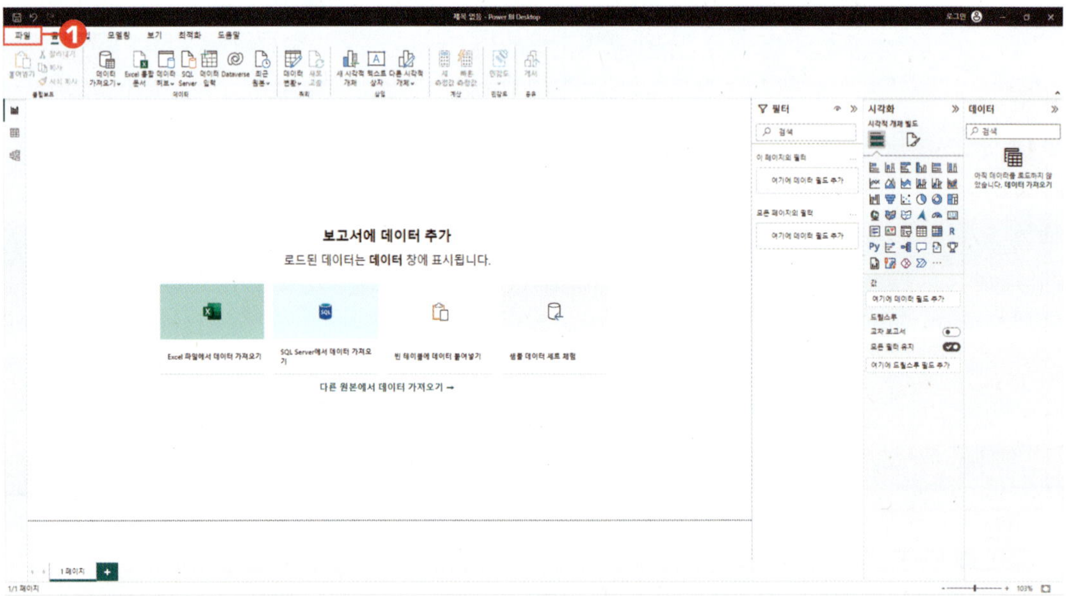

02 [옵션 및 설정]–[옵션]을 클릭합니다.

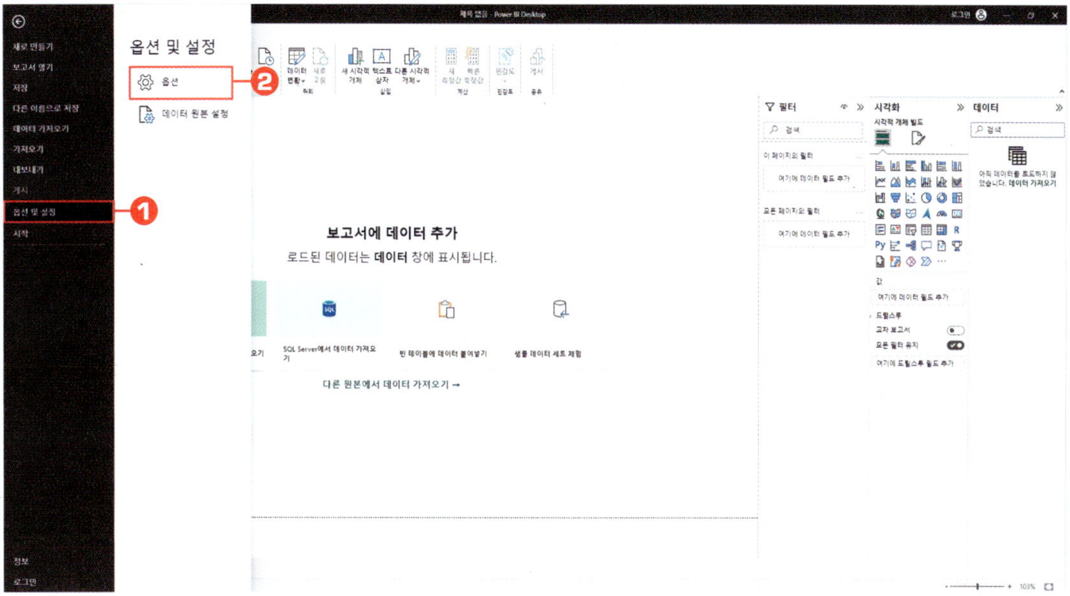

03 [전역]과 [현재 파일]에 대한 옵션을 제공하는 대화상자가 나타납니다. [전역]은 모든 Power BI Desktop 파일에 적용되는 옵션을 제공하며, [현재 파일]은 현재 작업하고 있는 Power BI Desktop 파일에 적용되는 옵션을 제공합니다.

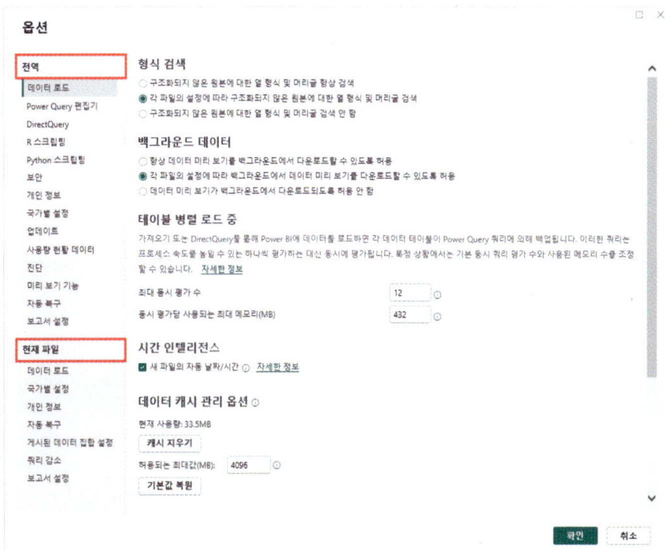

04 보고서에 맵 및 등치 지역도 시각적 개체를 표시하고자 할 경우 [전역]–[보안]–[맵 및 등치 지역도 시각적 개체]–[맵 및 등치 지역도 시각적 개체 사용]을 체크한 다음 [확인]을 클릭하면 맵 및 등치 지역도 시각적 개체를 표시할 수 있습니다.

05 미리 보기 기능을 통해 새롭게 업데이트되는 기능을 사용할 수 있습니다. [전역]–[미리 보기 기능]을 선택하고 필요한 기능을 체크한 다음 [확인]을 클릭합니다. 미리 보기 기능의 항목은 변경되거나 제거될 수 있습니다.

06 미리 보기 기능의 [확인] 버튼을 클릭하면 [다시 시작이 필요한 기능]이라는 메시지가 표시됩니다. 미리 보기 기능을 사용하기 위해서는 Power BI Desktop을 다시 실행해야 합니다. [확인]을 클릭하고 Power BI Desktop을 종료 후 재실행하면 선택한 미리 보기 기능이 반영됩니다.

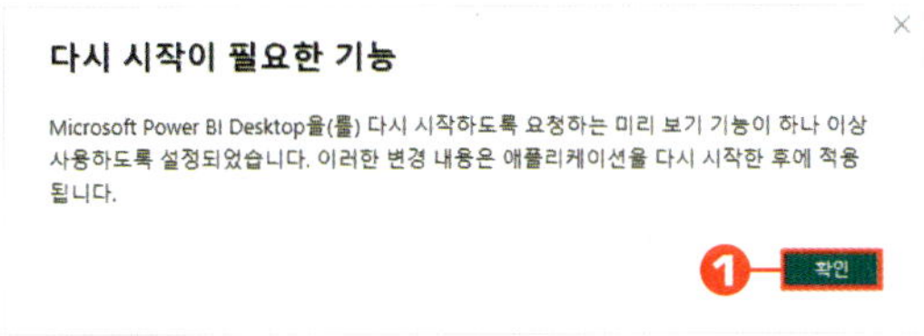

03 Chapter
데이터 가져오기

01 Excel 데이터 가져오기

02 웹 페이지 데이터 가져오기

01 Excel 데이터 가져오기

▶ Power BI Desktop에서는 Excel 파일, 텍스트/CSV, 데이터베이스, Azure, 온라인 서비스, 웹, R, Python 등 다양한 종류의 데이터를 연결할 수 있습니다.

▶ [홈]-[데이터 가져오기]의 아이콘을 클릭하거나 [홈]-[데이터 가져오기]-[자세히]를 클릭하면 Power BI Desktop에 연결할 수 있는 데이터의 종류를 확인할 수 있으며, 사용자가 원하는 형식의 원본 데이터를 연결할 수 있습니다.

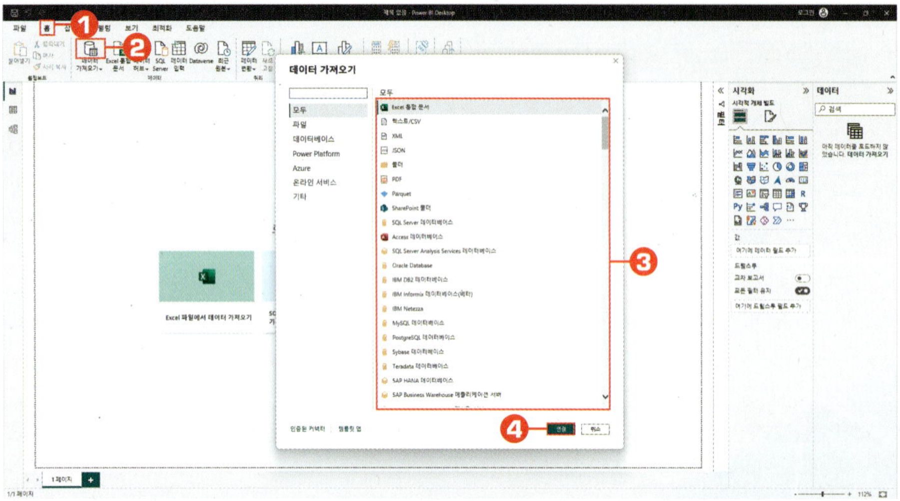

01 [홈]-[데이터] 그룹-[Excel 통합 문서]를 클릭합니다.

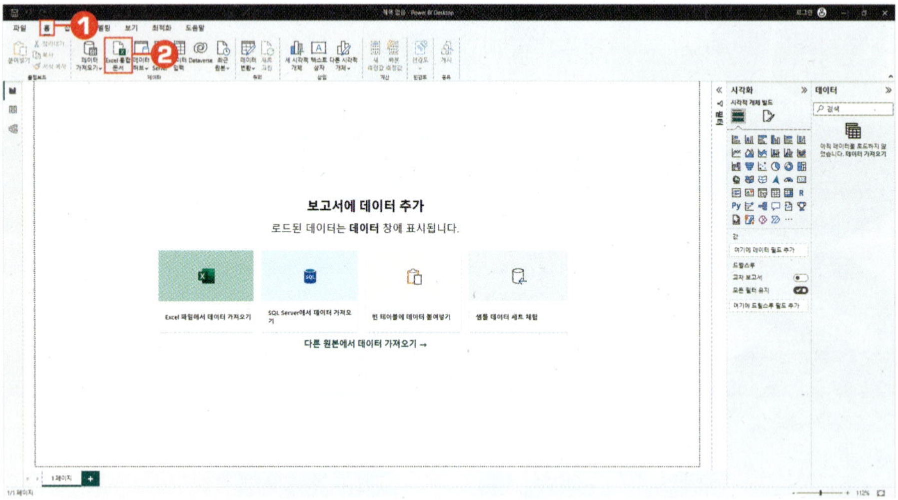

02 [열기] 대화상자가 표시되면 'Details' 파일을 선택하고 [열기]를 클릭합니다.

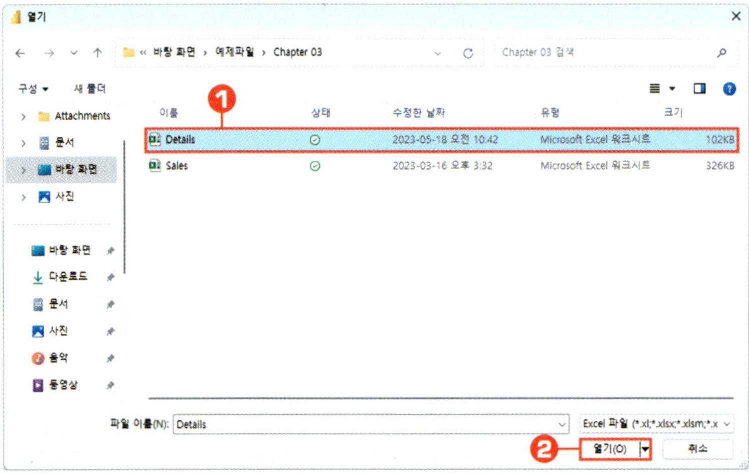

03 원본 엑셀 파일에 있는 모든 시트가 표시된 [탐색 창] 대화상자가 나타납니다. 탐색 창을 통해 사용자가 원하는 시트만 선택해서 데이터를 가져올 수 있습니다. 여기서는 모든 시트를 선택한 후 [로드]를 클릭합니다.

04 데이터 로드가 완료되면 [데이터] 창에 테이블 목록이 나타납니다.

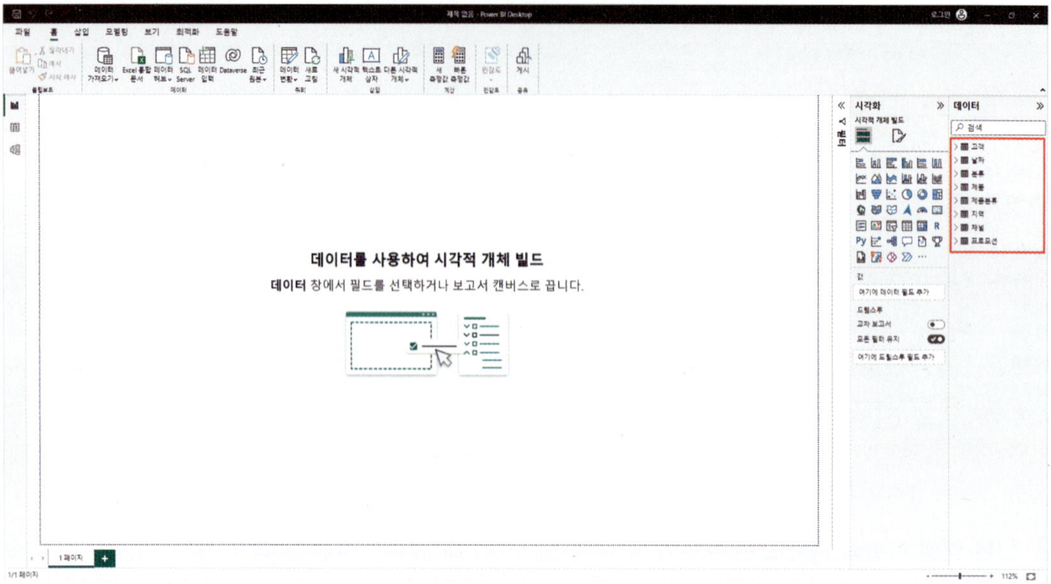

05 [데이터] 아이콘을 클릭하여 이동하면 엑셀 파일의 테이블과 필드를 확인할 수 있습니다. 우측 [데이터] 창에 있는 테이블의 이름을 클릭하면 각 테이블에 입력된 데이터를 확인할 수 있습니다.

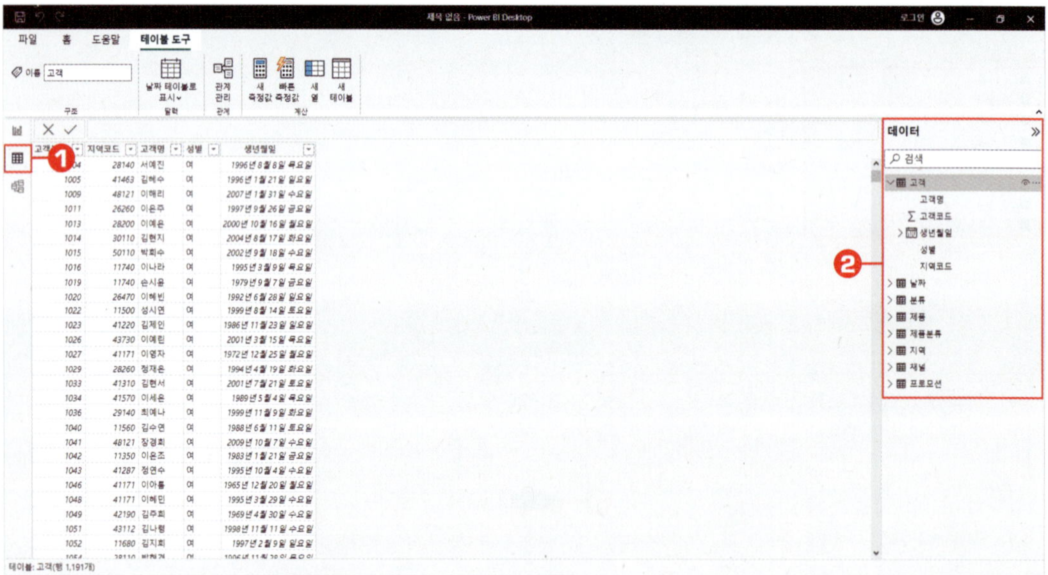

02 웹 페이지 데이터 가져오기

▶ 웹 페이지 데이터에 연결하여 Power BI Desktop으로 가져올 수 있습니다.

▶ 웹 페이지에 있는 코로나19 현황 데이터를 가져와 시각화해 보겠습니다.

01 구글에서 'COVID-19 pandemic data'를 검색하고 'Template:COVID-19 pandemic data - Wikipedia' 페이지를 클릭합니다.

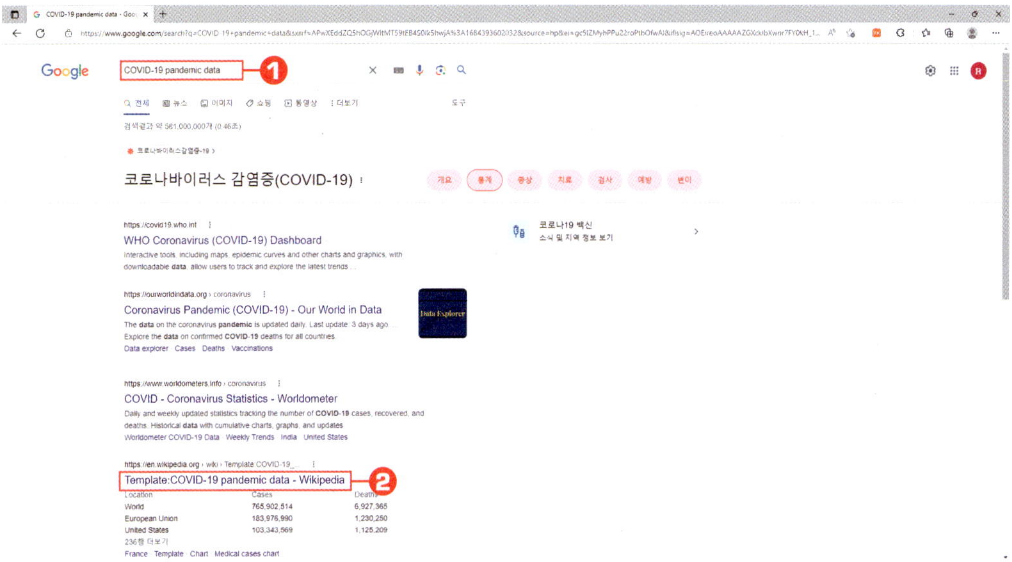

02 해당 페이지는 온라인 백과사전 Wikipedia에서 제공하고 있는 전 세계 코로나19 현황 자료입니다. 주소창에서 주소를 복사합니다.

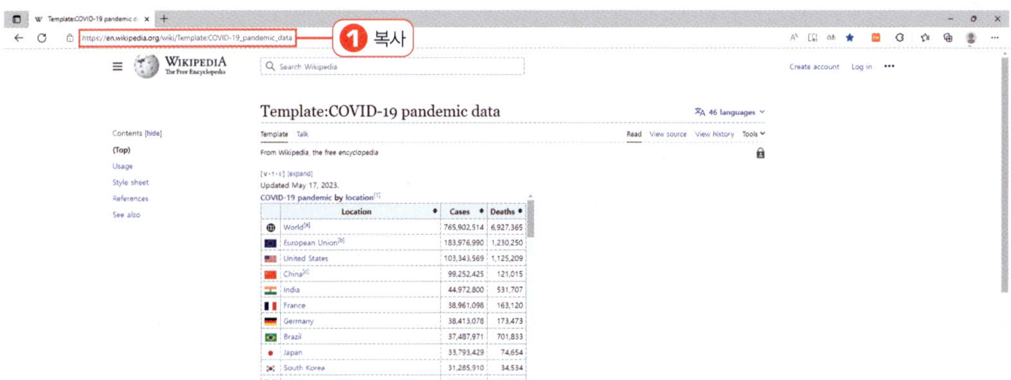

03 Power BI Desktop 화면으로 돌아와 [홈]-[데이터] 그룹-[데이터 가져오기]-[웹]을 클릭합니다.

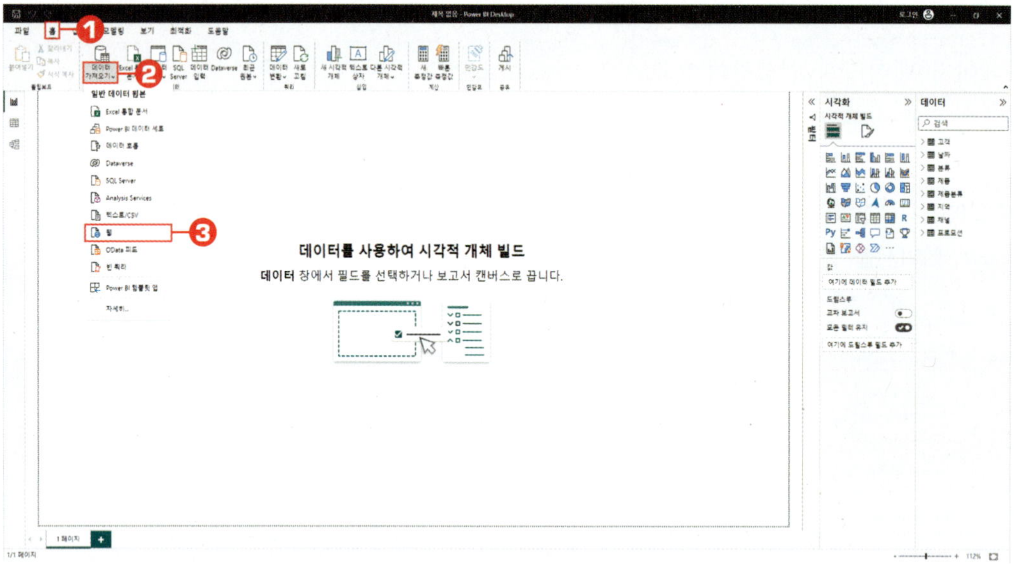

04 [웹에서] 대화상자가 표시되면 [URL] 입력창에 복사한 웹페이지의 주소(https://en.wikipedia.org/wiki/Template:COVID-19_pandemic_data)를 붙여넣기한 다음 [확인]을 클릭합니다.

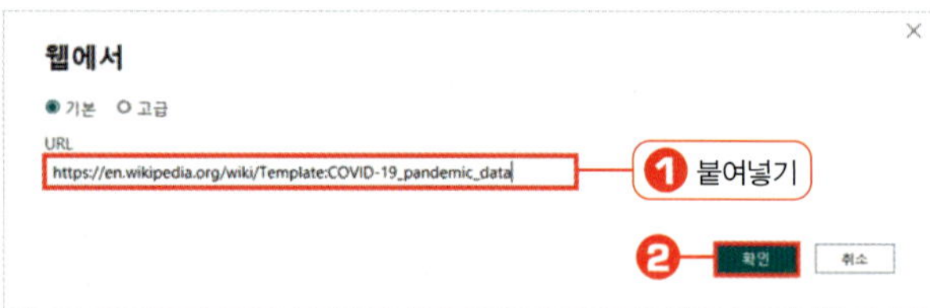

05 웹 페이지에 있는 데이터가 테이블 형태로 표시된 [탐색 창] 대화상자가 나타납니다. HTML 테이블에서 [COVID-19 pandemic by location[1]]에 체크하고 [데이터 변환]을 클릭합니다.

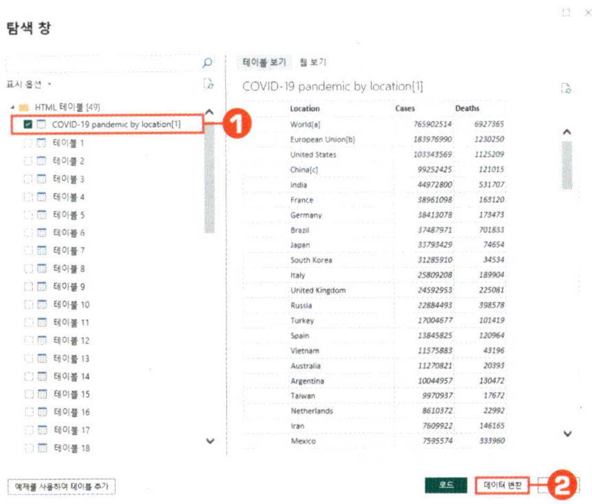

06 Power Query 편집기로 이동됩니다. Power Query 편집기에서 가져온 데이터를 변환할 수 있습니다. 자세한 내용은 'Chapter 4 데이터 변환하기'에서 설명하고 여기서는 간단한 데이터 처리에 대해 학습하겠습니다. 먼저 [쿼리 설정] 창의 [적용된 단계]의 [변경된 유형]의 왼쪽에 있는 ✕ 아이콘을 클릭하여 삭제합니다. 원본 데이터의 하이픈(–) 기호가 Error 값으로 표시되어 데이터 변환에 오류가 발생하므로 변경된 유형을 삭제하여 원본 데이터의 형태로 되돌려 줍니다.

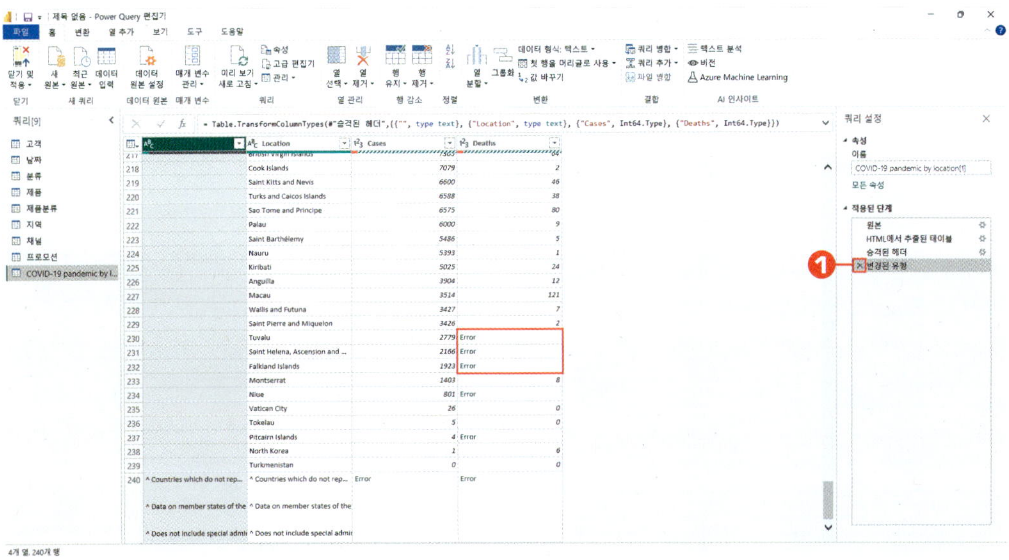

07 다음으로 비어있는 열을 제거하기 위해 공백인 첫 번째 필드를 선택한 다음 [홈]-[열 관리] 그룹-[열 제거]를 클릭합니다.

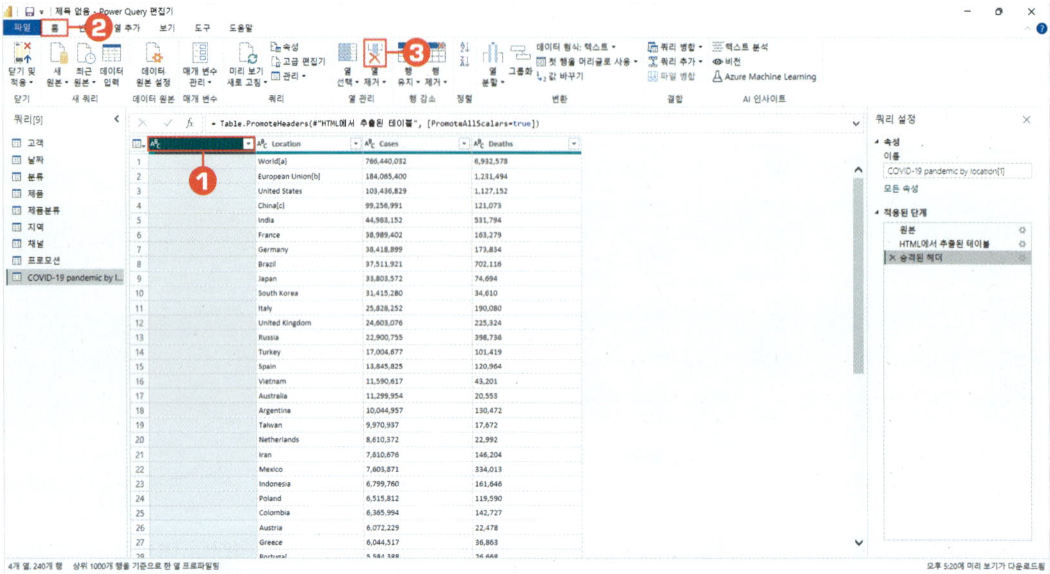

08 이번에는 불필요한 행을 제거하겠습니다. Location 열의 첫 번째, 두 번째 행인 world[a], European Union[b] 행은 국가별 데이터가 아니므로 제거합니다. Location 필드를 선택한 다음 [홈]-[행 감소] 그룹-[행 제거]-[상위 행 제거]를 클릭합니다.

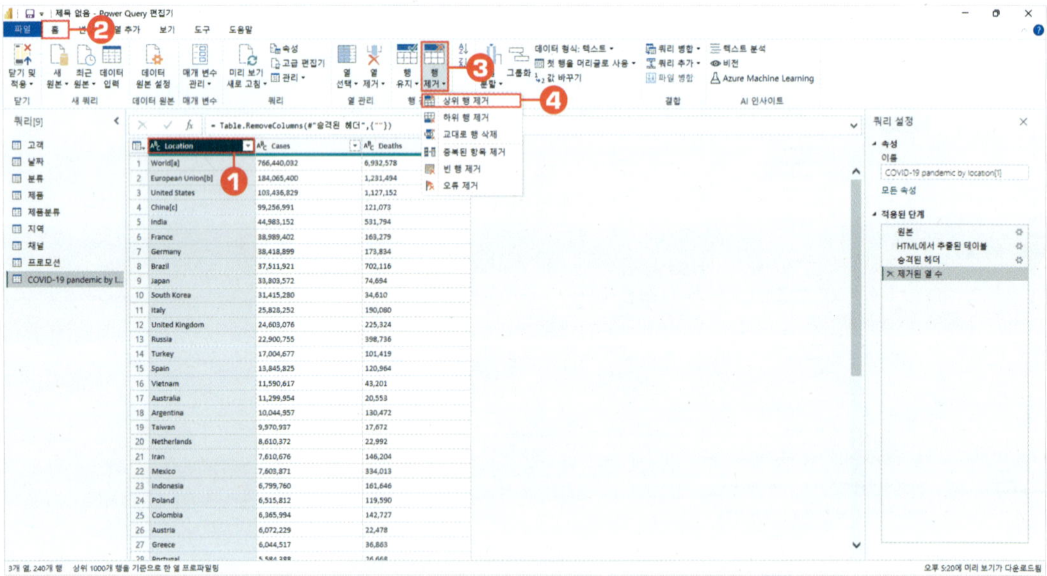

09 [상위 행 제거] 대화상자가 나타납니다. [행 수] 입력창에 2를 입력하고 [확인]을 클릭합니다.

10 같은 방법으로 불필요한 마지막 행을 제거하기 위해 [홈]–[행 감소] 그룹–[행 제거]–[하위 행 제거]를 클릭합니다.

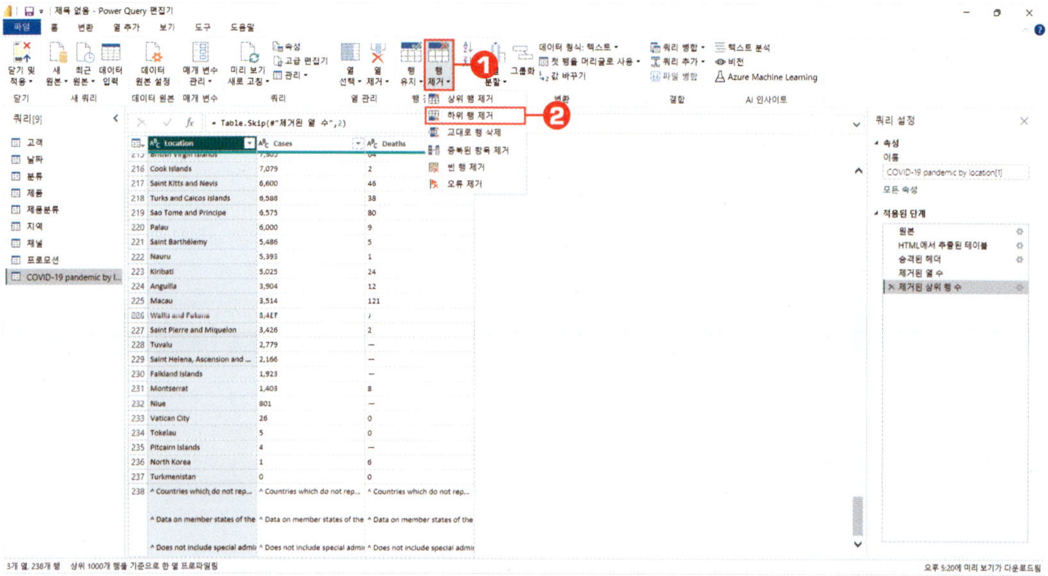

11 [하위 행 제거] 대화상자가 나타납니다. [행 수] 입력창에 1을 입력하고 [확인]을 클릭합니다.

12 원본 데이터의 하이픈(–) 값을 0으로 바꿔주겠습니다. Deaths 필드의 하이픈(–)을 선택하고 [홈]–[변환] 그룹–[값 바꾸기]를 클릭합니다.

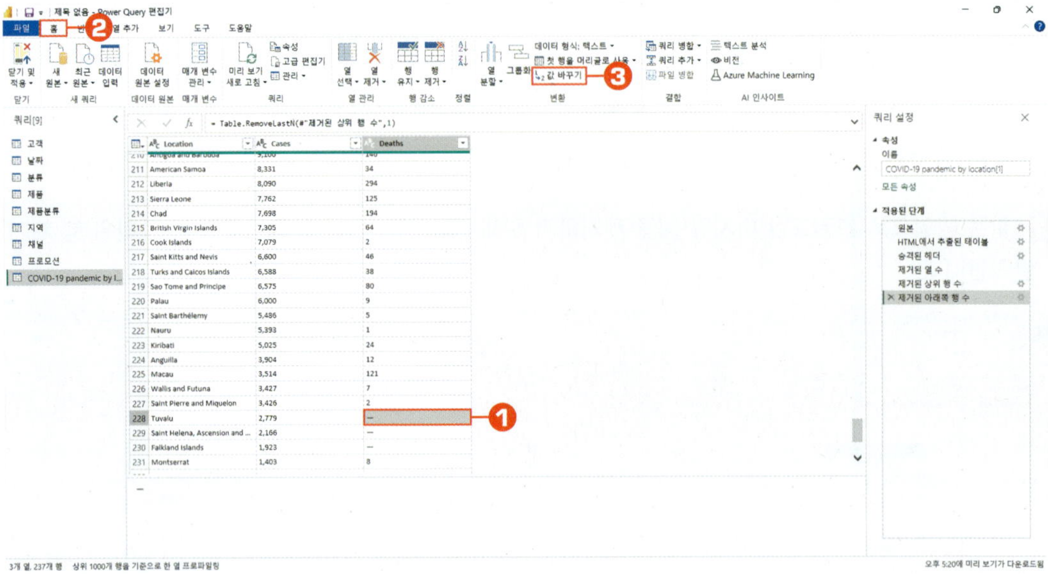

13 [값 바꾸기] 대화상자가 표시됩니다. [바꿀 항목] 입력창에 0을 입력한 다음 [확인]을 클릭합니다.

14 China[c] 값을 China로 바꿔주겠습니다. Location 필드의 China[c]를 선택하고 [홈]–[변환] 그룹–[값 바꾸기]를 클릭합니다.

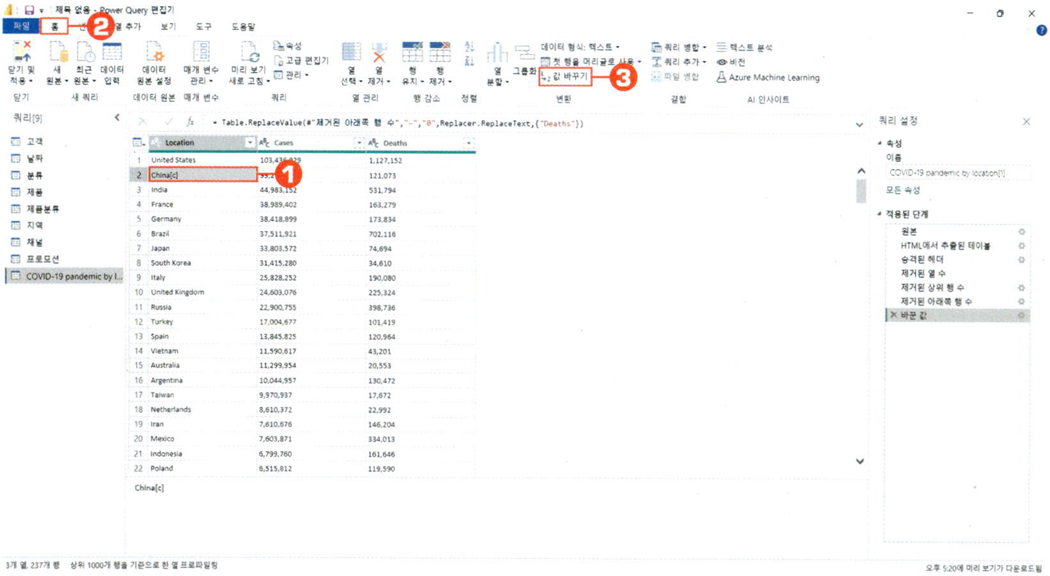

15 [값 바꾸기] 대화상자가 표시됩니다. [바꿀 항목] 입력창에 China를 입력한 다음 [확인]을 클릭합니다.

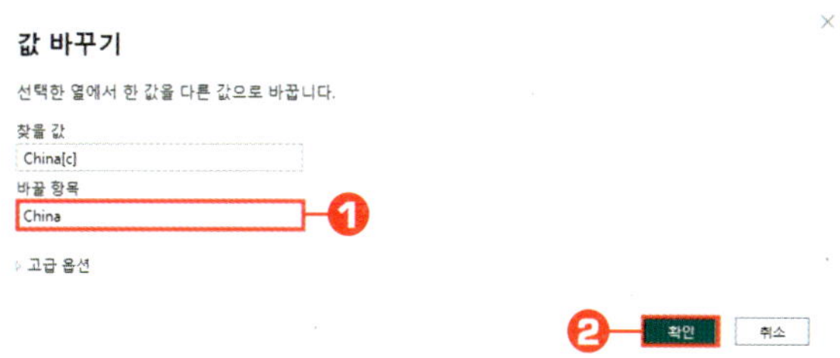

16 Cases가 0인 국가는 제외하기 위해 필터링을 통해 제거합니다. Cases 필드를 선택하고 ▾ 아이콘을 눌러 필터 창을 열어 [0]의 체크를 해제한 다음 [확인]을 클릭합니다.

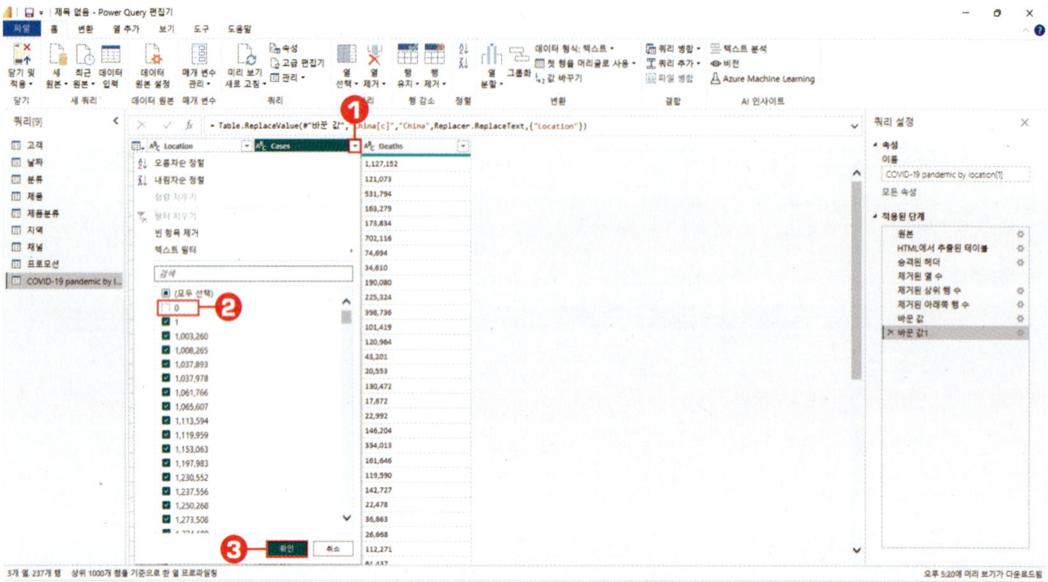

17 Cases 필드의 데이터 형식이 텍스트 형식으로 지정되어 있습니다. Cases 필드는 숫자 데이터이므로 데이터 형식을 정수로 변경해야 합니다. Cases 필드 왼쪽 ABC(데이터 형식) 아이콘을 클릭하고 [정수]를 선택합니다.

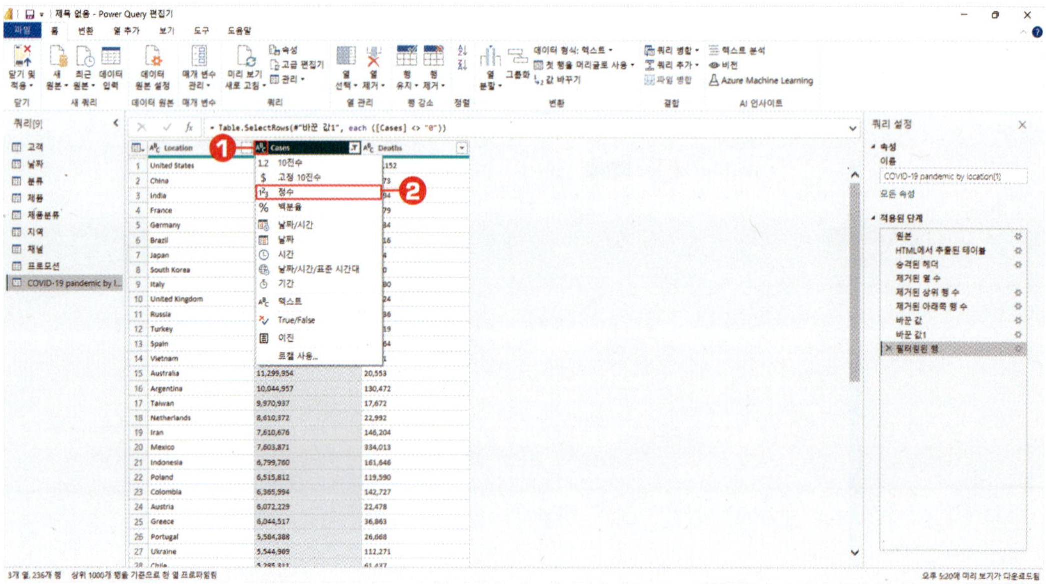

18 Deaths 필드도 숫자 데이터이므로 동일한 방법으로 데이터 형식을 정수로 변경합니다.

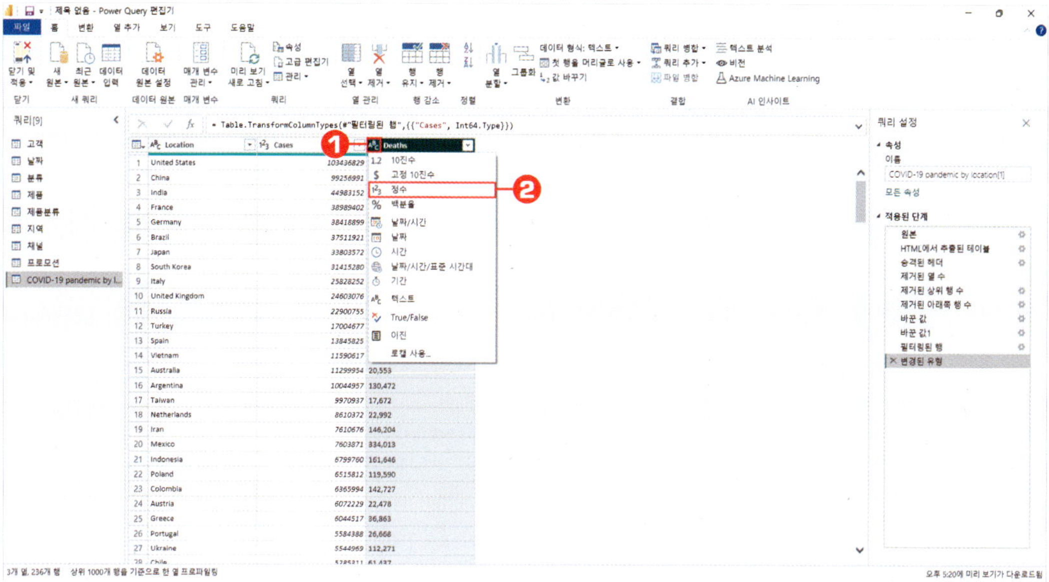

19 [홈]-[닫기 및 적용]의 아이콘을 클릭하고 변환된 데이터를 Power BI Desktop에 로드합니다.

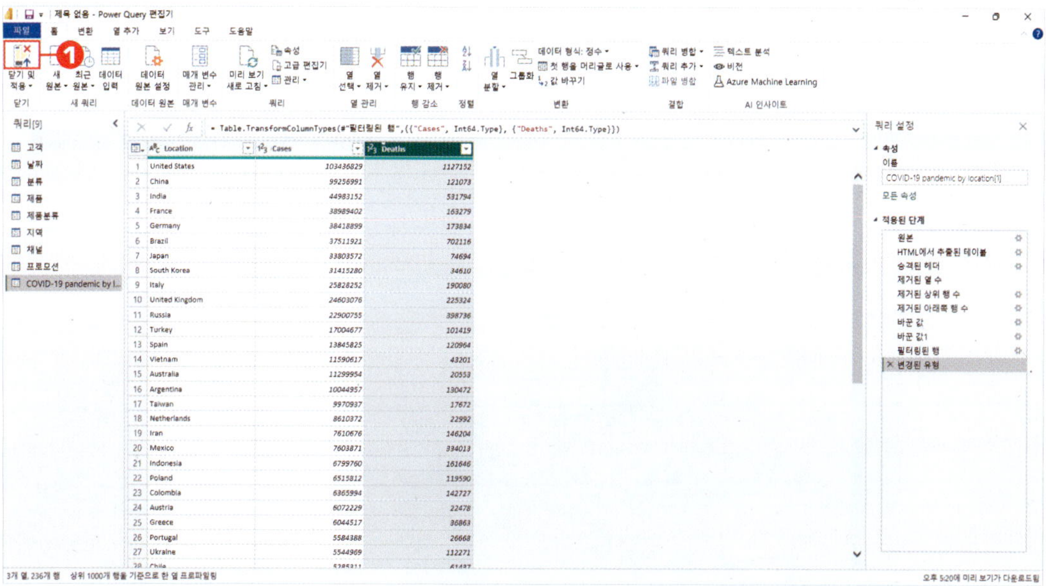

20 Power BI Desktop의 [보고서]-[시각화] 창의 [맵]을 클릭하여 추가하고 시각적 개체의 모서리 꺽쇠를 드래그해 크기를 조절합니다.

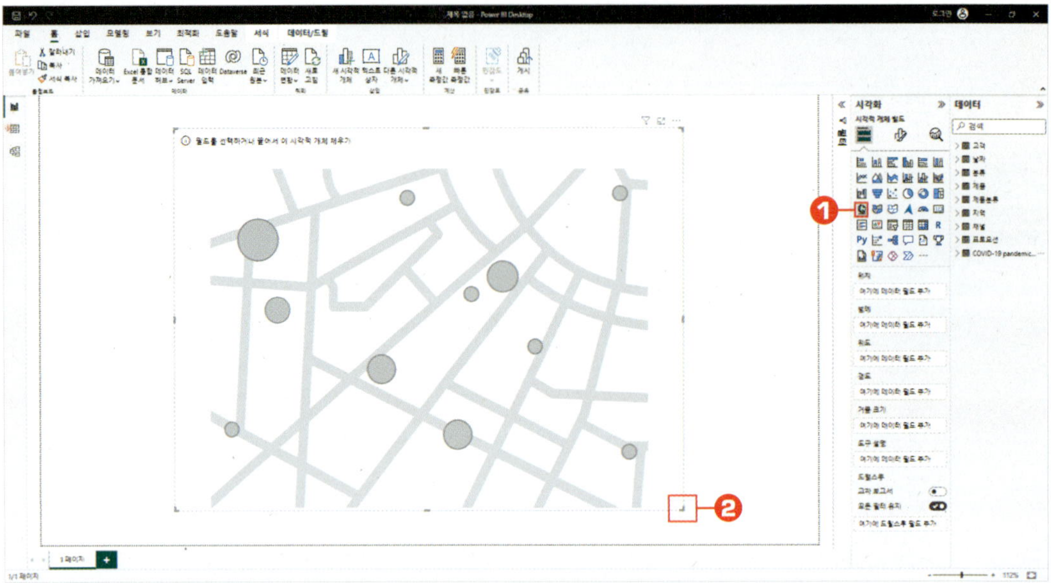

21 [데이터] 창에 있는 'COVID-19 pandemic by location[1]' 테이블의 왼쪽 ∨ 아이콘을 클릭해 필드를 확장시킵니다. [시각화] 창의 [위치] 영역에 [Location] 필드, [거품 크기] 영역에 [Cases] 필드를 드래그&드롭으로 추가합니다.

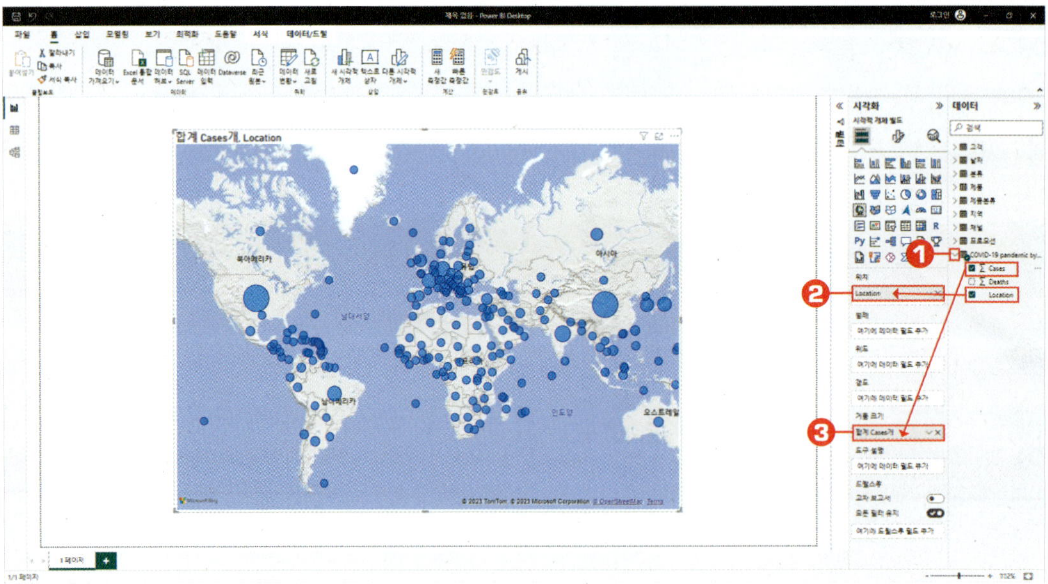

04 Chapter

데이터 변환하기

01 Power Query 편집기 화면 구성
02 Power Query 편집기 사용하기

01 Power Query 편집기 화면 구성

▶ 데이터 분석을 위해서 가져온 데이터를 적합한 형태로 변환하는 과정이 필요합니다.

▶ Power BI Desktop에서 지원하는 Power Query 편집기는 사용자 필요에 따라 데이터 정제 및 변환이 가능합니다.

▶ Power Query 편집기를 통한 변환 작업은 원본 데이터에는 영향을 주지 않기 때문에 자유로운 데이터 편집이 가능합니다.

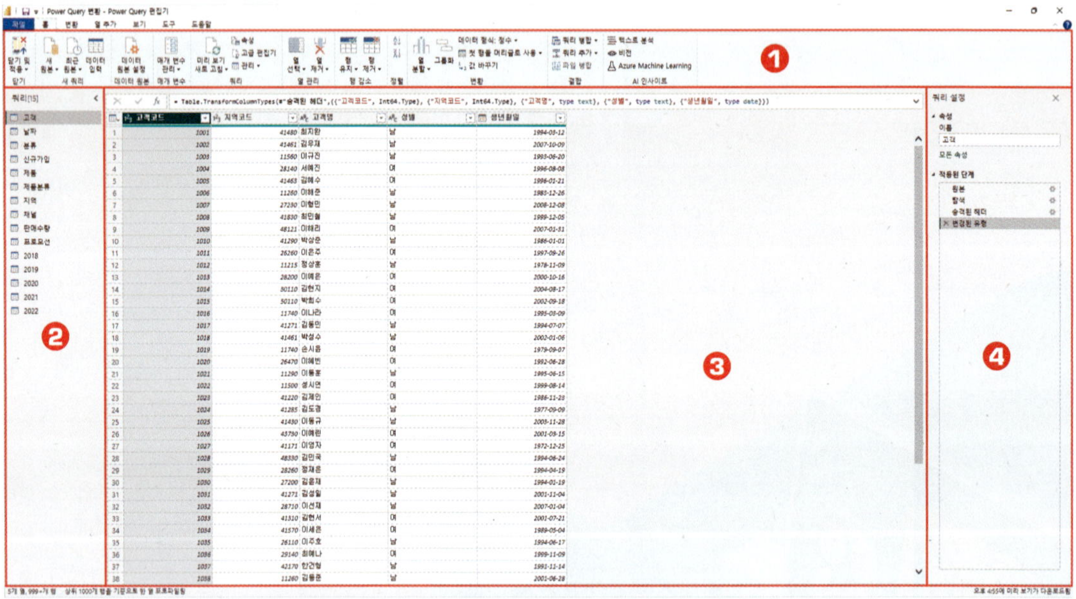

❶ 리본 메뉴: 쿼리 편집에 필요한 다양한 명령을 제공합니다.

❷ 쿼리 창: 연결된 데이터 쿼리 목록을 표시합니다.

❸ 데이터: 쿼리의 데이터를 표시하며 해당 화면을 통해 데이터 편집 작업이 이루어집니다.

❹ 쿼리 설정 창: 쿼리 편집 작업 수행 단계가 표시되며 수행된 작업을 삭제 및 편집할 수 있습니다.

02 | Power Query 편집기 사용하기

1 Power Query 편집기 실행과 닫기 및 적용

01 'Power Query 변환.pbix' 파일을 엽니다. Power BI Desktop의 [홈]–[쿼리] 그룹–[데이터 변환]을 클릭합니다.

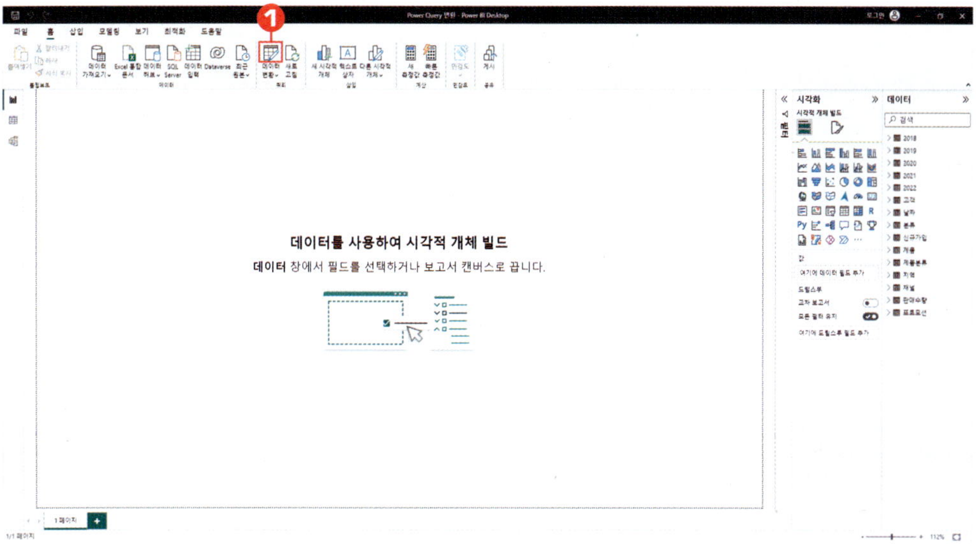

02 [Power Query 편집기] 창이 새롭게 표시되고 해당 창을 통해 데이터 변환 작업을 수행합니다.

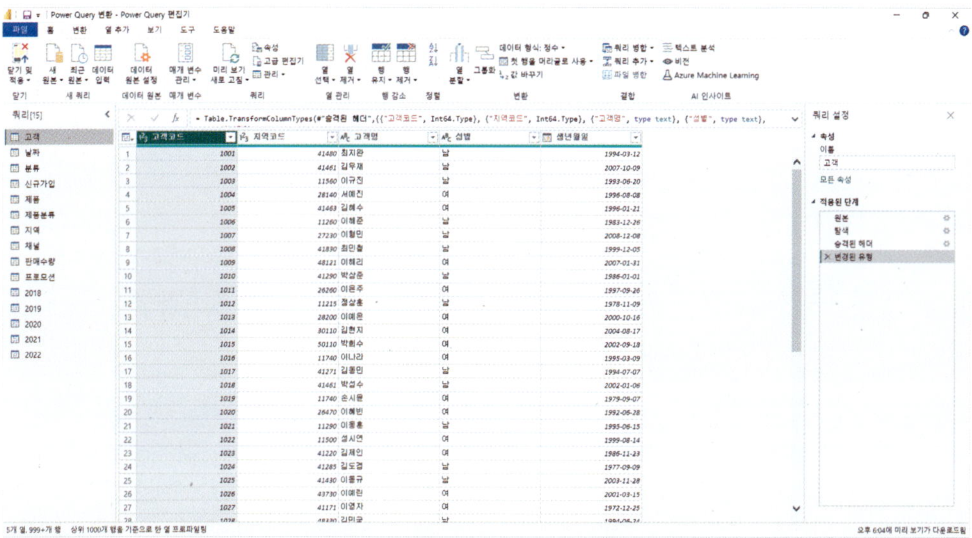

03 편집이 작업이 끝나면 [홈]–[닫기] 그룹–[닫기 및 적용]을 클릭하여 Power BI Desktop에 적용 및 로드합니다.

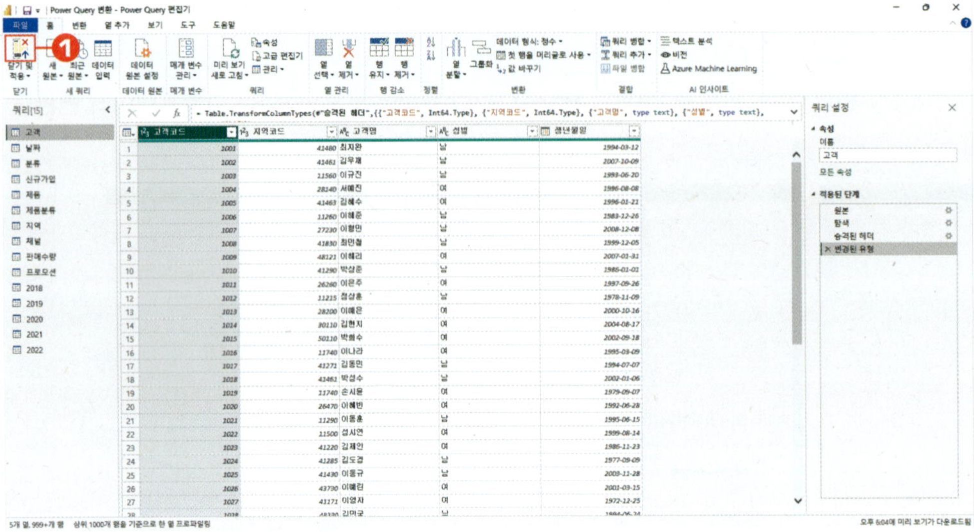

⊕ Power BI Desktop에 연결한 원본 파일의 경로가 변경되거나 삭제된 경우에는 다음 그림과 같이 '파일을 찾을 수 없습니다'는 오류 창이 표시되며 데이터를 불러올 수 없습니다. 이런 경우 데이터 원본 설정을 변경해야 합니다. Power Query 편집기의 [홈]–[데이터 원본]–[데이터 원본 설정]을 클릭합니다.

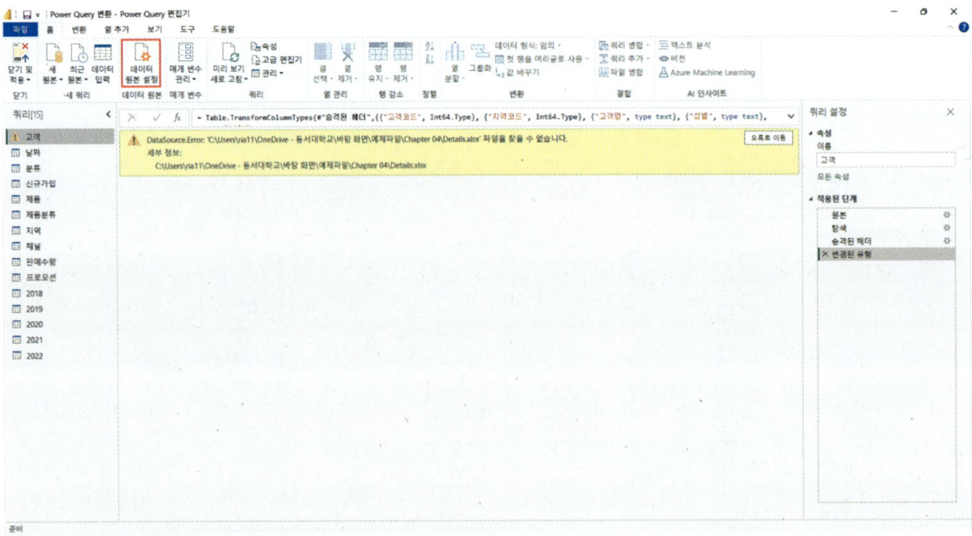

[데이터 원본 설정] 대화상자가 표시되면 원본 설정을 변경하고자 하는 목록을 선택한 후 [원본 변경]을 클릭하여 원본 파일이 저장되어 있는 경로를 다시 설정하고 [닫기]를 클릭합니다.

| TIP | 데이터의 열 머리글에서 마우스 오른쪽 버튼을 클릭하면 리본 메뉴가 제공하는 명령을 동일하게 사용할 수 있습니다.

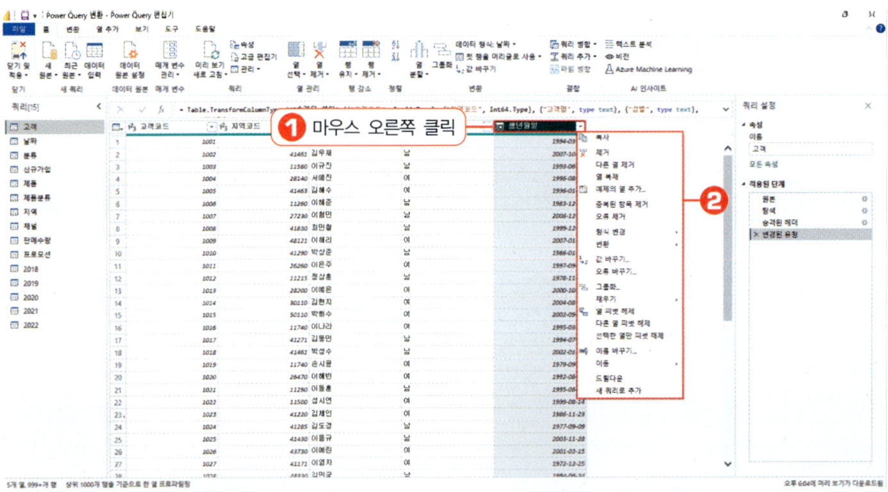

2 데이터 변환

올바른 데이터 관리를 위해서는 열이 아닌 행 중심으로 데이터를 정리해야 합니다. 즉 가로로 데이터를 쌓아나가는 것이 아니라 세로로 데이터를 쌓아야 합니다. 올바른 데이터 관리가 선행되어야 데이터에 대한 시각화 및 분석이 용이합니다.

[예제 1]의 테이블은 데이터가 가로로 계속 이어진 형태로 구성되어 있고 비어있는 값과 불필요한 행/열이 뒤섞여 시각화 및 분석에 적합하지 않은 자료입니다. Power BI Desktop을 통해 제대로 된 데이터 시각화를 하기 위해서는 [예제 2]의 테이블 형태로 변환해야 합니다. Power Query 편집기를 사용하면 쉽고 빠르게 올바른 형태의 데이터로 변환이 가능합니다.

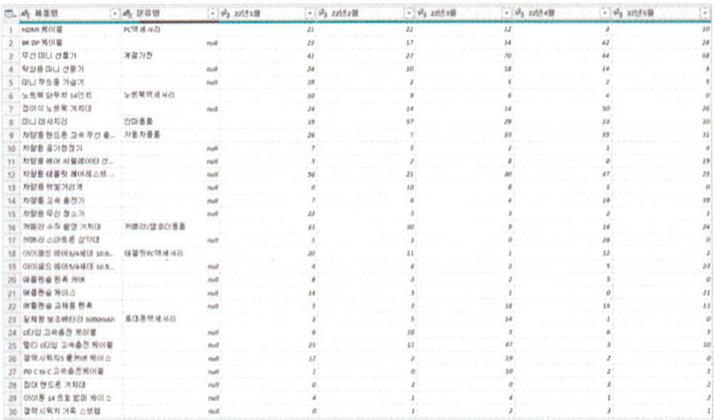

[예제 1]

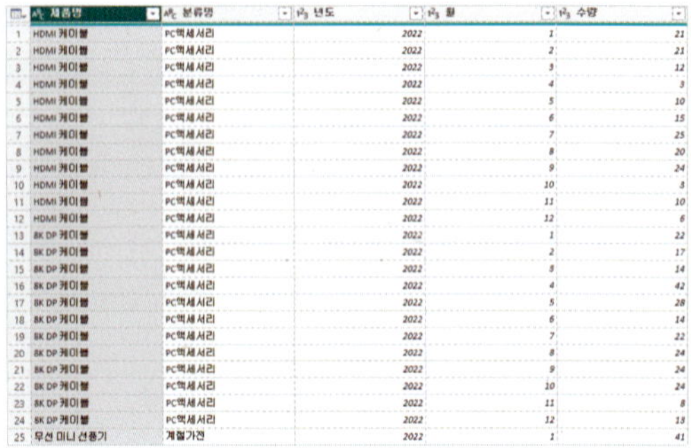

[예제 2]

2.1 첫 행을 머리글로 사용

여러 셀이 병합되어 있던 원본 데이터의 머리글이 병합 해제되면서 머리글이 'Column4, Column5' 등으로 표시됩니다. 첫 번째 행을 열 머리글로 승격하고자 할 경우 첫 행을 머리글로 적용할 수 있습니다.

01 쿼리 창에서 '판매수량'을 선택하고 [홈]–[변환] 그룹–[첫 행을 머리글로 사용]을 클릭합니다.

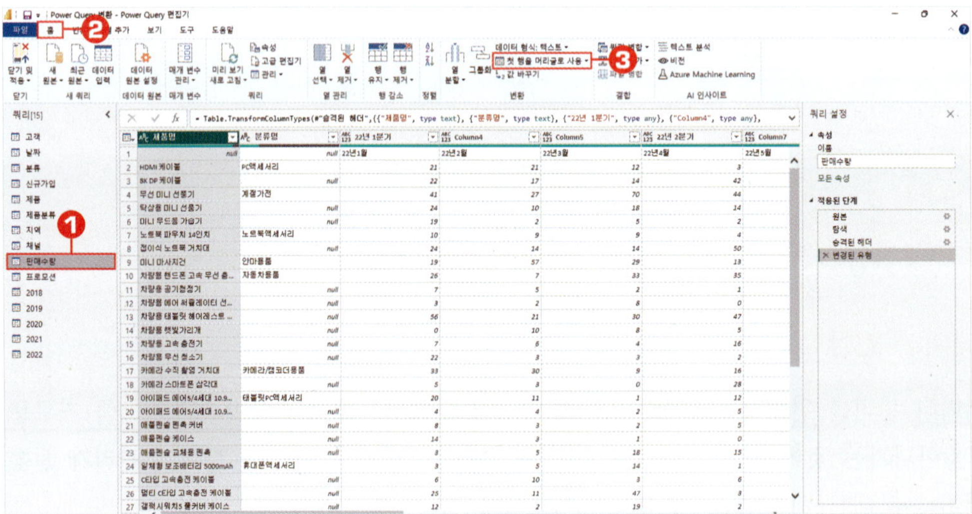

02 첫 행이 머리글로 변환됩니다. 원본 데이터의 첫 번째 열과 두 번째 열의 머리글은 여러 셀이 병합된 형태로 구성되어 있어 해당 데이터를 Power Query 편집기로 가져올 때 병합된 데이터의 필드가 해제되면서 비어있는(null) 값이 적용되어 열의 이름이 Column1, Column2로 나타납니다.

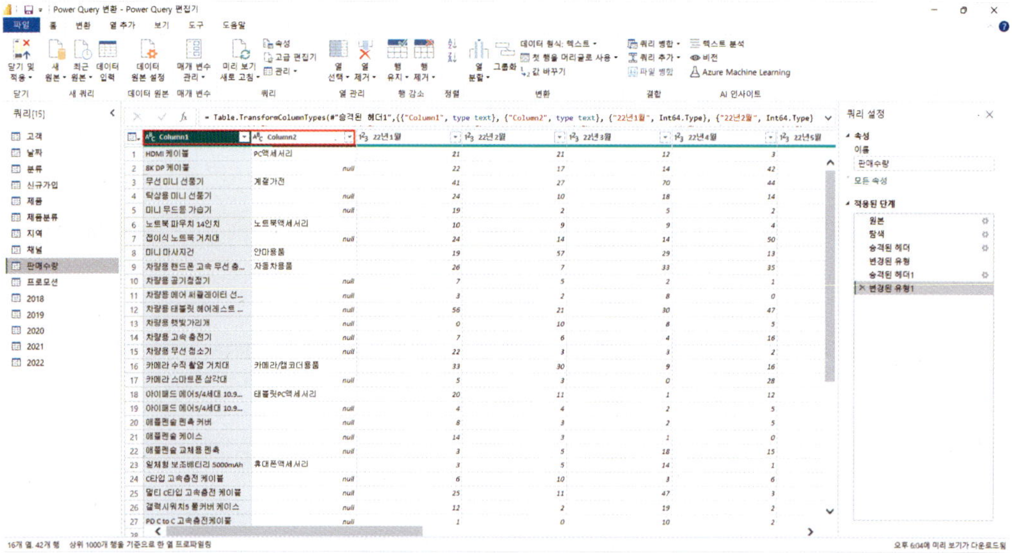

03 열 머리글을 변경합니다. Column1을 더블클릭하여 '제품명'으로 변경하고 같은 방법으로 Column2의 머리글을 '분류명'으로 변경합니다.

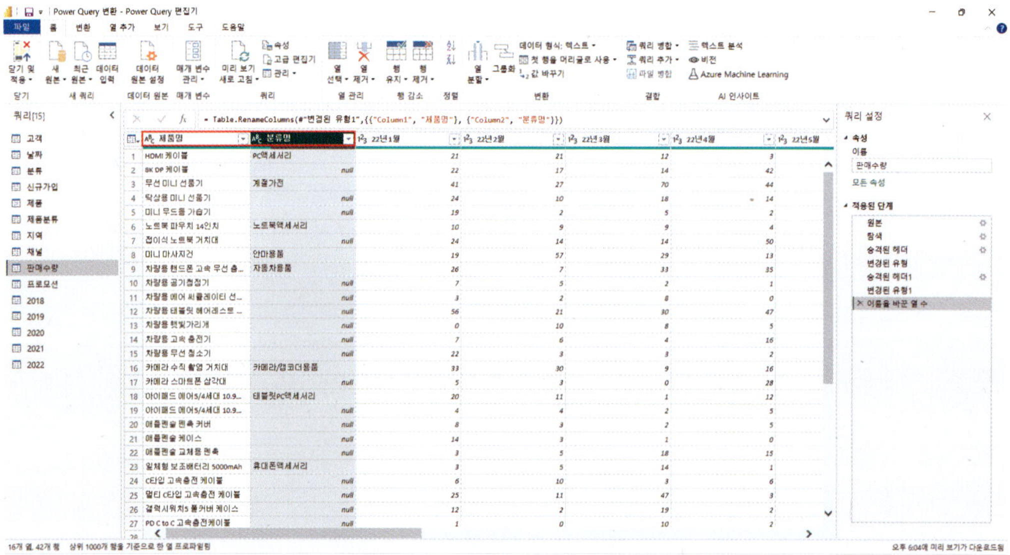

2.2 행/열 제거

데이터가 없는 '2023-01-01' 열과 불필요한 '제품별 합계' 열, '월별 합계' 행을 차례대로 제거하겠습니다.

01 '2023-01-01' 열 머리글에서 마우스 오른쪽 버튼을 클릭하고 [제거]를 클릭합니다.

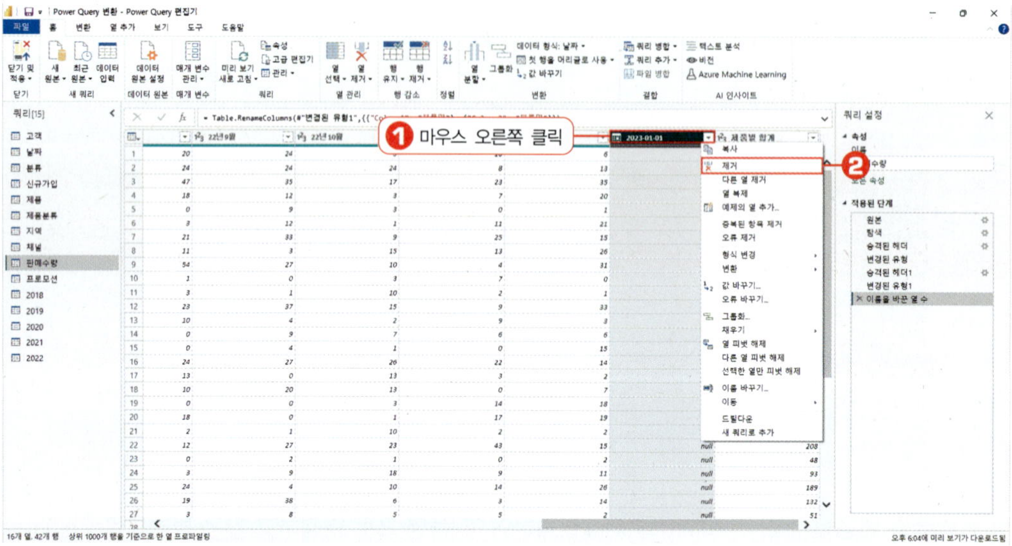

02 '제품별 합계' 열 머리글에서 마우스 오른쪽 버튼을 클릭하고 [제거]를 클릭합니다.

03 맨 아래쪽 행인 '월별 합계'를 제거하기 위해 [홈]–[행 감소] 그룹–[행 제거]–[하위 행 제거]를 클릭합니다.

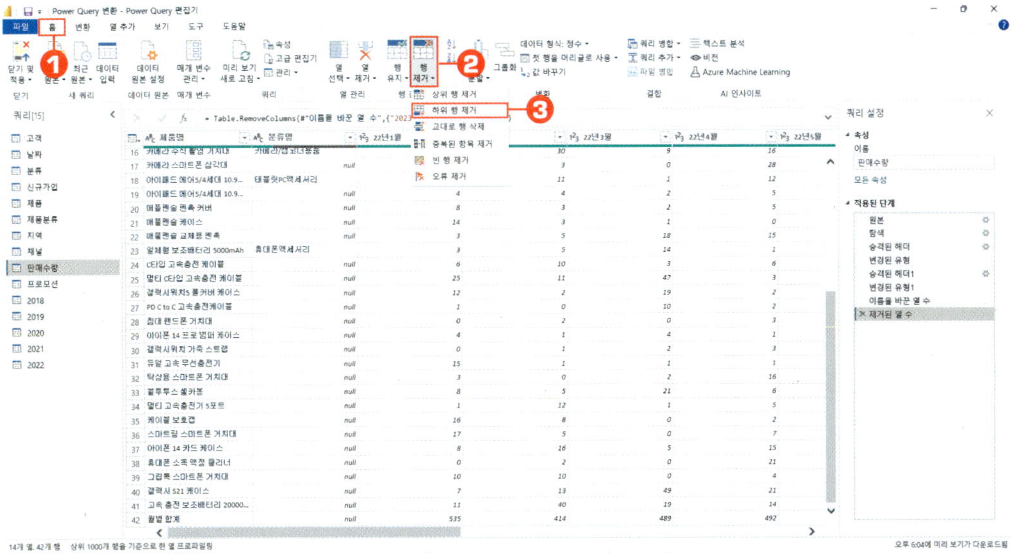

04 [하위 행 제거] 대화상자가 나타납니다. [행 수] 입력창에 1을 입력하고 [확인]을 클릭합니다.

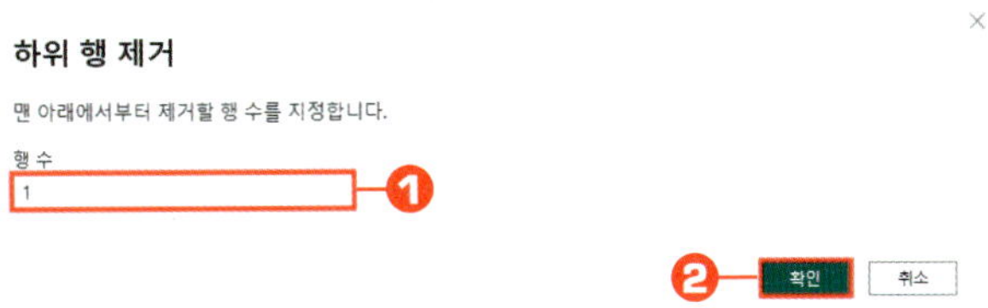

2.3 값 채우기

원본 데이터의 분류명의 병합이 해제되면서 null 값이 생겨났습니다. Power Query 편집기의 채우기를 이용하여 선택한 열의 위나 아래에 있는 데이터로 비어있는(null) 값을 채울 수 있습니다.

01 '분류명'을 선택한 다음 [변환]–[열] 그룹–[채우기]–[아래로]를 클릭합니다.

02 null 값이 채워집니다.

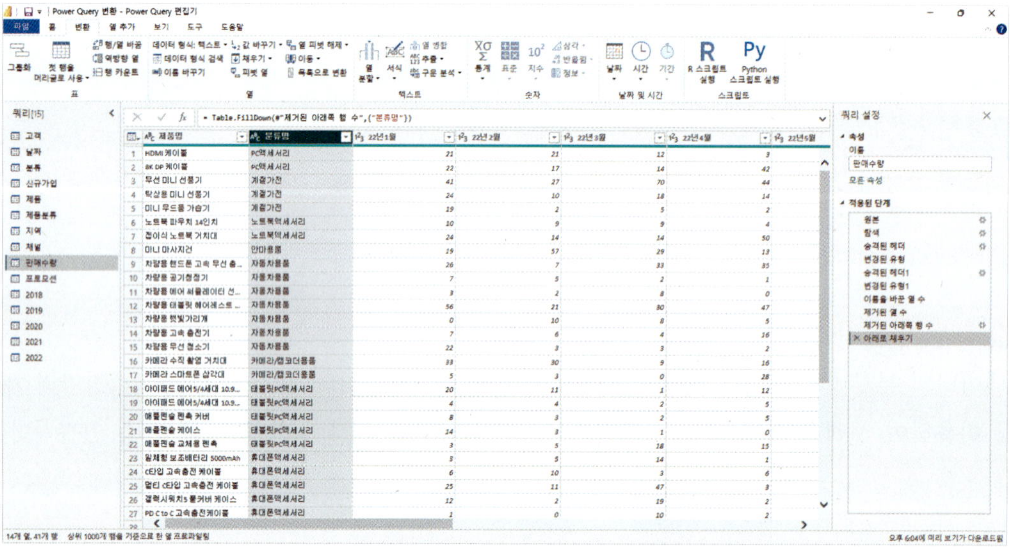

2.4 열 피벗 해제

가로로 정리된 데이터를 세로로 변환하기 위해 열 피벗 해제를 사용합니다. 일자가 열(가로)로 구성되어 있으면 데이터 시각화를 할 때 각각의 필드를 하나씩 추가해서 사용해야 하며 일자가 추가될 때마다 필드가 늘어나기 때문에 데이터 관리가 어려워집니다. 따라서 올바른 데이터 분석을 위해서는 열(가로)이 아닌 행(세로)으로 데이터를 정리해야 합니다.

01 '제품명' 열 선택–Ctrl 키를 누른 상태로 '분류명' 열 선택–[변환]–[열 피벗 해제]–[다른 열 피벗 해제]를 클릭합니다.

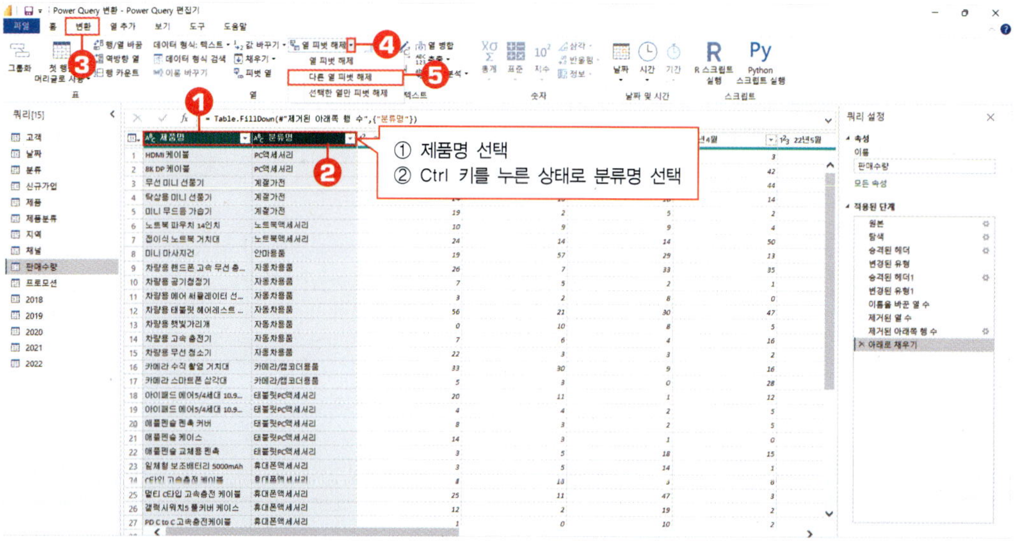

02 열 머리글을 변경합니다. 특성 머리글을 더블클릭하여 '일자'로 변경하고 값의 머리글을 '수량'으로 변경합니다.

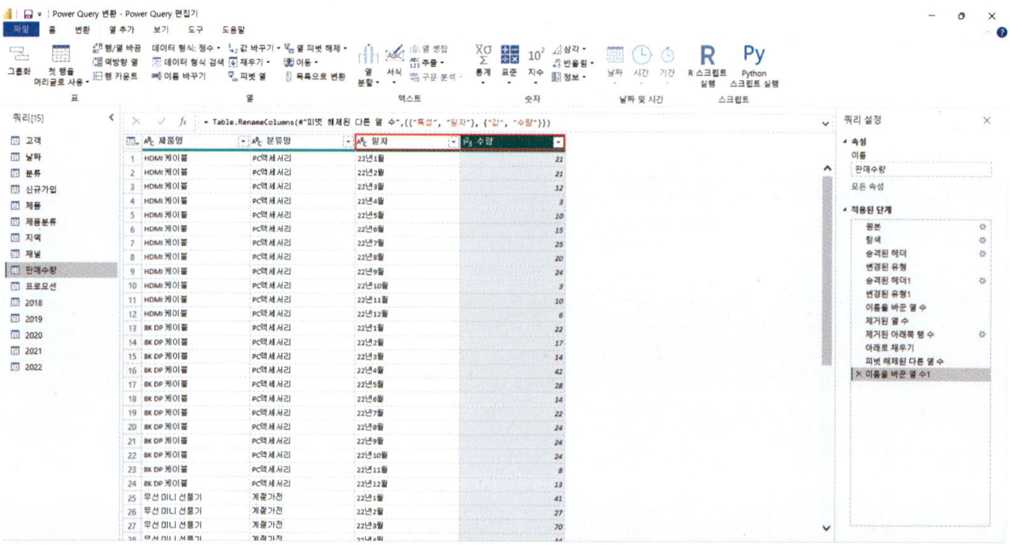

2.5 데이터 형식 변경

시각화를 위한 데이터 모델링 과정에서 사용하게 될 DAX 함수의 올바른 작동을 위해서는 사전에 정확한 데이터 형식을 지정하는 것이 중요합니다.

01 '일자' 열의 (데이터 형식) 아이콘을 클릭하여 데이터 형식을 날짜 형식으로 변경합니다.

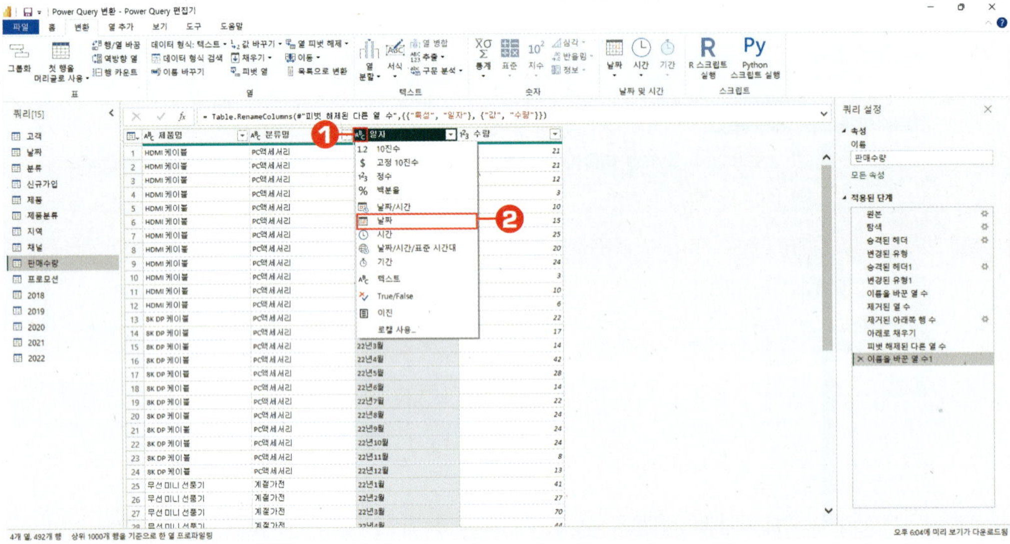

02 데이터 형식 아이콘의 모양과 함께 데이터 형식이 일자로 변경되어 표시됩니다.

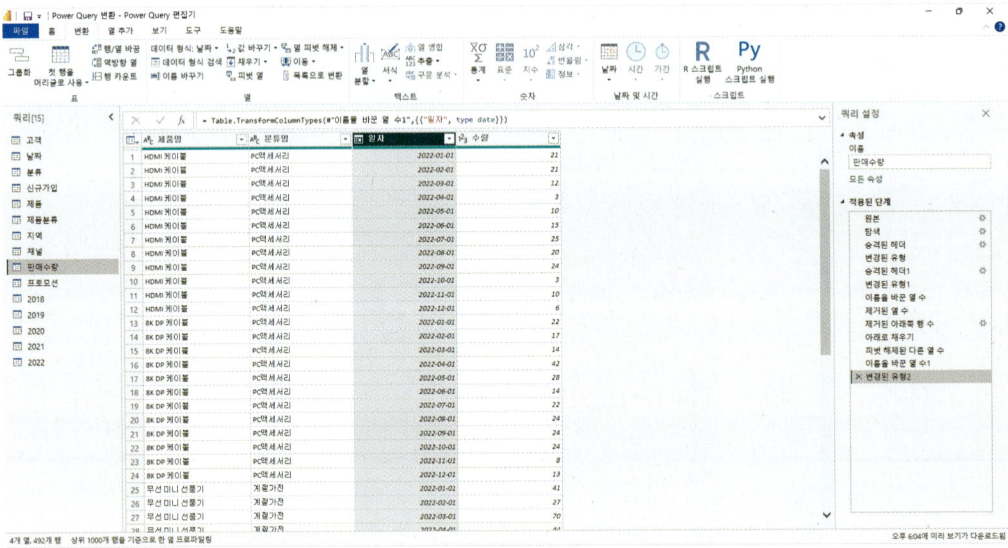

2.6 날짜 추출

[변환] 또는 [열 추가] 탭에서 날짜 데이터의 년, 월, 분기, 주, 일 정보를 쉽게 추출할 수 있습니다. 년도-월-일로 구성되어 있는 일자 열의 데이터에서 연도, 월만 추출하여 표시합니다.

⊕ [변환] 탭에서 날짜 정보를 추출할 경우에는 선택한 열에 입력된 기존 날짜 데이터는 제거되고 추출한 정보만 표시되며, 열 추가 탭에서 날짜 정보를 추출하는 경우에는 기존 날짜 데이터는 유지하고 추출한 날짜 정보가 새 열로 추가됩니다.

01 '일자' 열을 선택하고 [열 추가]-[날짜 및 시간에서] 그룹-[날짜]-[년]-[년]을 클릭합니다.

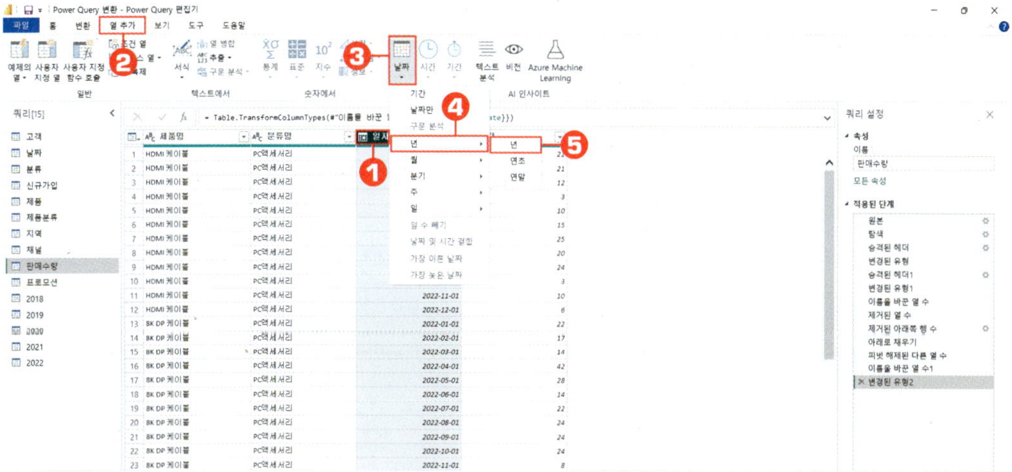

02 '일자' 열을 선택하고 [변환]-[날짜 및 시간에서] 그룹-[날짜]-[월]-[월]을 클릭합니다.

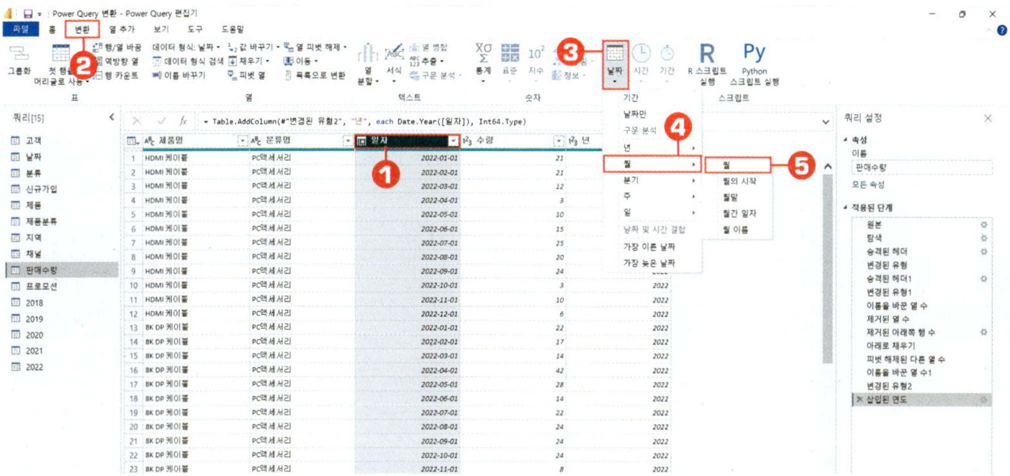

03 '일자' 머리글을 '월'로 변경하고 '년' 머리글은 '년도'로 변경합니다.

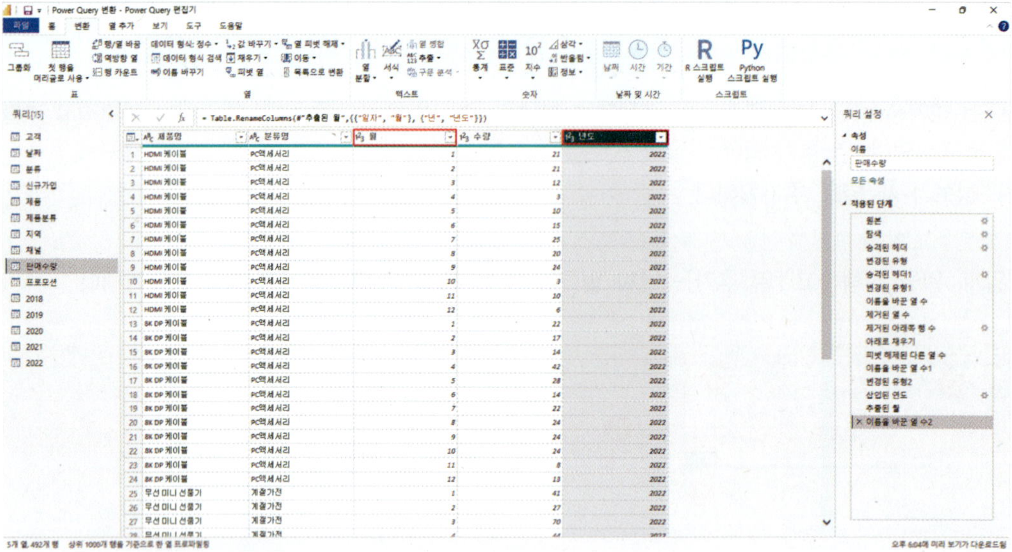

04 '년도' 열의 위치를 변경합니다. '년도' 머리글을 드래그하여 '월' 열의 앞으로 끌어다 놓습니다.

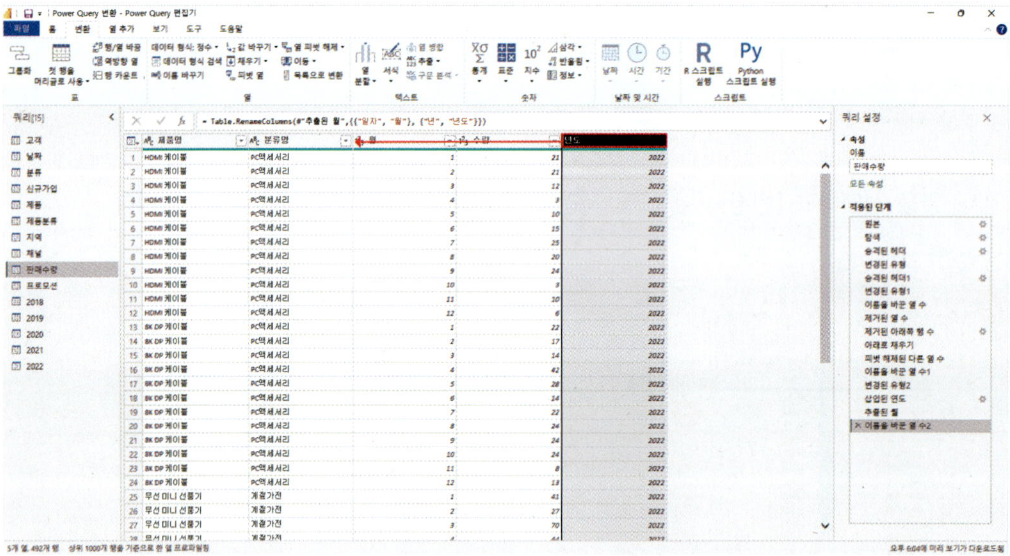

2.7 열 병합/분할

여러 개의 열을 병합하거나 분할할 수 있습니다.

01 '신규가입' 쿼리로 이동하여 '연도' 열을 선택하고 Ctrl 키를 누른 상태로 추가로 '월', '일' 열을 선택한 다음 [변환]–[텍스트] 그룹–[열 병합]을 클릭합니다.

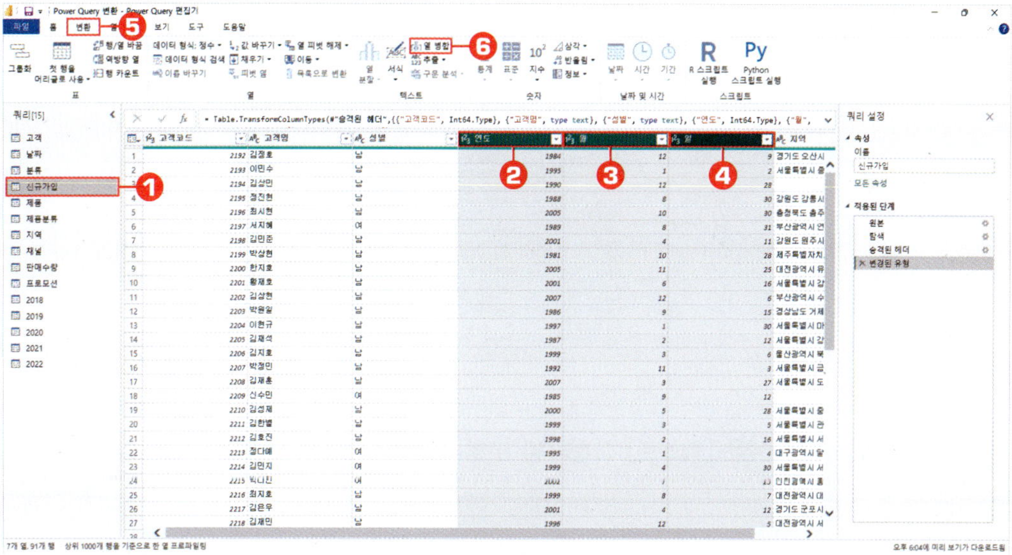

02 [열 병합] 대화상자가 뜨면 [구분 기호]를 '사용자 지정'으로 선택하고 구분 기호 입력창에 –(하이픈)을 입력한 뒤 [새 열 이름]을 생년월일로 입력한 뒤 [확인] 버튼을 클릭합니다.

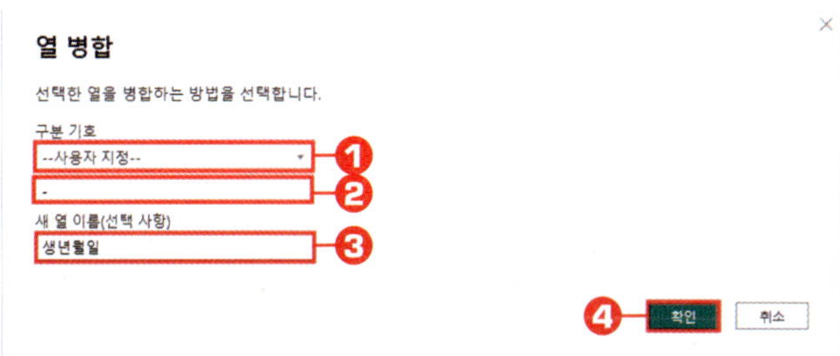

03 '생년월일' 열의 데이터 형식을 '날짜'로 변경합니다.

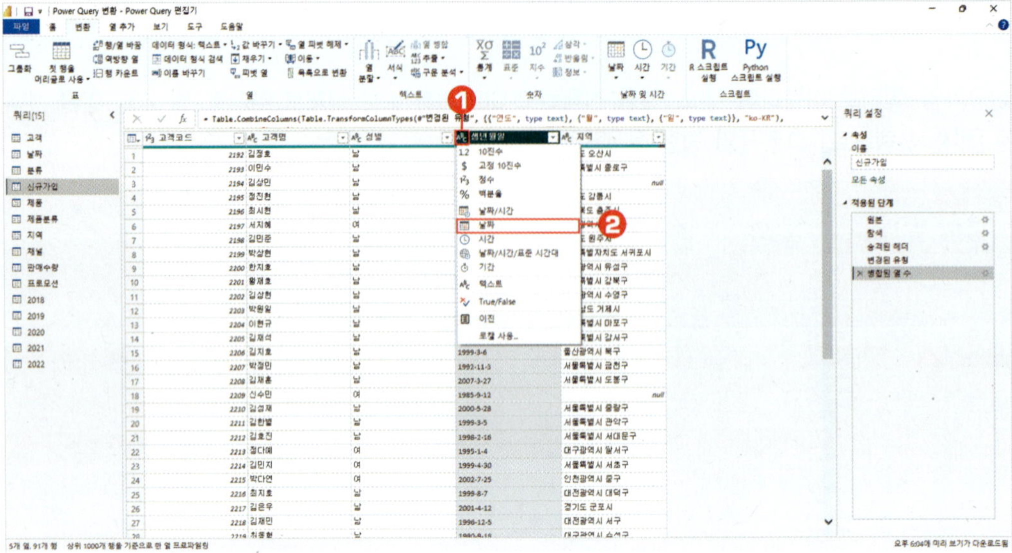

04 '지역' 열을 선택하고 [변환]–[텍스트] 그룹–[열 분할]–[구분 기호 기준]을 클릭합니다.

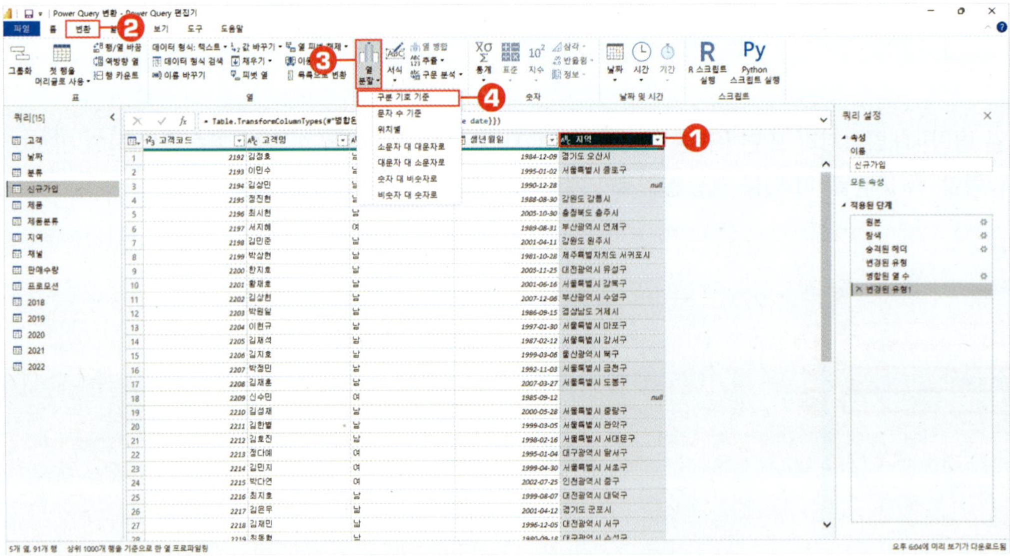

05 [구분 기호에 따라 열 분할] 대화상자가 뜨면 [구분 기호 선택 또는 입력] 창의 [공백]을 확인하고 [확인] 버튼을 클릭합니다.

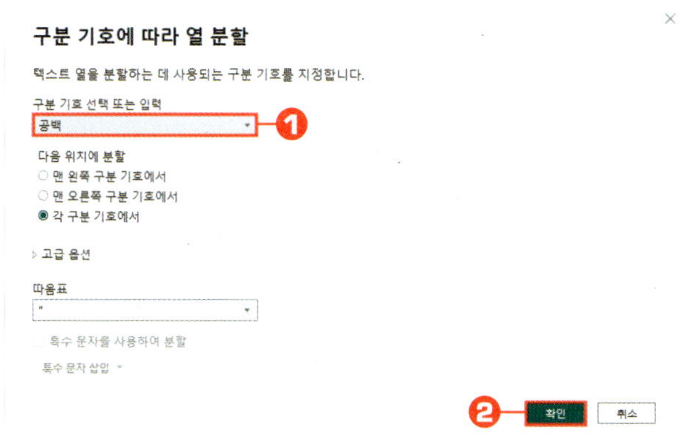

06 열 머리글을 변경합니다. '지역.1'을 더블클릭하여 시도를 입력하고 Enter 키를 누릅니다. 같은 방법으로 '지역.2'의 머리글을 구군시로 변경합니다.

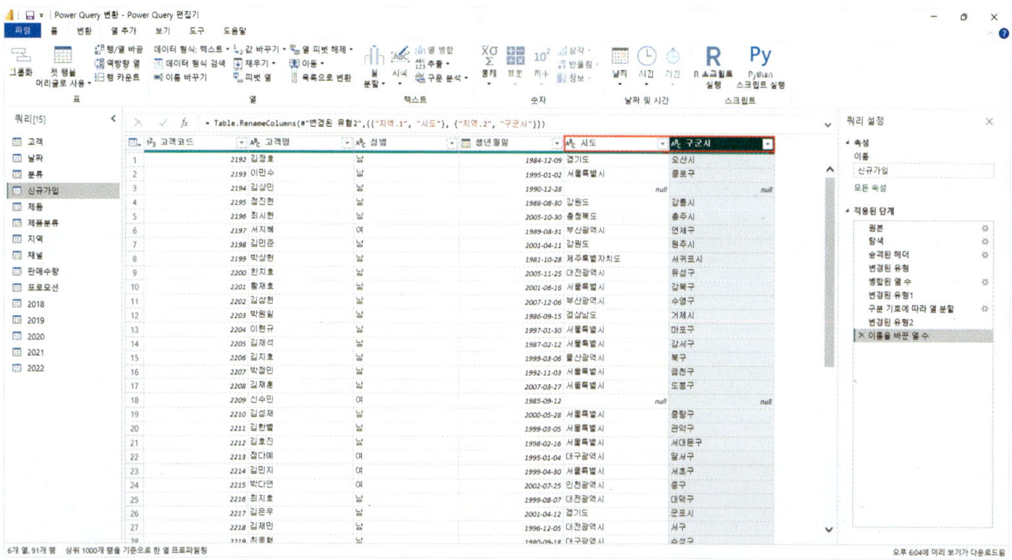

2.8 값 바꾸기

값 바꾸기를 사용해 비어있는(null) 값을 채우거나 특정 텍스트를 다른 문자열로 변경할 수 있습니다. '시도', '구군시' 열의 null 값을 '미입력' 값으로 변경해 보겠습니다.

01 '시도' 열을 선택하고 Ctrl 키를 누른 상태로 '구군시' 열을 선택합니다. [홈]-[변환] 그룹-[값 바꾸기]를 클릭합니다.

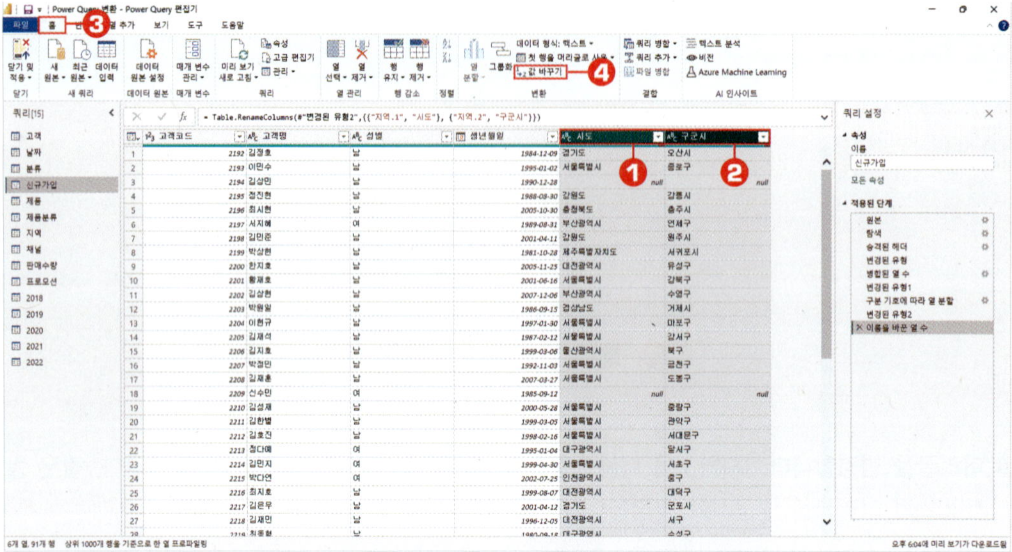

02 [값 바꾸기] 대화상자가 뜨면 [찾을 값]에 null을 입력하고 [바꿀 항목]에 미입력을 입력한 다음 [확인]을 클릭합니다.

03 null 값이 '미입력'으로 변경되어 표시됩니다.

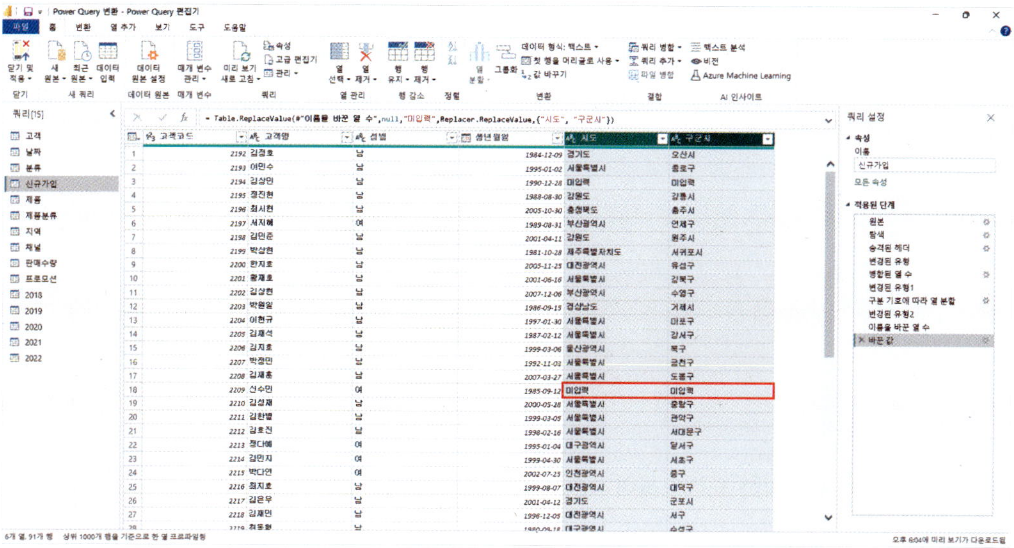

2.9 조건 열

조건 열을 사용하여 조건에 따른 결과값을 반환하는 열을 추가할 수 있습니다. '신규가입' 쿼리의 '성별' 열의 '남', '여'를 영문으로 표시하는 열을 추가해 보겠습니다.

01 '성별' 열을 선택하고 [열 추가]-[일반] 그룹-[조건 열]을 클릭합니다.

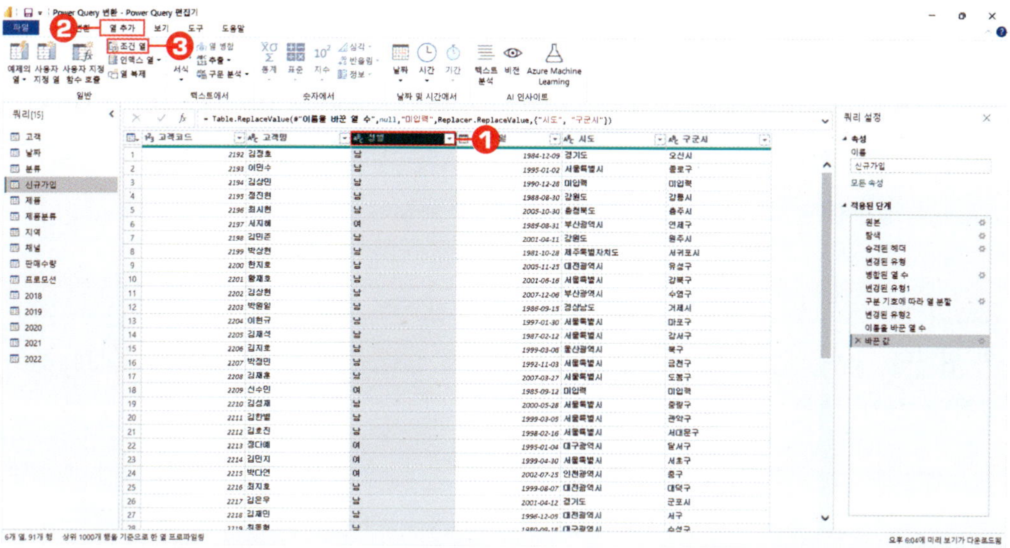

02 [조건 열 추가] 대화상자의 [새 열 이름]에 성별(영문)을 입력합니다. 2개의 조건을 입력하기 위해 [절 추가]를 클릭하여 조건을 추가합니다. 첫 번째 조건의 [열 이름]: 성별, [연산자]: 같음, [값]: 남, [출력]: M을 입력하고 두 번째 조건의 [열 이름]: 성별, [연산자]: 같음, [값]: 여, [출력]: F를 입력한 다음 [확인] 버튼을 클릭합니다.

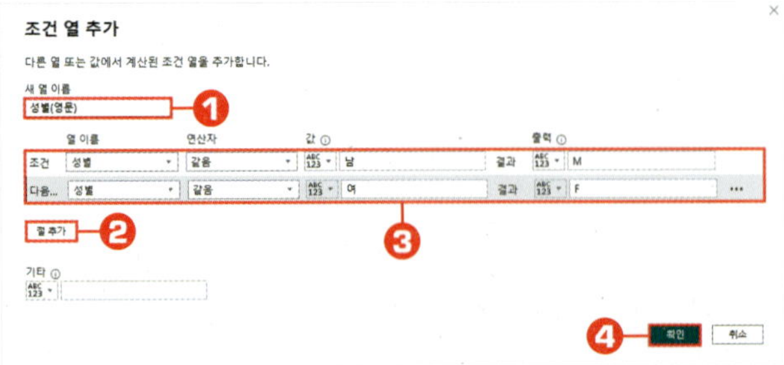

03 '성별(영문)' 열이 추가되면 드래그하여 '생년월일' 열의 앞으로 위치를 이동합니다.

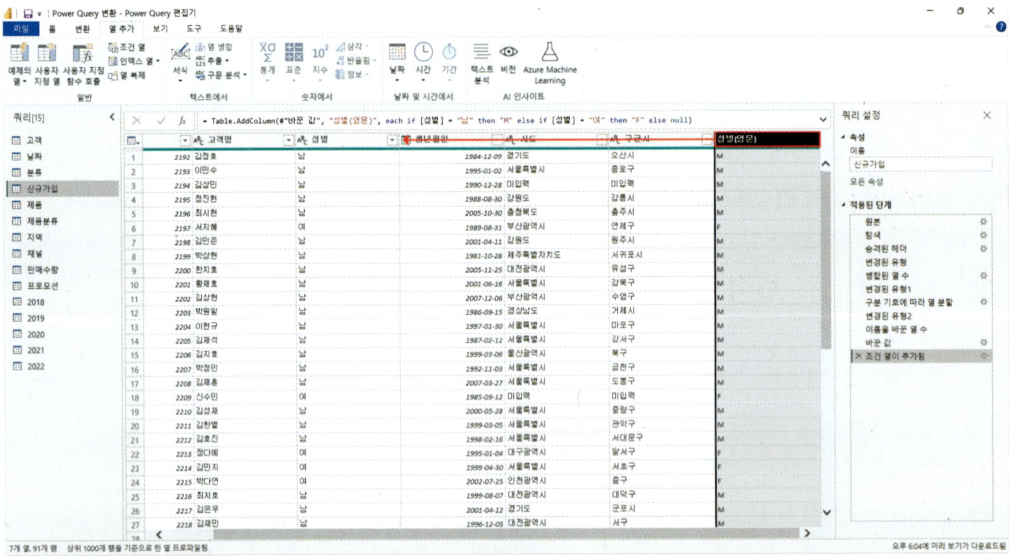

2.10 예제의 열

사용자가 입력한 패턴을 인식하여 결과값을 반환하는 새 열을 추가할 수 있습니다. '고객' 쿼리에서 '고객명(보안)' 열을 추가해 보겠습니다.

01 '고객' 쿼리로 이동하여 [열 추가]-[일반] 그룹-[예제의 열]을 클릭합니다.

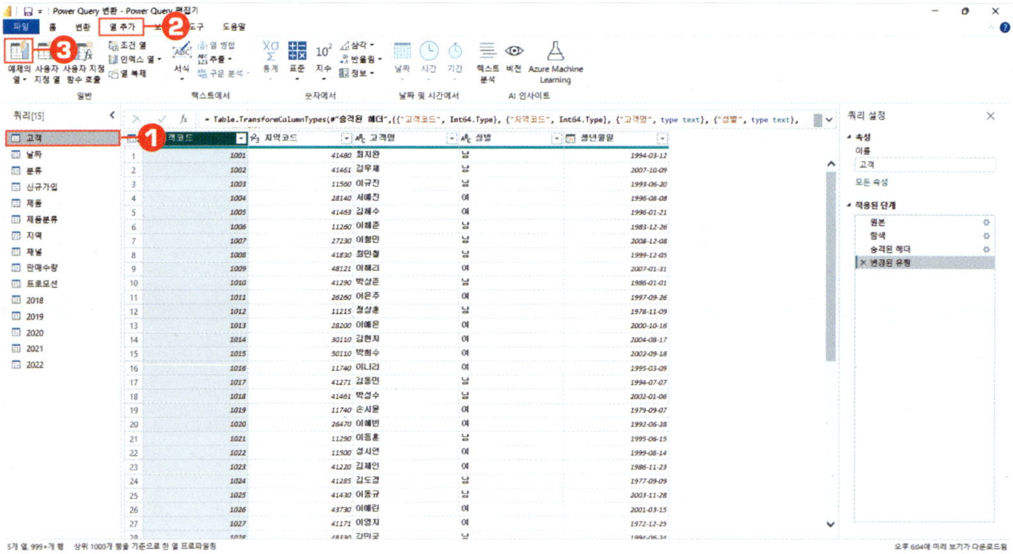

02 예제의 열 추가 창이 열립니다. 열 머리글을 '고객명(보안)'으로 변경하고 1행에 최**를 입력합니다. 패턴을 인식하지 못할 경우 2행에 김**을 입력합니다. 사용자가 입력한 패턴을 인식해 결과값을 표시합니다. 결과를 확인하고 [확인]을 클릭하여 열을 추가합니다.

⊕ 패턴을 올바르게 인식하지 못하는 경우 샘플 값을 충분히 입력하면 인식률이 높아집니다.

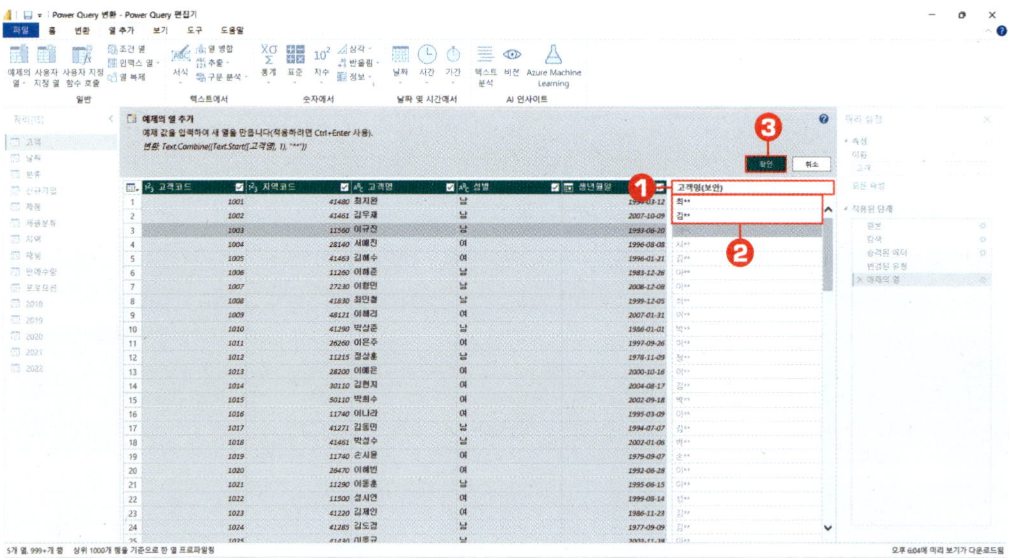

03 '고객명(보안)' 열이 새롭게 생성됩니다.

2.11 쿼리 그룹화

쿼리를 묶어 그룹을 만들 수 있습니다. 2018~2022 쿼리를 '매출'이라는 이름으로 그룹화를 해 보겠습니다.

01 '2018' 쿼리를 선택하고 Ctrl 키를 누른 상태에서 차례로 '2019', '2020', '2021', '2022' 쿼리를 선택합니다. 마우스 오른쪽 버튼을 클릭하고 [그룹으로 이동]-[새 그룹]을 클릭합니다.

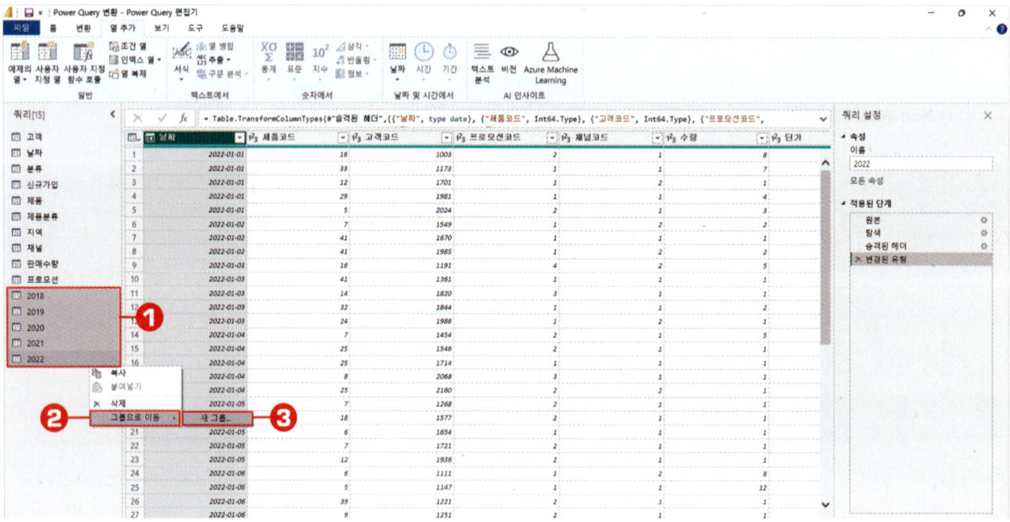

02 [새 그룹] 대화상자의 [이름] 입력란에 판매를 입력하고 확인을 클릭합니다.

03 [판매] 그룹이 생성됩니다.

2.12 쿼리 추가/병합

여러 개의 쿼리를 하나의 쿼리로 결합하고자 할 경우 쿼리 추가, 쿼리 병합을 통해 쿼리를 결합할 수 있습니다. 쿼리 추가는 행으로 데이터를 추가하며 쿼리 병합은 열로 데이터를 추가합니다. '판매' 그룹의 '2018~2022' 쿼리를 하나로 결합해 보겠습니다.

01 '2018' 쿼리를 선택합니다. [홈]-[결합] 그룹-[쿼리 추가]-[쿼리를 새 항목으로 추가]를 클릭합니다.

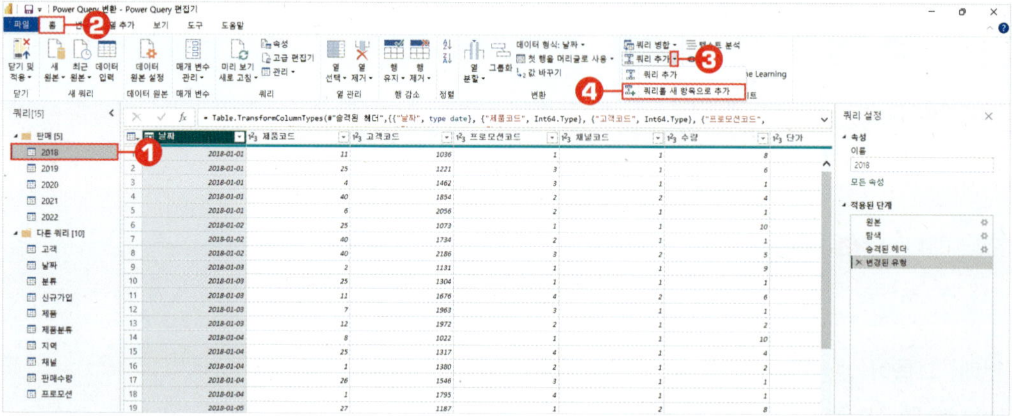

02 [추가] 대화상자의 [3개 이상의 테이블]을 선택하고 [사용 가능한 테이블]의 2018, 2019, 2020, 2021, 2022를 선택하고 [추가] 버튼을 클릭합니다.

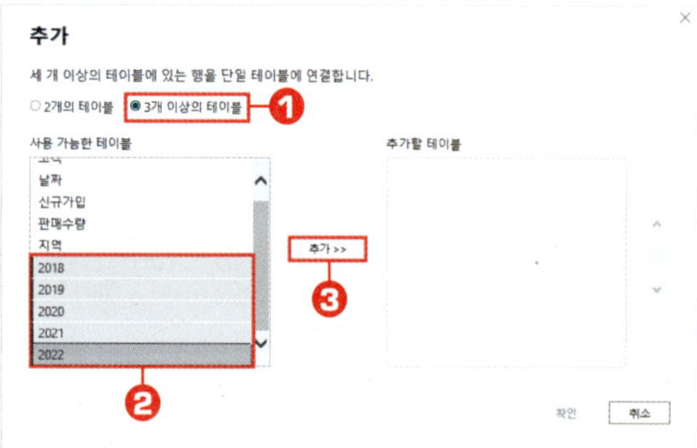

03 [추가할 테이블]의 목록을 확인하고 [확인] 버튼을 클릭합니다.

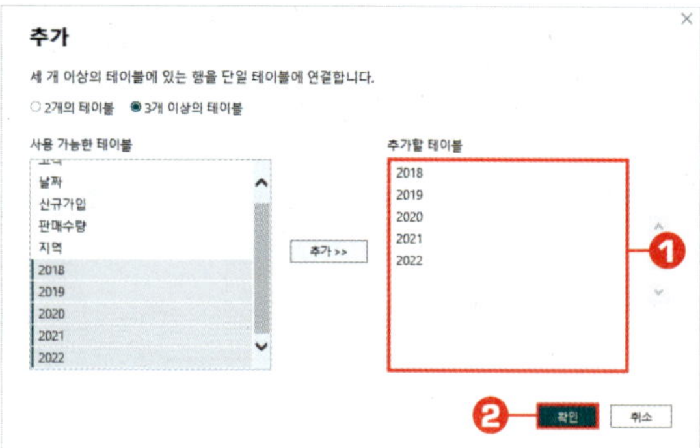

04 '추가1'을 더블클릭하고 판매를 입력하여 쿼리 이름을 변경합니다.

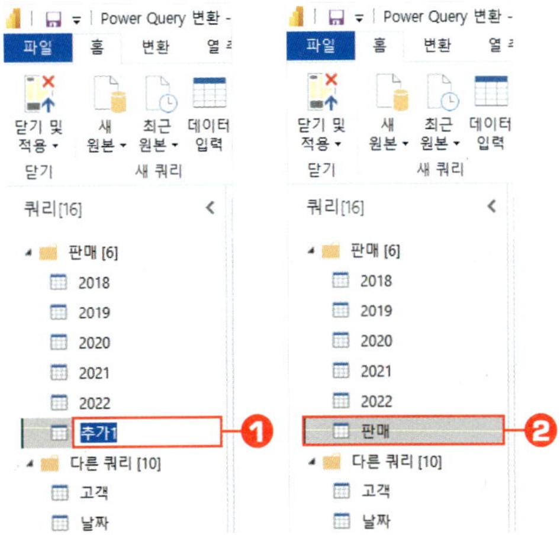

2.13 사용자 지정 열

사용자 지정 열을 사용하면 수식을 이용하여 계산 열을 생성할 수 있습니다. '판매' 쿼리의 '단가' 열과 '수량' 열을 곱해서 '금액' 열을 만들어 보겠습니다.

01 [판매] 쿼리를 선택하고 [열 추가]–[일반] 그룹–[사용자 지정 열]을 클릭합니다.

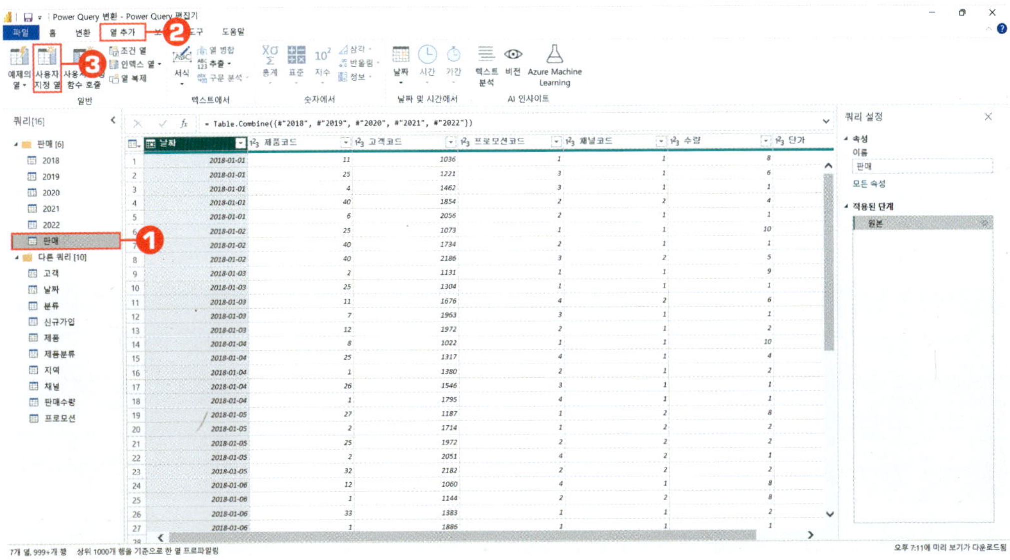

02 [사용자 지정 열] 대화상자가 표시됩니다. [새 열 이름] 입력창에 금액을 입력하고 [사용 가능한 열] 목록에 있는 '수량'을 선택하여 삽입합니다.

03 [사용자 지정 열 수식] 입력창의 [수량] 열 다음에 곱하기 기호인 *를 입력하고 [단가]를 삽입하여 그림과 같이 수식을 완성한 다음 [확인] 버튼을 클릭합니다.

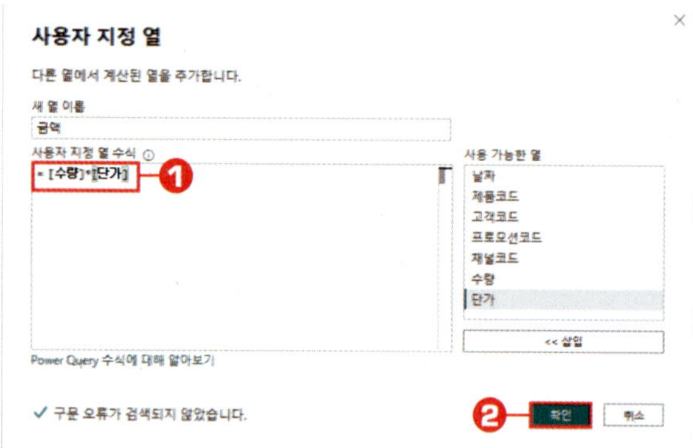

04 '단가' 열과 '수량' 열을 곱한 '금액' 열이 새롭게 추가됩니다.

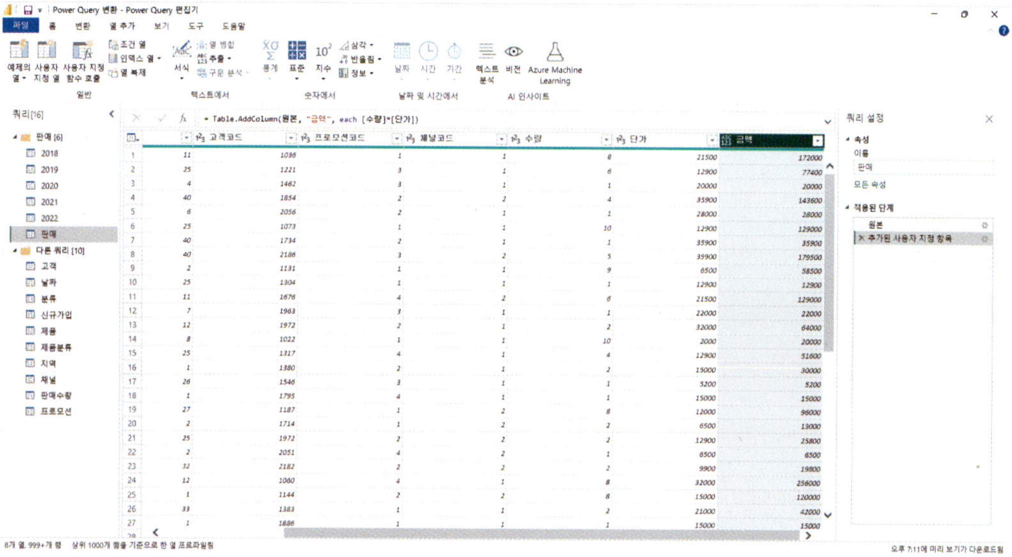

2.14 쿼리 병합

다른 쿼리의 데이터를 열로 병합하고자 할 경우에는 쿼리 병합을 사용합니다. 쿼리 병합 기능을 사용하여 '지역' 쿼리에 있는 정보를 '고객' 쿼리에 추가하겠습니다.

01 '고객' 쿼리로 이동하여 [홈]-[결합] 그룹-[쿼리 병합]-[쿼리를 새 항목으로 병합]을 클릭합니다.

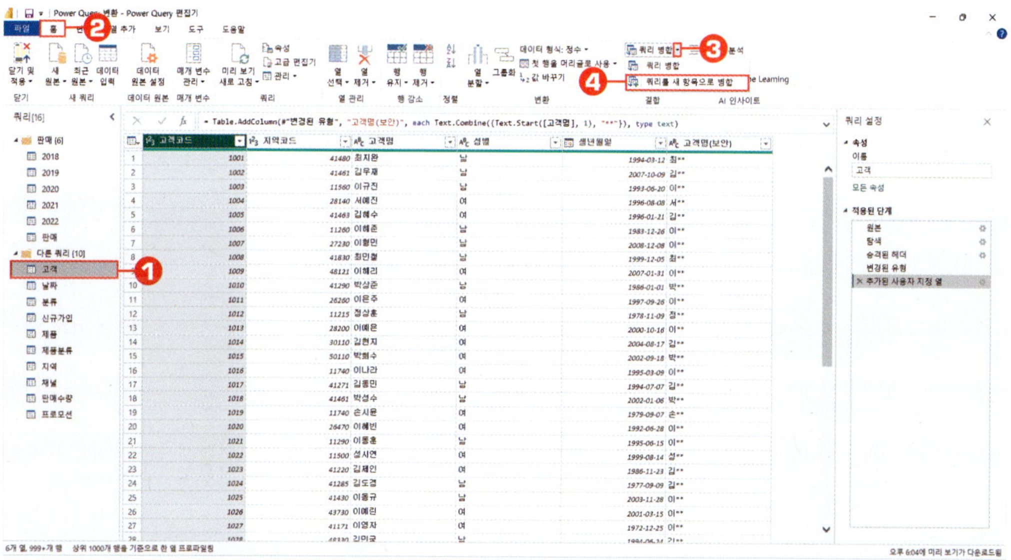

02 [병합] 대화상자가 표시되면 병합된 테이블을 만들 테이블로 '고객'과 '지역' 테이블을 선택하고 일치하는 열로 '지역코드'를 선택한 다음 [확인]을 클릭합니다.

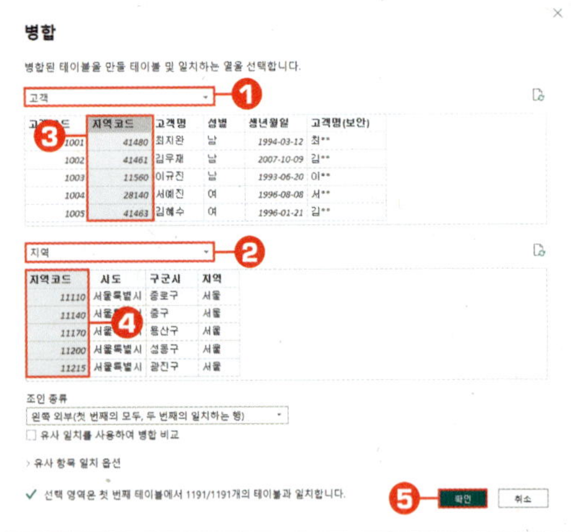

03 '병합1' 쿼리가 생성되고 '지역' 열이 추가됩니다. '지역' 열은 테이블로 정보가 저장되어 있어 이를 확장시켜 데이터를 표시해야 합니다. '지역' 열 머리글의 필터 단추 [icon]를 클릭하여 [지역]만 선택합니다. [원래 열 이름을 접두사로 사용]을 해제하고 [확인]을 클릭합니다.

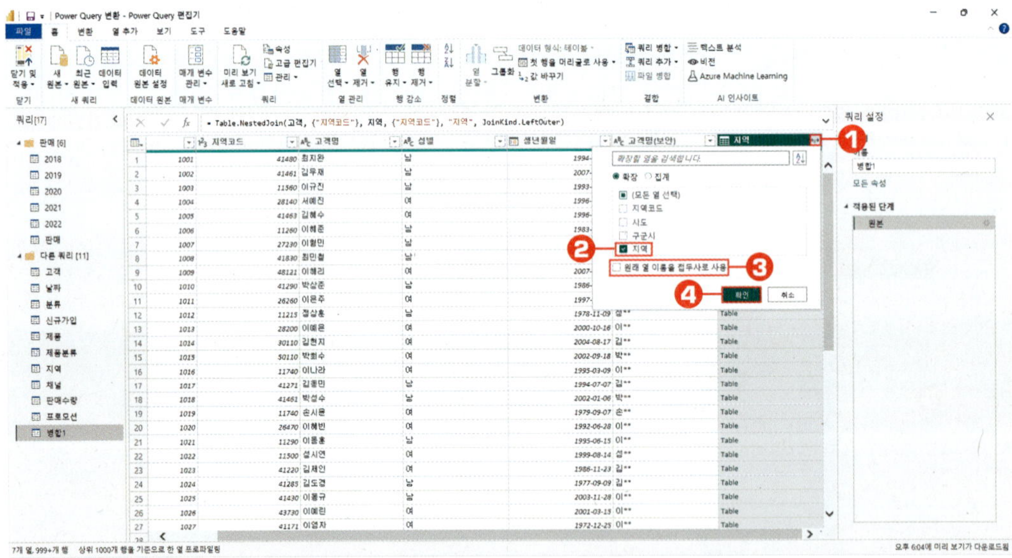

04 '지역.1' 열이 표시되면 머리글을 '지역'으로 수정하고 '지역코드' 열 옆으로 이동시킵니다.

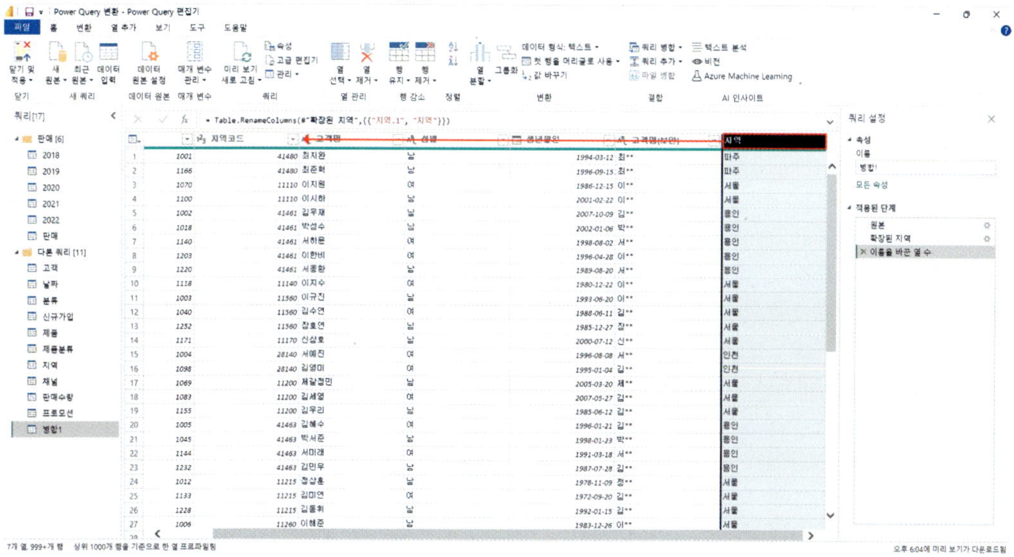

| TIP | 조인 종류

조인 종류는 테이블을 병합할 때 병합한 열의 행 표시 방법을 말합니다.

① 왼쪽 외부(첫 번째의 모두, 두 번째의 일치하는 행)

첫 번째 테이블을 기준으로 첫 번째 테이블의 전체 행과 두 번째 테이블의 일치하는 행을 표시합니다.

지역코드	고객명
41480	최지완
41461	김우재
11560	이규진
28140	서예진
41463	김혜수
11260	이해준
27230	이형민

\+

지역코드	지역
41480	파주
41461	용인
11560	서울
28140	인천
41463	용인
26350	부산
50110	제주

=

지역코드	고객명	지역
41480	최지완	파주
41461	김우재	용인
11560	이규진	서울
28140	서예진	인천
41463	김혜수	용인
11260	이해준	
27230	이형민	

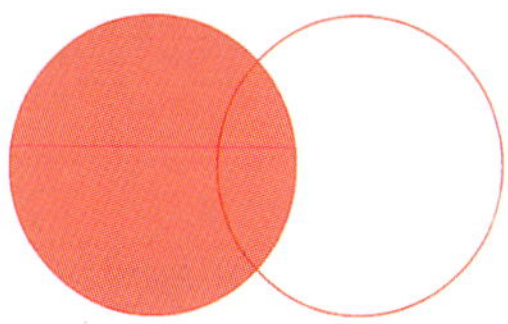

② 오른쪽 외부(두 번째의 모두, 첫 번째의 일치하는 행)

두 번째 테이블을 기준으로 두 번째 테이블의 전체 행과 첫 번째 테이블의 일치하는 행을 표시합니다.

지역코드	고객명
41480	최지완
41461	김우재
11560	이규진
28140	서예진
41463	김혜수
11260	이해준
27230	이형민

\+

지역코드	지역
41480	파주
41461	용인
11560	서울
28140	인천
41463	용인
26350	부산
50110	제주

=

지역코드	고객명	지역
41480	최지완	파주
41461	김우재	용인
11560	이규진	서울
28140	서예진	인천
41463	김혜수	용인
26350		부산
50110		제주

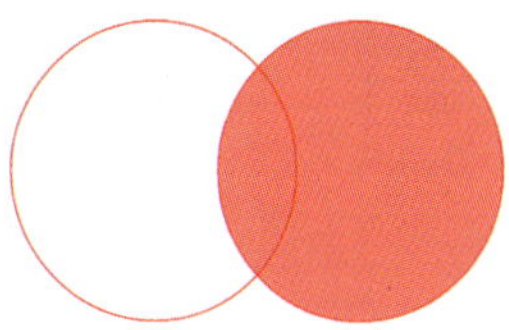

③ 완전 외부(양쪽의 모든 행)

두 테이블의 모든 행을 표시합니다.

지역코드	고객명
41480	최지완
41461	김우재
11560	이규진
28140	서예진
41463	김혜수
11260	이해준
27230	이형민

＋

지역코드	지역
41480	파주
41461	용인
11560	서울
28140	인천
41463	용인
26350	부산
50110	제주

＝

지역코드	고객명	지역
41480	최지완	파주
41461	김우재	용인
11560	이규진	서울
28140	서예진	인천
41463	김혜수	용인
11260	이해준	
27230	이형민	
26350		부산
50110		제주

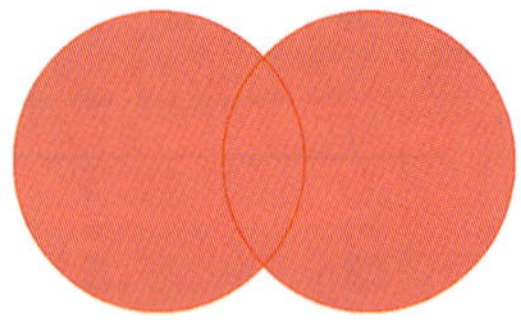

④ 내부(일치하는 행만)

두 테이블의 일치하는 행만 표시합니다.

지역코드	고객명
41480	최지완
41461	김우재
11560	이규진
28140	서예진
41463	김혜수
11260	이해준
27230	이형민

＋

지역코드	지역
41480	파주
41461	용인
11560	서울
28140	인천
41463	용인
26350	부산
50110	제주

＝

지역코드	고객명	지역
41480	최지완	파주
41461	김우재	용인
11560	이규진	서울
28140	서예진	인천
41463	김혜수	용인

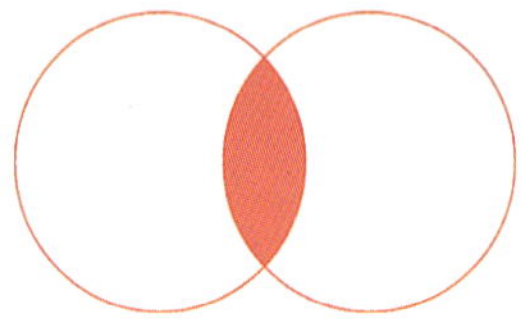

⑤ 왼쪽 앤티(첫 번째의 행만)

두 테이블의 일치하는 행을 제외한 첫 번째 테이블에만 존재하는 행만 표시합니다.

지역코드	고객명
41480	최지완
41461	김우재
11560	이규진
28140	서예진
41463	김혜수
11260	이해준
27230	이형민

＋

지역코드	지역
41480	파주
41461	용인
11560	서울
28140	인천
41463	용인
26350	부산
50110	제주

＝

지역코드	고객명	지역
11260	이해준	
27230	이형민	

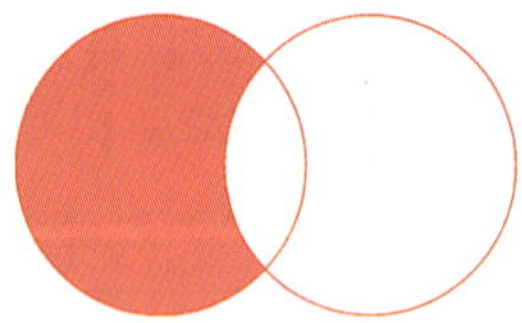

⑥ 오른쪽 앤티(두 번째의 행만)

두 테이블의 일치하는 행을 제외한 두 번째 테이블에만 존재하는 행을 표시합니다.

지역코드	고객명
41480	최지완
41461	김우재
11560	이규진
28140	서예진
41463	김혜수
11260	이해준
27230	이형민

＋

지역코드	지역
41480	파주
41461	용인
11560	서울
28140	인천
41463	용인
26350	부산
50110	제주

＝

지역코드	고객명	지역
26350		부산
50110		제주

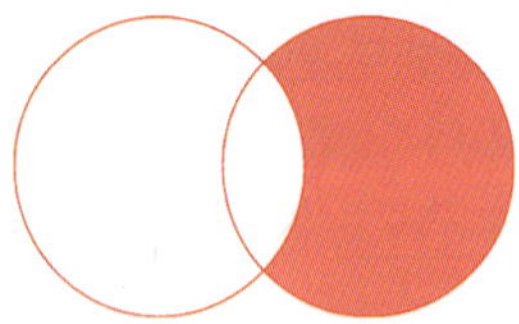

05

Chapter

데이터 모델링하기

01 관계 설정 및 편집
02 테이블 및 필드 설정
03 계산 열, 측정값

- 데이터를 연결하고 Power Query 편집기를 통한 데이터 전처리 작업이 끝나면 데이터를 모델링하는 작업이 필요합니다.
- 테이블 간의 관계를 설정하거나 계산 열, 측정값 등의 작업이 데이터 모델링에 속합니다.
- Power BI Desktop을 통해 여러 개의 테이블을 분석하고자 할 때 사전에 테이블 간의 관계를 설정해야 합니다.
- 관계 설정을 하지 않거나 잘못된 관계를 설정할 경우 잘못된 결과값을 반환하거나, 사용자가 원하는 데이터 시각화를 할 수 없습니다.

01 관계 설정 및 편집

- 데이터 모델은 차원 테이블과 팩트 테이블로 구성됩니다.

차원 테이블 (Demension Table)	• 팩트 테이블 각 열의 세부적인 정보를 기록한 테이블 • 모든 차원 테이블에는 테이블의 각 행을 고유하게 식별하는 기본 키가 있어야 하며, 중복은 허용하지 않습니다. • 세부적인 정보를 표시하기 위해 일반적으로 열이 많고 행이 적은 것이 특징입니다(가로로 데이터가 늘어나는 형태). 예 제품 리스트, 고객 리스트, 날짜 및 시간 리스트
팩트 테이블 (Fact Table)	• 시시각각 변화하는 데이터 값을 기록한 테이블 • 각 차원 테이블의 기본 키와 일치하는 외래 키가 들어있습니다. • 차원 테이블과 반대로 행이 많고 열이 적은 형태를 보이며, 시간이 경과할수록 행의 수는 계속 증가합니다(세로로 데이터가 늘어나는 형태). 예 판매 리스트

- 두 테이블을 연결하는 팩트 테이블의 열을 외래 키, 차원 테이블의 열의 기본 키라고 합니다. 차원 테이블의 기본 키는 팩트 테이블의 외래 키가 됩니다.
- 외래 키는 데이터가 여러 행에 중복되어 나타나며, 기본 키는 중복되지 않는 유일한 값을 가지는 열로 각 행은 중복이 없는 고유의 데이터로 이루어져 있습니다.

| TIP | Power BI Desktop에 데이터를 연결하면 테이블의 위치가 [예제 1] 그림처럼 자동으로 배치되어 나타납니다. Power BI Desktop 사용이 처음인 초급자의 경우 데이터 관계 설정 시 [모델 보기]의 테이블 구조를 통해 데이터의 흐름을 쉽게 파악할 수 있도록 [예제 2]의 그림처럼 구성해 놓는 것이 좋습니다. 각 테이블의 이름을 클릭하여 드래그하면 테이블의 위치를 원하는 대로 이동시킬 수 있습니다. 조회 테이블을 위쪽, 데이터 테이블은 아래쪽으로 배치하면 필터가 흐르는 방향을 기준으로 데이터가 어떻게 전파되는지 쉽게 파악할 수 있으며, 조회 테이블과 데이터 테이블을 한번에 구분할 수 있습니다.

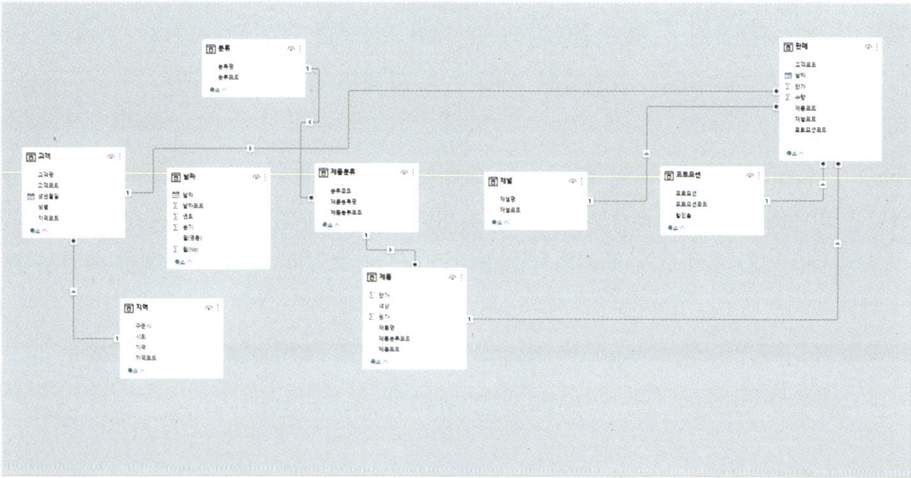

[예제 1]

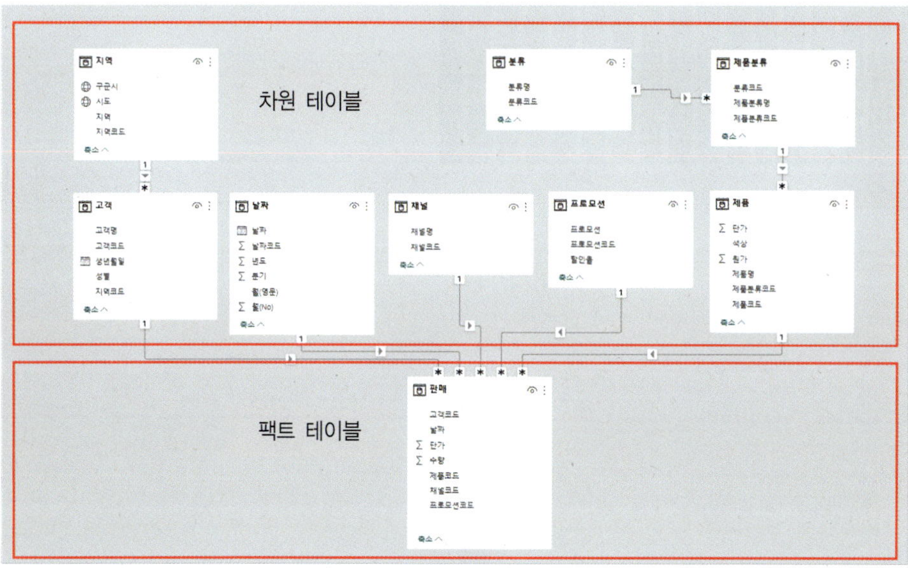

[예제 2]

1 관계 설정 및 옵션

Power BI Desktop에서 관계를 설정하는 방법은 ① 자동 검색으로 관계 설정, ② 수동으로 관계 설정으로 크게 2가지로 나뉩니다. 이제 각 방법들을 사용해 관계를 설정하겠습니다.

1.1 자동 검색으로 관계 설정

[모델 보기]-[홈]-[모델 관리]에서 테이블 간의 관계를 설정할 수 있습니다. Power BI Desktop은 기본적으로 원본 데이터를 연결하면 자동으로 관계를 설정합니다.

01 '관계 설정.pbix'를 엽니다. [1페이지]의 묶은 세로 막대형 차트는 제품분류별 판매수량을 시각화한 차트입니다. 차트를 확인해 보면 제품분류별 판매수량이 모두 동일하게 표시되어 있습니다. 이 경우와 같이 시각적 개체의 데이터가 올바르게 표시되지 않는다면 [모델 보기]에서 관계 설정을 확인해 볼 필요가 있습니다.

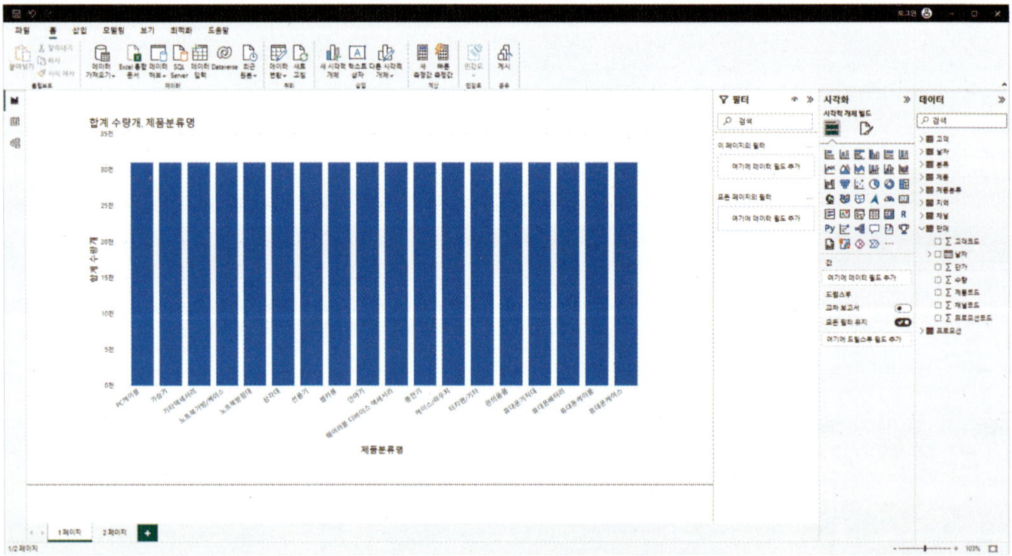

02 [모델 보기]로 이동합니다. 테이블 간의 연결선이 없는 것은 관계가 설정되지 않았음을 의미합니다. 관계 설정을 위해 [홈]–[관계] 그룹–[관계 관리]를 클릭합니다.

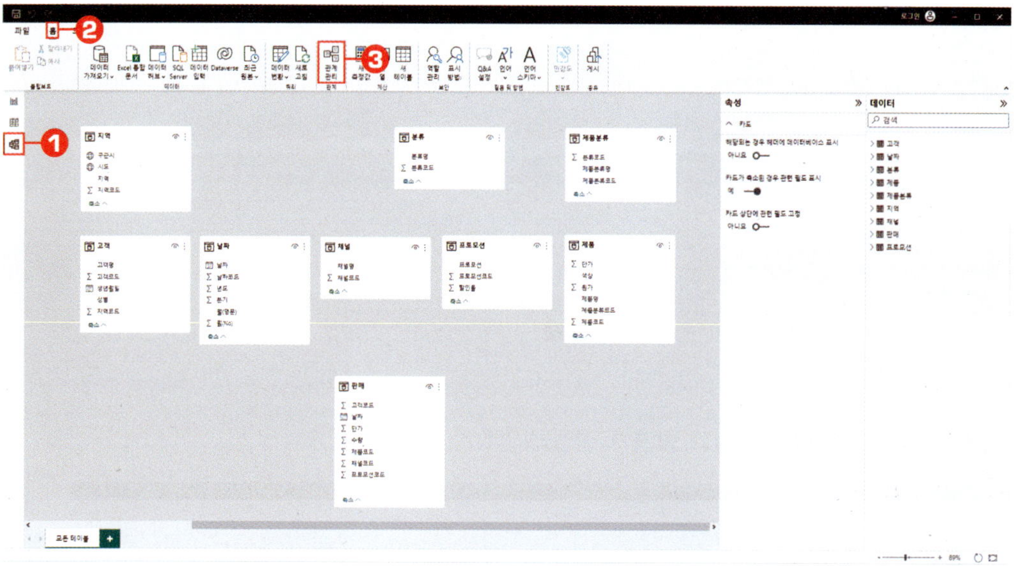

03 [관계 관리] 대화상자의 [자동 검색]을 클릭합니다.

03 [자동 검색] 대화상자가 표시되면 [닫기]를 클릭합니다.

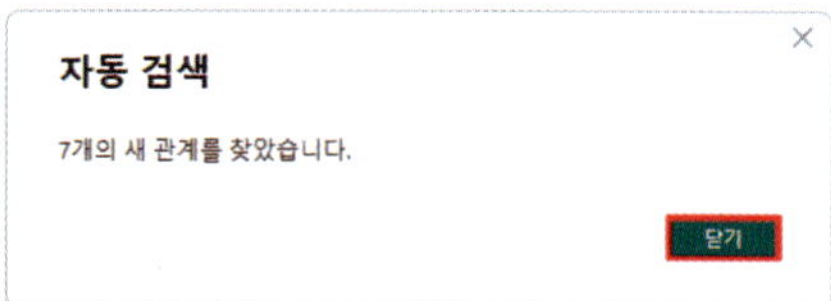

04 자동 검색된 관계 목록이 표시됩니다. [닫기]를 클릭합니다.

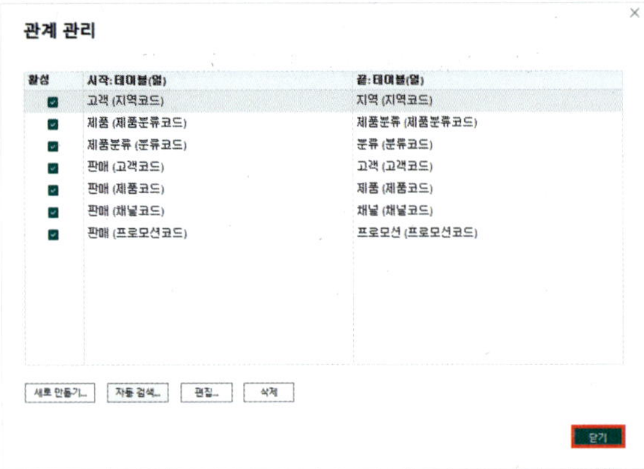

05 테이블 간의 연결선이 나타나고 관계가 설정됩니다.

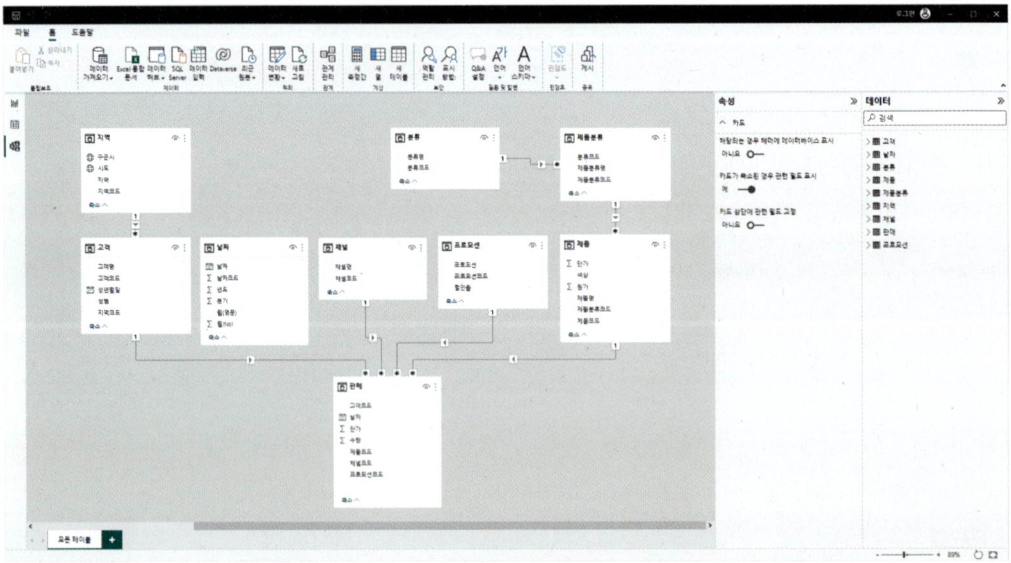

06 [보고서 보기] 화면으로 이동합니다. 묶은 세로 막대형 차트가 올바르게 표시됩니다.

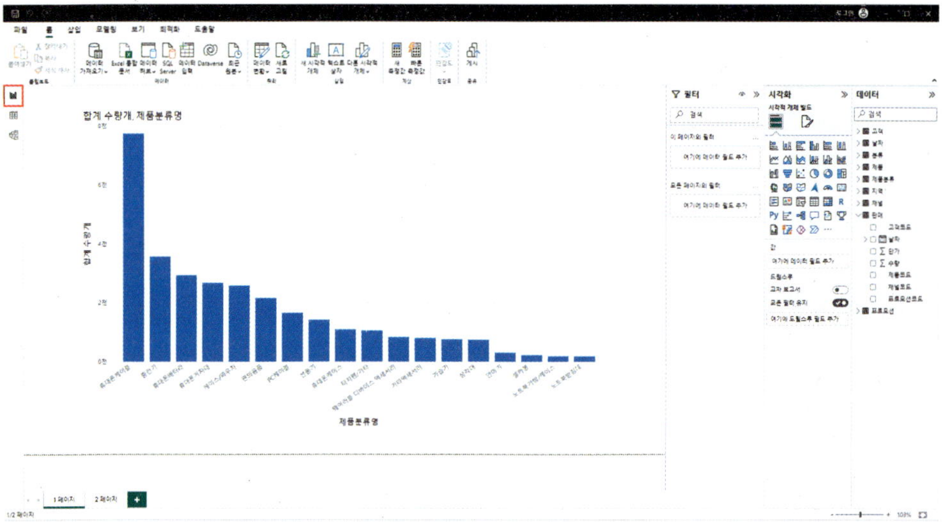

1.2 수동으로 관계 설정

자동 검색으로 관계 설정이 되지 않는 경우에는 사용자가 직접 테이블 간의 관계를 설정할 수 있습니다.

01 [2페이지]로 이동합니다. 꺾은선형 차트의 월별 판매수량이 모두 동일하게 표시되어 있습니다. 자동 검색으로 설정되지 않은 관계를 직접 설정해 보겠습니다.

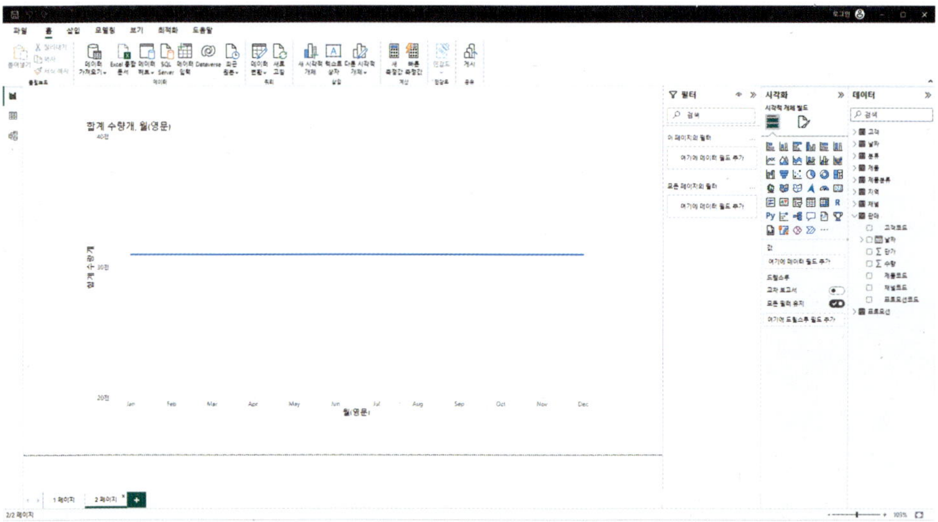

02 [모델 보기]로 이동하여 [홈]-[관계] 그룹-[관계 관리]를 클릭합니다.

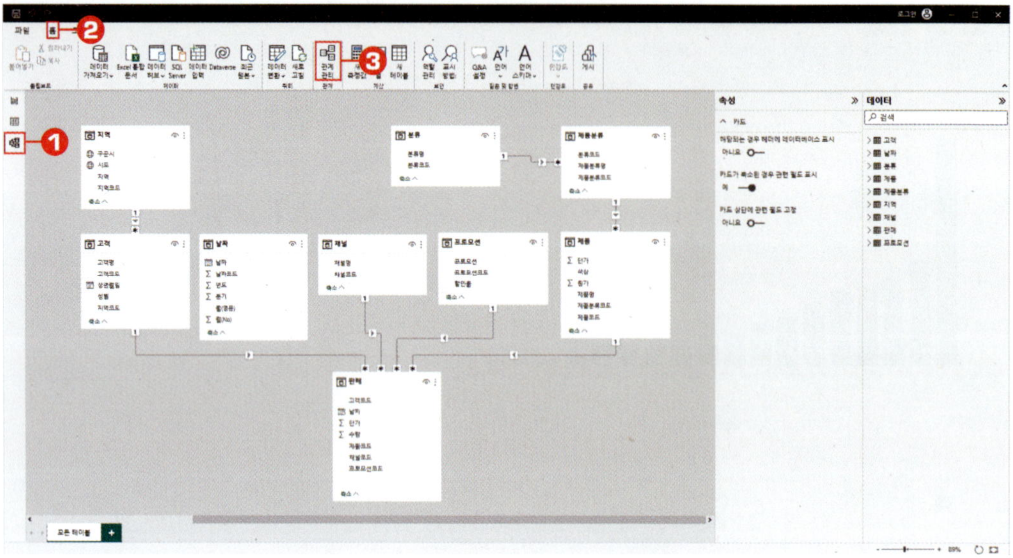

03 [관계 관리] 대화상자가 표시되면 [새로 만들기]를 클릭합니다.

04 [관계 만들기] 대화상자가 표시됩니다. 관련된 테이블로 '날짜'와 '판매' 테이블을 선택하고 관련된 열로 각각 '날짜' 열을 선택한 다음 [확인] 버튼을 클릭합니다.

05 [관계 관리] 대화상자에 '날짜' 테이블과 '판매' 테이블의 관계가 추가됩니다. [닫기]를 클릭합니다.

06 [모델 보기] 화면에 관계선이 표시됩니다.

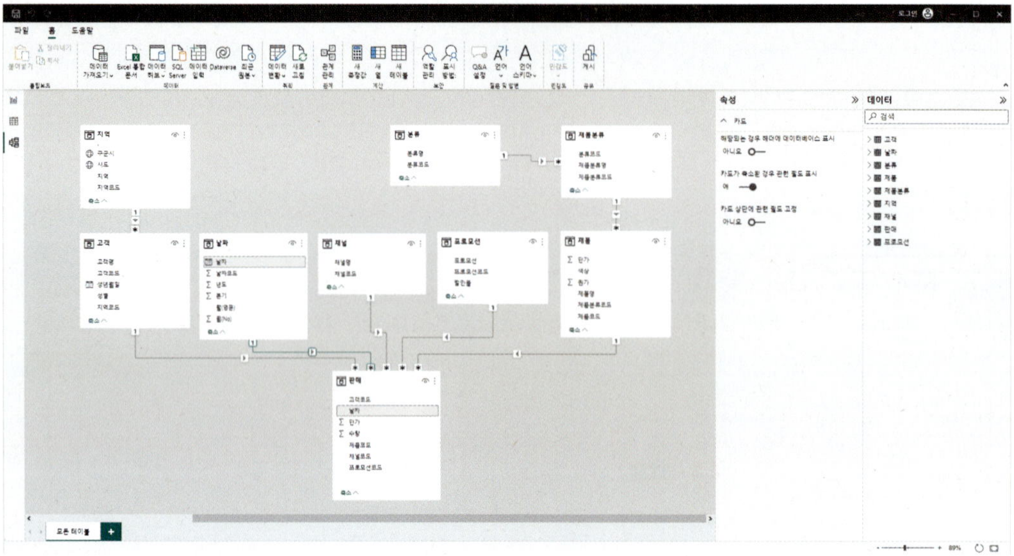

07 [보고서 보기] 화면으로 이동합니다. 꺾은선형 차트가 올바르게 표시됩니다.

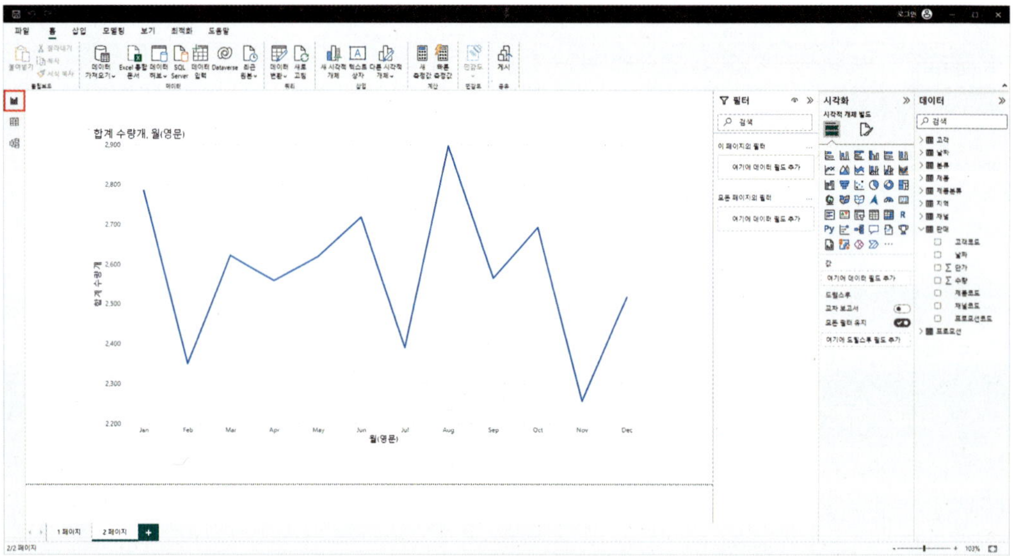

관계 설정은 드래그&드롭 방식으로도 설정할 수 있습니다.
[모델 보기] 화면에서 관계를 설정할 테이블의 필드를 다른 테이블의 필드와 드래그&드롭으로 연결하면 관계가 설정됩니다.

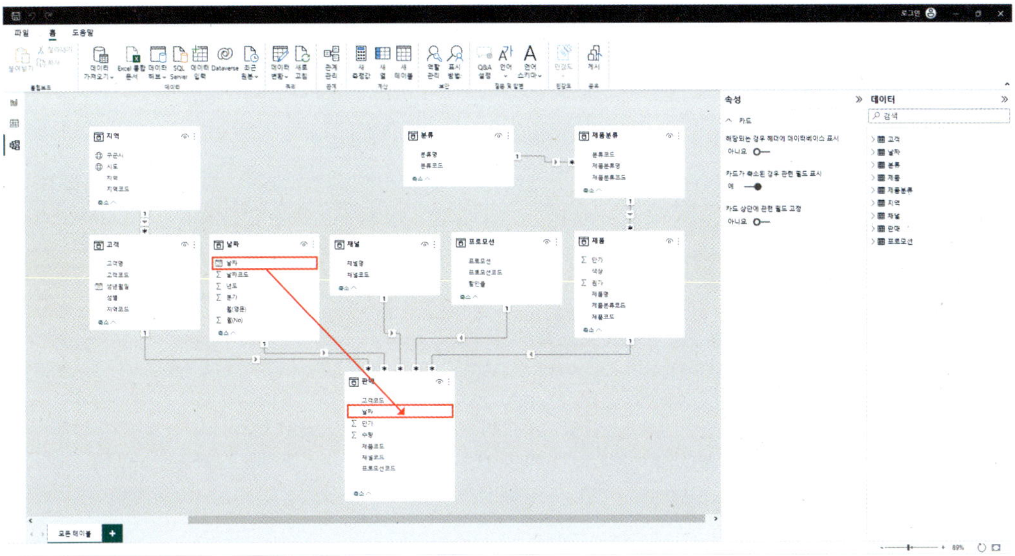

관계 설정은 [보고서 보기] 화면에서도 설정 및 편집이 가능합니다.
[보고서 보기]–[모델링]–[관계] 그룹–[관계 관리]를 클릭합니다.

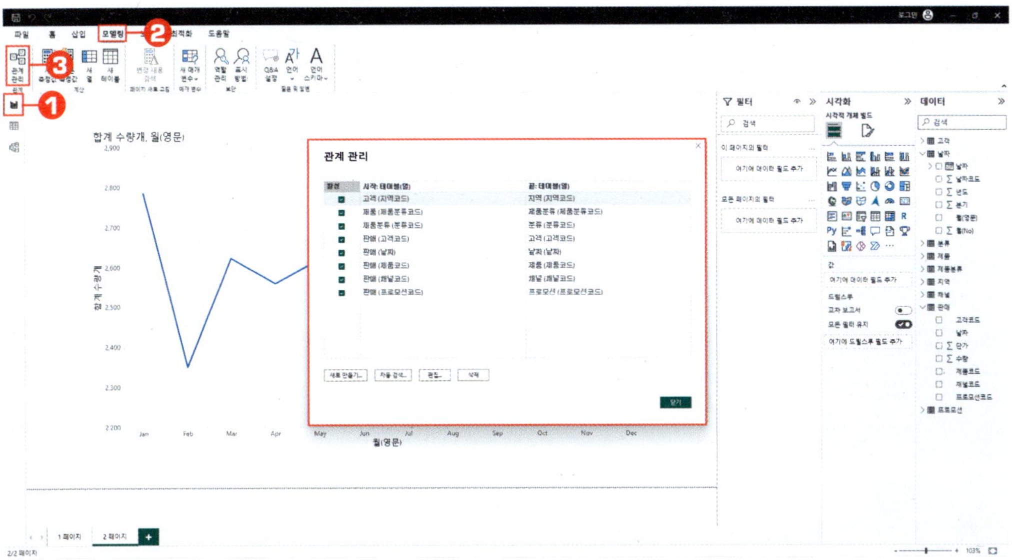

1.3 관계 편집 및 삭제

01 테이블 간의 연결선을 더블클릭합니다. 관계를 편집할 수 있는 [관계 편집] 대화상자가 표시되고 해당 창에서 관계를 편집할 수 있습니다.

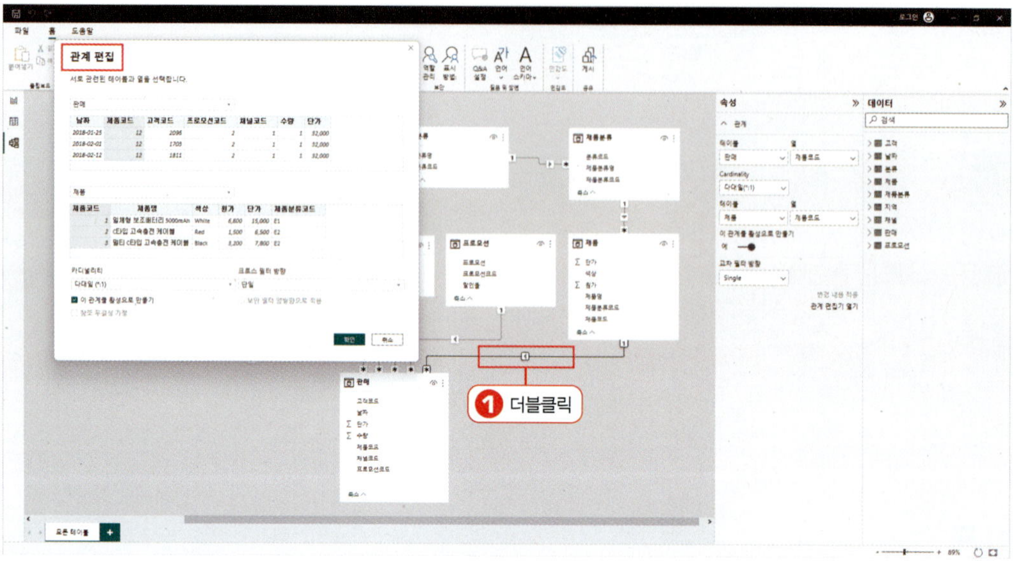

02 테이블 간의 연결선을 클릭하면 화면 오른쪽에 [속성] 창이 표시됩니다. 해당 창에서도 관계를 편집할 수 있습니다.

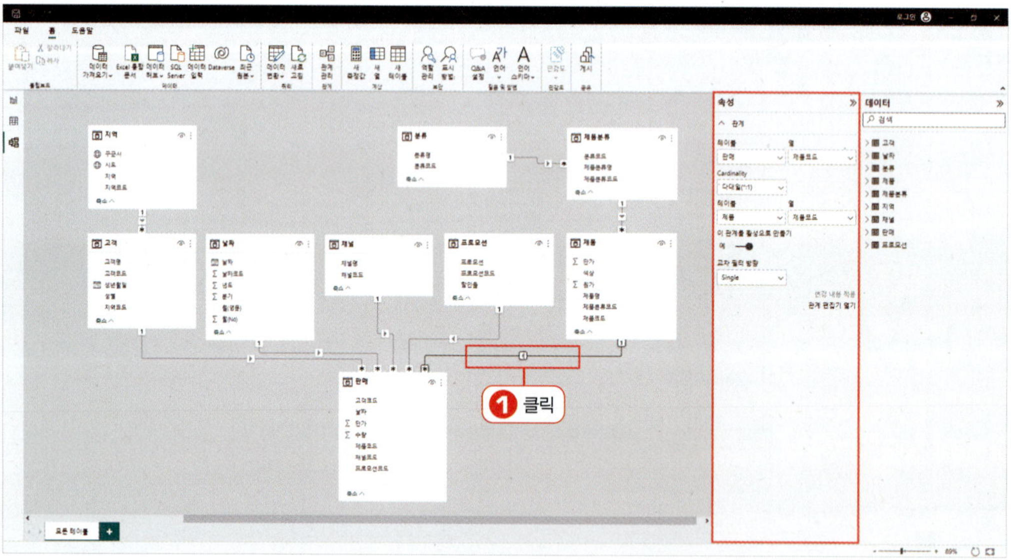

03 설정된 관계를 삭제하려면 연결선에 마우스 커서를 대고 마우스 오른쪽 버튼을 클릭하고 [삭제]를 클릭합니다.

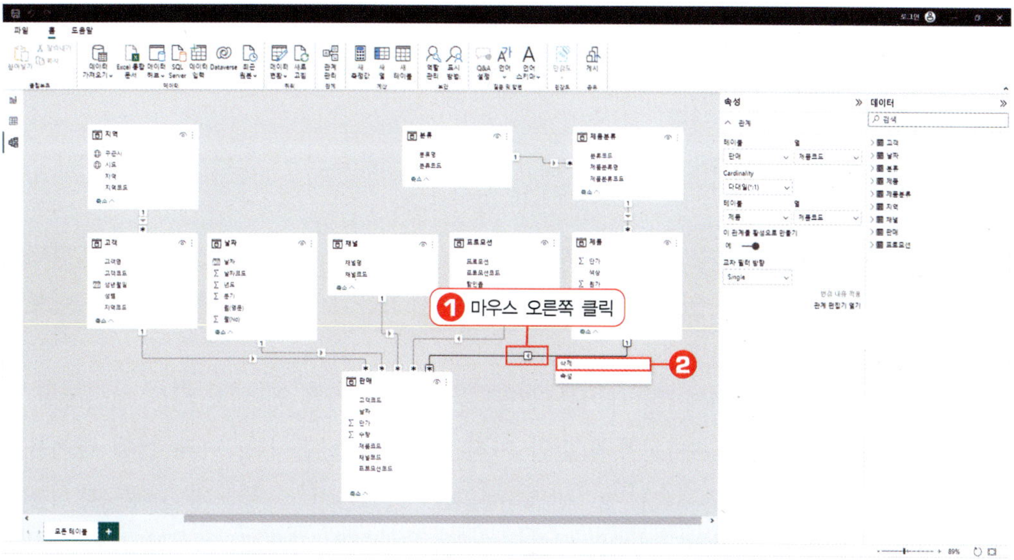

04 [모델 보기]–[홈]–[관계] 그룹–[관계 관리]에서도 관계 편집 및 삭제가 가능합니다.

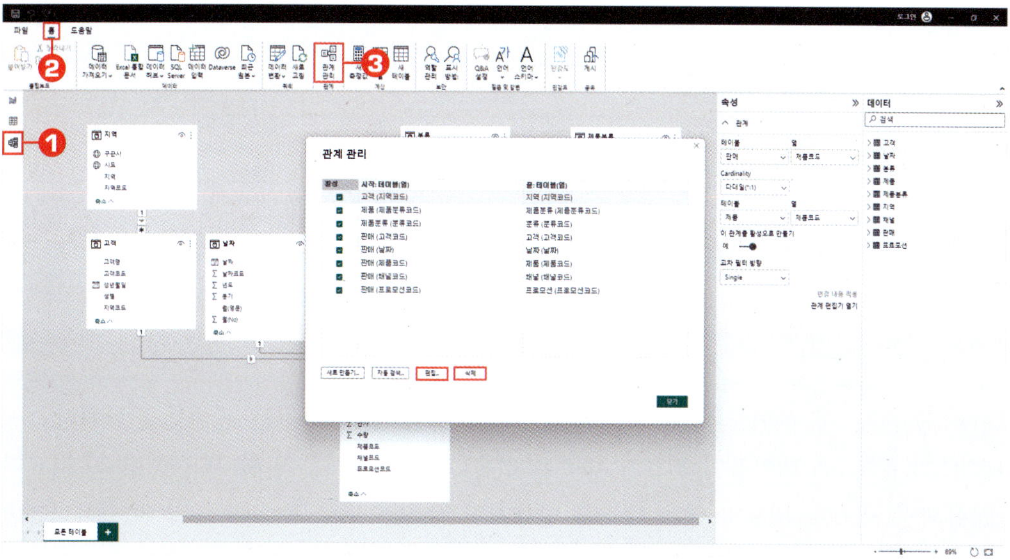

1.4 관계 설정 옵션

기본적으로 Power BI Desktop은 관계 설정 시 테이블의 데이터를 기반으로 하여 가장 적합한 추가 옵션을 자동으로 구성합니다. 하지만 자동으로 구성된 옵션을 사용하여 사용자가 원하는 형태의 시각화가 이루어지지 않는 경우에는 관계 옵션에 대한 편집이 필요합니다. 관계 설정과 관련된 옵션에 대해 알아보겠습니다.

옵션 1. 카디널리티

카디널리티는 열 또는 필드의 고유값이 존재하는 방식을 의미하며 옵션으로 일대다(1:*), 다대일(*:1), 일대일(1:1), 다대다(*:*)가 있습니다. 여기서 일(1)은 고유의 값을 의미하고, 다(*)는 중복 값을 의미합니다.

1 일대다(1:*)와 다대일(*:1)의 관계: 한 테이블의 필드는 중복된 값을 가지고, 다른 테이블의 필드는 중복된 값을 가질 수 없는 고유의 값만 가지는 관계를 말합니다. 아래 판매 테이블과 제품 테이블의 관계를 살펴보겠습니다. '판매' 테이블의 [제품코드] 필드와 '제품' 테이블의 [제품코드] 필드로 관계가 설정되어 있습니다. '제품' 테이블의 [제품코드]는 각 제품을 식별하는 고유한 값만을 가지는 필드(기본 키)이며, '판매' 테이블의 [제품코드]는 한 제품이 여러 번 판매될 수 있기 때문에 중복된 값을 가지는 필드(외래 키)이므로 다대일(*:1)의 카디널리티로 설정됩니다.

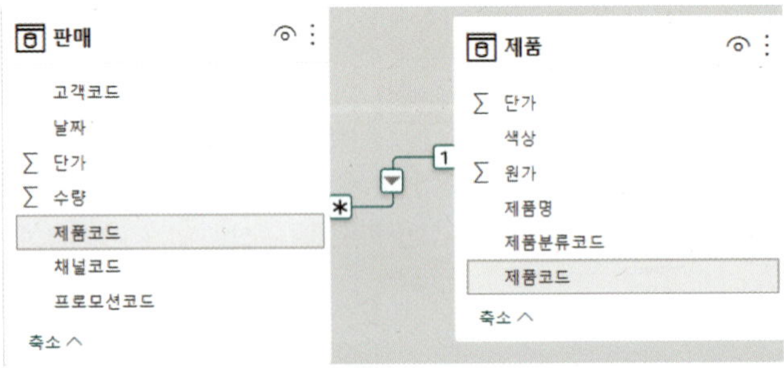

2 일대일(1:1) 관계: 두 테이블의 필드가 중복 없이 고유한 값을 가지는 관계를 말합니다.

3 다대다(*:*) 관계: 두 테이블의 필드가 중복된 값을 가지는 관계를 말합니다. 해당 관계는 거의 사용되지 않으며, 의도치 않은 에러를 발생시킬 수 있으므로 꼭 필요한 경우가 아니라면 사용을 제한하는 것을 권장합니다.

옵션 2. 크로스 필터 방향

크로스 필터 방향은 데이터의 필터가 흐르는 방향을 의미합니다. 크로스 필터 방향 설정에 따라 시각화가 달라질 수 있습니다. 옵션으로는 단일과 모두가 있습니다. 단일은 단방향을 의미하며, 모두는 양방향을 의미합니다.

1. 단일 방향(단방향): 일대다 관계의 경우 크로스 필터 방향은 일(1) 방향에서 다(*)의 방향으로 단일 필터가 적용됩니다. 단일 방향은 가장 일반적인 필터 방향으로 두 테이블의 필터링이 한쪽으로만 적용되는 것을 의미합니다.
2. 모두 방향(양방향): 두 테이블이 모두 단일 테이블인 것처럼 처리되는 것을 의미하며, 테이블 관계의 다른 쪽에 있는 두 번째 관련 테이블에 필터 컨텍스트를 전파하여 필터를 적용할 수 있습니다.

옵션 3. 이 관계를 활성으로 만들기

두 테이블 사이에는 하나의 관계만 활성화할 수 있습니다. 2개 이상의 관계를 설정하면 1개의 관계만 활성화되며, 그 외 나머지 관계는 비활성화 관계로 설정됩니다. 비활성화된 관계는 관계선이 점선으로 표시되고 테이블 간의 관계가 적용되지 않습니다.

옵션 4. 참조 무결성 가정

DirectQuery를 사용하여 데이터를 연결하는 경우에만 해당 옵션이 활성화됩니다. 참조 무결성 가정을 사용하면 데이터 원본에 대한 쿼리가 OUTER JOIN 대신 INNER JOIN 문을 사용하도록 하여 데이터 원본에 대해 더 효율적인 쿼리를 실행할 수 있습니다. 참조 무결성 가정이 제대로 작동하려면 다음과 같은 요구사항이 필요합니다.

- 관계에서 From 열의 데이터는 Null 또는 공백이 아니다.
- From 열의 각 값의 경우 To 열에 해당 값이 있다.

From 열은 일대다 관계에서 다이거나 일대일 관계에서 첫 번째 테이블의 열입니다. 아래 '판매' [제품코드]와 '제품' [제품코드] 사이에는 참조 무결성이 있습니다. '판매' 테이블의 [제품코드] 열은 비어있는 Null 값이 아니며 해당 열의 모든 값은 '제품' 테이블에도 존재합니다. 따라서 보다 효율적인 쿼리를 얻기 위해 참조 무결성 가정을 설정할 수 있습니다.

날짜	제품코드	고객코드	프로모션코드	채널코드	수량	단가
2020-05-21	1	1011	1	1	8	15000
2020-05-24	3	1766	1	1	15	7800
2020-05-25	4	1440	3	1	1	20000
2020-05-28	3	1291	3	1	8	7800
2020-05-31	5	1704	4	1	1	7200

제품코드	제품명	색상	원가	단가	제품분류코드
1	일체형 보조배터리 5000mAh	White	6800	15000	E1
2	C타입 고속충전 케이블	Red	1500	6500	E2
3	멀티 C타입 고속충전 케이블	Black	3200	7800	E2
4	아이패드 에어5/4세대 10.9인치 케이스	Green	12800	20000	E9
5	갤럭시워치5 풀커버 케이스	Grey	2200	7200	E3

옵션 5. 보안 필터 양방향으로 적용

해당 옵션은 행 수준 보안 기능을 설정할 때 사용됩니다. 행 수준 보안은 지정된 사용자에 데이터 액세스를 제한하는 데 사용됩니다. 대시보드나 보고서를 만들어 공유할 때 그 대상별로 다른 수준의 접근 권한을 지정할 수 있습니다. 기본적으로 행 수준 보안 필터링은 단방향 필터를 사용합니다. 이때 관계를 선택하고 [보안 필터 양방향으로 적용] 옵션을 선택하여 행 수준 보안으로 양방향 교차 필터링을 수동으로 활성화할 수 있습니다.

02 테이블 및 필드 설정

▶ 연결한 데이터의 테이블 및 필드 설정을 사용자 요구에 맞게 변경할 수 있습니다. 테이블 및 필드를 다루는 방법에 대해 차례대로 알아보겠습니다.

1 테이블 이름 변경

Power BI Desktop으로 가져온 테이블 수가 늘어날수록 테이블의 이름이 너무 길거나 복잡할 경우 테이블을 식별하는 데 어려움이 발생할 수 있습니다. 그 예시로 엑셀 파일의 경우 시트의 이름을 따로 지정하지 않을 경우 기본값인 Sheet1로 지정됩니다. Power BI Desktop으로 해당 엑셀 데이터를 가져오면 테이블의 이름이 Sheet1로 표시되어 어떤 정보를 담고 있는지 파악하기 어렵습니다. 각 테이블이 어떤 정보를 담고 있는지 한번에 파악할 수 있도록 테이블의 이름을 변경해 보겠습니다.

01 '데이터 모델링.pbix' 파일을 엽니다. [데이터] 창에서 '2018년도~2022년도 주문고객' 테이블을 선택하고 마우스 오른쪽 버튼을 클릭하여 [이름 바꾸기]를 선택합니다(테이블 이름을 더블클릭하거나 F2 키를 누르면 빠르게 변경할 수 있습니다).

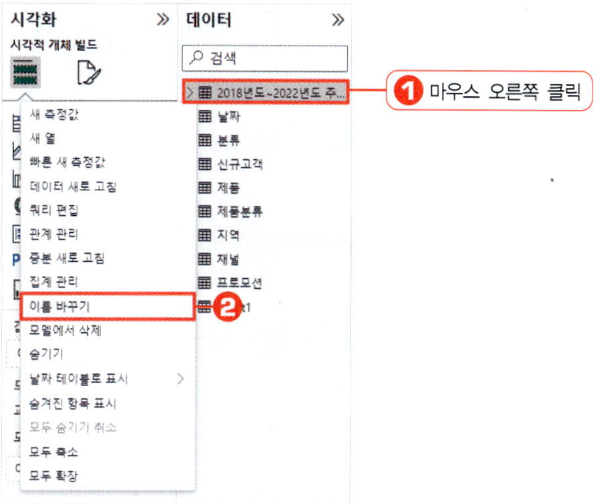

02 '2018년도~2022년도 주문고객' 테이블의 이름에 고객을 입력하고 Enter 키를 누릅니다.

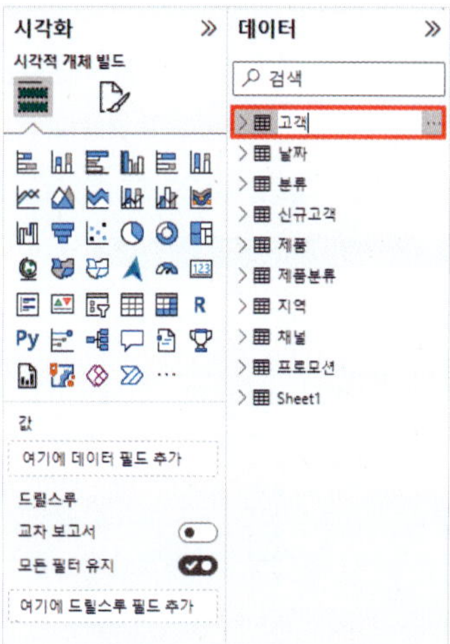

03 동일한 방법으로 'Sheet1' 테이블의 이름을 '판매'로 변경합니다.

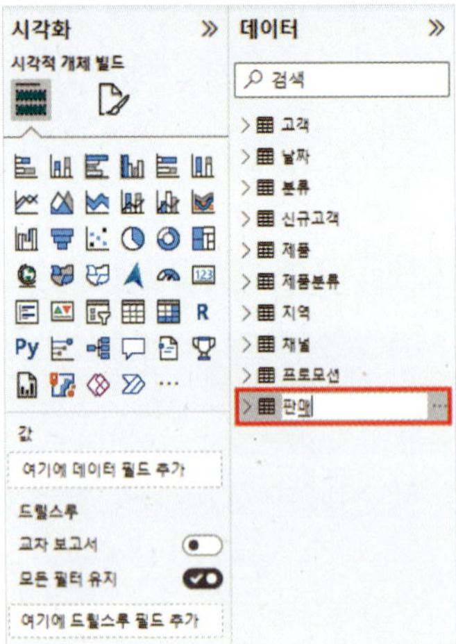

2 필드 이름 변경

테이블 이름 변경과 마찬가지로 필드의 이름도 파악이 쉽도록 변경할 수 있습니다.

01 [데이터 보기] 화면으로 이동하여 '판매' 테이블의 Quantity 필드를 선택하고 마우스 오른쪽 버튼을 클릭하여 [이름 바꾸기]를 선택합니다([데이터] 창에서도 필드명을 변경할 수 있으며, 해당 필드의 이름을 더블클릭하거나 F2 키를 누르면 빠르게 변경할 수 있습니다).

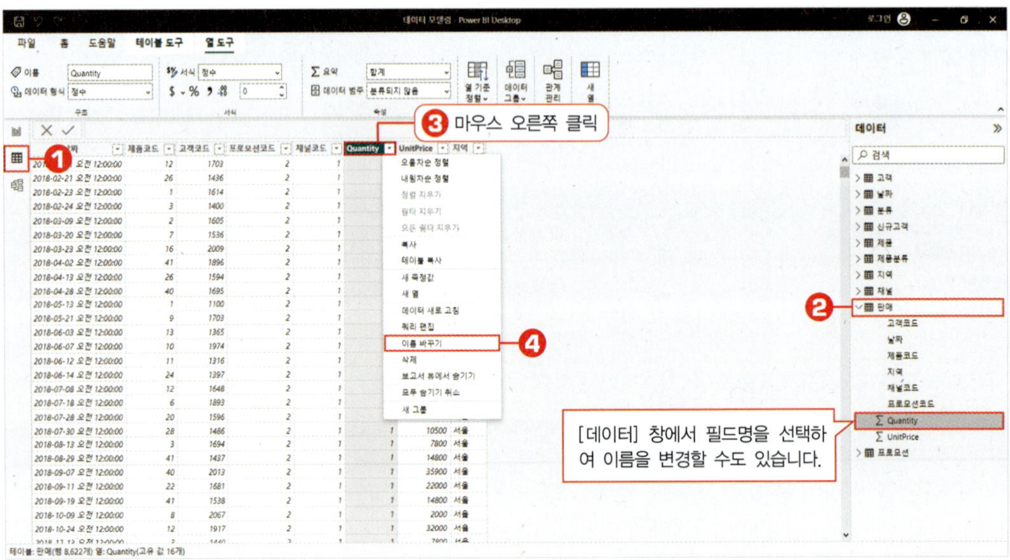

02 Quantity 필드의 이름을 지우고 수량을 입력한 다음 Enter 키를 누릅니다.

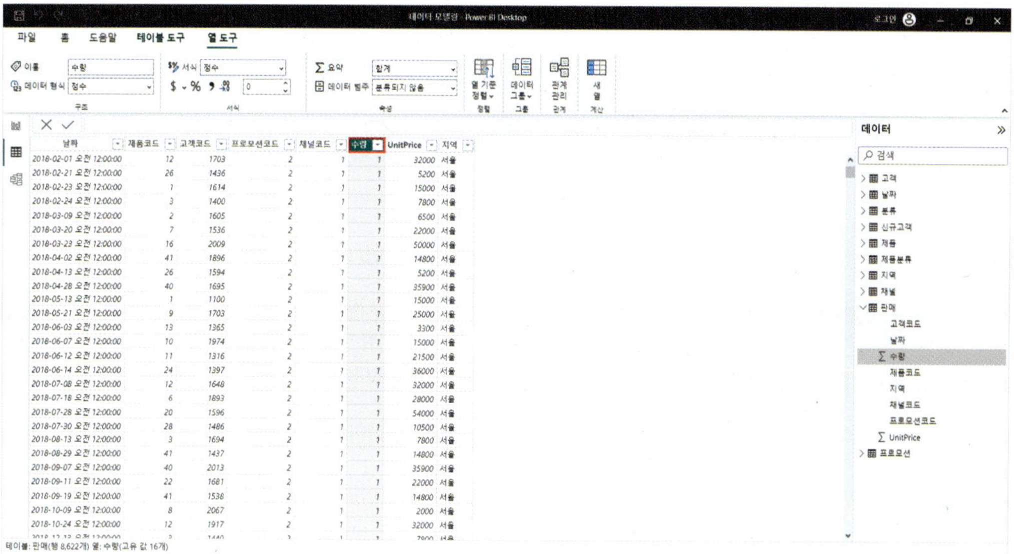

03 같은 방법으로 UnitPrice 필드의 이름을 단가로 변경합니다.

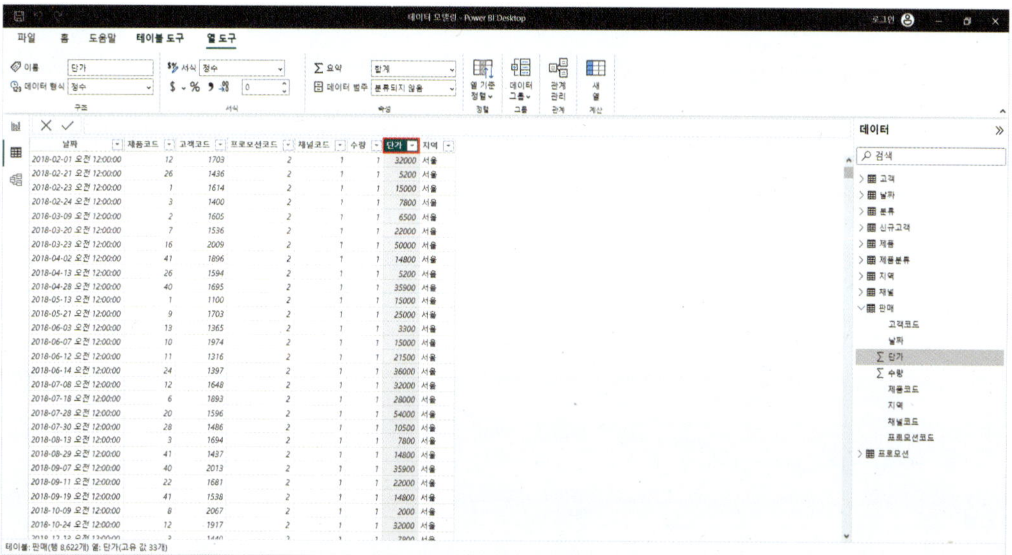

⊕ [데이터] 창에서 이름을 변경하고자 하는 테이블 또는 필드를 선택하면 화면 상단의 [테이블 도구] 또는 [열 도구] 탭이 표시되며 [구조] 그룹에서 이름을 변경할 수 있습니다.

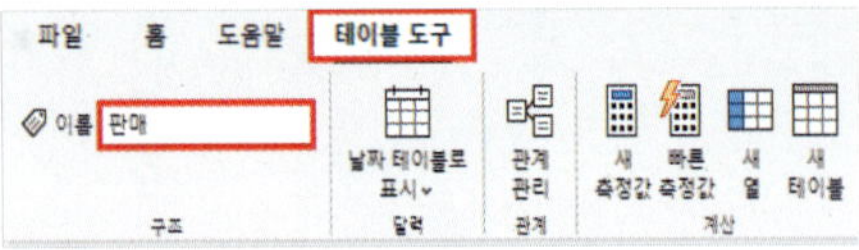

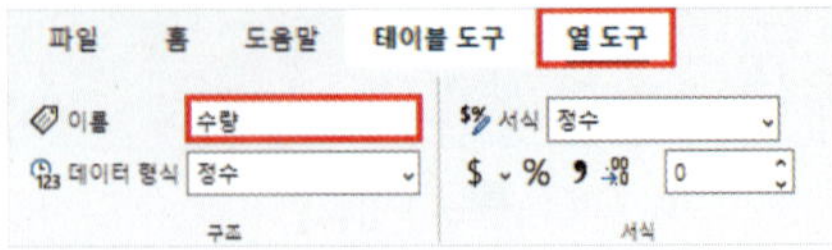

3 테이블 및 필드 삭제

사용하지 않는 테이블 및 필드는 제거할 수 있습니다. Power BI Desktop상에서 제거될 뿐 원본 데이터에는 영향을 미치지 않습니다.

01 [데이터] 창에서 '신규고객' 테이블을 선택하고 마우스 오른쪽 버튼을 클릭하여 [모델에서 삭제]를 선택합니다.

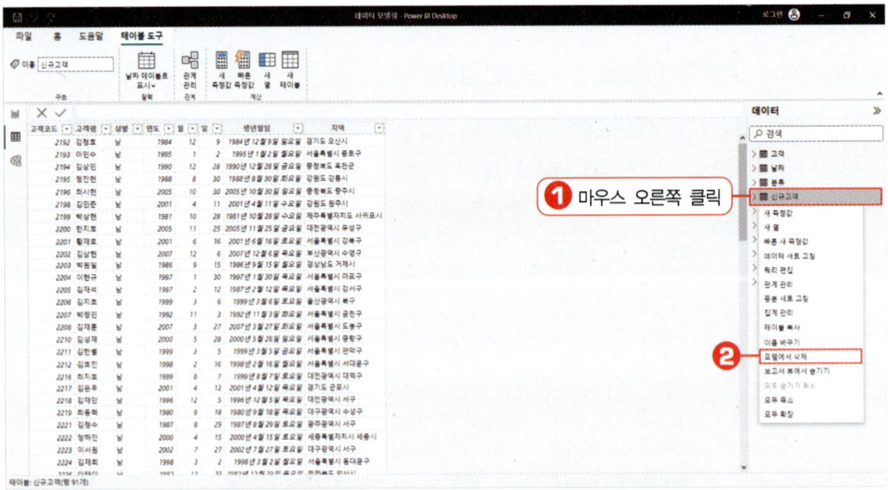

02 [테이블 삭제] 대화상자의 [예]를 클릭하면 [데이터] 창에서 '신규고객' 테이블이 제거됩니다.

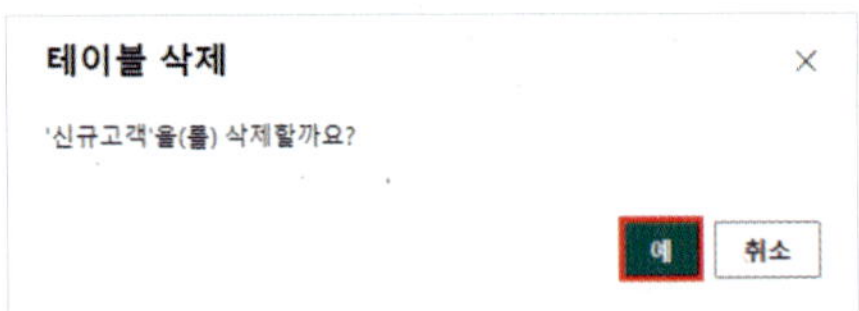

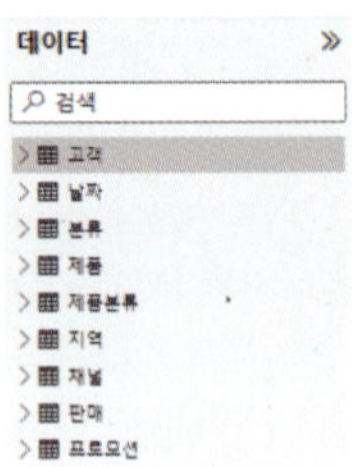

03 [데이터] 창에서 '판매' 테이블을 아래로 확장시켜 필드 목록을 표시합니다. [지역] 필드를 선택하고 마우스 오른쪽 버튼을 클릭하여 [모델에서 삭제]를 선택합니다.

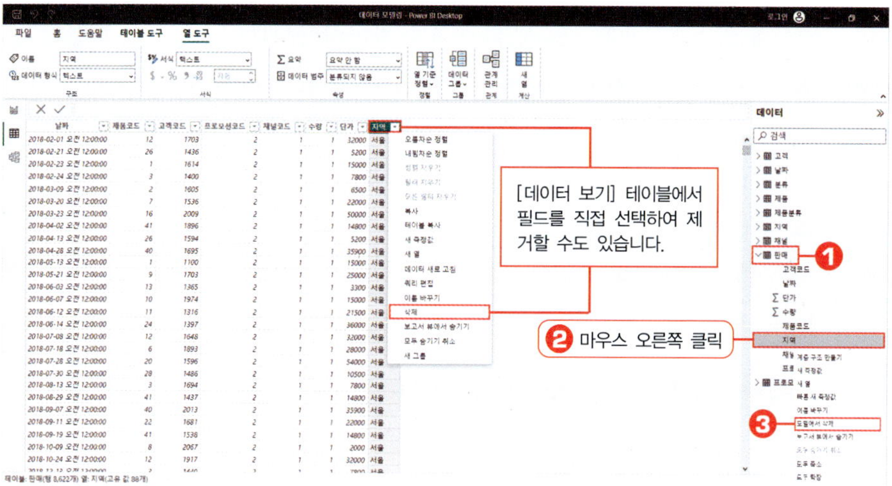

04 [열 삭제] 대화상자의 [예]를 클릭합니다.

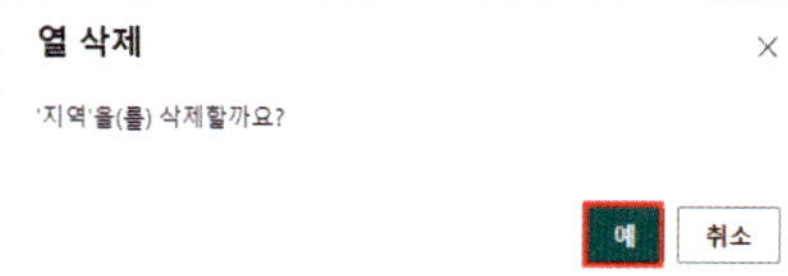

05 '판매' 테이블과 [데이터] 창에서 [지역] 필드가 제거됩니다.

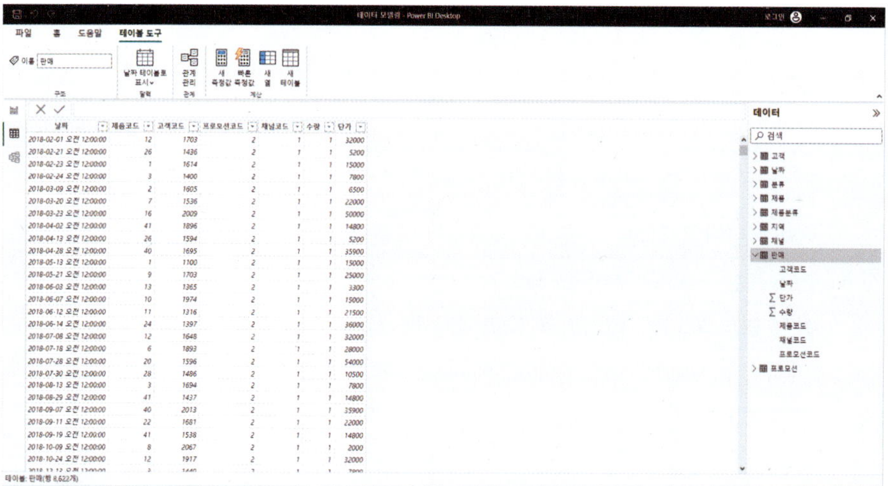

4 데이터 형식 변경 및 서식 지정

Power BI Desktop은 데이터를 가져올 때 데이터 시각화를 효율적으로 지원할 수 있는 데이터 형식으로 변환합니다. 이후에 학습을 진행할 DAX 함수에는 특정한 데이터 형식 요구사항이 있기 때문에 데이터 형식에 대한 개념을 제대로 이해하고 있어야 합니다. 예를 들어 날짜 형식의 데이터를 사용하는 DAX 함수의 경우 참조하고자 하는 열의 데이터 형식이 날짜 형식이 아닌 텍스트 형식으로 지정되어 있다면 함수가 제대로 작동하지 않습니다. 따라서 각 필드에 대한 정확한 데이터 형식을 사전에 확보하는 것이 중요합니다.

Power BI Desktop의 데이터 형식은 다음과 같습니다.

데이터 형식		설명
숫자	정수	• 64비트(8바이트) 정수 값을 나타내며 정수이기 때문에 소수점 오른쪽에 자리가 없음 －9,223,372,036,854,775,807(−2^63+1)~9,223,372,036,854,775,806(2^63−2) • 고정 10진수 형식처럼 정수 형식도 반올림을 억제해야 하는 상황에서 유용할 수 있음
	10진수	• 64비트(8비트) 부동 소수점 숫자를 나타내며 가장 일반적인 숫자 형식자릿수 값을 포함하는 숫자를 처리할 수 있게 설계되었으나 정수도 처리함 −1.79E+308부터 −2.23E−308까지의 음수 값과 2.23E−308에서 1.79E+308까지의 양수 값을 처리
	고정 10진수	• 소수 구분 기호의 고정 위치가 있음 • 소수 구분 기호는 항상 오른쪽 4자리이며 19개의 숫자가 허용됨 • 나타낼 수는 가장 큰 값은 922,337,203,685,477.5807(양수 또는 음수)
날짜/시간	날짜/시간	• 날짜 및 시간 값을 모두 나타내며 10진수 형식으로 저장됨 • 날짜의 시간 부분은 1/300초(3.33ms)의 배수에 대한 분수로 저장됨 • 1900년~9999년 사이의 날짜를 지원
	날짜	날짜(시간 제외)만 나타냄
	시간	시간(날짜 제외)을 나타냄
텍스트	텍스트	• 유니코드 문자 데이터 문자열 • 텍스트 형식의 문자열, 숫자 또는 날짜일 수 있음 • 최대 문자열 길이는 268,435,456개의 유니코드 문자 또는 536,870,912바이트
논리	참/거짓	True 또는 False의 부울(Boole) 값
이진	이진	이진 형식의 다른 데이터를 나타내는 데 사용

01 '판매' 테이블의 [날짜] 필드를 '년도', '월', '일'만 표시되도록 형식 및 서식을 변경하겠습니다. '판매' 테이블의 [날짜] 필드의 머리글을 선택합니다. [열 도구]-[구조] 그룹-[데이터 형식]-[날짜]를 클릭합니다.

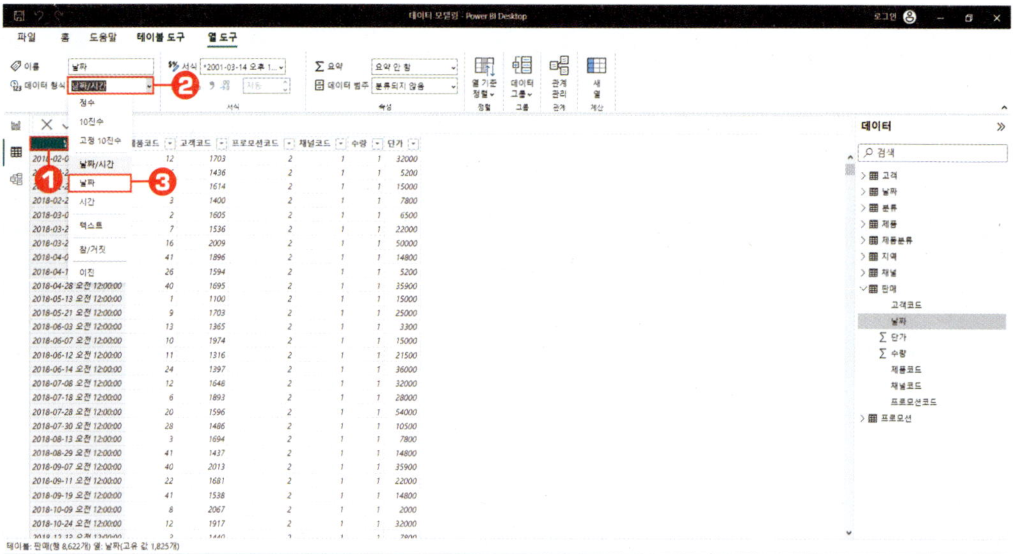

02 [열 도구]-[서식] 그룹-[서식]을 클릭하여 '*2001-03-14 (Short Date)'를 선택합니다.

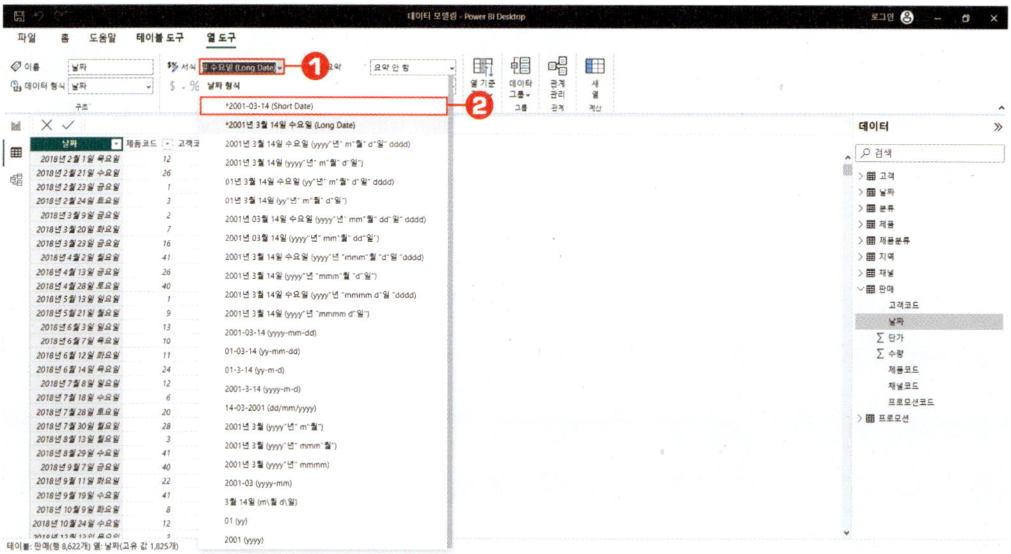

03 [날짜] 필드의 데이터가 년도-월-일 형식으로 변경됩니다.

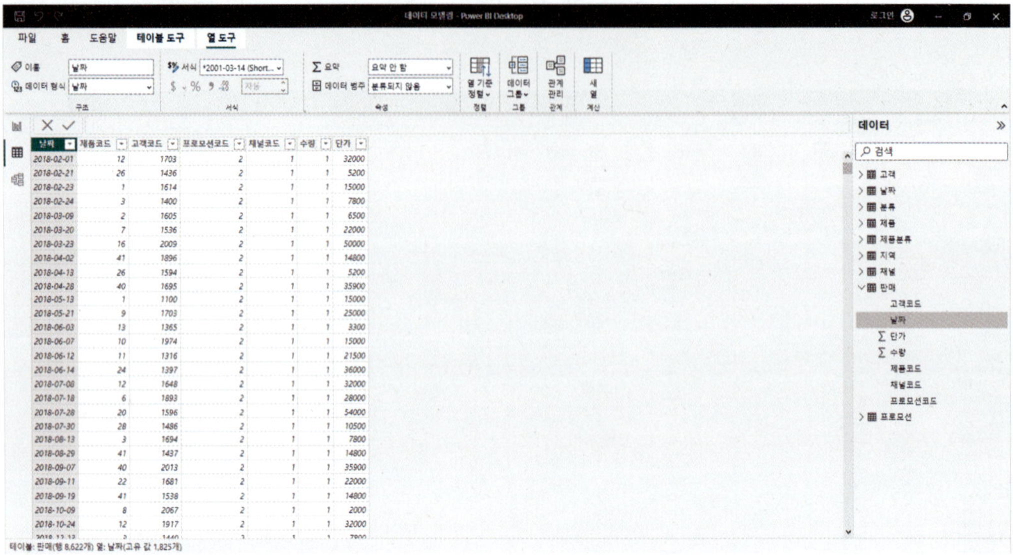

04 금액을 한눈에 파악하기 쉽도록 [단가] 필드를 선택하고 [열 도구]-[서식] 그룹-[천 단위 구분 기호] **,**(쉼표) 아이콘을 클릭합니다. 숫자 데이터에 천 단위 구분 기호가 적용됩니다.

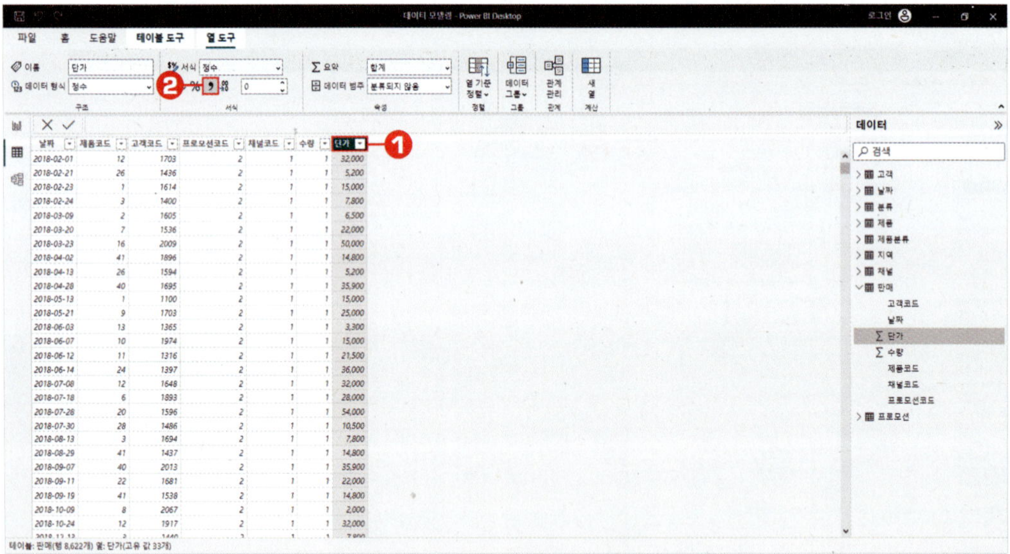

05 '프로모션' 테이블의 [할인율] 필드를 선택합니다. [열 도구]-[서식] 그룹-[%(백분율)] 아이콘을 클릭하고 [소수 자릿수]를 0으로 설정합니다.

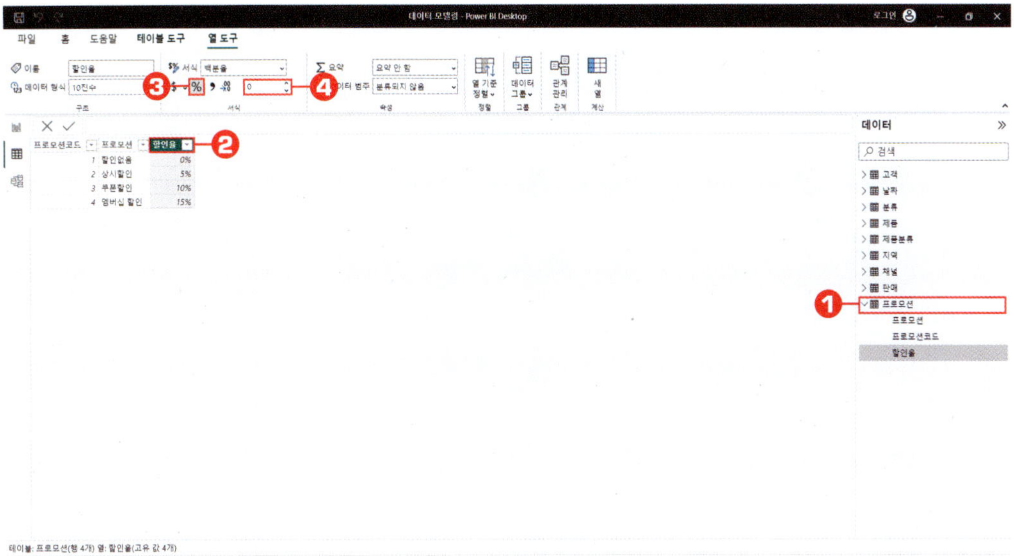

5 데이터 범주

위치 정보를 담고 있는 필드의 경우 데이터 범주를 지정하여 맵, 등치지역도 등의 위치를 표시하는 시각적 개체를 사용했을 때 위치에 대한 정확도를 향상시킬 수 있습니다. '지역' 테이블의 [시도], [구군시] 필드에 데이터 범주를 지정하여 시도 및 구군시별 매출 정보를 시각화하여 데이터 범주를 지정하지 않았을 때와 어떠한 차이점이 있는지 알아보겠습니다.

01 [보고서 보기]로 이동하여 해당 페이지의 맵을 살펴보면 서울특별시와 강원도 지역만 표시되고 다른 지역은 표시되지 않습니다.

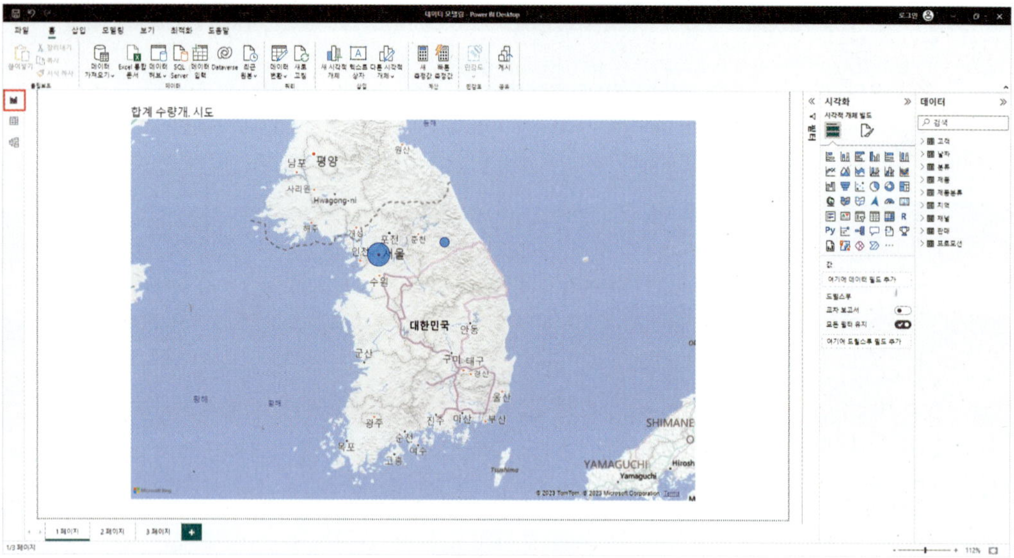

02 데이터 범주를 지정하여 시각화해 보겠습니다. [데이터] 창에서 '지역' 테이블의 [시도] 필드를 선택합니다. [열 도구]–[속성] 그룹–[데이터 범주]–[시/도]를 클릭합니다.

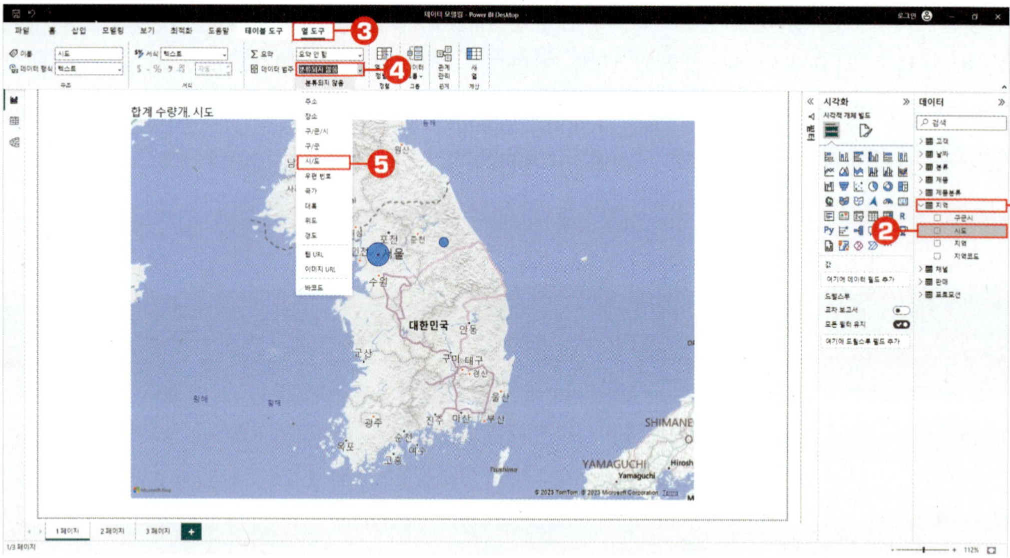

03 [시도] 필드에 위치 정보를 표시하는 🌐 아이콘이 표시됩니다. 맵을 다시 확인해 보면 표시되지 않았던 지역들이 이번에는 제대로 표시되는 것을 확인할 수 있습니다.

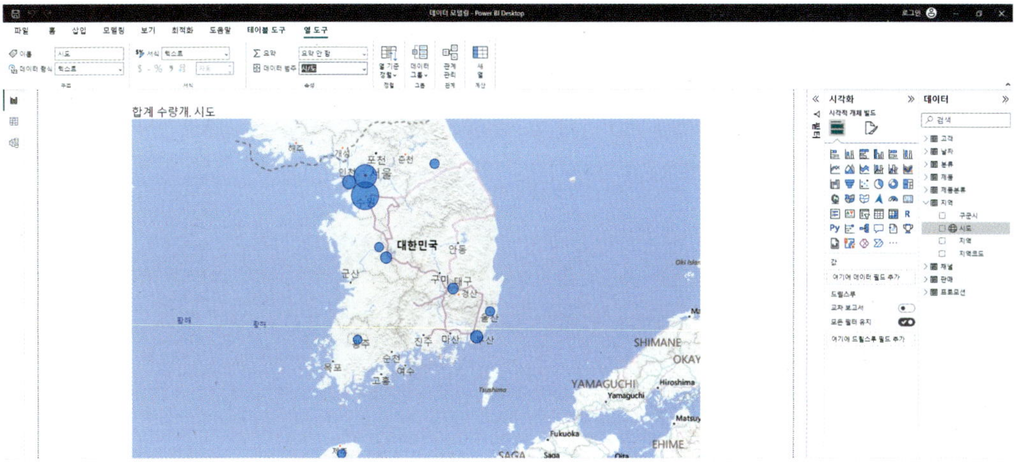

6 데이터 정렬 및 필터

[데이터 보기]에서 데이터를 정렬을 변경하거나 필터링하여 원하는 정보를 파악할 수 있습니다. 해당 설정은 시각적 개체에는 영향을 미치지 않습니다.

01 [데이터 보기] 화면으로 이동하여 '판매' 테이블의 [날짜] 필드를 선택합니다. 필터 단추(▾)를 클릭한 후 [오름차순 정렬]을 클릭합니다.

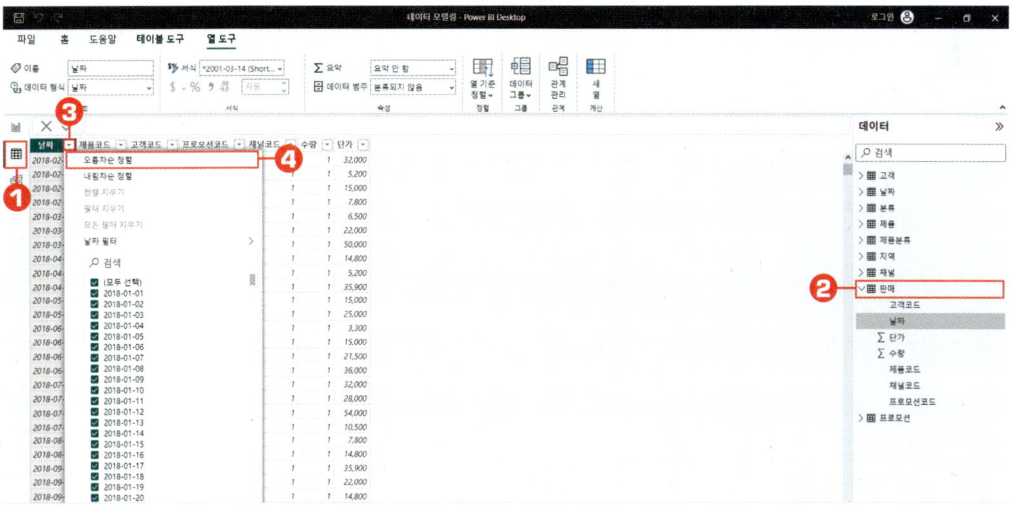

02 [날짜] 필드가 판매일자 순으로 정렬되어 표시됩니다.

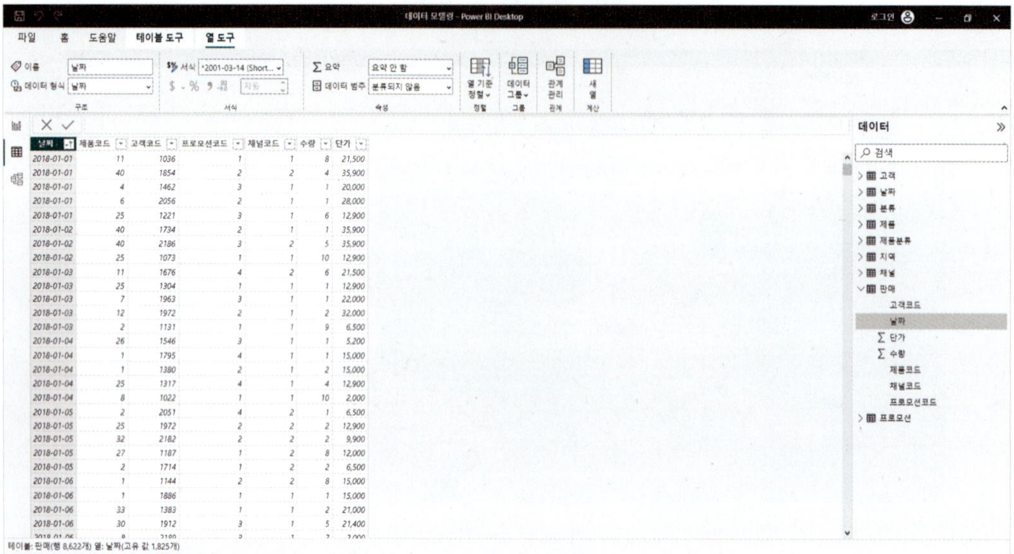

03 [채널코드]가 '1'인 데이터만 필터링하여 표시해 보겠습니다. [채널코드] 필드의 필터 단추를 클릭한 후 [1]의 체크박스만 선택하고 [확인] 버튼을 클릭합니다.

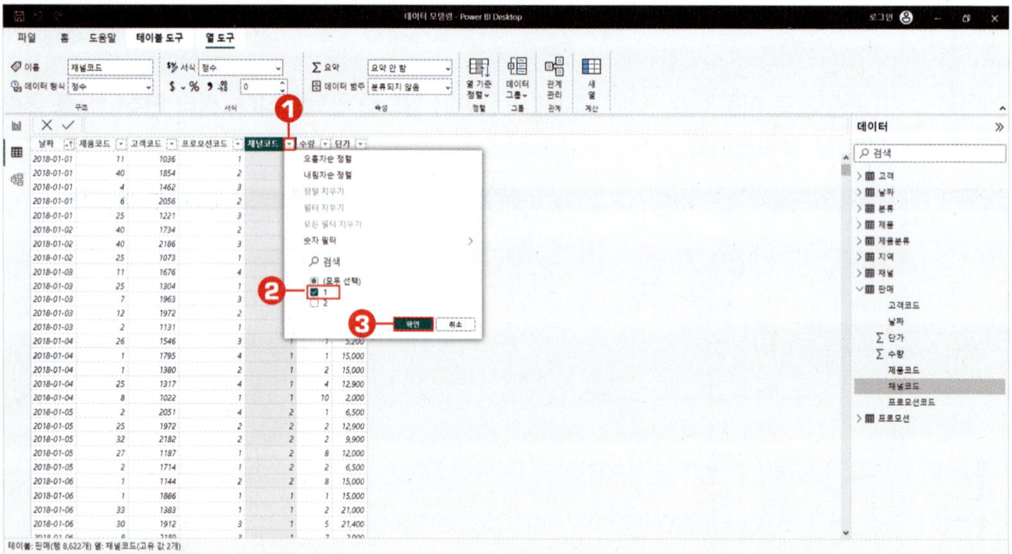

04 [채널코드]가 '1'인 데이터만 필터링되어 표시됩니다.

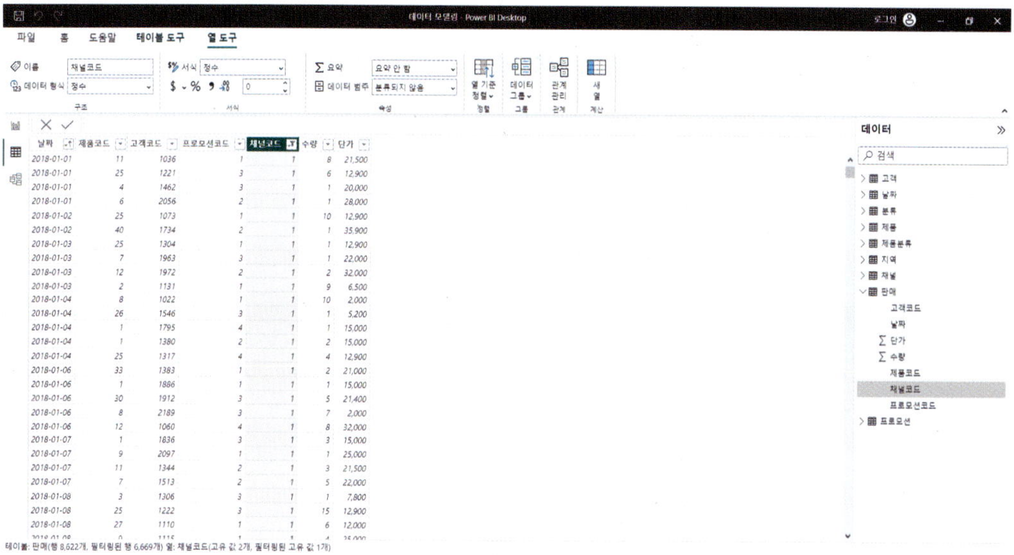

7 열 기준 정렬

Power BI Desktop에서는 데이터 시각화 시 기본적으로 값이 큰 항목부터 작은 항목 순으로 내림차순 정렬을 적용합니다. 기본 설정인 내림차순, 오름차순 정렬 외에도 열 기준 정렬을 사용하면 필드 정렬 기준을 다른 필드로 설정할 수 있습니다.

01 [보고서 보기]의 [2페이지]로 이동하면 꺾은선형 차트가 있습니다. 해당 개체는 월(영문) 필드를 사용하여 월별 판매수량을 꺾은선형으로 표시하고 있으며, 현재 해당 개체의 X축은 Apr, Aug, …, Sep 순서로 정렬되어 있습니다. 해당 필드는 숫자 형식이 아닌 텍스트 형식이므로 알파벳 순서로 정렬이 됩니다. 해당 필드를 월별 순서(Jan, Feb, …, Dec)로 올바르게 표시하고자 할 경우에는 열 기준 정렬을 사용하여 월(No) 필드를 정렬 기준으로 설정합니다.

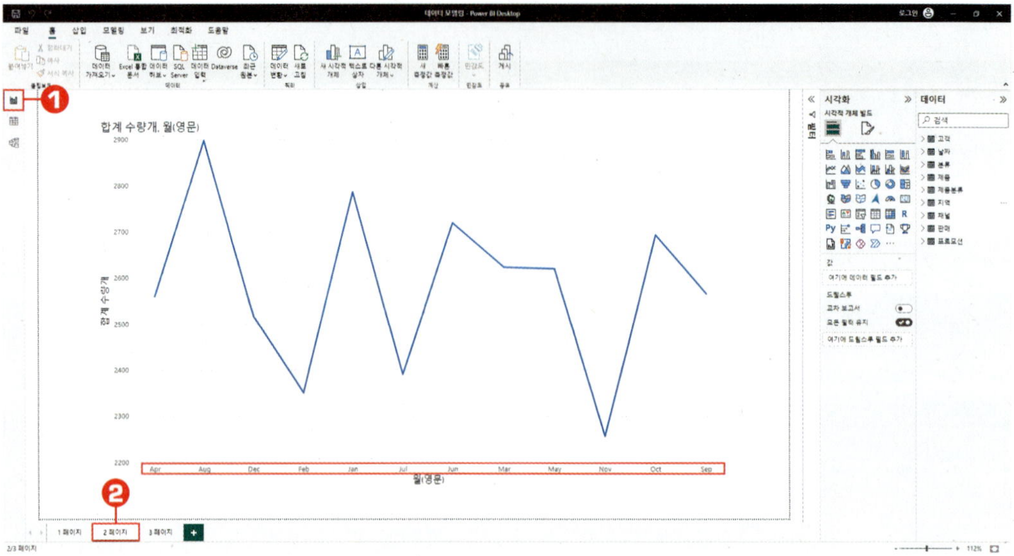

02 '날짜' 테이블의 [월(영문)] 필드를 선택하고 [열 도구]–[정렬] 그룹–[열 기준 정렬]–[월(No)]를 클릭합니다.

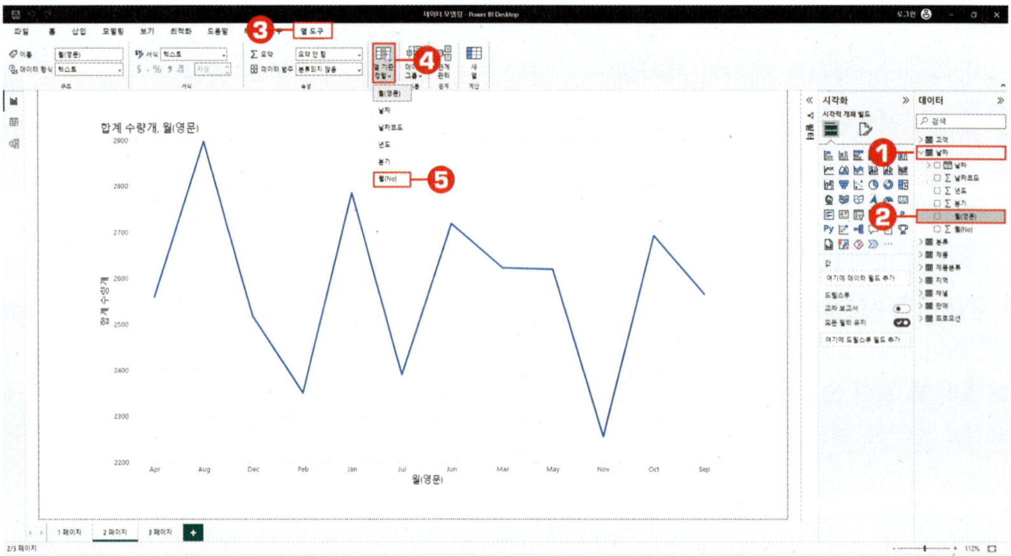

03 시각화 차트의 정렬이 월별 순(Jan, Feb, …, Dec)으로 변경됩니다.

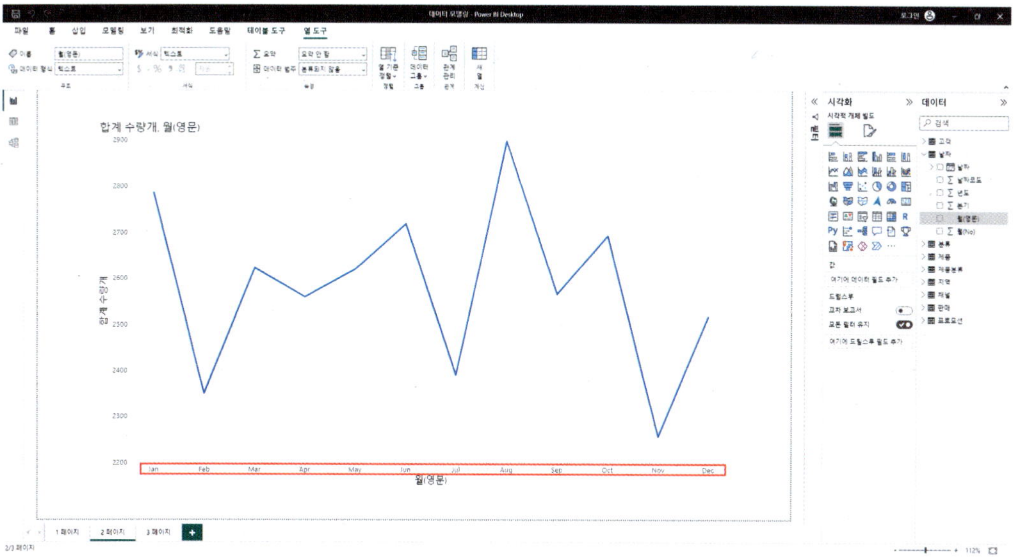

8 데이터 그룹

데이터 그룹 설정을 통해 데이터를 그룹화 및 범주화할 수 있습니다. [3페이지]로 이동하면 지역별 판매수량을 시각화한 묶은 세로 막대형 차트가 있습니다. 차트의 X축에 모든 지역이 표시되어 지역별 판매수량을 한눈에 파악하기 어렵습니다. 각 시도를 권역별로 그룹화하여 시각화해 보겠습니다.

01 [데이터] 창에서 '지역 테이블'의 [시도] 필드를 선택하고 [열 도구]–[그룹] 그룹–[데이터 그룹]–[새 데이터 그룹]을 클릭합니다.

02 [그룹] 대화상자가 표시됩니다. [이름]에 권역명을 입력하고 그룹화되지 않은 값에서 '경기도', '서울특별시', '인천광역시'를 선택하고 [그룹화]를 클릭합니다.

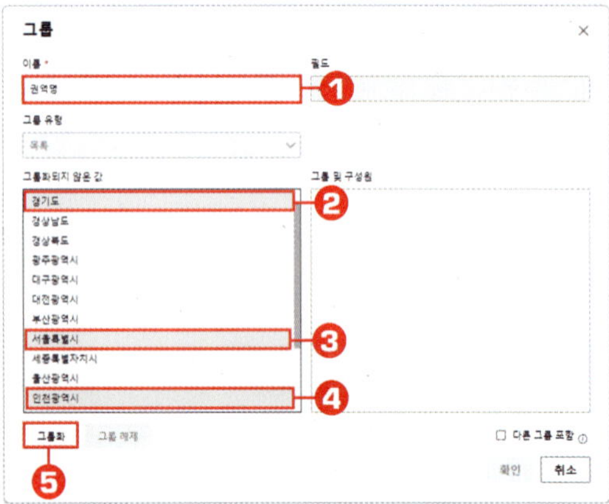

03 [경기도&서울특별시&인천광역시]로 지정된 그룹 이름을 더블클릭 또는 F2 키를 눌러 '수도권'으로 변경합니다.

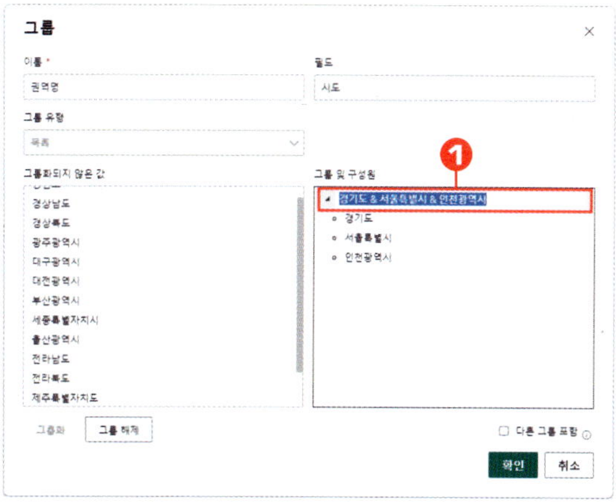

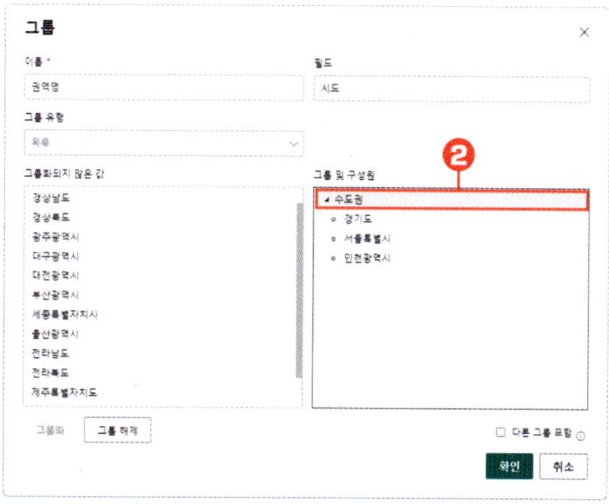

04 '경상남도', '경상북도', '대구광역시', '부산광역시', '울산광역시'를 선택하고 [그룹화]를 클릭한 다음 '영남권'으로 이름을 변경합니다.

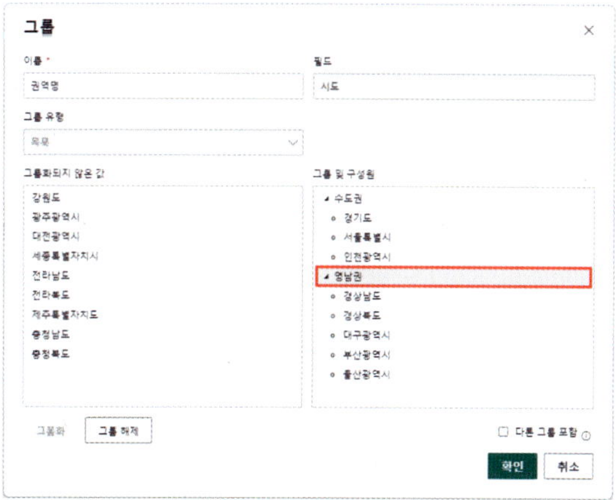

05 '광주광역시', '전라남도', '전라북도'를 선택하고 [그룹화]를 클릭한 다음 '호남권'으로 이름을 변경합니다.

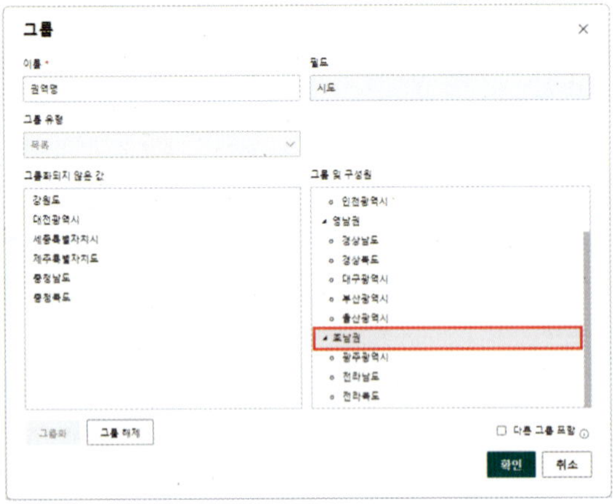

06 '대전광역시', '세종특별자치시', '충청남도', '충청북도'를 선택하고 [그룹화]를 클릭한 다음 '충청권'으로 이름을 변경합니다.

07 '강원도'를 선택하고 [그룹화]를 클릭한 다음 '강원권'으로 이름을 변경합니다. 마지막으로 '제주특별자치도'를 그룹화하여 '제주권'으로 이름을 변경한 다음 [확인] 버튼을 클릭합니다.

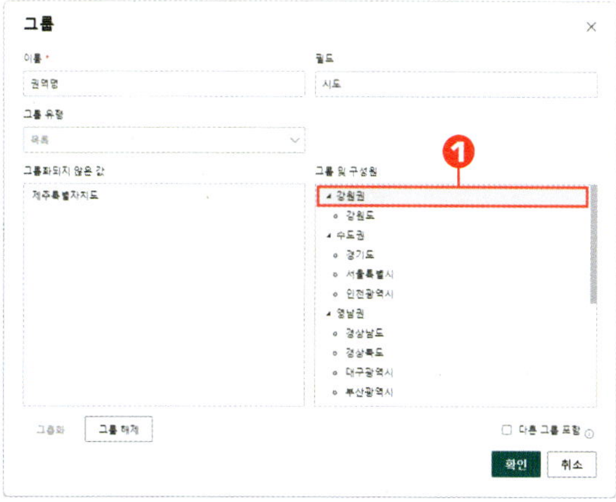

08 [데이터] 창과 [데이터 보기] 화면의 '지역' 테이블에 [권역명] 필드가 새롭게 표시됩니다. [데이터 그룹]은 [데이터 보기] 화면의 [열 도구] 탭에서도 설정 및 편집이 가능합니다.

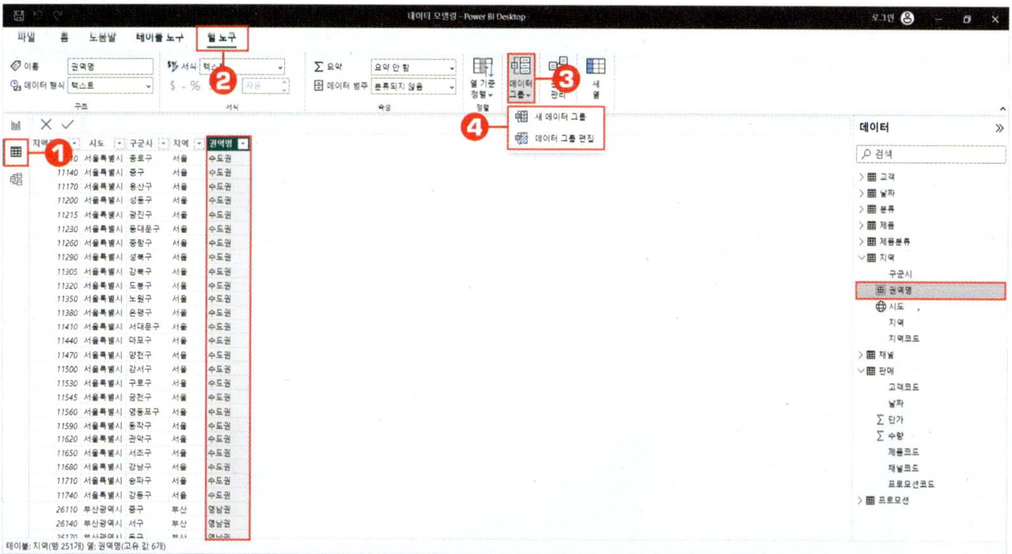

09 [보고서 보기] 화면으로 이동하여 지역별 판매수량 차트를 클릭합니다. X축 영역에 [시도] 필드를 제거하고 [권역명] 필드를 추가합니다. 권역별로 그룹화되어 시각화가 가능해졌습니다.

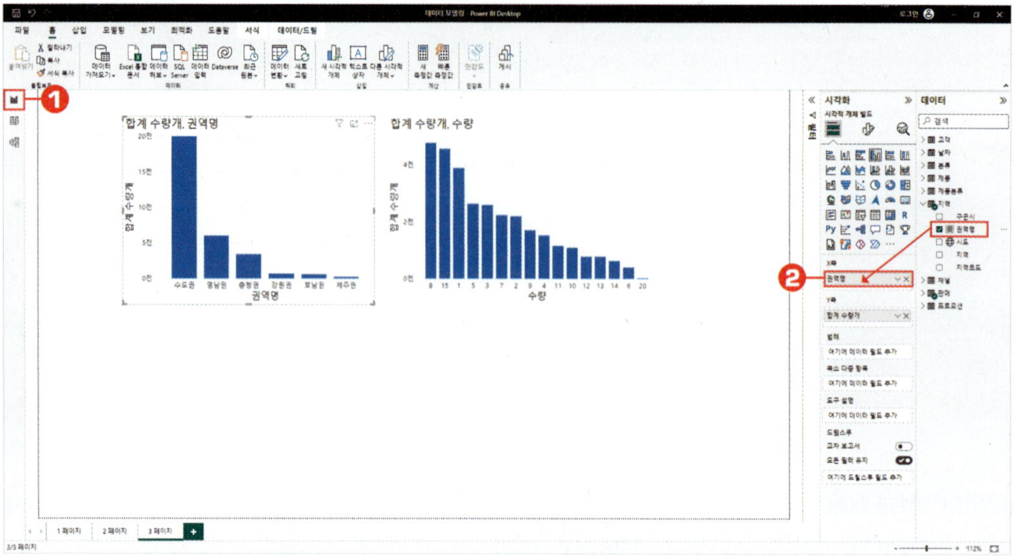

⊕ 수치 및 시간 필드의 경우에는 bin 크기를 설정하여 범주화할 수 있습니다. 판매수량을 범주화하여 수량구간 필드를 생성하겠습니다.

1 [데이터] 창에서 '판매 테이블'의 [수량] 필드를 선택하고 [열 도구]–[그룹] 그룹–[데이터 그룹]–[새 데이터 그룹]을 클릭합니다.

2 [그룹] 대화상자가 표시됩니다. [이름]에 수량구간을 입력하고 [bin 크기]를 5로 설정한 다음 [확인] 버튼을 클릭합니다.

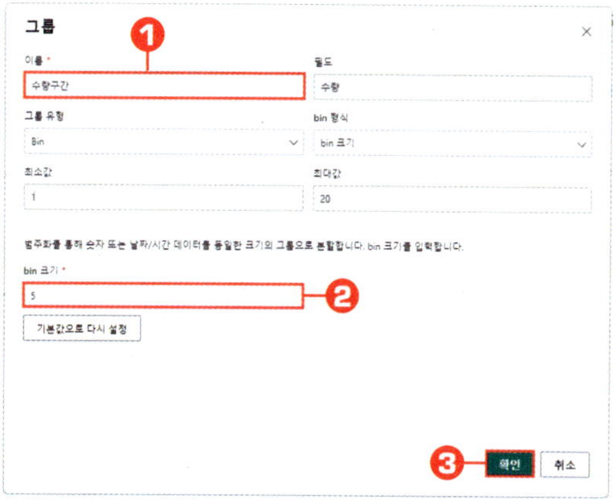

3 [데이터] 창과 [데이터 보기] 화면의 '판매' 테이블에 [수량구간] 필드가 새롭게 표시됩니다.

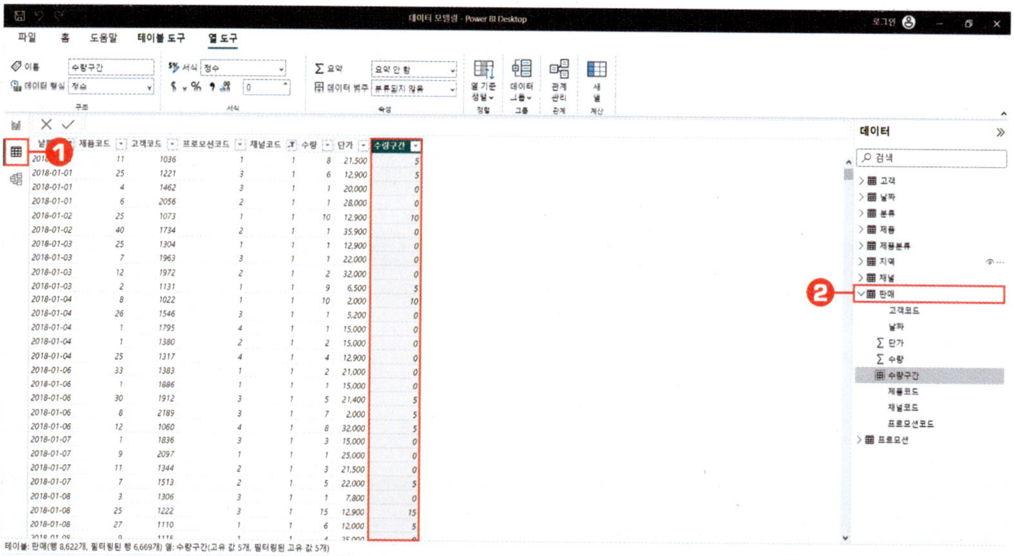

4 [보고서 보기] 화면으로 이동하여 수량별 판매수량 차트를 클릭합니다. X축 영역에 [수량] 필드를 제거하고 [수량구간] 필드를 추가합니다. 차트의 [추가 옵션]을 클릭하여 [축 정렬]을 [수량구간] 기준으로 [오름차순 정렬]하면 수량구간별로 그룹화되어 시각화가 가능합니다.

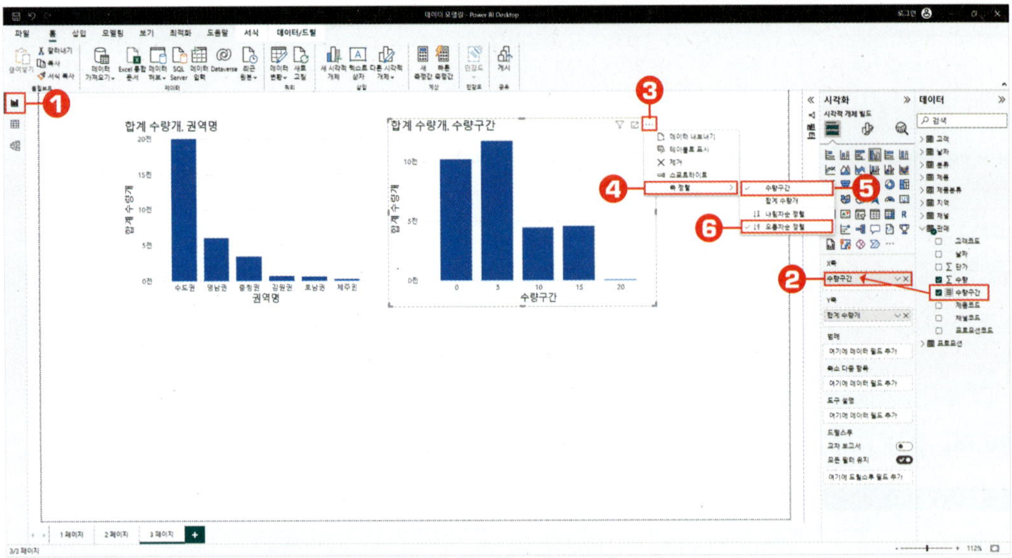

9 보고서 뷰에서 숨기기

[보고서 보기] 화면에서 시각화 보고서를 작성할 때 [데이터] 창에 테이블과 필드의 목록이 너무 많으면 시각적 개체에 사용할 필드를 찾아서 추가하는 데 많은 시간이 소요됩니다. 보고서 작성에 불필요한 테이블 및 필드는 [보고서 보기] 화면의 [데이터] 창에 표시되지 않게 숨김 처리할 수 있습니다.

01 [데이터 보기] 화면에서 [제품분류] 테이블을 선택하고 마우스 오른쪽 버튼을 클릭하여 [보고서 뷰에서 숨기기]를 선택합니다.

02 [보고서 뷰에서 숨기기] 처리된 테이블은 [데이터 보기] 화면의 열 머리글에 아이콘이 표시됩니다.

03 [보고서 보기] 화면으로 이동하여 [데이터] 창을 살펴보면 '제품분류' 테이블이 표시되지 않는 것을 확인할 수 있습니다.

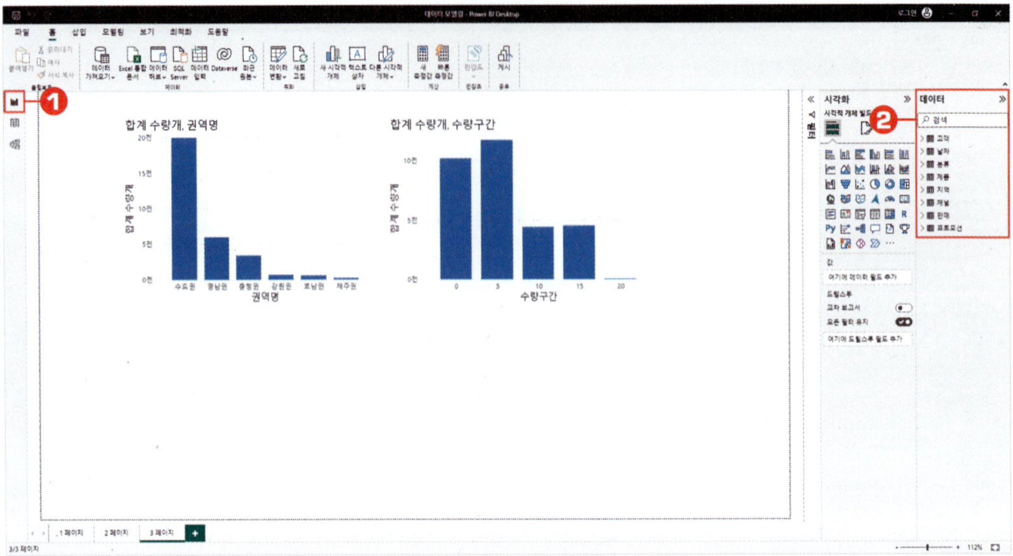

04 [보고서 뷰에서 숨기기] 처리를 해제하고자 할 경우에는 [데이터 보기] 화면에서 '제품분류' 테이블을 선택하고 마우스 오른쪽 버튼을 클릭한 후 체크 표시되어 있는 [보고서 뷰에서 숨기기]를 클릭하면 숨김 처리가 해제됩니다.

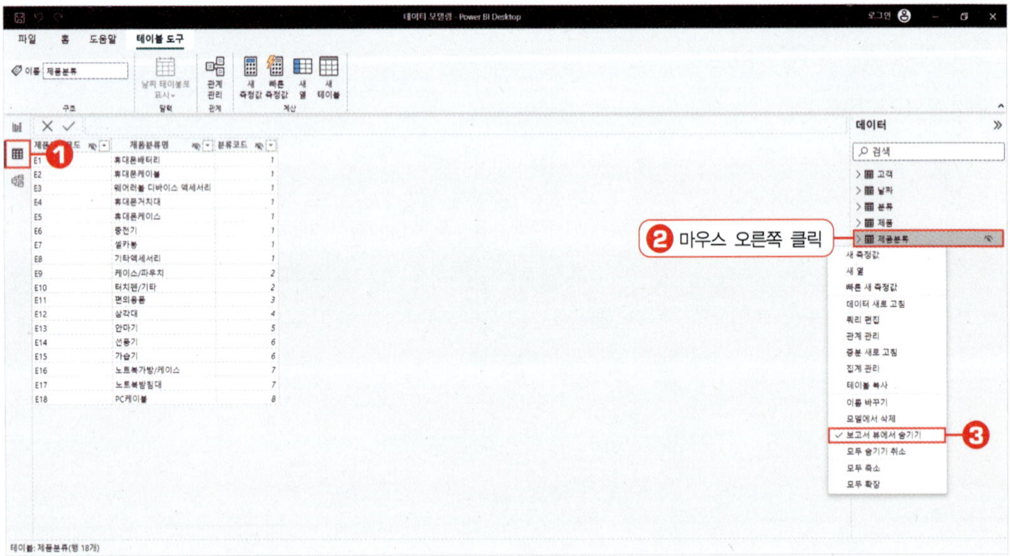

05 테이블 전체가 아닌 특정 필드만 선택하여 숨기기 할 수 있습니다. '제품분류' 테이블의 [분류코드] 필드를 선택하고 마우스 오른쪽 버튼을 클릭한 다음 [보고서 뷰에서 숨기기]를 선택합니다. 해당 필드의 [보고서 뷰에서 숨기기] 처리를 해제하는 방법은 테이블의 [보고서 뷰에서 숨기기] 해제 방법과 동일합니다.

| TIP | 아이콘을 클릭하여 더욱 빠르게 [보고서 뷰에서 숨기기] 기능을 사용할 수 있습니다. [데이터] 창에서 숨기고자 하는 테이블 및 필드에 마우스 커서를 대면 눈 모양의 아이콘( )이 표시됩니다. 해당 아이콘을 클릭하면 아이콘의 모양에 빗금이 생기고( ) [보고서 뷰에서 숨기기] 처리됩니다.

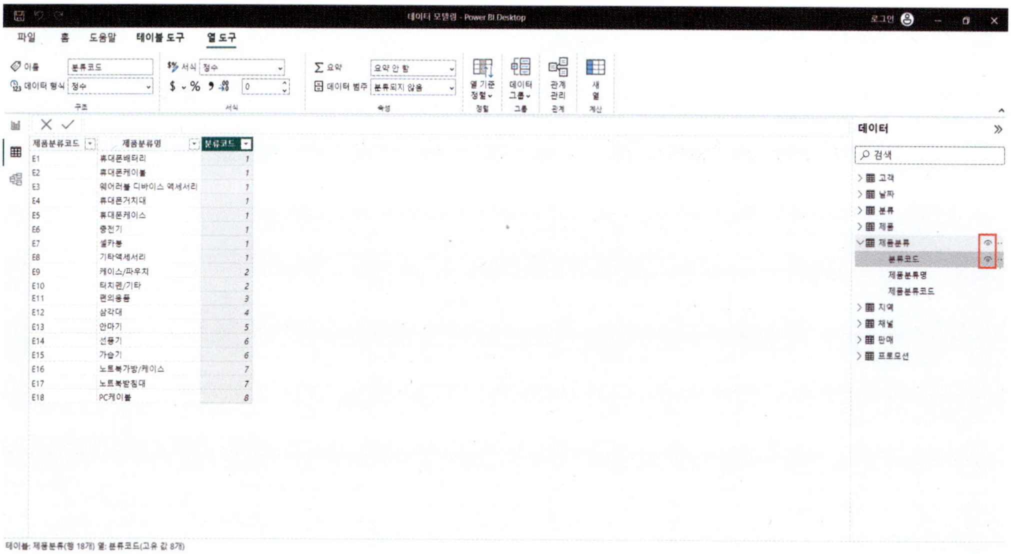

03 계산 열, 측정값

1 DAX 함수를 활용한 계산 열, 측정값 생성

테이블 간의 관계 설정 작업을 마쳤다면 DAX 함수를 사용하여 보고서 작성에 필요한 다양한 분석용 데이터를 생성할 수 있습니다. DAX 함수를 활용한 계산 열 및 측정값은 Power BI를 효과적으로 사용하기 위해서 반드시 필요한 강력한 기능 중 하나입니다. DAX 함수를 활용한 계산 열, 측정값 생성은 데이터 모델링 작업에 해당되지만 Power BI의 중요한 요소 중 하나이므로 보다 자세히 다루기 위해 여기서는 DAX 함수의 두 가지 활용방법만 간략히 학습하고 각 함수에 대한 자세한 설명과 작성방법은 ''Chapter 6 DAX 활용하기'에서 알아보겠습니다.

1.1 계산 열(새 열)

기존 Power BI Desktop에 로드된 데이터 테이블에 새 열을 추가할 수 있습니다. 계산 열은 원하는 결과를 얻기 위해 필요로 하는 특정 필드가 없을 경우 유용하게 사용할 수 있습니다. 예를 들어 '시도'와 '구군시'로 각각 구분되어 있는 필드를 하나의 필드로 결합하여 추가하고자 하거나, '수량'과 '단가' 필드를 가지고 '매출금액'이라는 필드를 새롭게 테이블에 추가하고자 할 경우 등 DAX 함수를 통해 기존 테이블에 있는 데이터를 참조하여 계산된 열을 새롭게 추가할 수 있습니다.

01 '지역' 테이블의 [시도] 필드와 [구군시] 필드를 결합하여 [시군구]라는 새 열을 생성해 보겠습니다. [데이터 보기] 화면에서 '지역' 테이블을 선택하고 [테이블 도구]-[계산] 그룹-[새 열]을 클릭합니다.

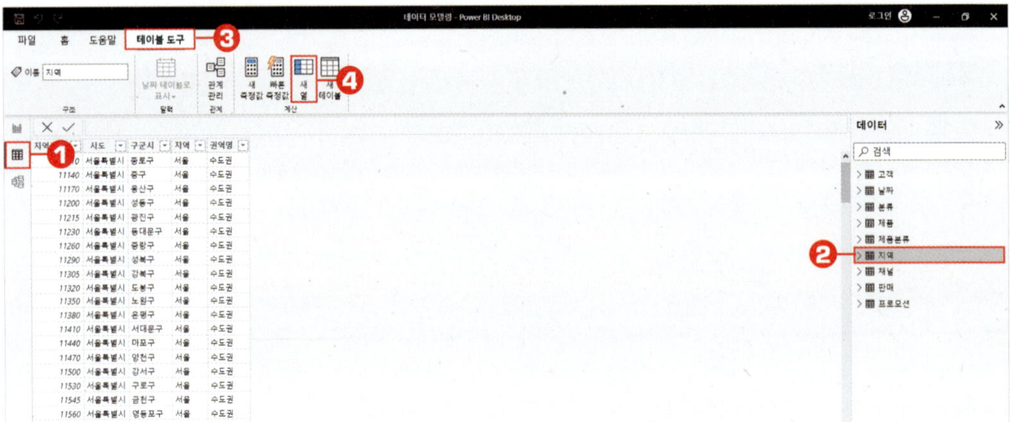

02 수식 입력줄이 활성화됩니다. 수식 입력줄에 시군구 = '지역'[시도]&" "&'지역'[구군시]를 입력하고 Enter 키를 누릅니다.

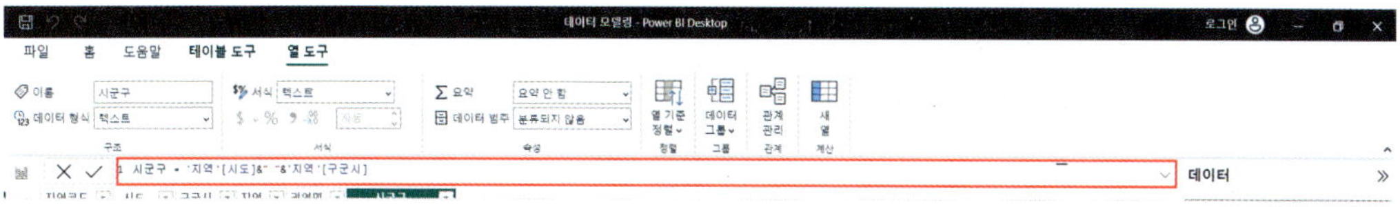

03 '지역' 테이블에 [시군구] 필드가 새롭게 추가됩니다.

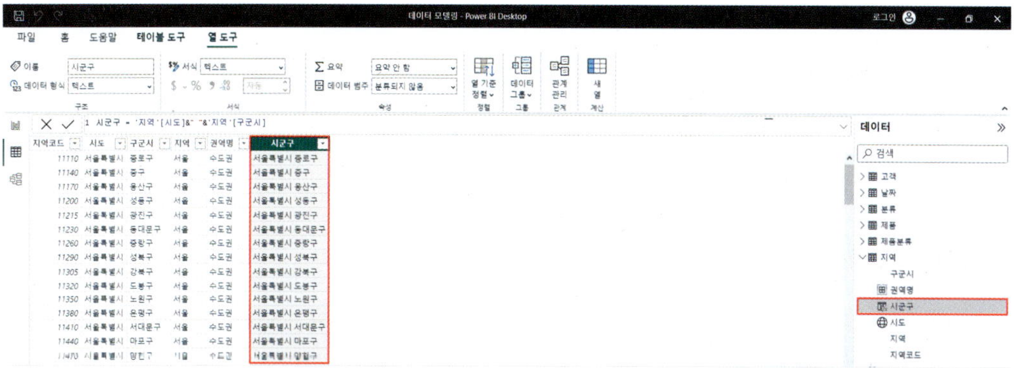

| TIP | 수식 입력 시 해당 테이블에 있는 필드를 참조할 경우에는 테이블명을 생략하고 필드만 입력해도 되지만 테이블명과 필드명을 함께 사용하는 것을 권장합니다. 테이블명의 존재 유무로 해당 데이터가 필드인지 측정값인지 바로 파악이 가능합니다.

1.2 측정값

측정값은 보고서를 조작할 때 데이터에서 계산을 수행하여 도출 수 있습니다. 계산 열과는 다르게 데이터 보기 화면에서 실제 값을 가지고 있지 않으므로 해당 화면에서는 값을 확인할 수 없습니다. 사용자가 직접 만든 측정값은 계산기 아이콘(🖩)과 함께 필드 목록에 표시됩니다. 생성된 측정값은 다른 모든 필드처럼 새 시각화나 기존 시각화에 추가할 수 있습니다.

01 거래건수를 파악할 수 있는 측정값을 생성해 보겠습니다. '판매' 테이블을 선택하고 [테이블 도구]-[계산] 그룹-[새 측정값]을 클릭합니다.

02 수식 입력줄이 활성화됩니다. 수식 입력줄에 거래건수 = COUNT('판매'[날짜])를 입력하고 Enter 키를 누릅니다. [측정 도구]-[서식] 그룹-[천 단위 구분 기호]를 클릭하여 구분 기호(쉼표)를 적용합니다 (여기서 사용되는 COUNT 함수는 비어 있지 않은 값이 포함된 지정된 열의 행 수를 계산합니다). 오른쪽 [데이터] 창에 계산기 아이콘이 표시된 거래건수 측정값이 나타납니다.

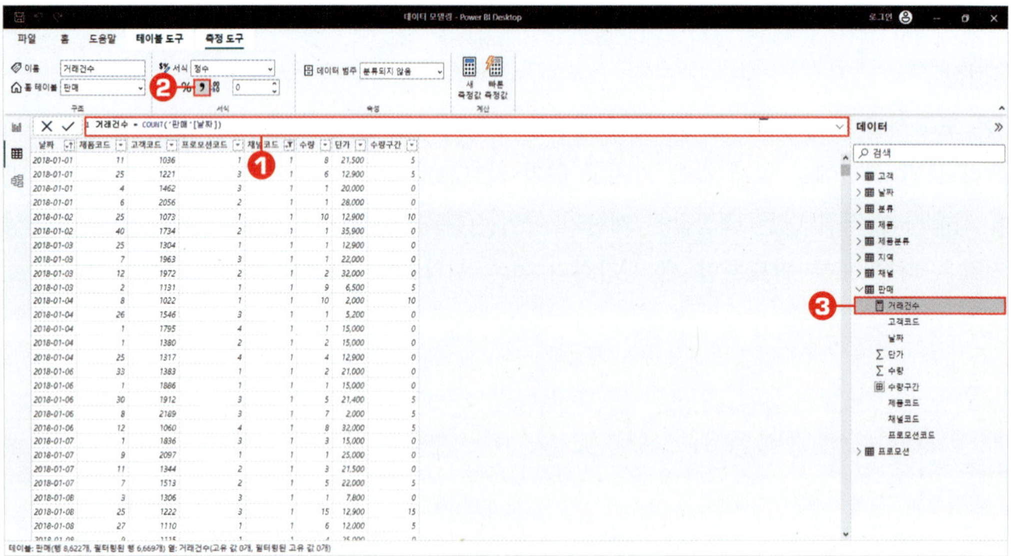

03 계산 열과 다르게 [데이터 보기] 화면에서는 해당 값을 확인할 수 없지만 [보고서 보기]에서 시각적 개체를 추가하여 생성한 측정값을 추가하면 데이터 값을 확인할 수 있습니다. [보고서 보기] 화면으로 이동하여 새 페이지를 추가하고 [시각화] 창에서 [카드] 개체를 선택합니다. 그런 다음 [데이터] 창의 '판매' 테이블에 생성한 [거래건수] 측정값을 [필드]에 추가하면 카드 시각적 개체에 거래건수가 표시됩니다.

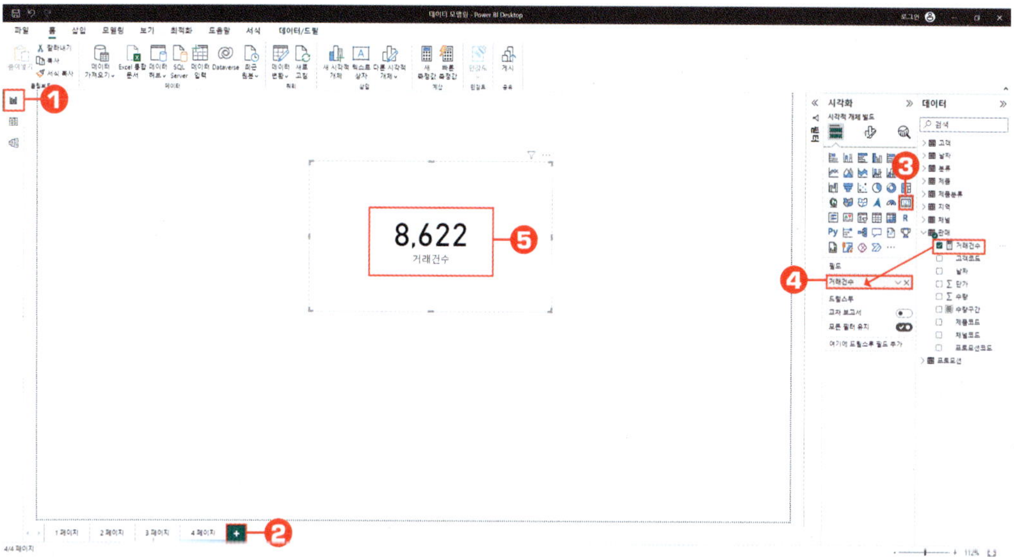

⊕ 계산 열 및 측정값은 [데이터] 창에서 '판매' 테이블을 선택하고 마우스 오른쪽 버튼을 클릭하여 추가할 수도 있습니다.

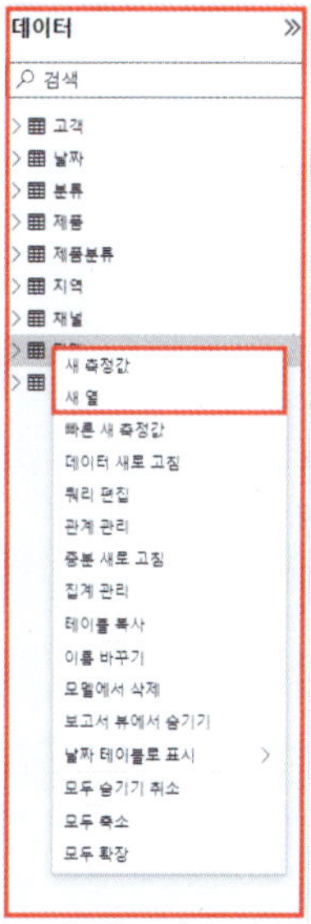

06

Chapter

DAX 활용하기

01 DAX 함수란?
02 DAX 활용
03 빠른 측정값

01 DAX 함수란?

▶ DAX 함수는 Data Analysis Expressions의 줄임말로, 수식 또는 식에서 하나 이상의 값을 계산하고 반환하는 데 사용할 수 있는 함수, 연산자 및 상수 컬렉션입니다. DAX 함수를 사용해 복잡한 계산식을 작성하여 데이터 분석에 활용할 수 있습니다. Power BI에만 있는 기능은 아니며 Excel PowerPivot에서 이미 활용되고 있습니다.

▶ 해당 챕터에서는 대표 DAX 함수를 사용하여 데이터 분석에 필요한 다양한 계산 열 및 측정값을 생성하겠습니다.

1 DAX 구문

계산 열 및 측정값 이름 = 함수(테이블 이름[필드 이름])

ex) 거래건수 = COUNT ('판매' [판매ID])

❶ ❷ ❸ ❹ ❺ ❻

❶ 계산 열, 측정값 이름: 수식을 사용하여 생성할 열 또는 측정값의 이름을 입력합니다.

❷ 등호 연산자(=): 수식의 시작을 나타냅니다.

❸ DAX 함수: SUM, COUNT, RELATED, CALCULATE 등 사용할 DAX 함수를 입력합니다.

❹ 괄호(): DAX 함수의 인수를 포함하는 식을 묶기 위해 사용합니다.

❺ 테이블 이름: 참조되는 테이블의 이름을 입력합니다. 테이블의 이름이 한글일 경우 작은따옴표(' ')로 묶어서 입력합니다.

❻ 필드 이름: 참조되는 필드의 이름으로 대괄호[ ]로 묶어서 입력합니다.

2 DAX 수식 연산자 기호

연산자	기호	뜻
산술	+	더하기
	–	빼기
	*	곱하기
	/	나누기
	^	지수

<table>
<tr><td rowspan="7">비교</td><td>=</td><td>같음</td></tr>
<tr><td>==</td><td>엄격한 같음(Blank까지)</td></tr>
<tr><td>></td><td>보다 큼</td></tr>
<tr><td><</td><td>보다 작음</td></tr>
<tr><td>>=</td><td>크거나 같음</td></tr>
<tr><td><=</td><td>작거나 같음</td></tr>
<tr><td><></td><td>같지 않음</td></tr>
<tr><td>텍스트 연결</td><td>&</td><td>연결</td></tr>
<tr><td rowspan="2">논리</td><td>&&</td><td>AND</td></tr>
<tr><td>||</td><td>OR</td></tr>
</table>

3 함수 인텔리센스

수식 입력줄에 DAX 함수를 입력하면 해당 함수에 대한 설명과 입력해야 할 매개변수가 무엇인지를 나타내는 인텔리센스(Intellisense) 팝업이 표시됩니다. 함수 괄호 안에 쉼표로 구분된 인수는 필수로 입력해야 하는 인수를 뜻합니다. 단, [ ](대괄호)로 표시된 인수는 옵션 인수로 선택사항입니다. 해당 기능을 활용하면 Power BI Desktop에서 제공하는 DAX 함수에 대한 정보를 확인할 수 있어 수식 작성에 도움이 됩니다.

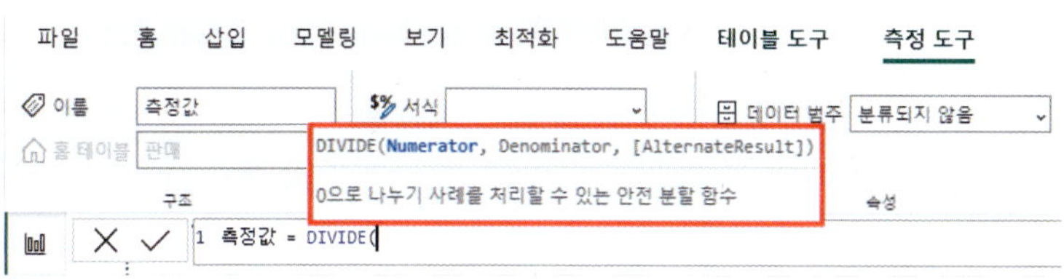

| TIP | 수식 입력 시 함수의 알파벳 또는 테이블/필드의 이름을 전부 입력하지 않아도 됩니다. 일부만 입력하면 관련 함수 및 테이블/필드 목록이 자동으로 표시됩니다. 사용할 함수 및 테이블/필드를 선택하여 키보드의 Tab 키를 누르면 빠르게 입력할 수 있습니다.

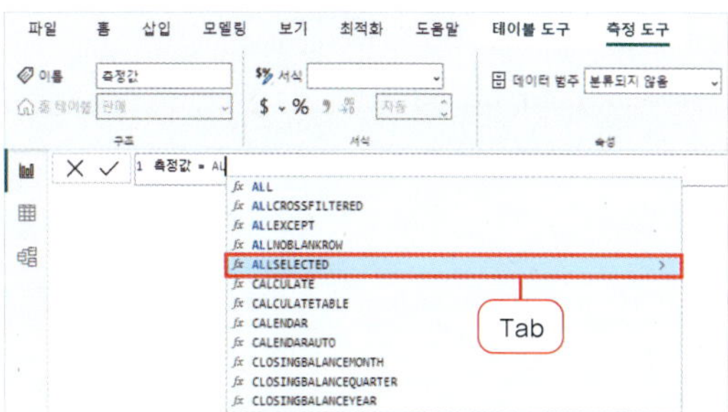

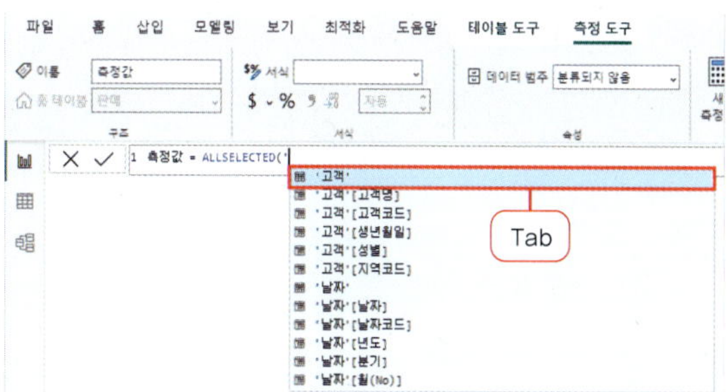

02 DAX 활용

1 날짜 및 시간 함수: YEAR, QUARTER, MONTH, DAY, WEEKDAY

원본 데이터의 날짜 필드를 참조해 연도, 분기, 월, 일 등의 정보를 새 필드로 추가할 수 있습니다. '날짜' 테이블에 연도, 분기, 월(No), 월(영문), 요일 필드를 새롭게 추가해 보겠습니다.

YEAR	연도를 4자리 정수로 반환합니다.
QUARTER	1~4 사이의 숫자로 분기를 반환합니다.
MONTH	1~12 사이의 숫자로 월을 반환합니다.
DAY	해당 월의 일(1~31 사이의 숫자)을 반환합니다.
WEEKDAY	1~7 사이의 숫자로 날짜의 요일을 반환합니다. * 반환 값을 결정할 수 있습니다. 일요일(1)에서 토요일(7)까지의 유형은 1, 월요일(1)에서 일요일(7)까지의 유형은 2, 월요일(0)에서 일요일(6)까지의 유형은 3을 입력합니다. 생략 시 1번 유형으로 결과값이 반환됩니다.

01 'DAX 활용하기.pbix' 파일을 엽니다. [데이터 보기] 화면으로 이동하여 '날짜' 테이블을 선택하고 [새 열]을 추가합니다.

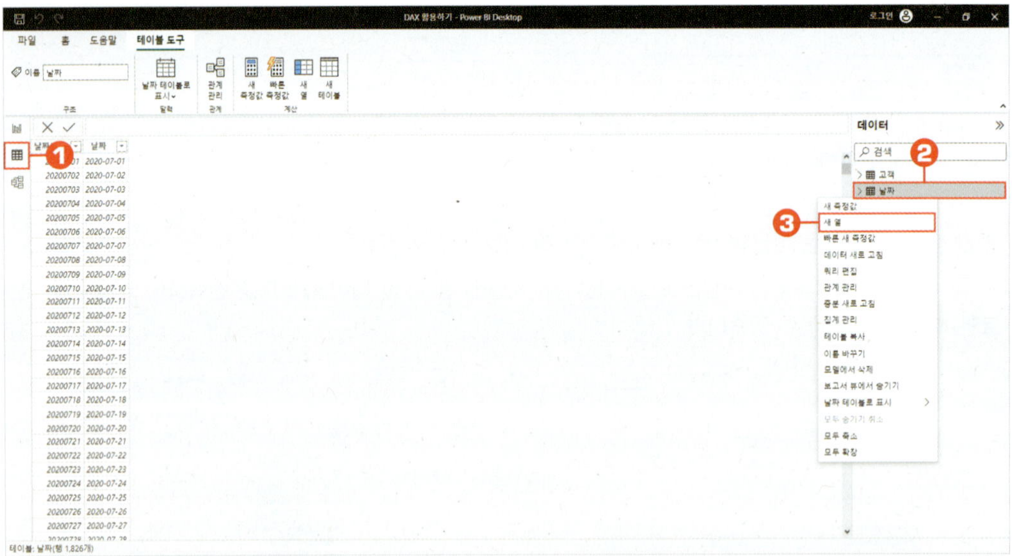

02 수식 입력줄에 연도 = YEAR('날짜'[날짜])를 입력하고 Enter 키를 누릅니다.

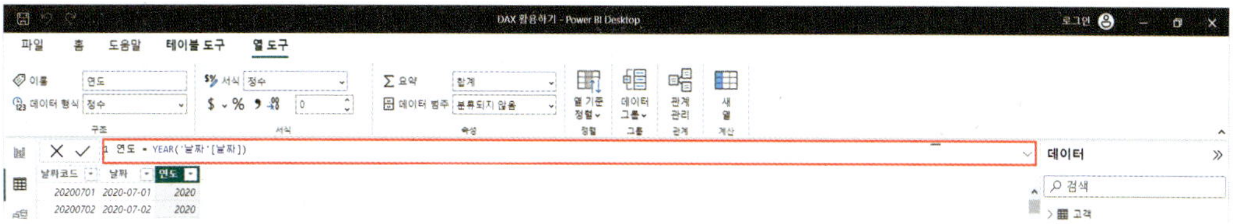

03 [새 열]을 추가하고 수식 입력줄에 분기 = QUARTER('날짜'[날짜])를 입력합니다.

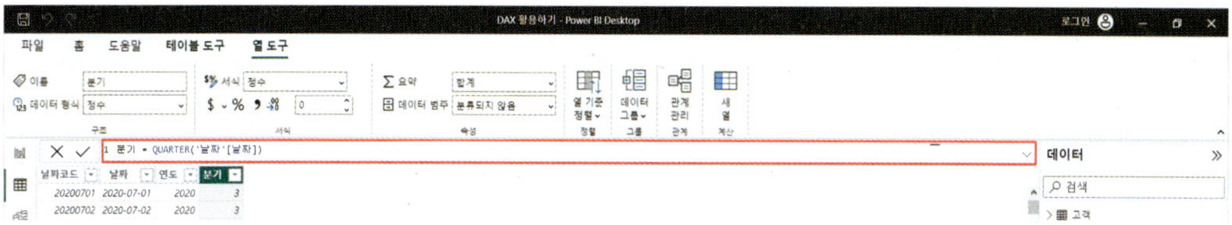

04 [새 열]을 추가하고 수식 입력줄에 월(No) = MONTH('날짜'[날짜])를 입력합니다.

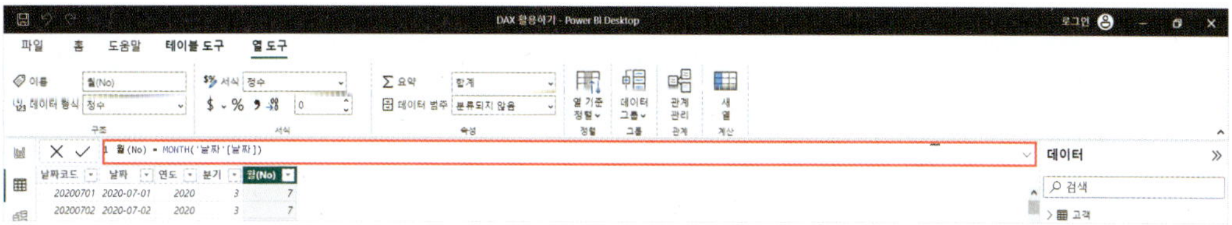

| TIP | MONTH 함수는 월을 1~12 사이의 숫자로 반환합니다. 영문(텍스트)으로 월 정보를 표시하고자 할 경우에는 FORMAT 함수를 사용하여 서식을 지정해야 합니다. FORMAT 함수는 지정된 형식에 따라 값을 텍스트로 변환하며, 자주 사용되는 날짜 표시 형식은 다음과 같습니다.

mmm	Jan, Feb … 약어로 월 표시	mmmm	January, February 전체 월 이름 표시
ddd	Mon, Tue … 약어로 요일 표시	dddd	Monday, Tuesday 전체 요일 이름 표시
aaa	월, 화 … '요일' 제외 짧은 한글로 표시	aaaa	월요일, 화요일 … '요일' 포함 한글 표시

05 [새 열]을 추가하고 수식 입력줄에 월(영문) = FORMAT('날짜'[날짜], "mmm")을 입력합니다.

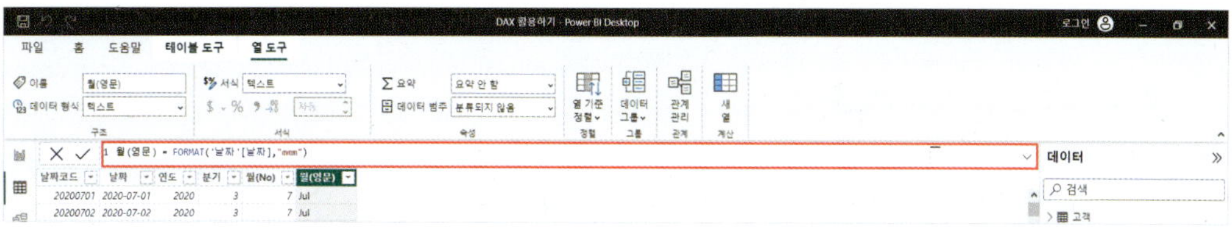

06 [새 열]을 추가하고 수식 입력줄에 요일 = WEEKDAY('날짜'[날짜])를 입력합니다.

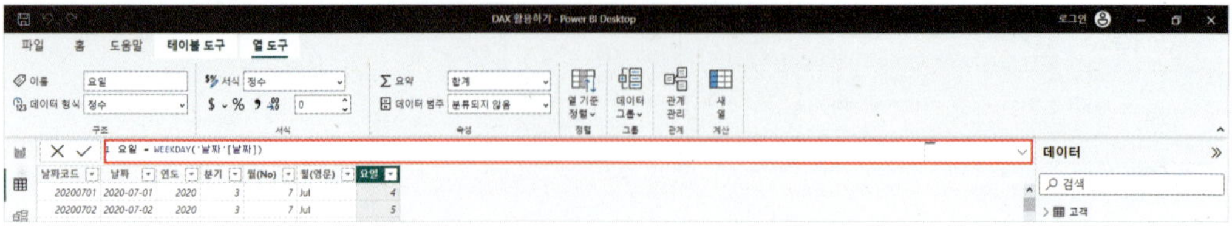

| TIP | WEEKDAY 함수는 요일을 1~7 사이의 숫자로 반환합니다. 숫자가 아닌 텍스트로 요일을 표시하고자 할 경우에는 FORMAT 함수를 사용하여 서식을 지정합니다.

07 [요일] 필드를 선택하여 수식을 다음과 같이 수정합니다. 요일 = FORMAT([날짜], "aaa")

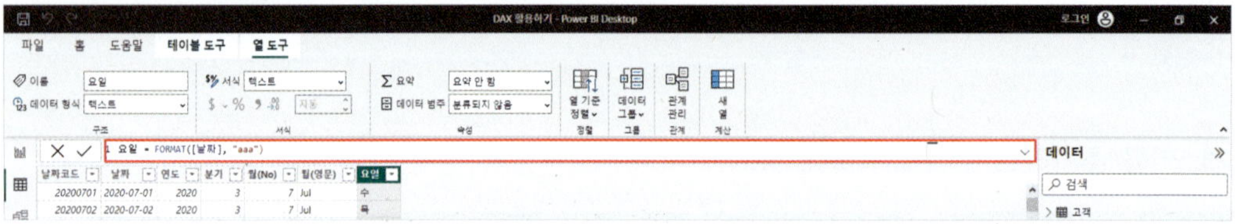

2 날짜 및 시간 함수: DATEDIFF

```
DATEDIFF(Date1, Date2, Interval)
```

두 입력 날짜 간의 단위(간격에 지정된 단위) 수를 반환합니다.

DATEDIFF 함수는 두 날짜 간의 간격을 년, 개월, 일 수 등으로 표시합니다. 결과로 반환할 값의 유형에는 YEAR, QUARTER, MONTH, WEEK, DAY, HOUR, MINUTE, SECOND가 있습니다.

DATEDIFF 함수를 사용하여 '고객' 테이블에 [나이] 필드를 새롭게 추가하겠습니다. 고객의 생년월일과 현재 날짜(결과값으로 현재 날짜를 반환하는 TODAY 함수를 사용) 간의 간격을 연도로 반환하면 나이를 계산할 수 있습니다. 나이는 만 나이로 표시되며, 한국식 세는 나이로 계산하기 위해서는 수식 맨 뒤에 +1을 추가로 입력합니다.

01 '고객' 테이블을 선택하고 [새 열]을 추가한 다음 수식 입력줄에 나이 = DATEDIFF('고객'[생년월일], TODAY(), YEAR)를 입력합니다. 현재 날짜를 기준의 고객 나이가 표시됩니다.

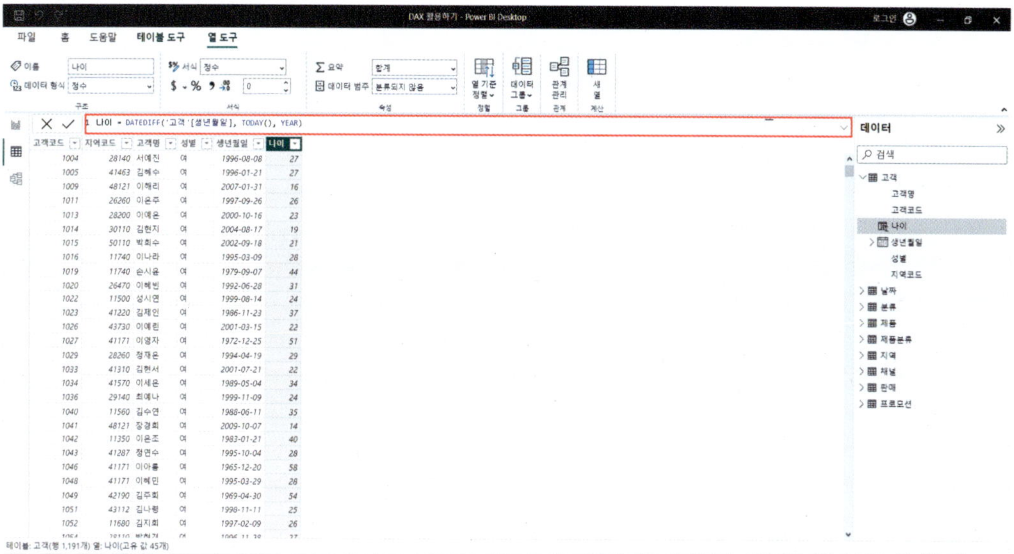

3 논리 함수: IF, SWITCH

| IF

```
IF(LogicalTest, ResultIfTrue, [ResultIfFalse])
```

조건이 충족되었는지 확인하고 TRUE나 FALSE에 해당하는 값을 반환합니다.

IF 함수는 조건식을 판단하여 조건이 TRUE이면 첫 번째 값을 반환하고, FALSE이면 두 번째 값을 반환합니다. FALSE인 경우 반환할 값은 생략이 가능하며, 생략할 경우 BLANK가 반환됩니다.

IF 함수를 사용하여 '날짜' 테이블의 [요일]이 토, 일요일에 해당하면 주말을, 월~금요일에 해당하면 주중을 표시하는 필드를 추가해 보겠습니다. 수식 내에서 또는(OR) 조건을 사용하려면 ||(더블 파이프라인) 기호를, 그리고(AND) 조건을 사용하려면 &&(더블 앰퍼샌드) 기호를 사용합니다.

⊕ ||(더블 파이프라인)은 키보드에서 Enter 키 위에 원화(₩) 기호와 함께 위치하고 있으며, Shift 키를 누른 상태에서 해당 키를 누르면 입력이 가능합니다.

01 '날짜' 테이블을 선택하고 [새 열]을 추가한 다음 수식 입력줄에 주중/주말 = IF('날짜'[요일]="토"|| '날짜'[요일]="일", "주말", "주중")을 입력합니다.

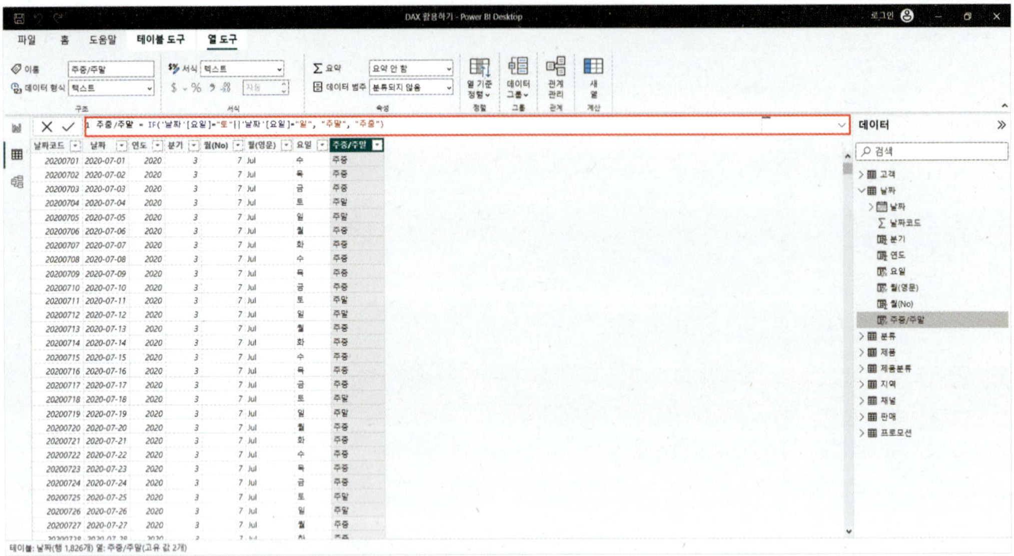

| SWITCH

```
SWITCH(식, 값1, 결과1, ..., [Else])
```

식의 값에 따라 다른 결과를 반환합니다.

SWITCH 함수는 여러 조건에 따라 결과값을 반환하고자 할 경우 사용합니다. 첫 번째 인수인 식과 두 번째 인수 값이 일치하면 세 번째 인수인 결과값을 반환하고, 일치하지 않을 경우에는 지정한 다른 값을 반환합니다.

IF 함수를 중첩으로 사용해도 되지만 조건이 늘어날 경우 수식이 복잡해지고 헷갈리는 상황이 발생합니다. 이때 SWITCH 함수를 사용하면 좀 더 간결하고 가독성 좋은 수식을 작성할 수 있습니다.

IF 함수를 사용하여 '고객' 테이블에 10대, 20대 등 [연령대]를 표시하는 필드를 추가한다고 가정하였을 때 필요한 수식은 다음과 같습니다.

```
연령대(IF) = IF('고객'[나이]>=10&&'고객'[나이]<20,"10대",IF('고객'[나이]>=20&&'고객'[나이]<30,"20대",
            IF('고객'[나이]>=30&&'고객'[나이]<40,"30대",IF('고객'[나이]>=40&&'고객'[나이]<50,"40대",
             IF('고객'[나이]>=50&&'고객'[나이]<60,"50대","60대 이상")))))
```

하나의 수식에 IF 함수가 5번 사용되었습니다. 조건이 추가될 때마다 사용해야 할 IF의 개수도 계속해서 늘어나기 때문에 식이 그만큼 복잡해지고 어려워집니다.

이번에는 SWITCH 함수를 사용하여 [연령대] 필드를 추가해 보겠습니다. SWITCH 함수를 사용하면 함수 하나로 중첩된 IF문을 쉽게 작성할 수 있습니다.

01 '고객' 테이블을 선택하고 [새 열]을 추가한 다음 수식 입력줄에 연령대 = SWITCH(TRUE(), '고객'[나이]>=10&&'고객'[나이]<20, "10대", '고객'[나이]>=20&&'고객'[나이]<30, "20대", '고객'[나이]>=30&&'고객'[나이]<40, "30대", '고객'[나이]>=40&&'고객'[나이]<50, "40대", '고객'[나이]>=50&&'고객'[나이]<60, "50대", "60대 이상")을 입력합니다.

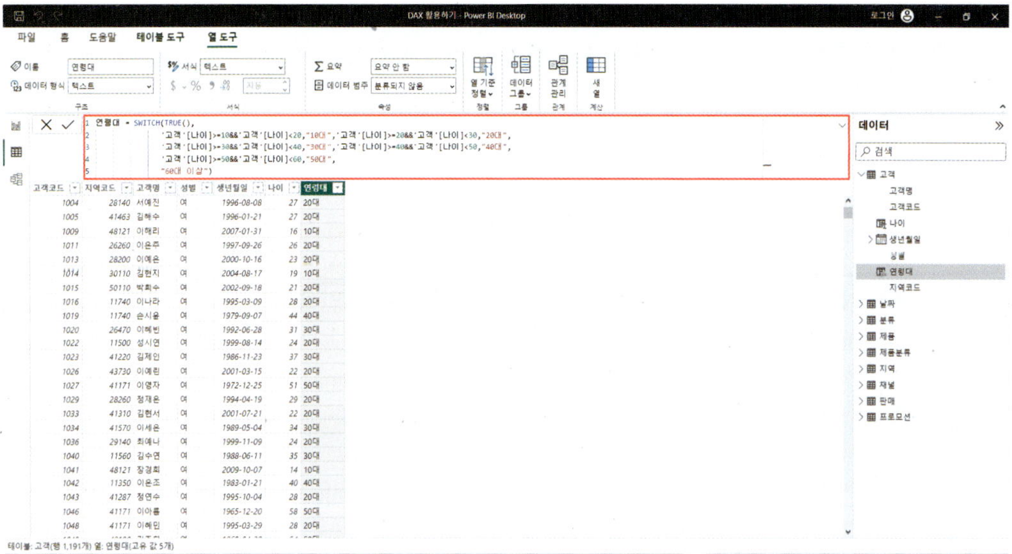

단순 논리가 아닌 등호 또는 부등호를 사용하여 특정한 조건식을 사용하고자 할 경우에는 SWITCH 함수의 첫 번째 인수로 TRUE() 함수를 사용합니다. 그 다음 인수로 TRUE()를 반환할 값을 입력합니다. 여기서는 그 값으로 '고객'[나이]>=10&&'고객'[나이]<20의 조건식을 입력했습니다. 만약 해당 조건식이 TRUE()가 맞다면 세 번째 인수로 입력한 10대를 반환하게 되고, 일치하지 않을 경우 다음 값으로 넘어가게 됩니다. 그렇게 차례대로 식을 판단하게 되고 마지막으로 인수로는 입력한 값들과 최종적으로 일치하지 않을 경우 반환할 결과값인 60대 이상을 입력합니다.

| TIP | 연령 조건을 전부 입력하지 않고 첫 번째 조건인 '고객'[나이]>=10&&'고객'[나이]<20,"10대"만 입력합니다. 그런 다음 해당 조건을 복사, 붙여넣기하여 숫자만 변경하면 나머지 조건을 빠르게 입력할 수 있습니다.

4 관계 함수: RELATED

```
RELATED(ColumnName)
```

다른 테이블에서 관련 값을 반환합니다.

RELATED 함수는 DAX의 대표적인 관계 함수로 다른 테이블에서 관련 값을 반환하며, 매개변수는 참조할 관련 테이블의 열이름입니다. 현재 테이블이 아닌 관계가 설정된 다른 테이블에 있는 필드를 참조하여 계산 열을 생성하고자 할 경우에 사용합니다. RELATED 함수는 사전에 관계가 설정되어 있는 테이블에 한해서 작동하며, 관계가 설정되지 않은 테이블의 필드는 참조할 수 없습니다.

수식을 작성하여 '판매' 테이블에 매출 관련 데이터(매출금액, 매출원가, 매출이익)를 새롭게 추가해 보겠습니다.

매출금액='판매'[수량]*'판매'[단가]*(1-RELATED('프로모션'[할인율]))
매출원가='판매'[수량]*RELATED('제품'[원가])
매출이익=[매출금액]-[매출원가]

매출금액과 매출원가 열을 추가하기 위해서는 RELATED 함수를 사용해야 합니다. 매출금액의 경우 '판매' 테이블에 [수량]과 [단가] 필드는 존재하지만 [할인율] 필드는 '판매' 테이블이 아닌 '프로모션' 테이블에 있기 때문에 '프로모션' 테이블에 있는 [할인율] 필드를 참조해야 하며, 매출원가의 경우에도 '제품' 테이블에 있는 [원가] 필드를 참조하여야 올바른 값을 구할 수 있습니다.

01 '판매' 테이블을 선택하고 [새 열]을 추가합니다. 수식 입력줄에 매출금액 = '판매'[수량]*'판매'[단가]*(1-RELATED('프로모션'[할인율]))을 입력하고 Enter 키를 누릅니다.

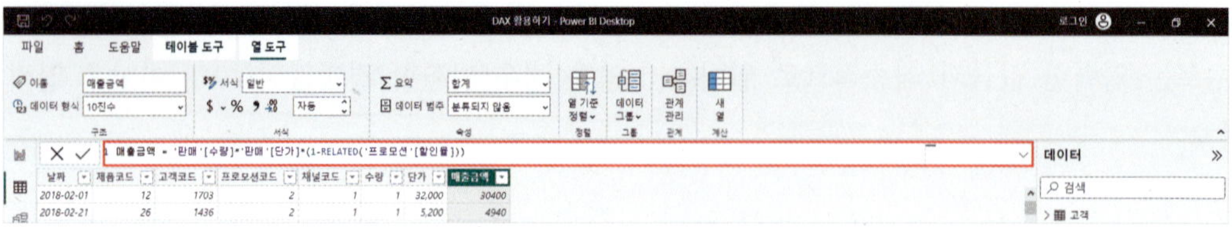

02 금액을 한눈에 파악하기 쉽도록 천 단위 구분 기호를 설정합니다. [열 도구]-[서식] 그룹-[천 단위 구분 기호]를 클릭하고 [소수 자릿수]를 0으로 설정합니다.

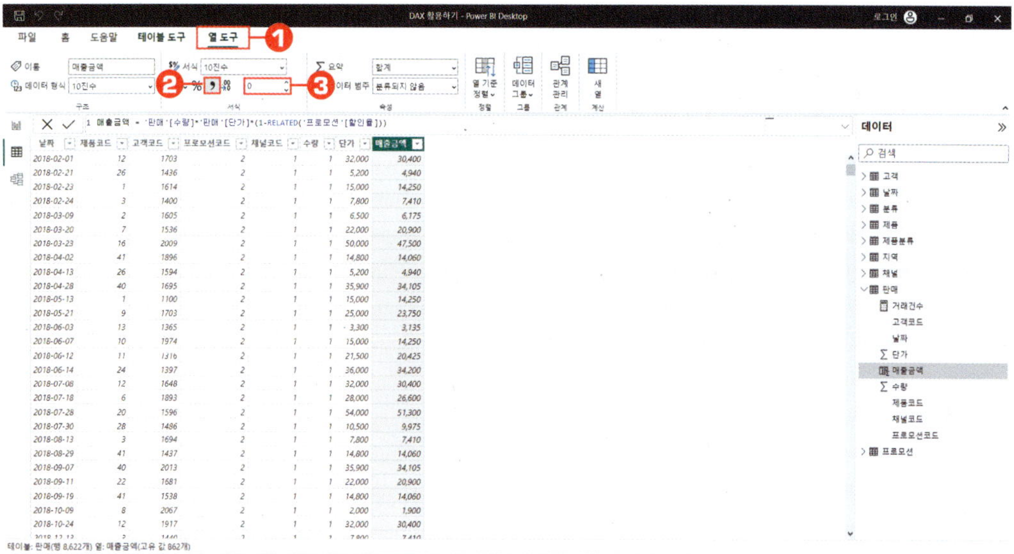

03 매출원가 열을 추가하겠습니다. [새 열]을 추가하고 매출원가 = '판매'[수량]*RELATED('제품'[원가])를 입력합니다. [열 도구]-[서식] 그룹-[천 단위 구분 기호]를 클릭합니다.

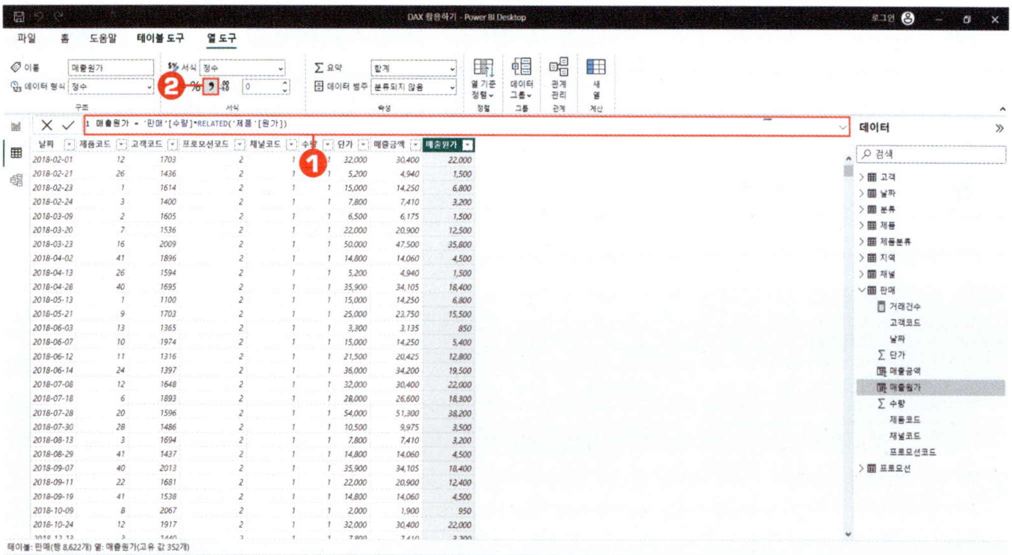

04 매출이익 열을 추가하겠습니다. [새 열]을 추가하고 매출이익 = [매출금액]-[매출원가]를 입력합니다. [열 도구]-[서식] 그룹-[천 단위 구분 기호]를 클릭하고 [소수 자릿수]를 0으로 설정합니다.

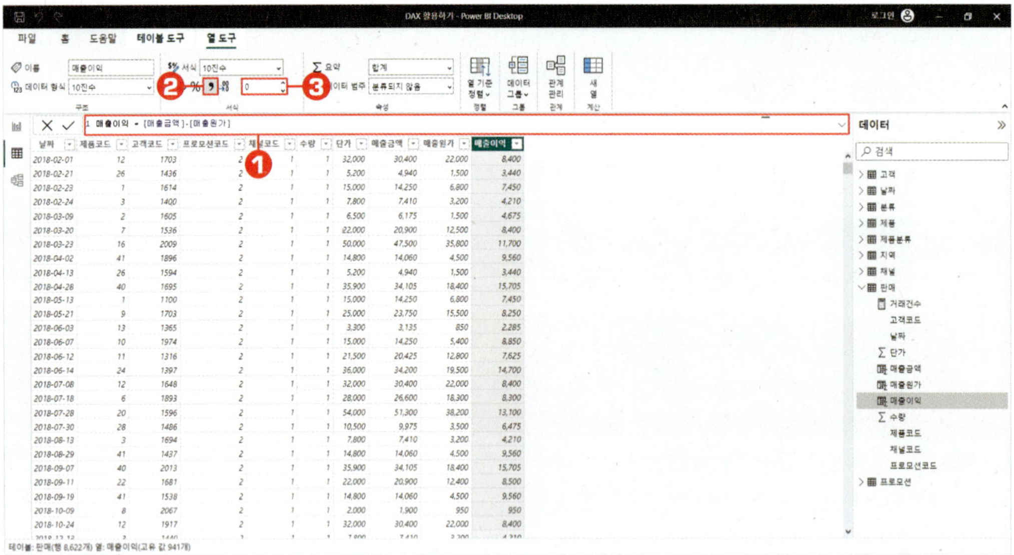

5 집계 함수: SUM, COUNT, COUNTROWS, MIN, MAX, AVERAGE

DAX의 대표적인 기본 함수로는 SUM, COUNT, COUNTROWS, MIN, MAX, AVERAGE 등이 있습니다. 해당 함수들은 모두 집계 함수로 식으로 정의된 열이나 테이블의 모든 행에 대해 값을 계산합니다.

함수	설명
SUM	열에 있는 모든 수를 더합니다.
COUNT	비어있지 않은 값이 포함된 지정된 열의 행 수를 계산합니다.
COUNTROWS	지정된 테이블 또는 식으로 정의된 테이블의 행 수를 계산합니다.
MIN	열에서 가장 작은 숫자 값을 반환합니다.
MAX	열에서 가장 큰 숫자 값을 반환합니다.
AVERAGE	열에 있는 모든 수의 평균을 반환합니다.

| SUM

```
SUM(ColumnName)
```

열에 있는 모든 수를 더합니다.

01 '판매' 테이블을 선택하고 [새 측정값]을 추가합니다.

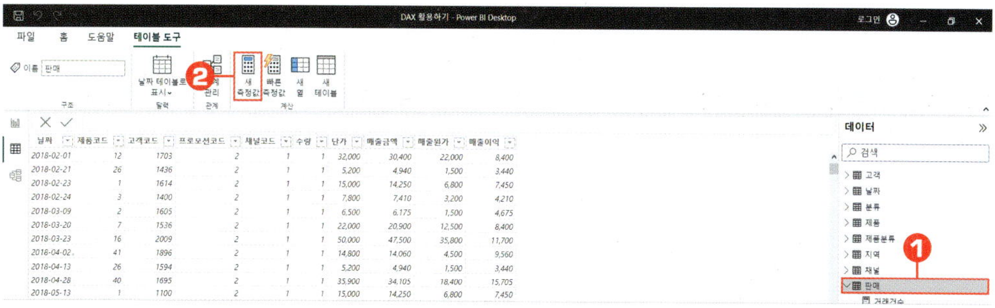

02 수식 입력줄에 총매출금액 = SUM('판매'[매출금액])을 입력하고 Enter 키를 누릅니다. [측정 도구]–[서식] 그룹–[천 단위 구분 기호]를 클릭하고 [소수 자릿수]를 0으로 설정합니다.

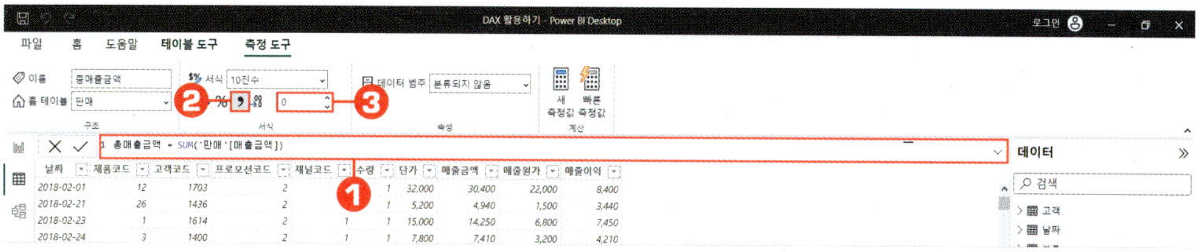

03 총매출원가를 계산하는 측정값을 추가하겠습니다. [새 측정값]을 추가하고 수식 입력줄에 총매출원가 = SUM('판매'[매출원가])를 입력합니다. [측정 도구]–[서식] 그룹–[천 단위 구분 기호]를 클릭합니다.

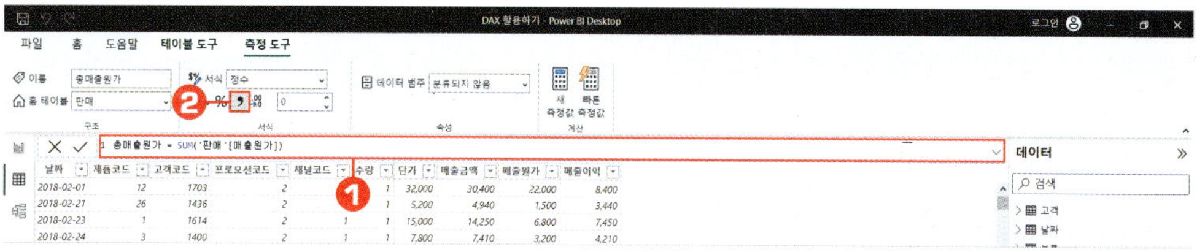

04 총매출이익을 계산하는 측정값을 추가하겠습니다. [새 측정값]을 추가하고 수식 입력줄에 총매출이익 = SUM('판매'[매출이익])을 입력합니다. [측정 도구]–[서식] 그룹–[천 단위 구분 기호]를 클릭하고 [소수 자릿수]를 0으로 설정합니다.

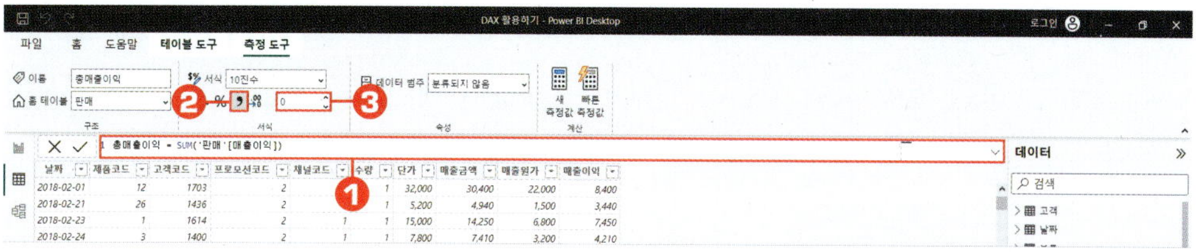

05 [보고서 보기]로 화면으로 이동하여 [시각화] 창에서 [행렬] 개체를 선택하여 추가합니다. [행] 영역에 '분류' 테이블의 [분류명] 필드를 추가하고 [값] 영역에 '판매' 테이블의 측정값 [총매출금액], [총매출원가], [총매출이익]을 추가합니다.

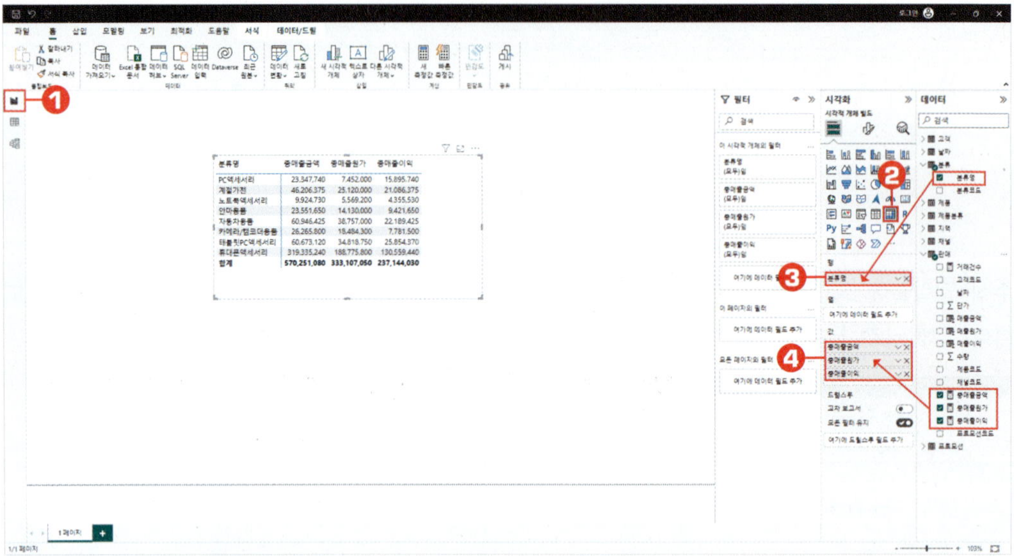

분류별 매출금액, 매출원가, 매출이익이 표시됩니다. [행렬] 개체는 측정값을 작성한 후 바로 결과를 확인할 수 있는 최상의 도구입니다. 수식이 정확하게 작성되었는지 그리고 측정값이 문제없이 잘 작동하는지를 빠르게 확인할 수 있습니다. 이번 'Chapter 6 DAX 활용하기'에서는 DAX 함수를 사용하여 측정값을 만들고, 해당 측정값이 어떻게 작동하는지 [행렬] 개체를 통해 확인합니다.

| COUNT, COUNTROWS

COUNT(ColumnName)
열에 있는 숫자의 수를 계산합니다.

COUNTROWS([테이블])
테이블의 행 수를 계산합니다.

COUNT 함수는 지정한 열의 행 수를 반환하며, COUNTROWS 함수는 지정한 테이블의 행 수를 반환합니다. COUNT 함수는 열에 있는 행 중 값이 비어있는 행은 합계에서 빠지게 되지만 COUNTROWS 함수는 모든 열에 값이 있는지 여부에 관계없이 테이블의 모든 행의 수를 계산하므로 열에 공백이 없는 경우 두 함수는 동일한 결과를 얻을 수 있습니다.

01 [데이터] 창에서 '고객' 테이블을 선택하고 [새 측정값]을 추가합니다.

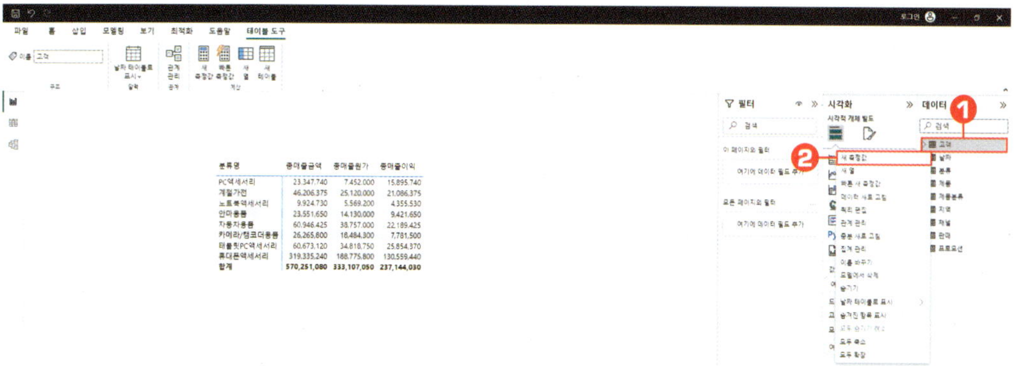

02 수식 입력줄에 총고객수 = COUNT('고객'[고객코드])를 입력하고 Enter 키를 누릅니다. [측정 도구]–[서식] 그룹–[천 단위 구분 기호]를 클릭합니다.

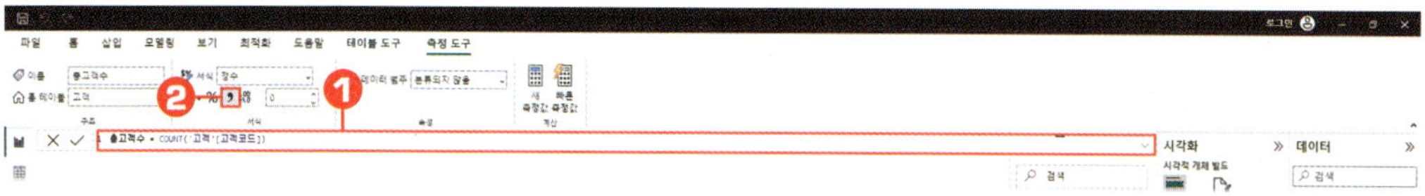

03 [새 측정값]을 추가하여 수식 입력줄에 총고객수(COUNTROWS) = COUNTROWS('고객')을 입력하고 Enter 키를 누릅니다. [측정 도구]–[서식] 그룹–[천 단위 구분 기호]를 클릭합니다.

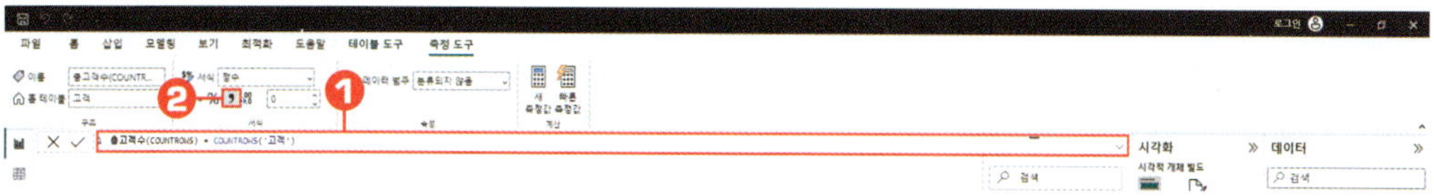

04 [보고서 보기] 화면의 페이지를 추가합니다. [시각화] 창에서 [카드] 개체를 2개 추가하여 각 개체의 [필드] 영역에 [총고객수], [총고객수(COUNTROWS)]를 추가하면 동일한 결과가 표시됩니다.

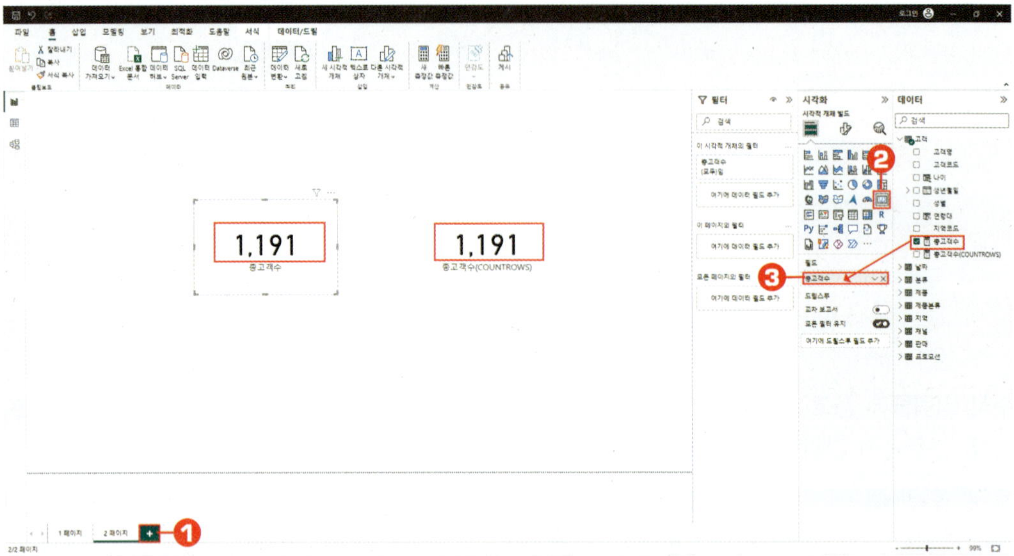

| MIN, MAX, AVERAGE

`MIN(ColumnNameOrScalar1, [Scalar2])`

열의 가장 작은 숫자 값 또는 가장 작은 문자열을 반환하거나, 두 스칼라 식 사이에 더 작은 값을 반환합니다. 논리값을 무시합니다.

`MAX(ColumnNameOrScalar1, [Scalar2])`

열의 가장 큰 숫자 값 또는 가장 큰 문자열을 반환하거나 두 스칼라 식 사이에 더 큰 값을 반환합니다. 논리값과 텍스트를 무시합니다.

`AVERAGE(ColumnName)`

열에 있는 모든 수의 평균(산술 평균)을 반환합니다.

01 '판매' 테이블에 [새 측정값]을 추가합니다. 수식 입력줄에 최저매출금액 = MIN('판매'[매출금액])을 입력하고 Enter 키를 누릅니다. [측정 도구]–[서식] 그룹–[천 단위 구분 기호]를 클릭하고 [소수 자릿수]를 0으로 설정합니다.

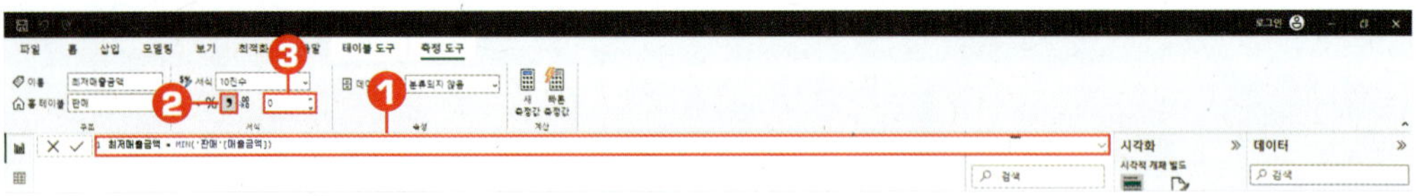

02 측정값을 새로 추가하여 수식 입력줄에 최고매출금액 = MAX('판매'[매출금액])을 입력하고 Enter 키를 누릅니다. [측정 도구]–[서식] 그룹–[천 단위 구분 기호]를 클릭하고 [소수 자릿수]를 0으로 설정합니다.

03 측정값을 새로 추가하여 수식 입력줄에 평균매출금액 = AVERAGE('판매'[매출금액])을 입력하고 Enter 키를 누릅니다. [측정 도구]–[서식] 그룹–[천 단위 구분 기호]를 클릭하고 [소수 자릿수]를 0으로 설정합니다.

04 [보고서 보기] 화면의 페이지를 추가하고 [시각화] 창에서 [행렬] 개체를 추가합니다. 시각적 개체의 [행] 영역에 '분류' 테이블의 [분류명] 필드를 추가하고 [값] 영역에 '판매' 테이블의 측정값 [최저매출금액], [최고매출금액], [평균매출금액]을 추가합니다. 분류별 최저, 최고, 평균 매출 금액이 표시됩니다.

6 집계 함수: SUMX

SUMX(**테이블**, 식)

테이블의 각 행에 대해 평가된 식의 합계를 반환합니다.

대상 열에 있는 모든 수의 합계를 반환하는 SUM 함수와 다르게 SUMX 함수는 대상 테이블의 각 행에 대해 평가된 식의 합계를 반환합니다. 앞서 SUM 함수를 사용해 총매출금액 측정값을 만든 과정을 떠올려보면 먼저 '판매' 테이블에 있는 [수량], [단가] 필드와 '프로모션' 테이블에 있는 [할인율] 필드를 참조해 [매출금액]이라는 계산 열을 테이블에 추가하고, 추가된 매출금액 열의 합계를 SUM 함수로 계산하여 최종적인 총매출금액 측정값을 만들었습니다. 이렇듯 SUM 함수는 합계를 계산할 대상 열이 테이블에 반드시 존재해야만 측정값을 만들어 낼 수 있습니다. 하지만 SUMX 함수는 테이블에 해당 열이 존재하지 않아도 SUM 함수와 같은 결과를 반환하는 측정값을 만들 수 있습니다.

01 '판매' 테이블에 [새 측정값]을 추가합니다. 수식 입력줄에 총매출금액(SUMX) = SUMX('판매', '판매'[수량]*'판매'[단가]*(1-RELATED('프로모션[할인율]))을 입력하고 Enter 키를 누릅니다. [측정 도구]-[서식] 그룹-[천 단위 구분 기호]를 클릭하고 [소수 자릿수]를 0으로 설정합니다.

02 [보고서 보기] 화면의 페이지를 추가하고 [시각화] 창에서 [행렬] 개체를 추가합니다. 시각적 개체의 [행] 영역에 '분류' 테이블의 '분류명을 필드를 추가하고, [값] 영역에 '판매' 테이블의 측정값 [총매출금액], [총매출금액(SUMX)]을 추가합니다. 두 측정값의 값이 동일하게 표시됩니다.

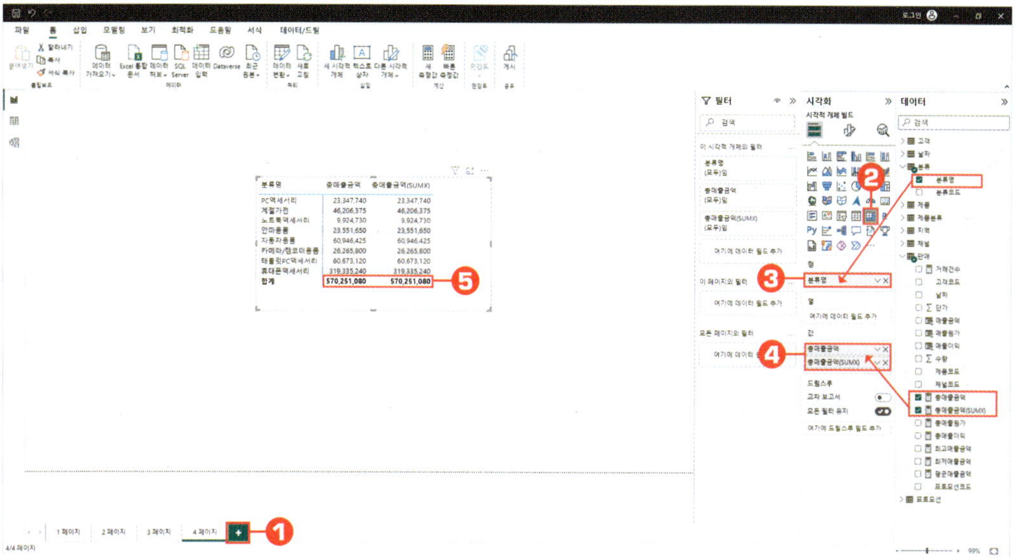

7 삼각/수학 함수: DIVIDE

DIVIDE(Numerator, Denominator, [AlternateResult])
0으로 나누기 사례를 처리할 수 있는 안전 분할 함수

DIVIDE는 나누기를 수행하는 함수입니다. 분자(나누어지는 숫자), 분모(나눌 숫자)를 순서대로 입력하여 사용합니다. 나누기 연산자 기호(/)를 사용하여 값을 구했을 때와의 차이점은 DIVIDE 함수를 사용하면 0으로 나누기에 대한 대체 결과 또는 BLANK를 반환한다는 점입니다. 대체 결과는 숫자와 문자 모두 가능하며, 생략도 가능합니다(생략할 경우 BLANK 반환). 연산자 기호(/)를 사용하여 매출이익률을 구할 경우 값에 0 또는 공란이 있으면 0으로 값을 나누는 것으로 인식되어 무한대의 값을 반환하게 됩니다. 따라서 나누기를 수행하고자 할 경우에는 대체 결과 또는 BLANK를 반환하는 DIVIDE 함수를 사용하는 것을 권장합니다.

제품명	총매출금액	총매출이익	매출이익률(/)	매출이익률(DIVIDE)
액세서리	560,000	320,000	57.14%	57.14%
충전기	470,000	250,000	53.19%	53.19%
케이블	0	180,000	무한대	
케이스		240,000	무한대	
합계	**1,030,000**	**990,000**	**96.12%**	**96.12%**

제품명	총매출금액	총매출이익	매출이익률(/)	매출이익률(DIVIDE)
액세서리	560,000	320,000	57.14%	57.14%
충전기	470,000	250,000	53.19%	53.19%
케이블	0	180,000	무한대	N/A
케이스		240,000	무한대	N/A
합계	**1,030,000**	**990,000**	**96.12%**	**96.12%**

01 매출이익률을 계산하는 측정값을 만들어 보겠습니다. '판매' 테이블에 [새 측정값]을 추가합니다. 수식 입력줄에 매출이익률 = DIVIDE([총매출이익],[총매출금액],0)을 입력하고 Enter 키를 누릅니다. [측정 도구]-[서식] 그룹-[백분율]을 클릭합니다.

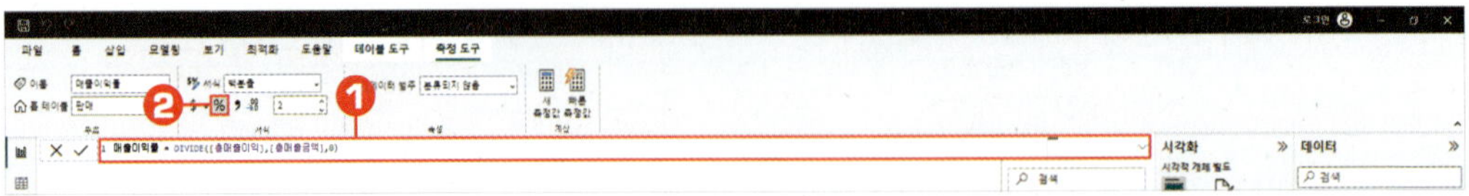

02 [행렬] 개체의 [값] 영역에 [매출이익률]을 추가하면 분류별 매출이익률이 표시됩니다.

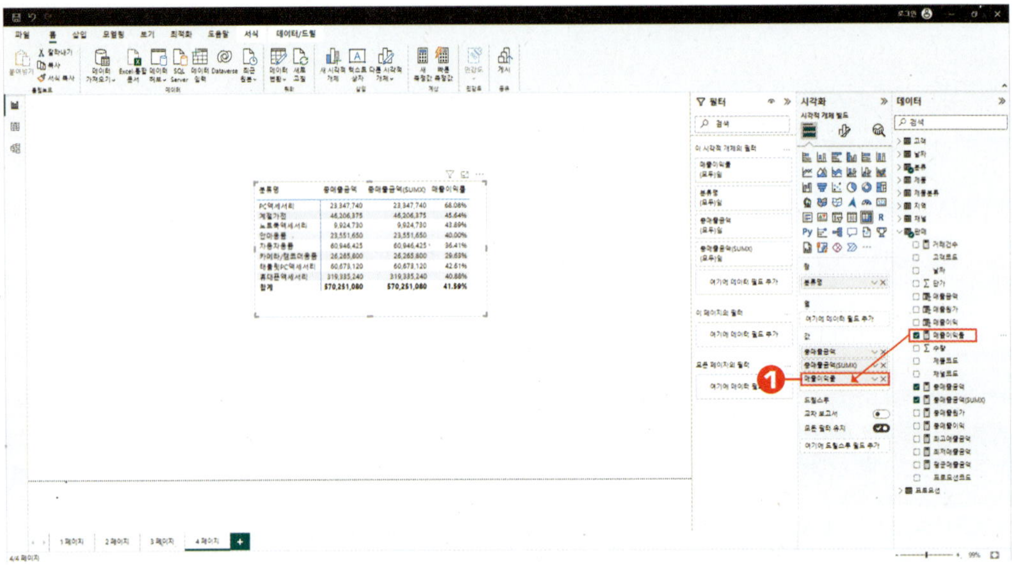

8 필터 함수: CALCULATE, FILTER, ALL, ALLSELECTED, ALLEXCEPT

| CALCULATE

```
CALCULATE(식, [필터1], ...)
```

필터에 의해 수정된 컨텍스트에서 식을 평가합니다.

CALCULATE 함수는 시각적 개체의 필터 컨텍스트를 수정할 수 있는 유일한 함수입니다. 필터 컨텍스트란 데이터 모델에 적용되는 모든 필터링을 의미합니다. 테이블 관계 설정 시 지정된 크로스필터의 방향을 토대로 데이터는 흐르게 되며 자동으로 필터링됩니다. 아래는 DAX 함수를 사용하여 생성한 측정값 [총매출금액], [총매출원가], [총매출이익], [매출이익률]을 시각화한 행렬 개체입니다. [행] 영역의 [분류명] 필드를 기준으로 측정값들은 모두 필터링되어 결과값을 반환하고 있습니다. 아래의 예시와 같이 Power BI Desktop의 모든 DAX 수식은 필터 컨텍스트에 의해서 결과값을 반환합니다. CALCULATE 함수는 필터를 적용하거나 제거 및 수정하여 시각적 개체에 적용되는 필터 컨텍스트를 변경할 수 있습니다.

분류명	총매출금액	총매출원가	총매출이익	매출이익률
PC액세서리	23,347,740	7,452,000	15,895,740	68.08%
계절가전	46,206,375	25,120,000	21,086,375	45.64%
노트북액세서리	9,924,730	5,569,200	4,355,530	43.89%
안마용품	23,551,650	14,130,000	9,421,650	40.00%
자동차용품	60,946,425	38,757,000	22,189,425	36.41%
카메라/캠코더용품	26,265,800	18,484,300	7,781,500	29.63%
태블릿PC액세서리	60,673,120	34,818,750	25,854,370	42.61%
휴대폰액세서리	319,335,240	188,775,800	130,559,440	40.88%
합계	**570,251,080**	**333,107,050**	**237,144,030**	**41.59%**

CALCULATE 함수를 사용하여 남성 고객의 판매금액을 구하는 측정값을 만들어 보겠습니다.

01 '판매' 테이블에 [새 측정값]을 추가합니다. 수식 입력창에 총매출금액(남성) = CALCULATE([총매출금액], '고객'[성별]="남")을 입력하고 Enter 키를 누릅니다. [측정 도구]–[서식] 그룹–[천 단위 구분 기호]를 클릭하고 [소수 자릿수]를 0으로 설정합니다.

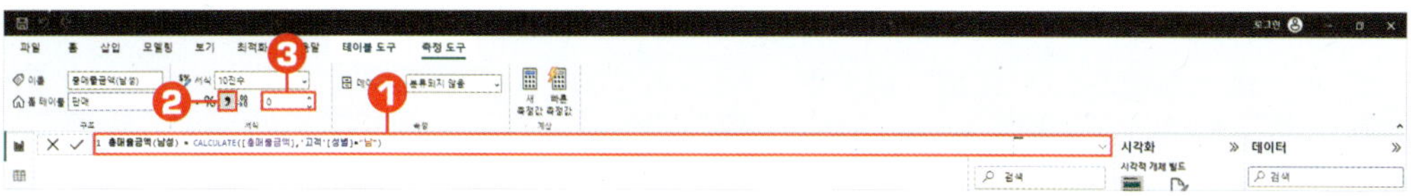

02 [행렬] 개체의 [값] 영역에 [총매출금액(남성)] 필드를 추가합니다. 전체 매출금액에서 성별이 남성인 고객의 판매액만 필터링되어 표시됩니다.

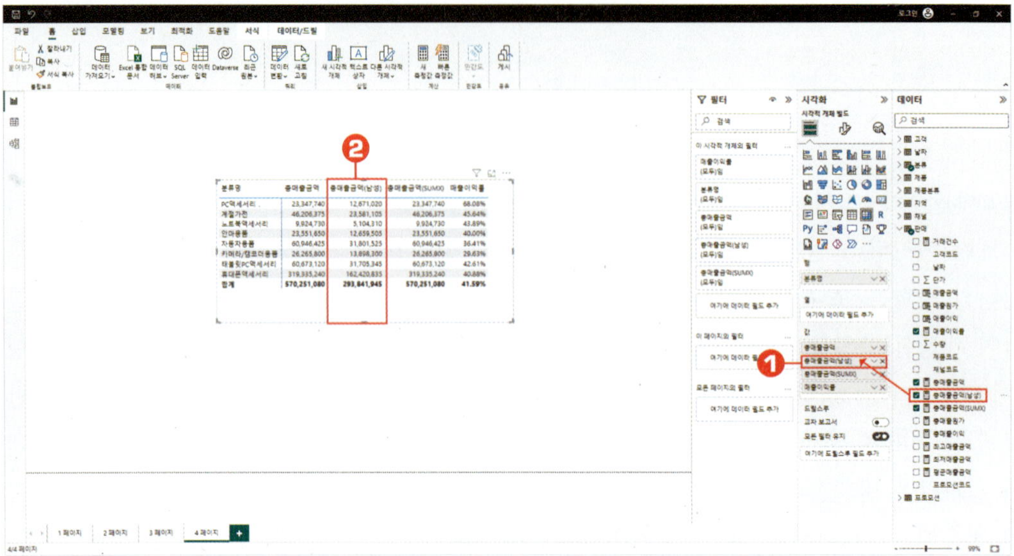

| FILTER

FILTER(**테이블**, FilterExpression)
필터링된 테이블을 반환합니다.

FILTER 함수는 원래의 테이블에서 각 행을 식으로 평가하여 식을 통과한 행만을 테이블로 반환하는 함수입니다. 첫 번째 매개변수로 필터링할 테이블을 입력하고, 두 번째 매개변수로 테이블의 각 행에 대해 평가할 부울 식(TRUE/FALSE)을 입력합니다. FILTER 함수는 각 행을 반복하여 지정한 평가 식을 통과한 행만을 테이블에 남기고 식을 통과하지 못한 행은 제거합니다. 그렇게 최종 통과된 행만을 포함하는 테이블을 반환합니다. 결과값으로 테이블을 반환하는 FILTER 함수는 독립적으로 사용되지 않고 테이블을 인수로 사용하는 다른 함수와 함께 사용됩니다.

FILTER 함수를 사용하여 매출이 500,000원 이상인 고객의 수를 반환하는 측정값을 만들어 보겠습니다.

01 '판매' 테이블에 [새 측정값]을 추가합니다. 수식 입력줄에 500,000원 이상 구매 고객 = COUNTROWS(FILTER('고객',[총매출금액]>=500000))을 입력하고 Enter 키를 누릅니다. [측정 도구]-[서식] 그룹-[천 단위 구분 기호]를 클릭합니다.

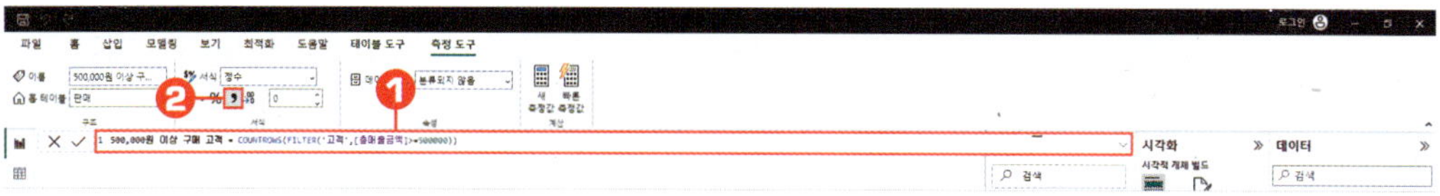

02 [보고서 보기] 화면의 페이지를 추가하고 [시각화] 창에서 [행렬] 개체를 추가합니다. [행] 영역에 [분류명] 필드를 추가하고 [값] 영역에 [500,000원 이상 구매 고객] 필드를 추가합니다. 분류별 500,000원 이상 구매한 고객의 수가 표시됩니다.

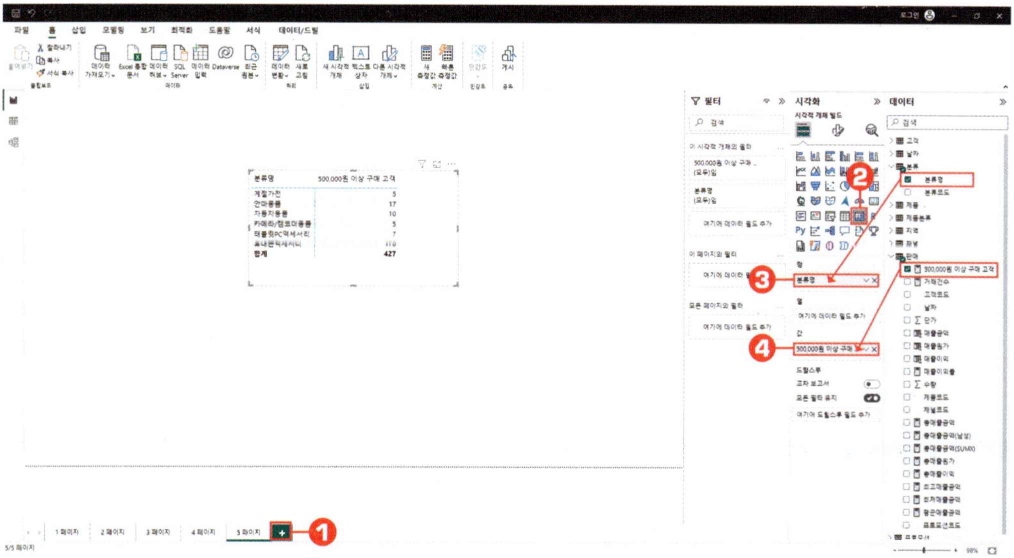

위 수식이 작동되는 순서는 다음과 같습니다. 먼저 FILTER 함수를 통해 '고객' 테이블을 필터링합니다. '고객' 테이블의 각 행에 대해 평가할 부울 식으로 [총매출금액]이 500,000원 이상인지를 판단합니다. TRUE에 해당하면 해당 행은 그대로 유지되며, FALSE에 해당하면 제거됩니다. 테이블에 있는 모든 고객에 대한 평가가 끝나면 최종적으로 남은 행이 포함된 테이블을 반환합니다. 그런 다음 테이블을 매개변수로 하는 COUNTROWS 함수에 의해서 행의 개수를 반환하게 됩니다.

| ALL

```
ALL([TableNameOrColumnName], [ColumnName1], ...)
```

적용되었을 수 있는 필터를 무시하고 테이블의 모든 행 또는 열의 모든 값을 반환합니다.

먼저 ALL 함수는 현재 적용되어있는 모든 필터를 제거합니다. 앞서 CALCULATE 함수의 필터 컨텍스트에 대한 설명에서 Power BI Desktop의 모든 DAX 수식은 필터 컨텍스트에 의해서 결과값을 반환하기 때문에 측정값 [총매출금액], [총매출원가], [총매출이익], [매출이익률]을 시각화한 행렬 개체의 [행] 영역인 [분류명] 필드를 기준으로 측정값들은 모두 필터링되어 결과값을 반환했습니다. ALL 함수는 현재 설정되어 있는 필터 컨텍스트의 모든 필터를 제거하는 필터 제거 함수라고 생각하면 됩니다. ALL 함수를 사용하여 [총매출금액]을 시각화해 보겠습니다. ALL 함수도 결과값으로 테이블을 반환하기 때문에 독립적으로 사용되지 않고 테이블을 인수로 사용하는 다른 함수와 함께 사용됩니다. 따라서 필터를 모두 제거한 [총매출금액]을 구하기 위해서는 ALL 함수를 CALCULATE 함수로 감싸야 합니다. 필터 컨텍스트를 수정할 수 있는 유일한 함수인 CALCULATE는 '판매' 테이블에 원래 지정되어 있는 필터 컨텍스트를 ALL 함수를 통해 제거된 새로운 필터 컨텍스트로 변경합니다.

01 '판매' 테이블에 [새 측정값]을 추가합니다. 수식 입력줄에 총매출금액(ALL) = CALCULATE([총매출금액], ALL('판매'))를 입력하고 Enter 키를 누릅니다. [측정 도구]-[서식] 그룹-[천 단위 구분 기호]를 클릭하고 [소수 자릿수]를 0으로 설정합니다.

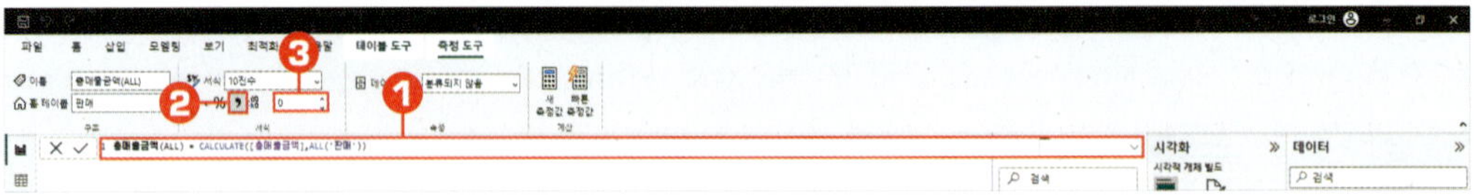

02 [보고서 보기] 화면의 페이지를 추가하고 [시각화] 창에서 [행렬] 개체를 추가합니다. [행] 영역에 '분류' 테이블의 [분류명] 필드를 추가하고 [값] 영역에 '판매' 테이블 [총매출금액], [총매출금액(ALL)] 측정값을 추가합니다.

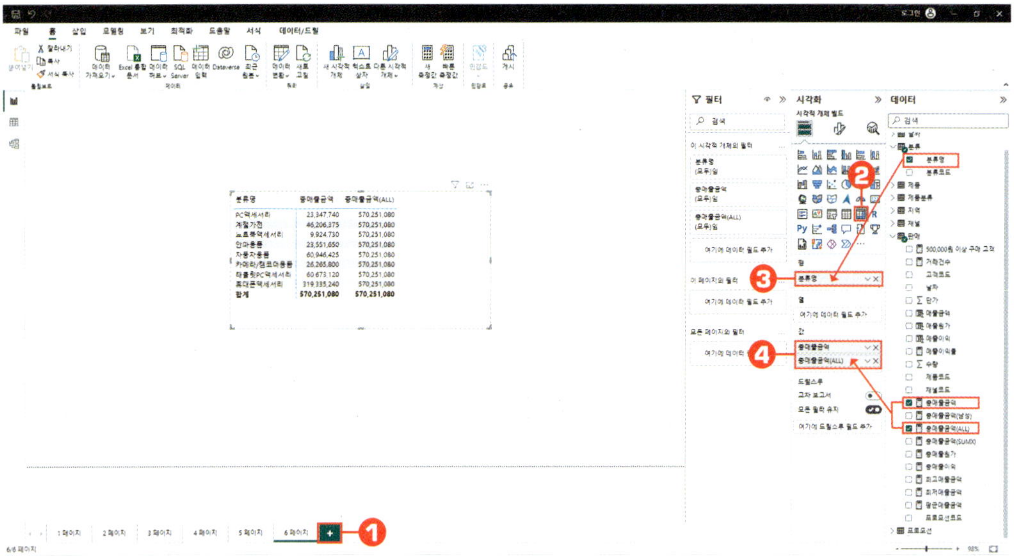

필터 컨텍스트에 의해 분류별로 금액이 필터링되어 표시되는 [총매출금액]과 다르게 ALL 함수를 사용하여 '판매' 테이블에 적용된 모든 필터를 제거한 [총매출금액(ALL)]은 분류별로 필터링되지 않고 모든 분류에 동일한 값이 표시됩니다.

방금 추가한 [총매출금액(ALL)] 측정값을 사용하여 각 분류가 차지하는 매출비율 측정값을 만들 수 있습니다. SUM 함수를 사용하여 만든 [총매출금액] 측정값은 필터 컨텍스트에 의해 분류별로 매출금액을 표시하지만 ALL 함수를 사용하여 만든 [총매출금액(ALL)] 측정값은 필터 컨텍스트가 제거되어 모든 분류의 총합계금액이 동일하게 표시됩니다. 따라서 [총매출금액]에서 [총매출금액(ALL)]을 나눠주면 각 분류별 매출비율을 구할 수 있습니다.

03 '판매' 테이블에 [새 측정값]을 추가합니다. 수식 입력줄에 매출비율 = DIVIDE([총매출금액],[총매출금액(ALL)],0)을 입력하고 Enter 키를 누릅니다. [측정 도구]-[서식] 그룹-[백분율]을 클릭합니다.

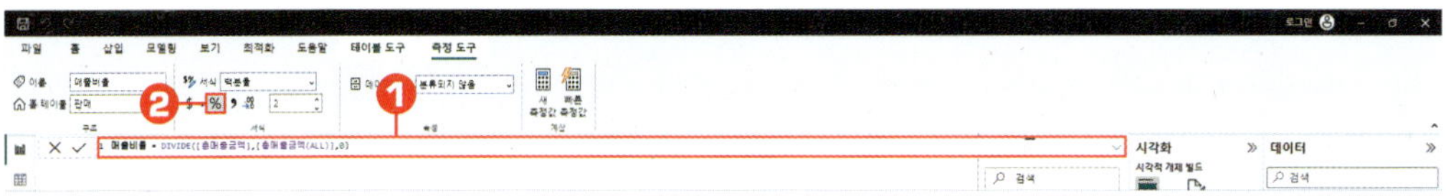

04 [행렬] 개체의 [값] 영역에 [매출비율]을 추가합니다. 각 분류의 매출비율이 표시됩니다.

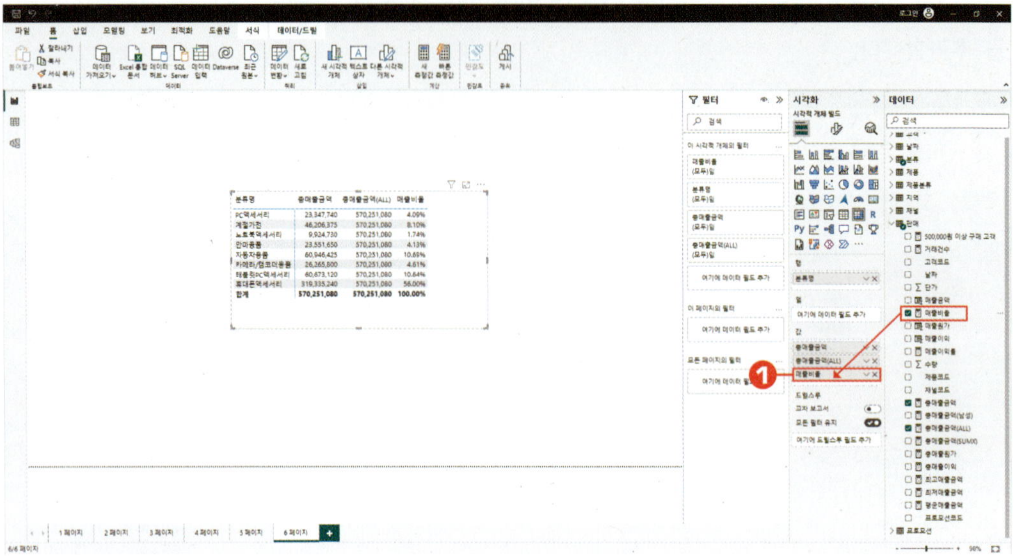

ALLSELECTED

```
ALLSELECTED([TableNameOrColumnName], [ColumnName1], ...)
```

쿼리 내에서 적용되었을 수 있는 필터는 무시하고 외부에서 적용된 필터는 유지하여 테이블의 모든 행 또는 열의 모든 값을 반환합니다.

ALLSELECTED 함수는 지정한 테이블 및 열의 필터는 모두 제거하지만 [보고서 보기] 페이지에 적용한 필터는 유지합니다. [보고서 보기] 페이지에 적용된 필터를 기준으로 총합계의 백분율을 표시하고자 할 경우에 ALLSELECTED 함수를 사용합니다.

앞서 ALL 함수에 대해 학습하며 만든 [행렬] 개체가 있는 보고서 페이지에 연도 슬라이서를 추가하여 연도별로 각 분류가 차지하는 매출비율을 확인해 보겠습니다.

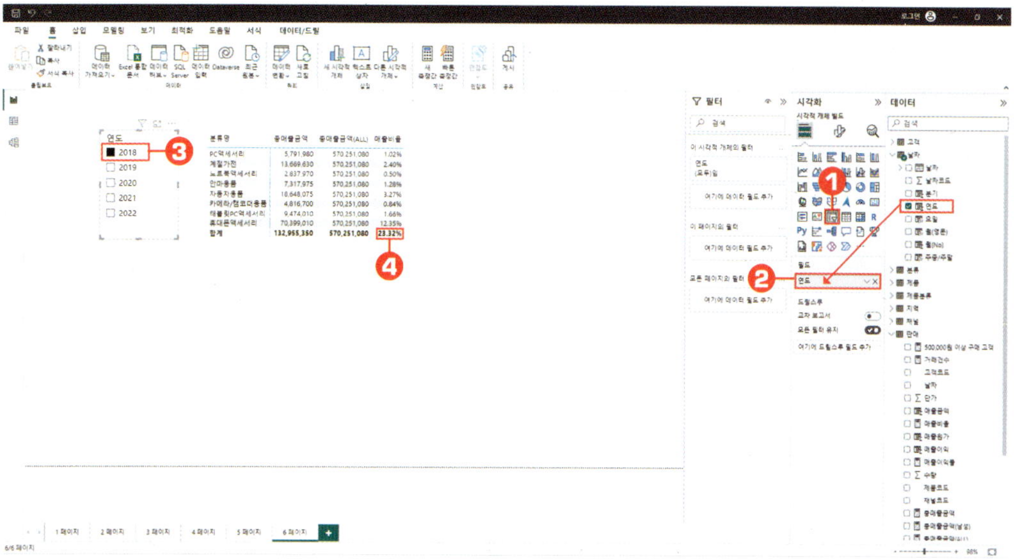

슬라이서에서 2018년을 필터링하면 매출비율의 합계가 23.32%로 나타납니다. [매출비율]은 전체매출(2018~2022)을 기준으로 비율을 표시하므로 나머지 76.68%에 해당하는 수치는 슬라이서에 의해 연도별로 걸러져 표시됩니다. 전체매출(2018~2022)이 아닌 선택한 연도를 기준으로 각 분류의 매출비율을 확인하고자 할 경우에는 ALLSELECTED 함수를 사용해야 합니다.

01 '판매' 테이블에 [새 측정값]을 추가합니다. 수식 입력줄에 매출비율(ALLSELECTED) = DIVIDE([총매출금액],CALCULATE([총매출금액],ALLSELECTED('판매')),0)을 입력하고 Enter 키를 누릅니다. [측정 도구]-[서식] 그룹-[백분율]을 클릭합니다.

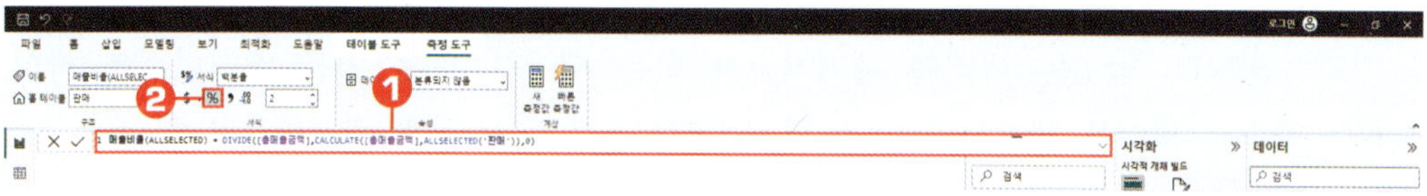

02 [행렬] 개체의 [값] 영역에 [매출비율(ALLSELECTED)]를 추가합니다. 슬라이서에 선택된 2018년도를 기준으로 매출비율이 표시됩니다.

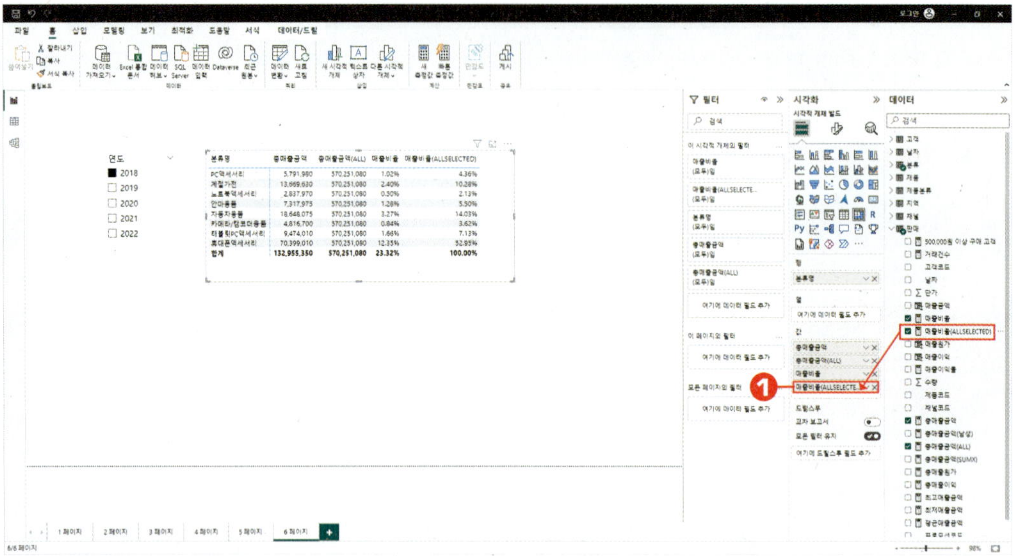

| ALLEXCEPT

```
ALLEXCEPT(TableName, ColumnName1, ...)
```

지정된 열 필터가 적용되는 행을 제외하고 테이블의 모든 행을 반환합니다.

ALLEXCEPT 함수는 지정한 열을 제외하고 테이블의 모든 필터를 제거합니다. 수식에 특정 열을 제외하고 필터를 제거하고자 할 경우 사용합니다. ALL 함수를 사용하여 필터를 제거하지 않을 특정 열을 제외한 나머지 열을 지정하여 필터를 제거해도 되지만 테이블에 열이 많을 경우 일일이 지정해야 하는 열이 늘어나기 때문에 번거로움이 발생합니다. 이때 ALLEXCEPT 함수를 사용하면 필터를 유지시킬 열만 선택하면 되기 때문에 번거로움을 해결할 수 있습니다. 두 함수의 차이를 정리하면 ALL 함수는 필터를 제거하고자 하는 테이블 또는 열을 매개변수로 하며, ALLEXCEPT 함수는 필터를 제거하지 않을 열(필터 컨텍스트를 유지할 열)을 매개변수로 합니다.

01 '판매' 테이블에 [새 측정값]을 추가합니다. 수식 입력줄에 지역별 총매출금액(ALLEXCEPT) = CALCULATE([총매출금액], ALLEXCEPT('지역', '지역'[구군시]))를 입력하고 Enter 키를 누릅니다. [측정 도구]-[서식] 그룹-[천 단위 구분 기호]를 클릭하고 [소수 자릿수]를 0으로 설정합니다.

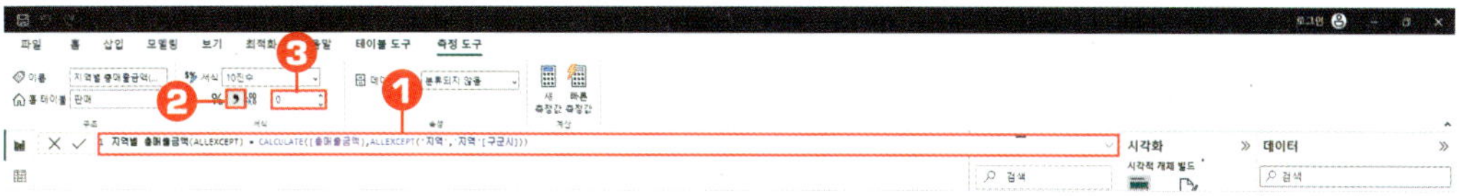

02 ALL과 ALLEXCEPT 함수를 차이를 비교하기 위해 지역별 총매출금액(ALL) 측정값을 추가하겠습니다. '판매' 테이블에 [새 측정값]을 추가하여 수식 입력줄에 지역별 총매출금액(ALL) = CALCULATE([총매출금액], ALL('지역'))을 입력하고 Enter 키를 누릅니다. [측정 도구]-[서식] 그룹-[천 단위 구분 기호]를 클릭하고 [소수 자릿수]를 0으로 설정합니다.

03 [보고서 보기] 화면의 페이지를 추가하고 [시각화] 창에서 [행렬] 개체를 추가합니다. [행] 영역에 '지역' 테이블의 [시도], [구군시] 필드를 추가하고 [값] 영역에 '판매' 테이블 [총매출금액], [지역별 총매출금액(ALL)], [지역별 총매출금액(ALLEXCEPT)] 측정값을 추가합니다.

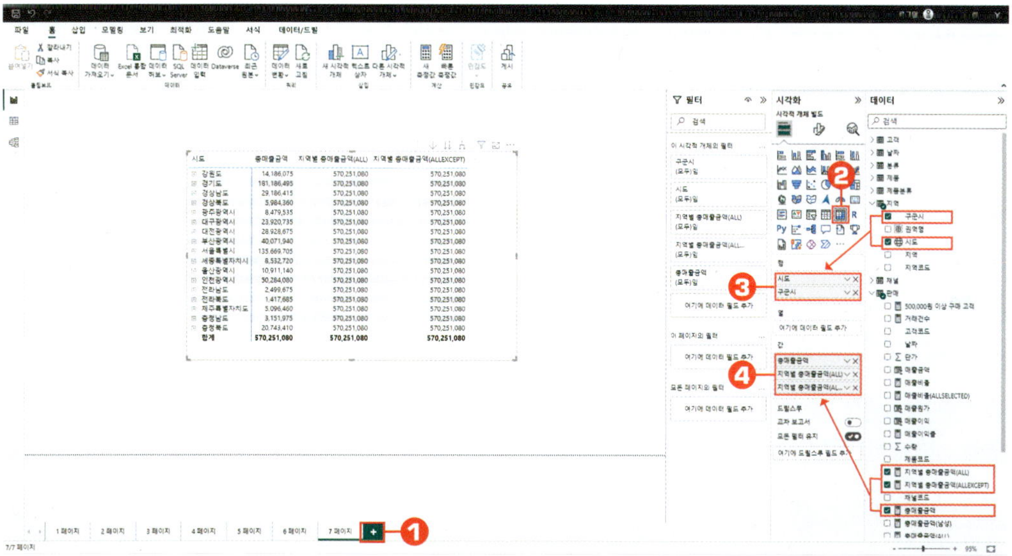

[행] 영역의 [시도] 필드를 기준으로 했을 때 지역별 총매출금액은 ALL, ALLEXCEPT 함수의 결과값이 동일합니다. 하지만 계층 구조를 모두 확장하여 [시군구] 행을 기준으로 살펴보면 ALL 함수는 '지역' 테이블에 설정된 모든 필터 컨텍스트를 제거하였기 때문에 동일한 결과값이 반환

되지만 ALLEXCEPT 함수는 [시군구]의 필터 컨텍스트를 유지하였으므로 시군구별로 필터링되어 결과값이 표시됩니다.

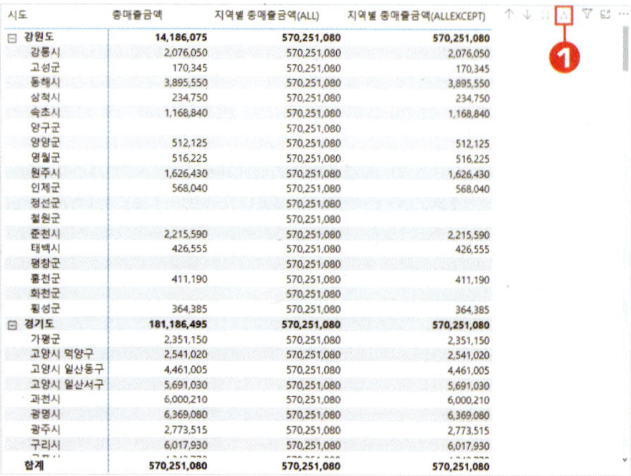

시도	총매출금액	지역별 총매출금액(ALL)	지역별 총매출금액(ALLEXCEPT)
⊟ **강원도**	**14,186,075**	**570,251,080**	**570,251,080**
강릉시	2,076,050	570,251,080	2,076,050
고성군	170,345	570,251,080	170,345
동해시	3,895,550	570,251,080	3,895,550
삼척시	234,750	570,251,080	234,750
속초시	1,168,840	570,251,080	1,168,840
양구군		570,251,080	
양양군	512,125	570,251,080	512,125
영월군	516,225	570,251,080	516,225
원주시	1,626,430	570,251,080	1,626,430
인제군	568,040	570,251,080	568,040
정선군		570,251,080	
철원군		570,251,080	
춘천시	2,215,590	570,251,080	2,215,590
태백시	426,555	570,251,080	426,555
평창군		570,251,080	
홍천군	411,190	570,251,080	411,190
화천군		570,251,080	
횡성군	364,385	570,251,080	364,385
⊟ **경기도**	**181,186,495**	**570,251,080**	**570,251,080**
가평군	2,351,150	570,251,080	2,351,150
고양시 덕양구	2,541,020	570,251,080	2,541,020
고양시 일산동구	4,461,005	570,251,080	4,461,005
고양시 일산서구	5,691,030	570,251,080	5,691,030
과천시	6,000,210	570,251,080	6,000,210
광명시	6,369,080	570,251,080	6,369,080
광주시	2,773,515	570,251,080	2,773,515
구리시	6,017,930	570,251,080	6,017,930
합계	**570,251,080**	**570,251,080**	**570,251,080**

9 시간 인텔리전스 함수: DATEADD, SAMEPERIODLASTYEAR, DATESYTD, TOTALYTD

| DATEADD

DATEADD(**Dates**, NumberOfIntervals, Interval)
지정된 날짜 집합을 지정된 간격만큼 이동합니다.

DATEADD 함수는 현재 컨텍스트의 날짜에서 지정된 간격 수만큼 앞 또는 뒤로 이동하는 날짜 열이 포함된 테이블을 반환합니다. 전월 또는 전년도 동기 매출을 파악하여 전월, 전년도 대비 변화를 파악하고자 할 경우 사용됩니다. 첫 번째 인수는 날짜가 포함된 열의 이름이며, 두 번째 인수는 날짜에서 더하거나 뺄 정수, 마지막 세 번째 인수는 날짜를 이동할 간격으로 year, quarter, month, day 중 하나입니다. DATEADD 함수는 결과값으로 테이블을 반환하는 함수이기 때문에 시각화를 하기 위해서는 테이블을 인수로 사용하는 다른 함수와 함께 사용됩니다. 전월, 전년도 매출금액을 파악하기 위해서는 DATEADD 함수를 CALCULATE 함수의 인수로 사용해야 합니다.

DATEADD 함수를 통해 시간의 범위를 지정하여 테이블로 반환하고, 반환된 테이블의 [총매출금액]을 CALCULATE 함수를 통해 계산하게 됩니다. 쉽게 말해 DATEADD 함수는 CALCULATE 함수가 계산할 식(여기서는 총매출금액)의 대상이 되는 날짜를 지정하는 역할이라고 생각하면 됩니다.

01 '판매' 테이블에 [새 측정값]을 추가합니다. 수식 입력줄에 전월 매출금액 = CALCULATE([총매출금액], DATEADD('날짜'[날짜], -1, MONTH))를 입력하고 Enter 키를 누릅니다. [측정 도구]-[서식] 그룹-[천 단위 구분 기호]를 클릭하고 [소수 자릿수]를 0으로 설정합니다.

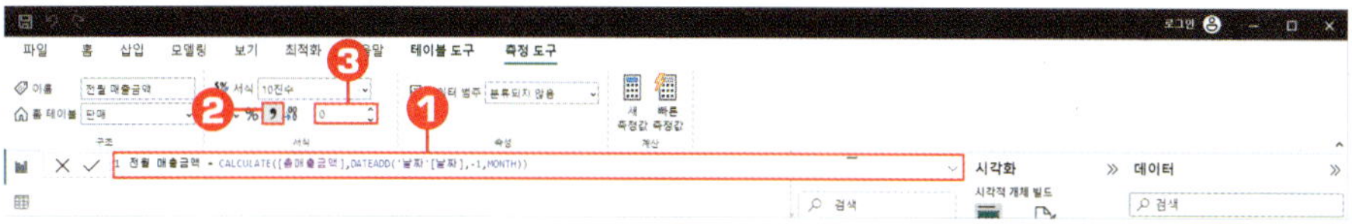

02 '판매' 테이블에 [새 측정값]을 추가합니다. 수식 입력줄에 전년도 매출금액 = CALCULATE([총매출금액], DATEADD('날짜'[날짜], -1, YEAR))를 입력하고 Enter 키를 누릅니다. [측정 도구]-[서식] 그룹-[천 단위 구분 기호]를 클릭하고 [소수 자릿수]를 0으로 설정합니다.

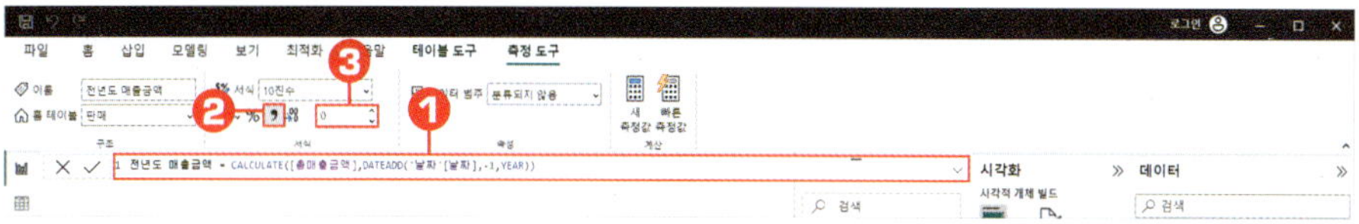

전월, 전년도 매출금액 측정값을 사용하여 전월 및 전년대비 증감률을 추가로 구할 수 있습니다.

03 '판매' 테이블에 [새 측정값]을 추가합니다. 수식 입력줄에 전월대비 증감률 = DIVIDE([총매출금액]-[전월 매출금액],[전월 매출금액])을 입력하고 Enter 키를 누릅니다. [측정 도구]-[서식] 그룹-[백분율]을 클릭합니다.

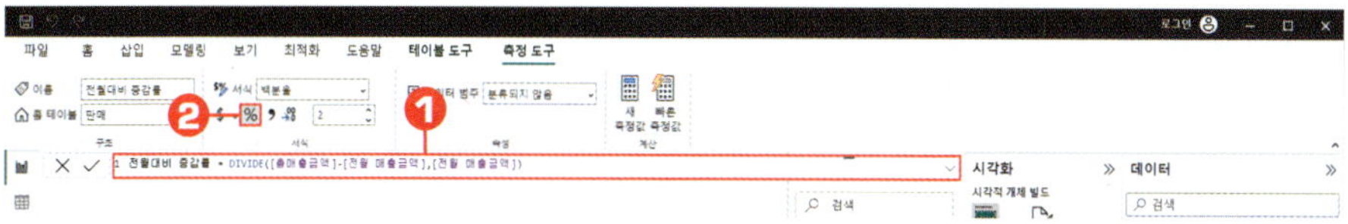

04 '판매' 테이블에 [새 측정값]을 추가합니다. 수식 입력줄에 전년대비 증감률 = DIVIDE([총매출금액]-[전년도 매출금액],[전년도 매출금액])을 입력하고 Enter 키를 누릅니다. [측정 도구]-[서식] 그룹-[백분율]을 클릭합니다.

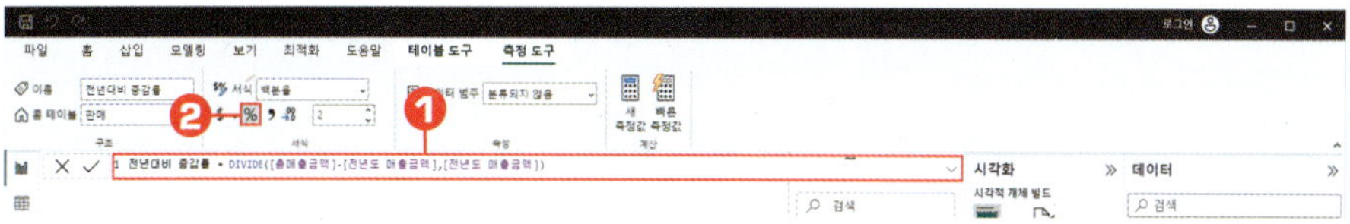

05 [보고서 보기] 화면의 페이지를 추가하고 [시각화] 창에서 [행렬] 개체를 추가합니다. [행] 영역에 '분류' 테이블의 [분류명] 필드, [열] 영역에 '날짜' 테이블의 [월(No)] 필드, [값] 영역에 '판매' 테이블의 측정값 [총매출금액], [전월매출금액], [전월대비 증감률]을 차례대로 추가합니다.

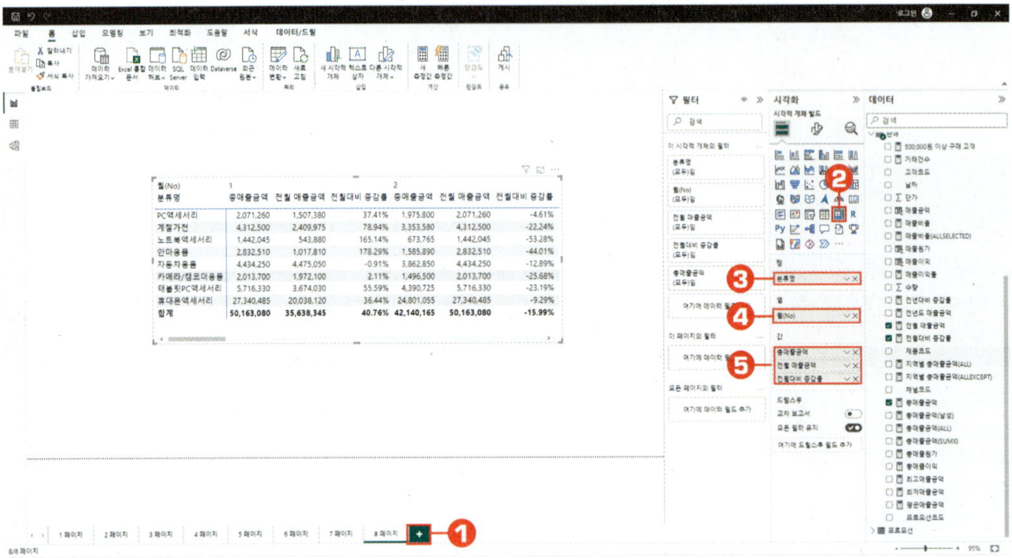

06 해당 보고서 페이지에 연도와, 월을 필터링할 수 있는 슬라이서를 추가합니다. [시각화] 창에서 [슬라이서] 개체를 선택하여 2개 추가하고, [필드] 영역에 '날짜' 테이블의 [연도], [월(No)] 필드를 각각 추가합니다.

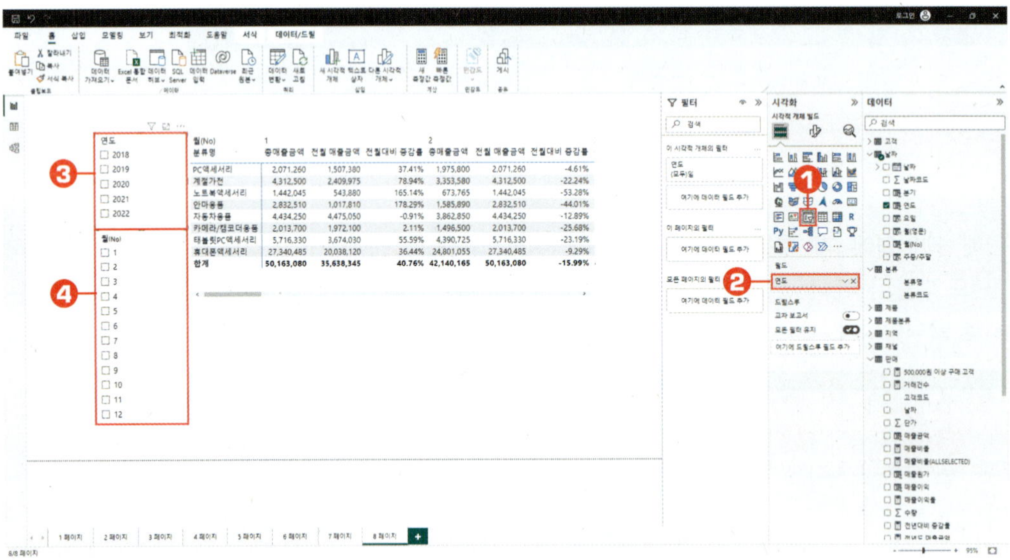

07 [슬라이서]에서 선택한 연도와 월에 해당하는 총매출금액, 전월 매출금액, 전월대비 증감률이 표시됩니다(슬라이서 선택 시 Ctrl 키를 누른 상태에서 클릭하면 다중선택이 가능합니다).

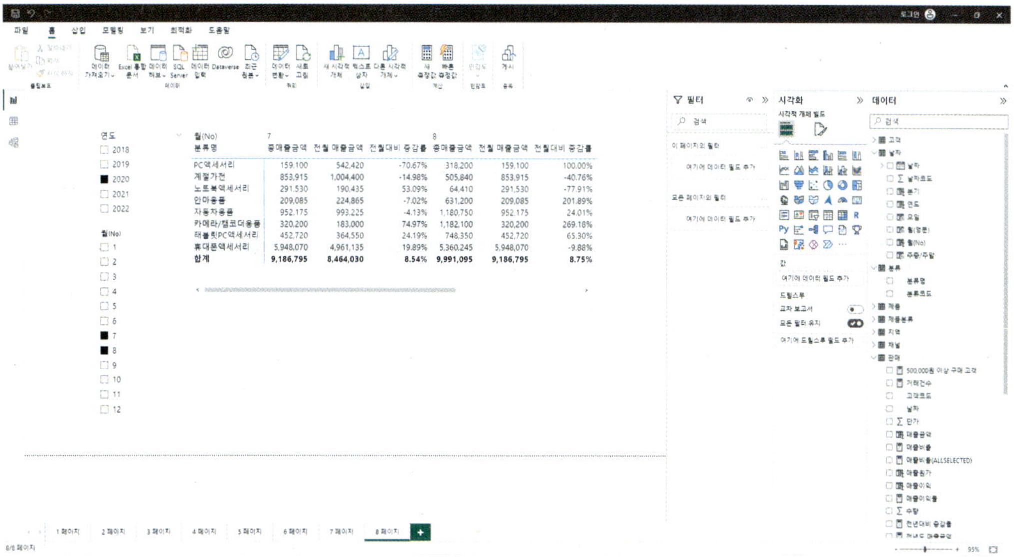

08 페이지를 복제하여 [행렬] 개체의 [열] 영역은 '날짜 테이블의 [연도] 필드, [값] 영역은 '판매' 테이블의 측정값 [총매출금액], [전년도 매출금액], [전년대비 증감률]로 변경합니다. 연도만 필터링할 경우 전년도 매출금액과 전년대비 증감률을 확인할 수 있으며, 연도와 월을 함께 필터링하면 전년 동월 매출금액과 전년 동월대비 증감률을 확인할 수 있습니다.

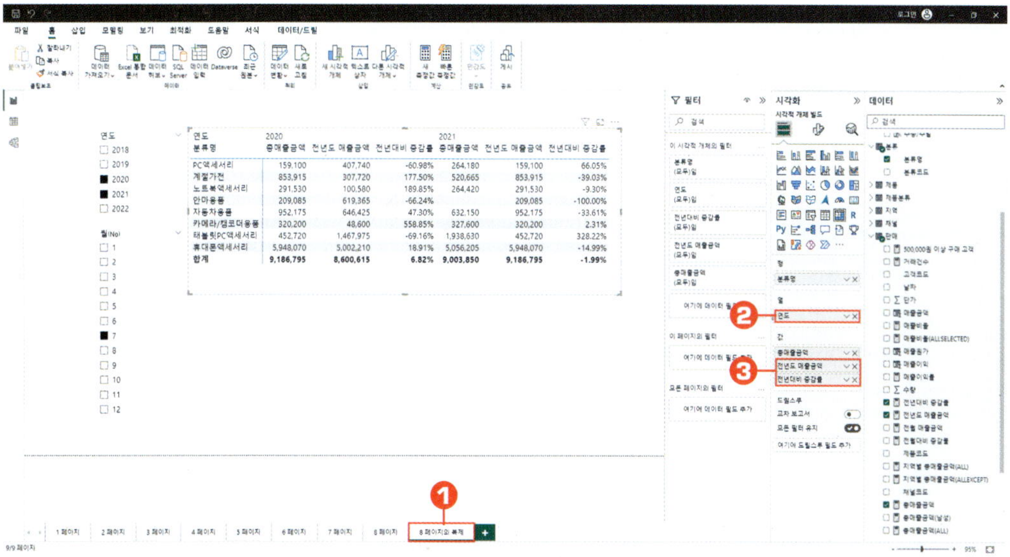

| SAMEPERIODLASTYEAR

```
SAMEPERIODLASTYEAR(Dates)
```

이전 연도에서 현재 선택된 날짜 집합을 반환합니다.

SAMEPERIODLASTYEAR 함수는 현재 컨텍스트에서 1년 전으로 이동한 시점의 날짜 열이 포함된 테이블을 반환합니다. DATEADD 함수를 사용하여 1년 전 날짜를 반환하는 것(DATEADD('날짜'[날짜], -1, YEAR))과 동일한 결과를 반환하기 때문에 전년도 매출금액을 구하고자 할 경우에는 DATEADD 함수 대신 SAMEPERIODLASTYEAR 함수를 사용해도 됩니다. DATEADD 함수는 시점을 앞, 뒤로 원하는 만큼 연도, 분기, 월, 일 간격으로 이동할 수 있지만 SAMEPERIODLASTYEAR 1년 전으로만 이동할 수 있다는 것이 차이점입니다.

01 '판매' 테이블에 [새 측정값]을 추가합니다. 수식 입력줄에 전년도 매출금액(SPLY) = CALCULATE([총매출금액], SAMEPERIODLASTYEAR('날짜'[날짜]))를 입력하고 Enter 키를 누릅니다. [측정 도구]-[서식] 그룹-[천 단위 구분 기호]를 클릭하고 [소수 자릿수]를 0으로 설정합니다.

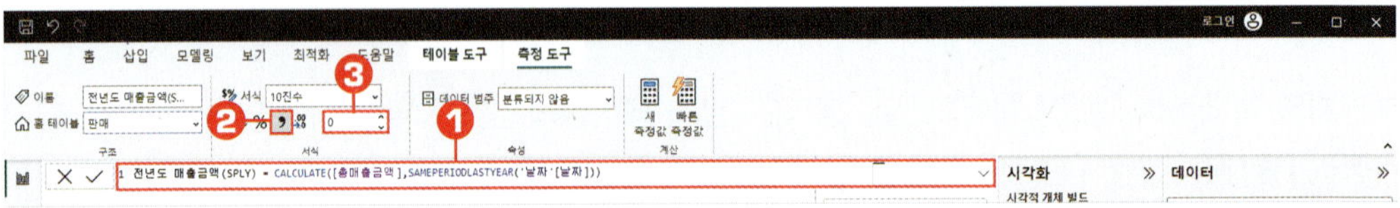

02 [행렬] 개체의 [값] 영역에 [전년도 매출금액(SPLY)]를 추가합니다. DATEADD 함수를 사용하여 만든 [전년도 매출금액]과 동일한 결과가 표시됩니다.

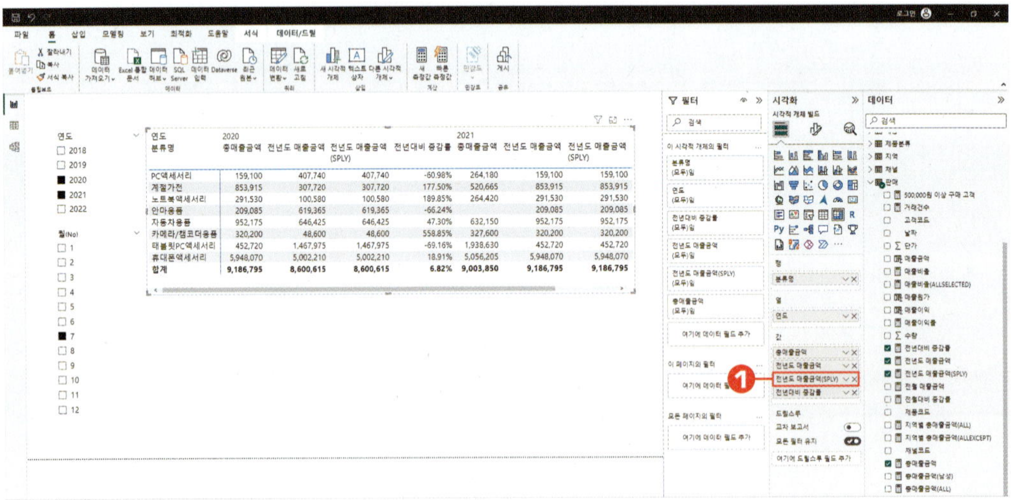

| DATESYTD

```
DATESYTD(Dates, [YearEndDate])
```

현재 연도에서 현재 날짜까지의 날짜 집합을 반환합니다.

DATESYTD 함수는 현재 컨텍스트에서 연간 날짜 열이 포함된 테이블을 반환합니다. 선택한 연도의 연간(Year-To-Date) 누계값을 계산할 때 사용합니다. 누계금액은 당해연도에만 해당되며, 회계연도가 끝나는 시점(기본값: 12월 31일)이 지나면 값이 리셋됩니다. 만약 회계연도의 종료 시점이 12월이 아닐 경우 DATESYTD 함수의 옵션 인수로 연도 종료 날짜를 직접 지정할 수 있습니다. DATESYTD 함수는 결과값으로 테이블을 반환합니다. 앞서 설명한 DATEADD 함수처럼 CALCULATE 함수의 인수로 사용해야 연간 누계액을 구할 수 있습니다(분기, 월간 누계는 DATESQTD, DATESMTD 사용).

01 '판매' 테이블에 새 측정값을 추가합니다. 수식 입력줄에 연간 누계 = CALCULATE([총매출금액],DATESYTD('날짜'[날짜]))를 입력하고 Enter 키를 누릅니다. [측정 도구]–[서식] 그룹–[천 단위 구분 기호]를 클릭하고 [소수 자릿수]를 0으로 설정합니다.

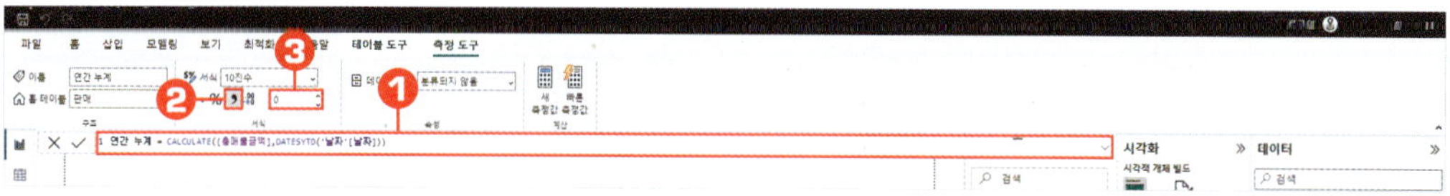

02 [보고서 보기] 화면의 페이지를 추가하고 [시각화] 창에서 [행렬] 개체를 추가합니다. [행] 영역에 '날짜' 테이블의 [월(No)] 필드, [열] 영역에 [연도] 필드를 추가하고 [값] 영역에 '판매' 테이블의 측정값 [총매출금액], [연간 누계]를 추가합니다. 총매출금액은 각 월에 해당하는 매출금액이 표시되지만 연간 누계는 월별 매출이 누적되어 표시됩니다. [총매출금액]의 합계금액이 [연간 누계] 12월 금액에 해당됩니다.

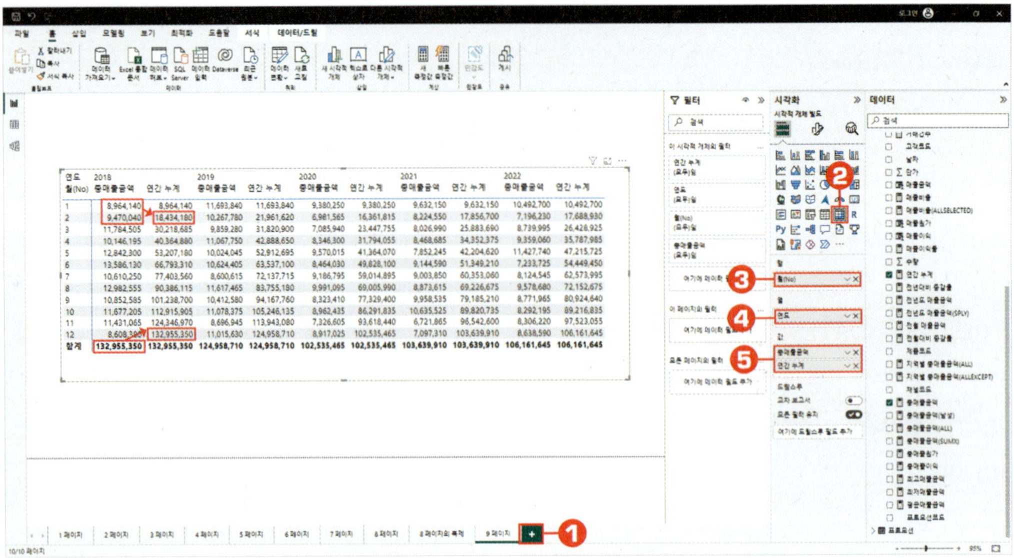

| TOTALYTD

```
TOTALYTD(식, Dates, [필터], [YearEndDate])
```

연도의 첫째 날짜에 시작하여 지정된 필터를 적용한 후 지정된 날짜 열의 마지막 날짜에 종료되는 간격에 대해 지정된 식을 평가합니다.

TOTALYTD 함수는 DATESYTD 함수와 같이 연간 누계액을 계산할 수 있습니다(분기, 월간 누계는 TOTALQTD, TOTALMTD 사용). 첫 번째 인수로 계산할 식을 입력하고 두 번째 인수로 날짜가 포함된 열을 입력합니다.

TOTALYTD/DATESYTD 함수는 기능적으로 동일하지만 몇 가지 차이점이 있습니다. DATESYTD 함수는 CALCULATE 함수와 함께 사용되지만 TOTALYTD 함수는 독립적으로 사용됩니다. TOTALYTD 함수는 독립적으로 사용할 수 있어 편리하지만 여러 개의 필터를 사용할 수 있는 CALCULATE 함수와 달리 1개의 필터만 사용할 수 있습니다. 따라서 여러 개의 필터를 사용하여 누적금액을 계산해야 할 경우에는 TOTALYTD 함수 대신 CALCULATE와 함께 사용되는 DATESYTD 함수를 사용해야 합니다.

01 '판매' 테이블에 [새 측정값]을 추가합니다. 수식 입력줄에 연간 누계(TOTALYTD) = TOTALYTD([총매출금액], '날짜'[날짜])를 입력하고 Enter 키를 누릅니다. [측정 도구]-[서식] 그룹-[천 단위 구분 기호]를 클릭하고 [소수 자릿수]를 0으로 설정합니다.

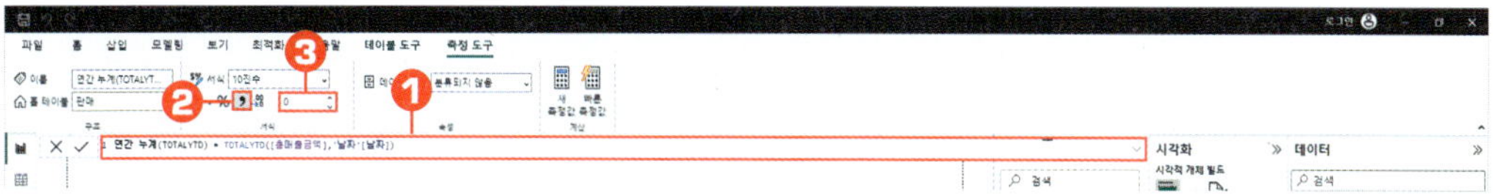

02 [행렬] 개체의 [값] 영역에 [연간 누계(TOTALYTD)]를 추가합니다. DATESYTD 함수를 사용하여 만든 [연간 누계]와 동일한 값이 표시됩니다.

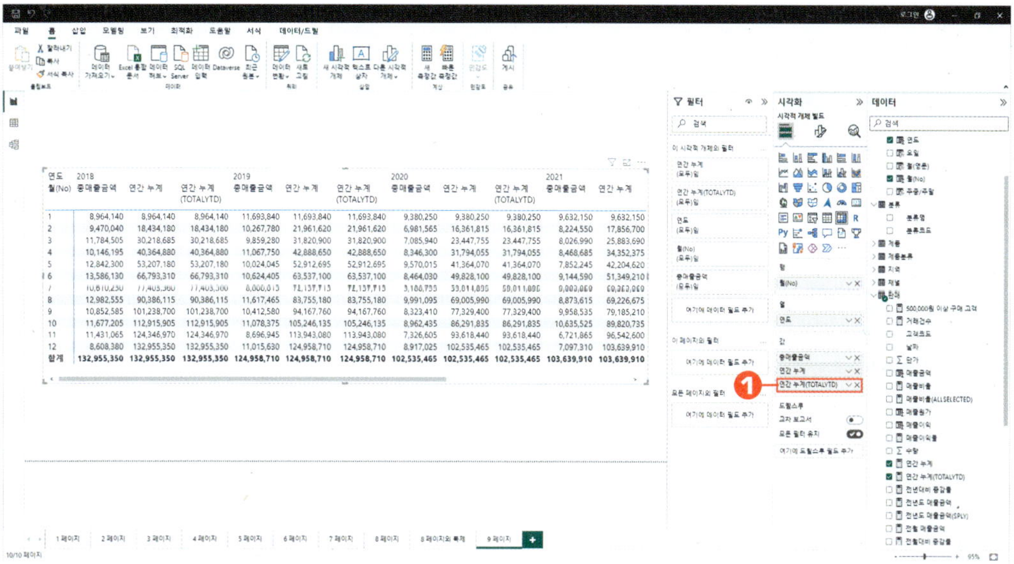

03 빠른 측정값

- Power BI Desktop에서는 보다 쉽게 DAX 구문을 사용할 수 있도록 빠른 측정값 기능을 제공하고 있습니다.
- 사용자가 직접 수식을 작성할 필요 없이 빠른 측정값에서 작성한 구문을 사용하거나 참조하여 원하는 측정값을 생성할 수 있습니다.
- 앞서 직접 구문을 작성하여 만들었던 전년대비 증감률을 빠른 측정값 기능을 통해 만들어 보

겠습니다.

▶ 빠른 측정값을 사용하려면 [홈] 또는 [모델링] 탭에서 [빠른 측정값]을 선택하거나 [데이터] 창에서 측정값을 만들고자 하는 테이블을 마우스 오른쪽 버튼을 클릭한 다음 [빠른 새 측정값]을 선택합니다. [데이터] 창에서 테이블을 선택하면 표시되는 [테이블 도구] 탭에서도 가능합니다.

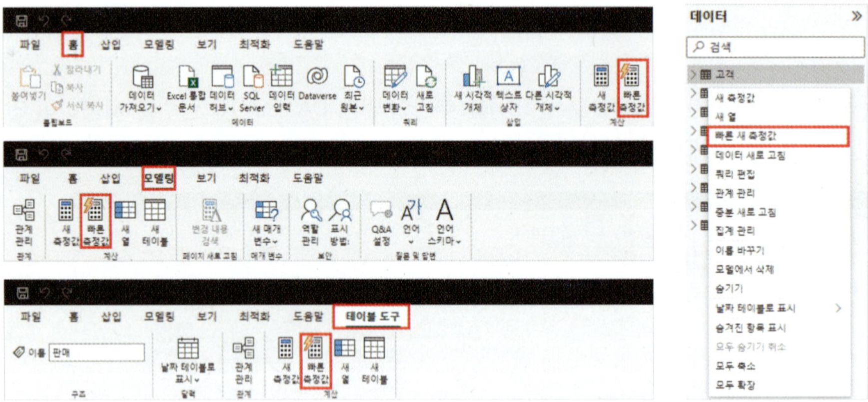

01 '판매' 테이블을 선택하고 [테이블 도구]-[빠른 측정값]을 선택합니다. [빠른 측정값] 창이 새롭게 표시되면 [계산식 선택]을 클릭한 다음 [전년도 대비 변화]를 선택합니다.

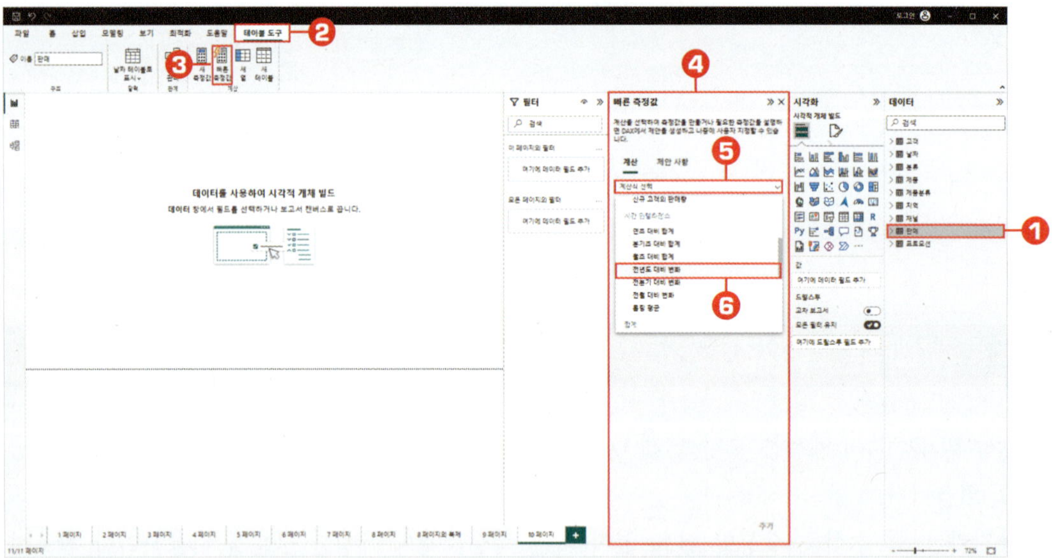

02 [기준 값] 영역의 [+데이터 추가]를 클릭하면 [데이터 선택] 창이 표시됩니다. 해당 창에서 '판매' 테이블을 확장시켜 [총매출금액]을 선택합니다. 같은 방법으로 [날짜] 영역에는 '날짜' 테이블의 [날짜] 필드를 선택합니다.

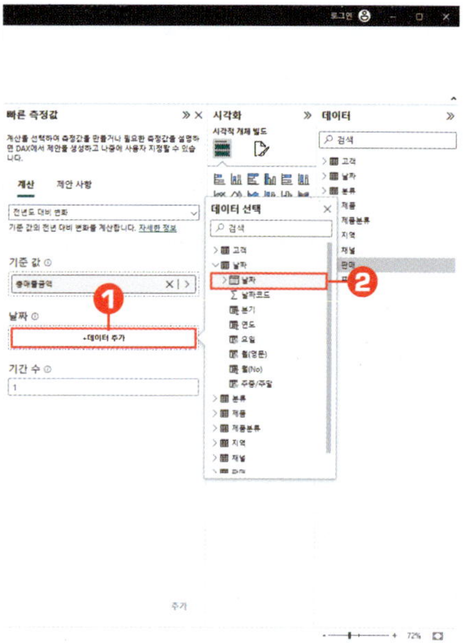

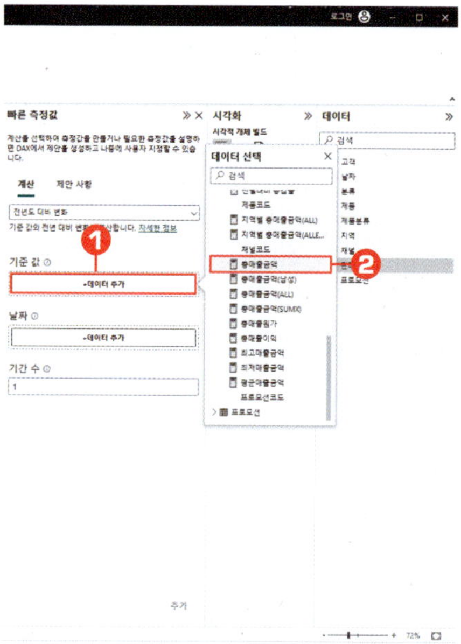

03 [기간 수]는 기본값인 [1]을 그대로 유지시키고 [추가] 버튼을 클릭합니다. [데이터] 창에 [총매출금액YoY%] 측정값이 추가되고 수식 입력줄에 해당 측정값의 수식이 자동으로 입력되어 표시됩니다.

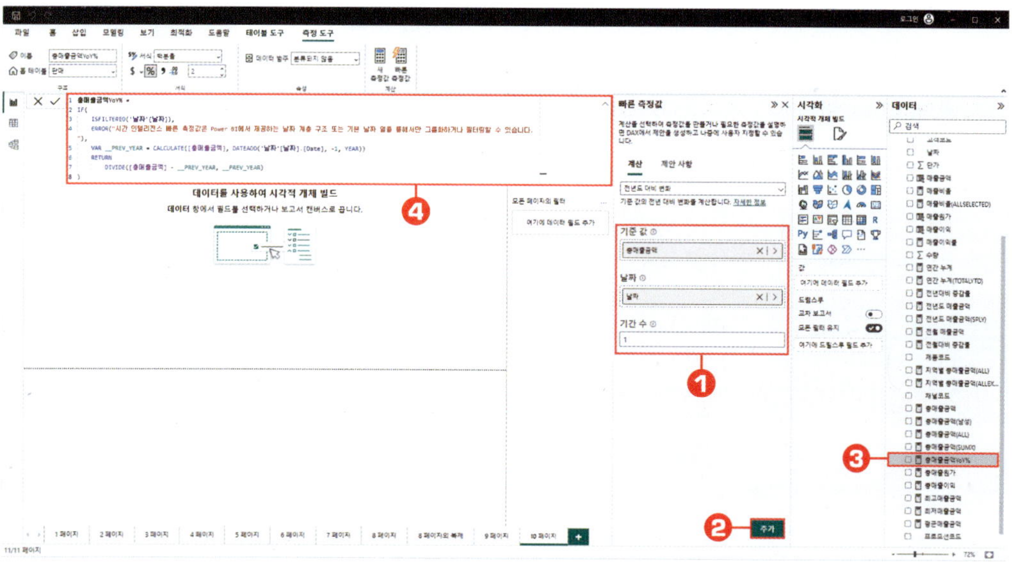

04 수식 입력줄 5번에서 DATEADD('날짜'[날짜].[Date], −1, YEAR)에서 .[Date]를 수식에서 지워줍니다. 해당 데이터가 입력되어 있으면 시각화가 올바르게 작동되지 않습니다.

```
1 총매출금액YoY% =
2 IF(
3     ISFILTERED('날짜'[날짜]),
4     ERROR("시간 인텔리전스 빠른 측정값은 Power BI에서 제공하는 날짜 계층 구조 또는 기본 날짜 열을 통해서만 그룹화하거나 필터링할 수 있습니다.
  "),
5     VAR __PREV_YEAR = CALCULATE([총매출금액], DATEADD('날짜'[날짜].[Date], -1, YEAR))
6     RETURN
7         DIVIDE([총매출금액] - __PREV_YEAR, __PREV_YEAR)
8 )
```

지우기

해당 수식은 다음과 같은 순서로 이해할 수 있습니다.

① DATEADD 함수를 사용하여 전년도 날짜를 반환

DATEADD('날짜'[날짜], −1, YEAR)

② 1번의 수식을 CALCULATE 함수로 감싸 전년도 총매출금액을 계산

CALCULATE([총매출금액], DATEADD('날짜'[날짜], −1, YEAR))

③ 2번의 수식을 VAR을 사용하여 __PREV_YEAR라는 변수로 선언

VAR __PREV_YEAR = CALCULATE([총매출금액], DATEADD('날짜'[날짜], −1, YEAR))

④ RETURN을 통해 최종적으로 반환하고자 하는 결과 입력(여기서는 전년대비 증감률)

DIVIDE 함수를 사용하여 [총매출금액]과 앞서 선언한 변수 __PREV_YEAR(전년도 매출금액)을 뺀 값을 _PREV_YEAR(전년도 매출금액)으로 나누기

RETURN

DIVIDE([총매출금액]−__PREV_YEAR, __PREV_YEAR)

05 [보고서 보기] 화면의 페이지를 추가하고 [시각화] 창에서 [행렬] 개체를 추가합니다. [행] 영역에 '날짜' 테이블의 [연도] 필드를 추가하고 [값] 영역에 '판매' 테이블의 측정값 [총매출금액], [전년도 매출금액], [전년대비 증감률], [총매출금액YoY%]를 추가합니다. 직접 구문을 작성하여 만든 [전년도 매출금액]과 동일한 값이 표시됩니다.

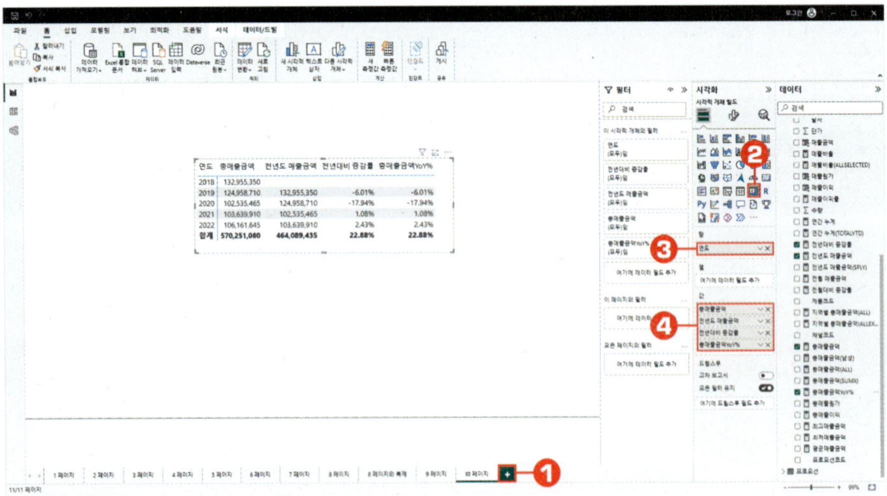

07
Chapter

데이터 시각화하기

01 다양한 시각적 개체 활용
02 상호 작용 편집
03 도구 설명
04 보고서 디자인

01 다양한 시각적 개체 활용

- 데이터 가져오기-전처리-모델링 작업이 모두 완료되면 해당 데이터를 시각화하여 최종 보고서를 작성하게 됩니다.
- 시각적 개체는 지금까지의 학습 과정을 통해 가공된 분석용 데이터를 효과적으로 분석하기 위한 도구입니다. 데이터가 계속해서 쌓이고 늘어나면 가지고 있는 데이터로부터 중요한 인사이트를 파악하기 어려워집니다. 숫자 형태로 단순히 나열되어 있는 테이터를 가지고는 데이터 간의 연관성을 찾아내거나 데이터가 나타내는 바가 무엇인지 한눈에 파악하기 매우 어렵습니다. 데이터 시각화를 이용하면 테이블 형태로 나열된 데이터를 차트, 그래프, 맵 등의 다양한 시각적 개체로 보다 명확하게 표현하여 수치 속에 숨겨진 다양한 인사이트를 발견할 수 있습니다.
- 이번 'Chapter 7 데이터 시각화하기'에서는 Power BI Desktop에서 제공하는 다양한 시각적 개체를 사용하여 매출분석 보고서를 작성해 보겠습니다.

1 보고서 페이지 관리

Power BI Desktop에서는 1개의 페이지를 기본값으로 가지며, 보고서 페이지를 원하는 개수만큼 추가하여 작성할 수 있습니다. 그 외에도 보고서 페이지 이름변경/삭제/복사/숨기기할 수 있습니다.

01 '데이터 시각화.pbix' 파일을 엽니다. [보고서 보기] 화면의 하단에 있는 보고서 페이지 관리 탭에서 페이지 추가 버튼(+)을 클릭합니다.

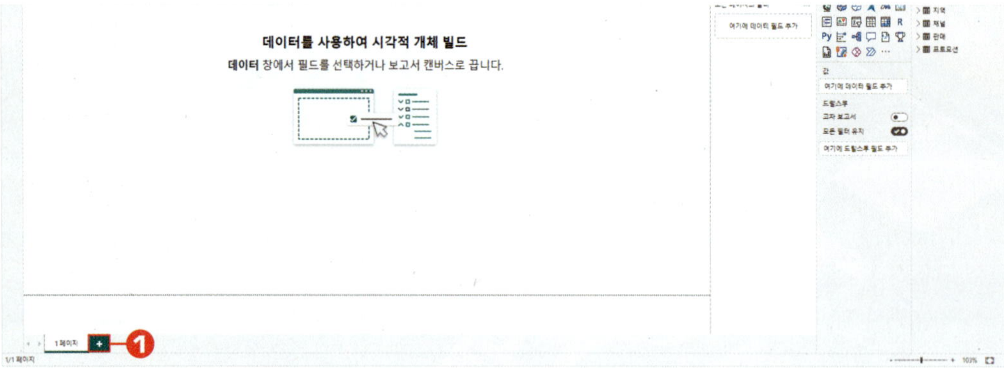

[삽입]-[페이지] 그룹-[새 페이지]-[빈 페이지]를 클릭해도 됩니다.

02 페이지의 이름을 변경해 보겠습니다. 조금 전 추가한 [2페이지]를 더블클릭하거나 마우스 오른쪽 버튼을 클릭한 다음 [페이지 이름 바꾸기]를 선택합니다.

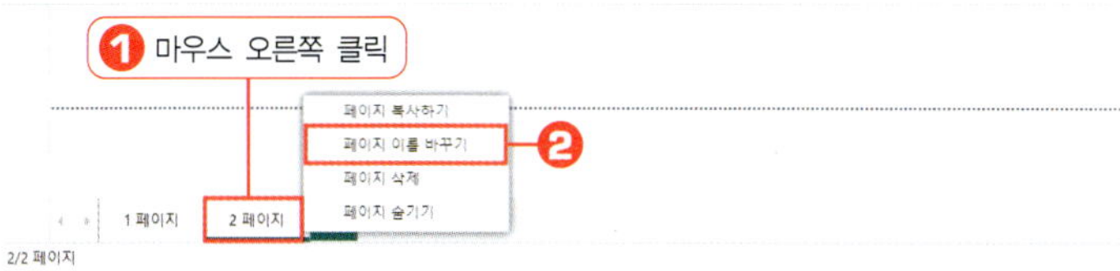

03 '연도별 현황'으로 이름을 변경하고 Enter 키를 누릅니다.

04 특정 페이지를 복사하여 페이지를 추가할 수 있습니다. [연도별 현황] 페이지를 선택한 다음 마우스 오른쪽 버튼을 클릭하여 [페이지 복사하기]를 선택합니다.

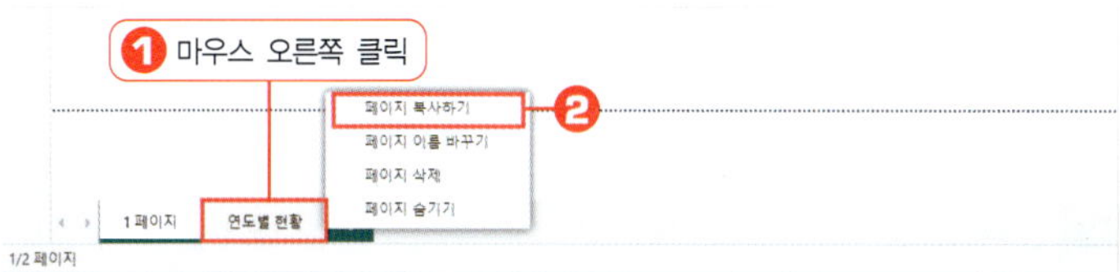

05 [연도별 현황] 페이지를 복사한 [연도별 현황의 복제] 페이지가 표시됩니다.

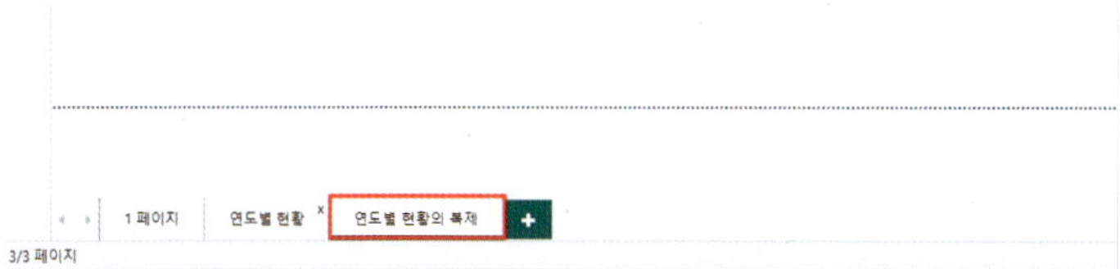

06 보고서를 Power BI Service에 게시하여 공유할 때 특정 페이지를 숨길 수 있습니다. [연도별 현황의 복제] 페이지를 선택하고 마우스 오른쪽 버튼을 클릭하여 [페이지 숨기기]를 선택합니다.

07 페이지 이름 왼쪽에 숨기기 표시 아이콘( )이 나타납니다.

[페이지 숨기기]를 한번 더 클릭하면 숨기기가 해제됩니다.

08 사용하지 않는 페이지를 삭제하려면 페이지 이름 오른쪽 삭제 아이콘( )을 클릭하거나 마우스 오른쪽 버튼을 클릭하여 [페이지 삭제]를 선택합니다.

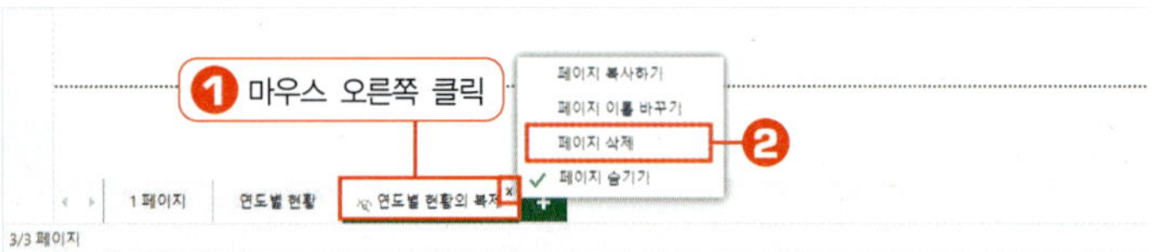

09 [이 페이지 삭제] 대화상자가 표시되면 [삭제] 버튼을 클릭합니다.

10 [연도별 현황의 복제] 페이지가 삭제됩니다.

2 보고서 페이지 서식

[시각화] 창의 [보고서 페이지 서식 지정]에서 페이지 정보, 유형, 배경 등 다양한 서식을 지정할 수 있습니다.

01 [1페이지]를 선택하고 [시각화] 창의 [보고서 페이지 서식 지정] 아이콘( )을 클릭합니다. [페이지 정보]를 아래로 확장시킨 다음 [이름]을 '전체현황'으로 변경합니다.

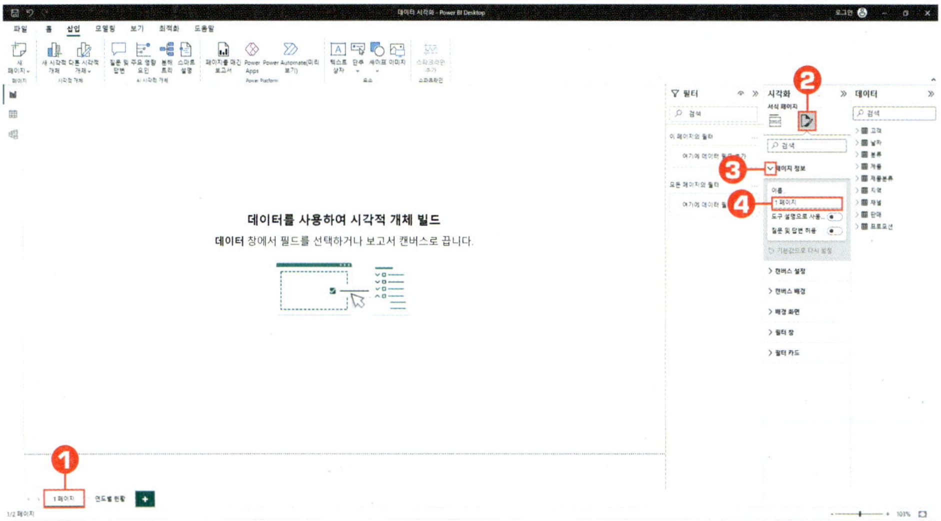

02 페이지의 이름이 변경됩니다.

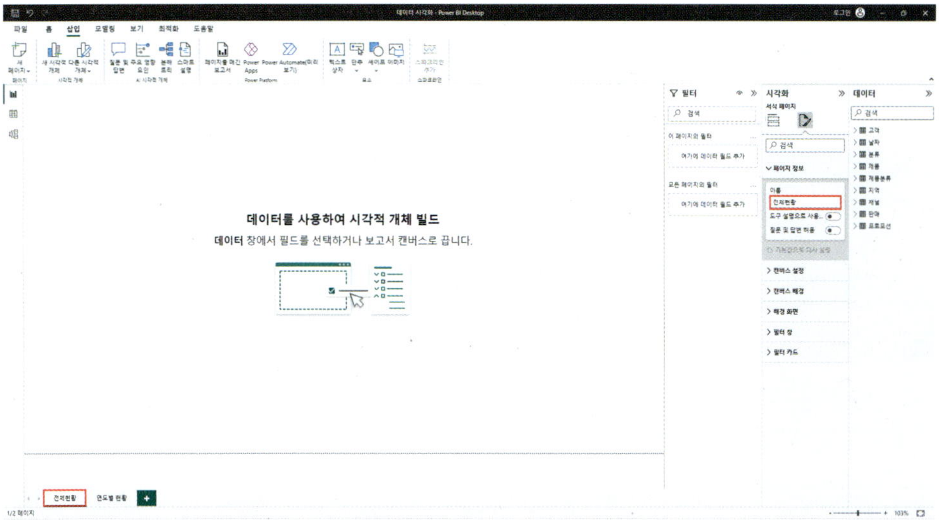

03 [캔버스 설정]에서 페이지 유형(화면비율)을 변경할 수 있습니다.

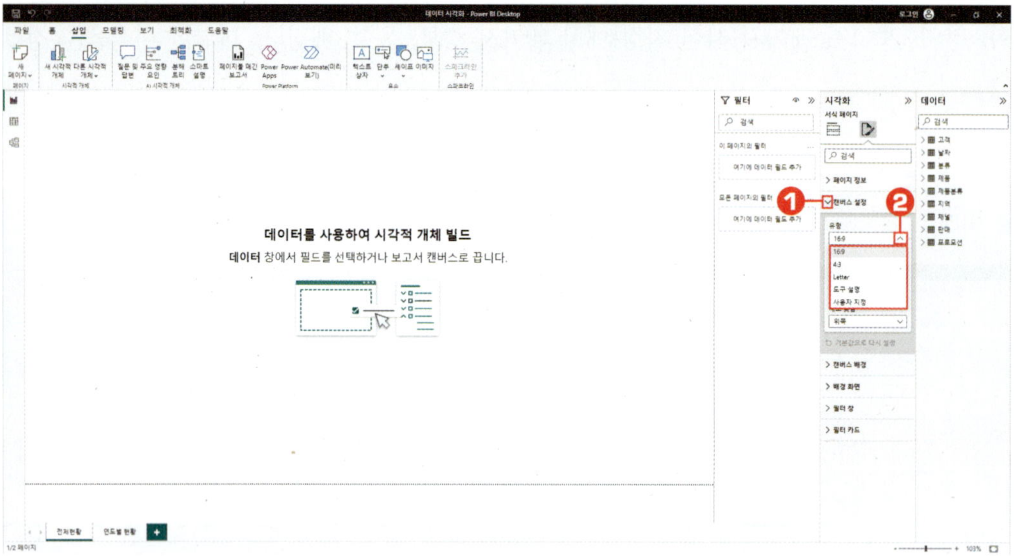

04 보고서 페이지에 색이나 이미지를 적용할 수 있습니다. [캔버스 배경]을 아래로 확장시킨 다음 [색]에서 다양한 테마 색을 지정할 수 있습니다.

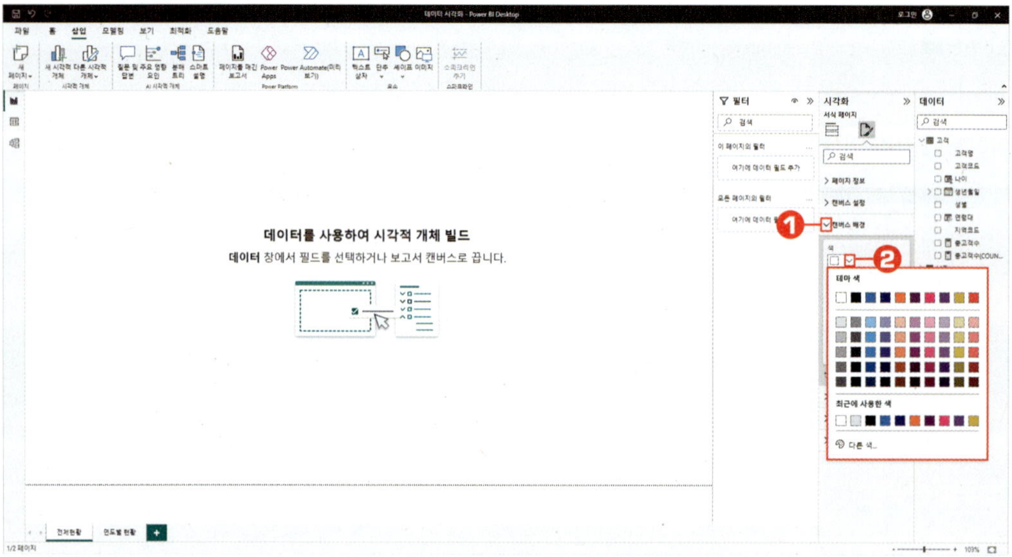

05 원하는 [색]을 지정하고 [투명도]를 조절하여 배경 색을 설정합니다.

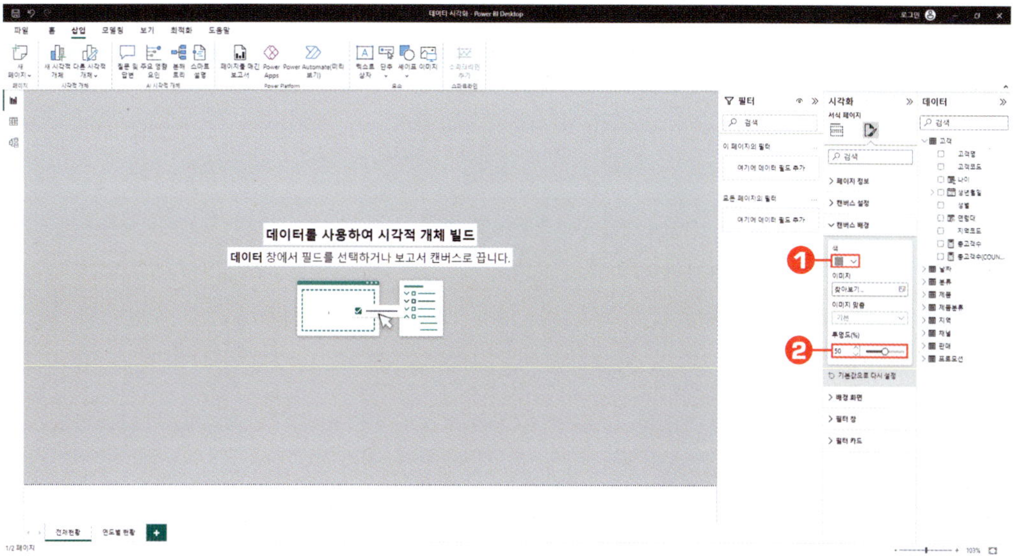

06 [캔버스 배경] 하단의 [기본값으로 다시 설정]을 클릭하면 지정한 서식이 제거되고 초기 설정으로 돌아갑니다.

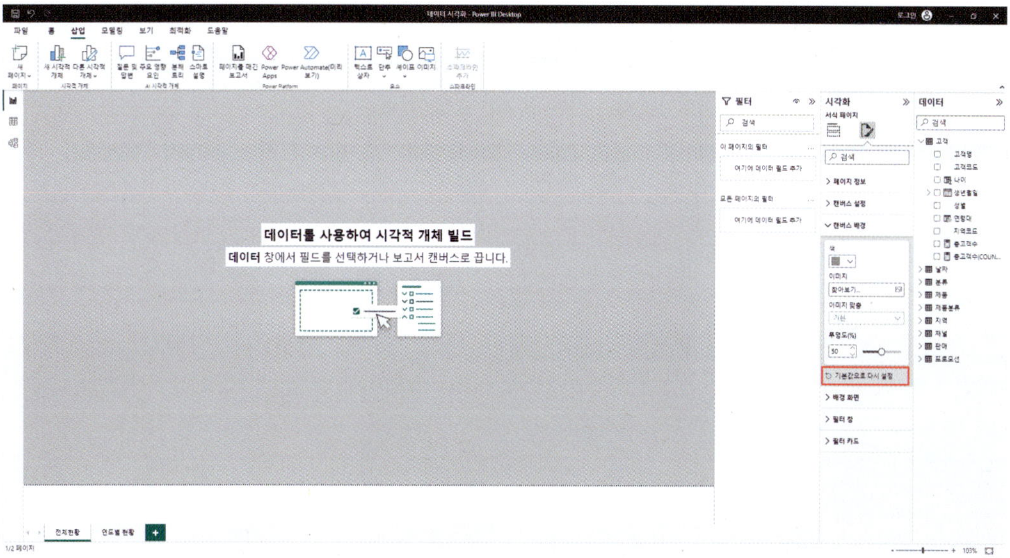

07 [배경 화면]을 아래로 확장시킨 다음 [색]과 [투명도]를 설정합니다. [캔버스 배경]에서 설정한 것과 다르게 보고서 페이지 영역 바깥쪽까지 서식이 적용됩니다.

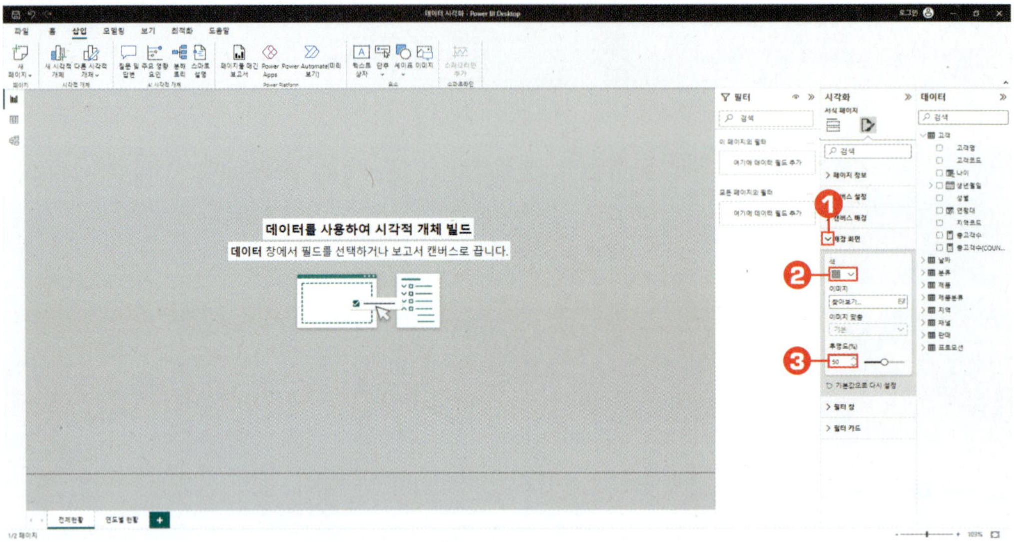

[캔버스 배경]은 보고서 페이지 영역에만 서식을 적용하고 [배경 화면]은 보고서 페이지 영역 바깥쪽까지 서식을 적용합니다.

08 [보고서 페이지 서식 지정]에서 [필터] 창의 서식도 지정할 수 있습니다. [필터] 창을 아래로 확장시키면 [필터] 창의 [텍스트], [배경] 등 서식을 변경할 수 있습니다.

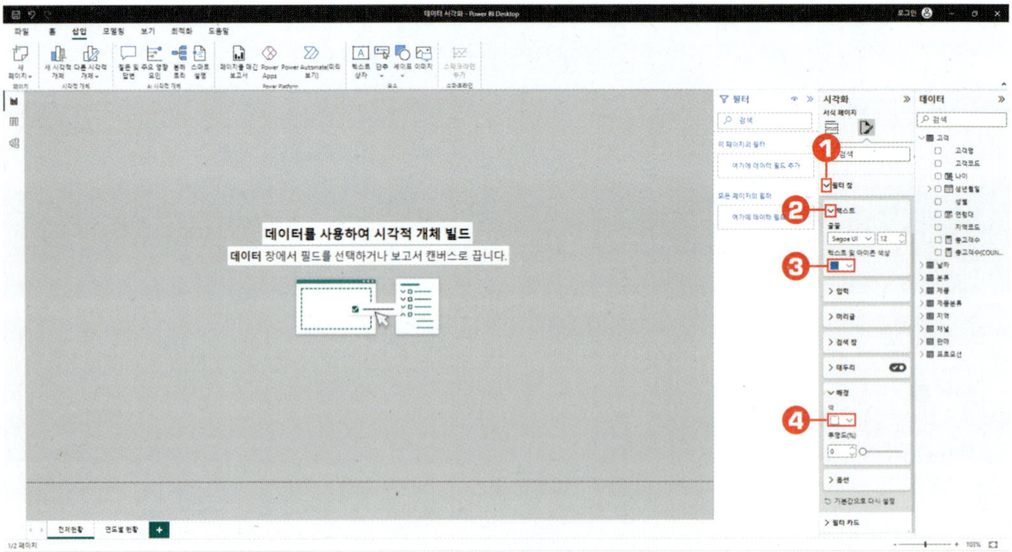

09 [기본값으로 다시 설정]을 클릭하여 서식을 모두 초기화합니다.

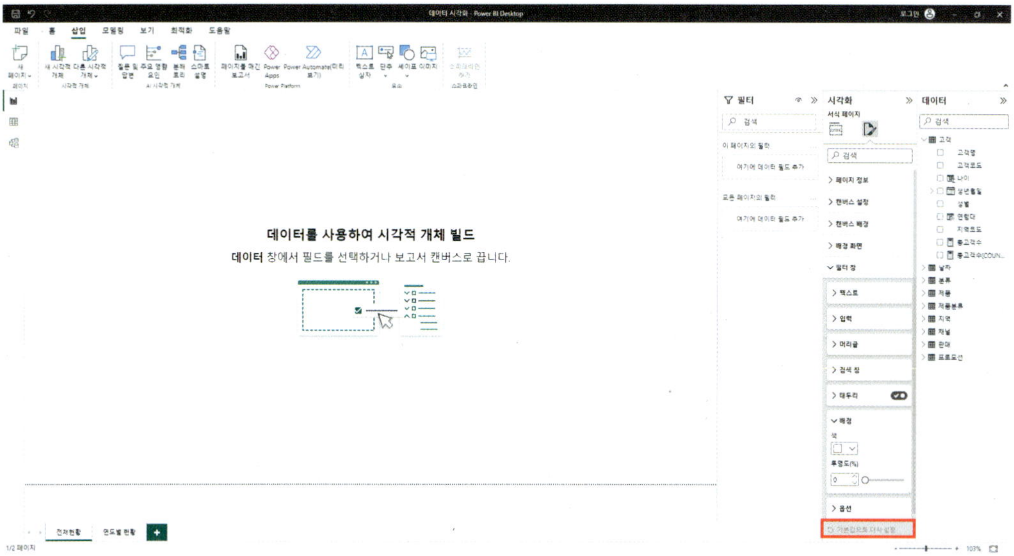

3 시각적 개체 분석 기능

[시각화] 창의 분석 기능을 통해 시각적 개체에 동적 참조선을 추가하고, 중요한 추세 또는 통찰력에 대한 포커스를 제공할 수 있습니다.

시각적 개체 유형에 따라 제공되는 참조선이 다를 수 있으며, 해당 기능이 제공되지 않는 개체도 있습니다.

01 [묶은 세로 막대형 차트] 개체를 추가합니다. [X축] 영역에 '날짜' 테이블의 [연도]를 추가하고 [Y축] 영역에 '판매' 테이블의 [총매출금액]을 추가합니다.

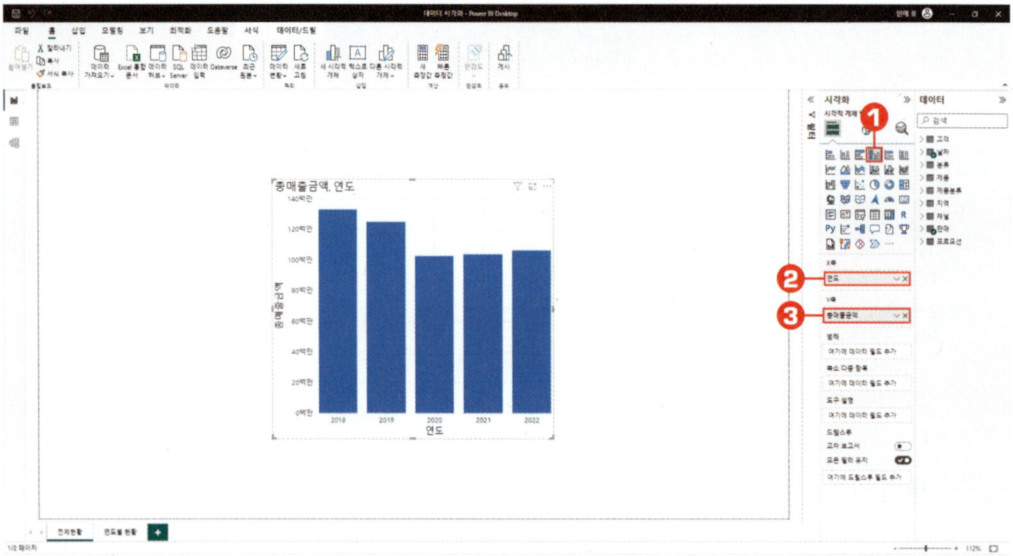

02 [시각화] 창의 [시각적 개체에 추가 분석 추가]를 클릭하고 [상수 선]을 아래로 확장시켜 [+선 추가]를 클릭합니다.

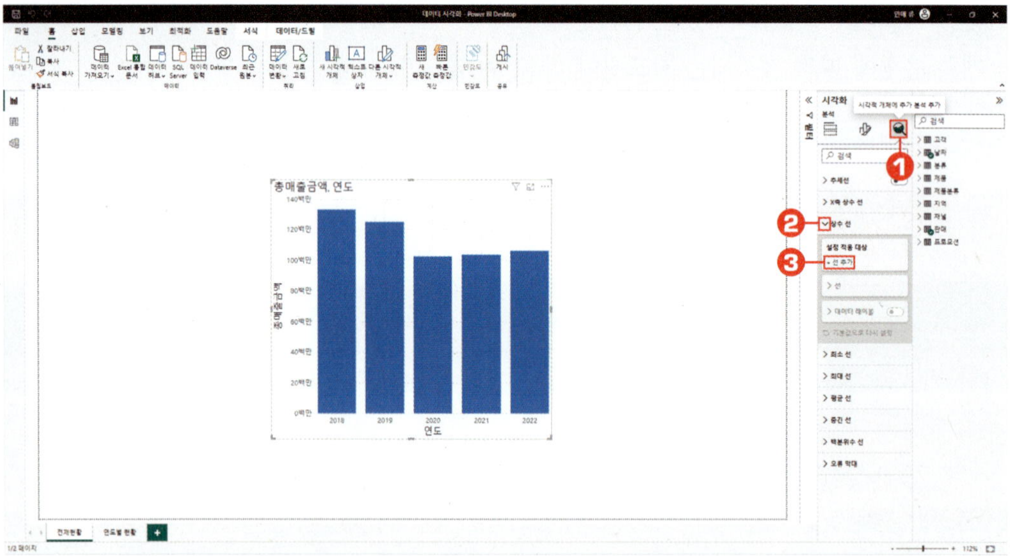

03 선 이름을 '목표매출'로 변경하고 [값] 영역에 110000000을 입력한 뒤 색상과 투명도를 변경합니다.

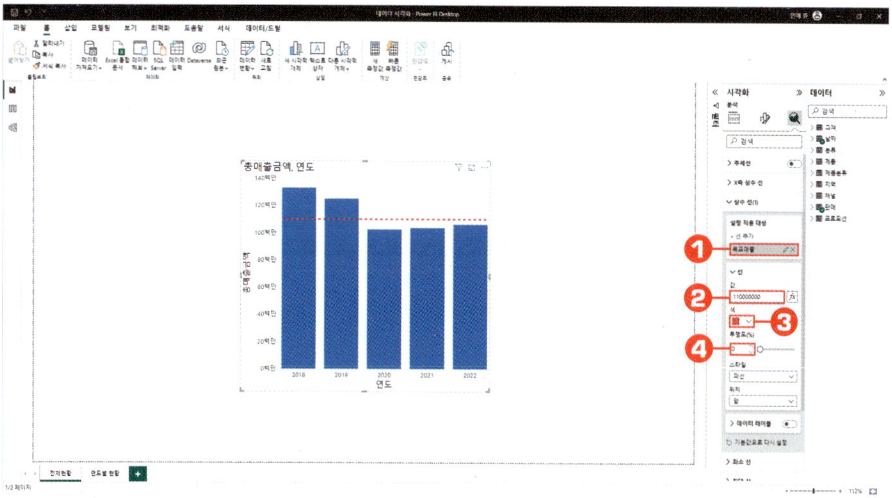

04 [데이터 레이블] 옵션을 활성화시켜 아래로 확장합니다. 가로 위치 '오른쪽', 스타일을 '모두'로 설정하고 색상을 변경합니다.

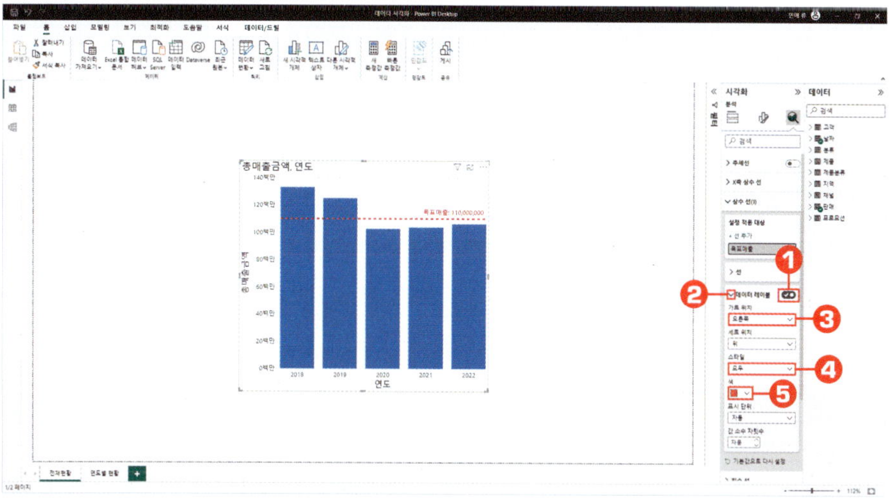

4 시각적 개체 사용

지금부터 Power BI Desktop에서 제공하고 있는 시각적 개체에 대해 알아보고 각 개체를 사용하여 매출 분석 보고서를 작성해 보겠습니다.

| 카드

카드 개체는 총매출금액, 거래건수 등 단일 숫자 값을 강조하여 표시하고자 할 때 사용합니다. 총매출액, 매출이익, 거래건수, 고객수를 시각화해 보겠습니다.

01 '전체현황' 페이지에 [카드] 개체를 선택하여 추가하고 [필드] 영역에 '판매' 테이블의 [총매출금액]을 추가합니다.

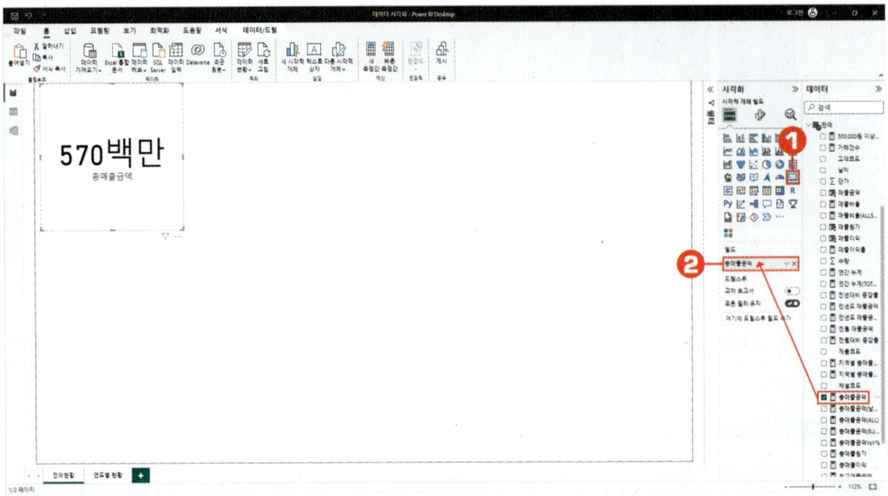

02 [시각적 개체 서식 지정]을 클릭하고 [설명 값] 옵션을 아래로 확장시킵니다. 텍스트 크기를 '23'으로 변경하고 [범주 레이블] 옵션을 해제합니다.

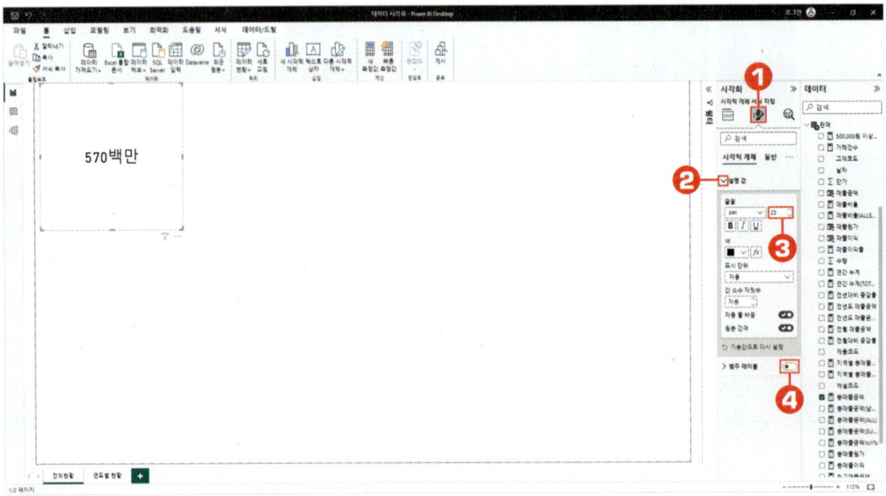

03 [시각적 개체 서식 지정]에서 [일반]을 클릭하고 [제목] 옵션을 활성화시킨 다음 아래로 확장합니다. [텍스트] 영역에 총매출액을 입력하고 텍스트 크기를 '13', '굵게', '가운데 맞춤'으로 지정합니다.

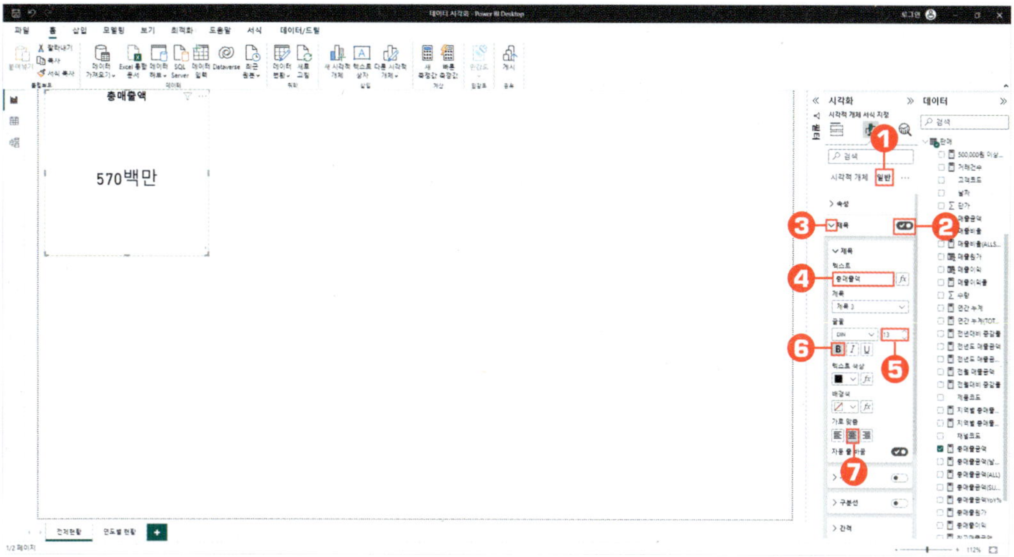

04 [카드] 개체의 크기를 적절히 조절하여 위치를 이동시키고 해당 개체를 복사(Ctrl+C), 붙여넣기(Ctrl+V)합니다.

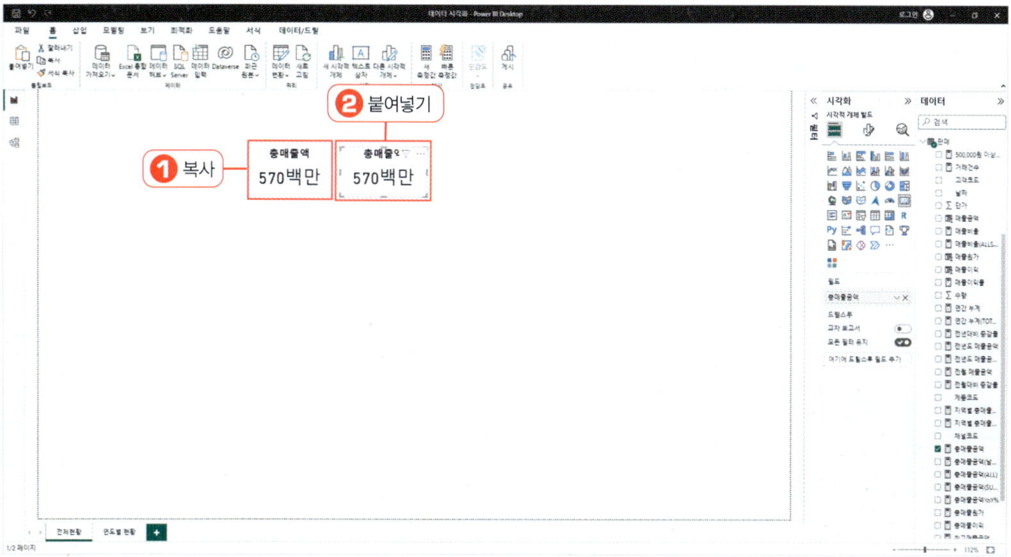

05 [필드] 영역의 [총매출금액]을 제거하고 [총매출이익]을 추가합니다.

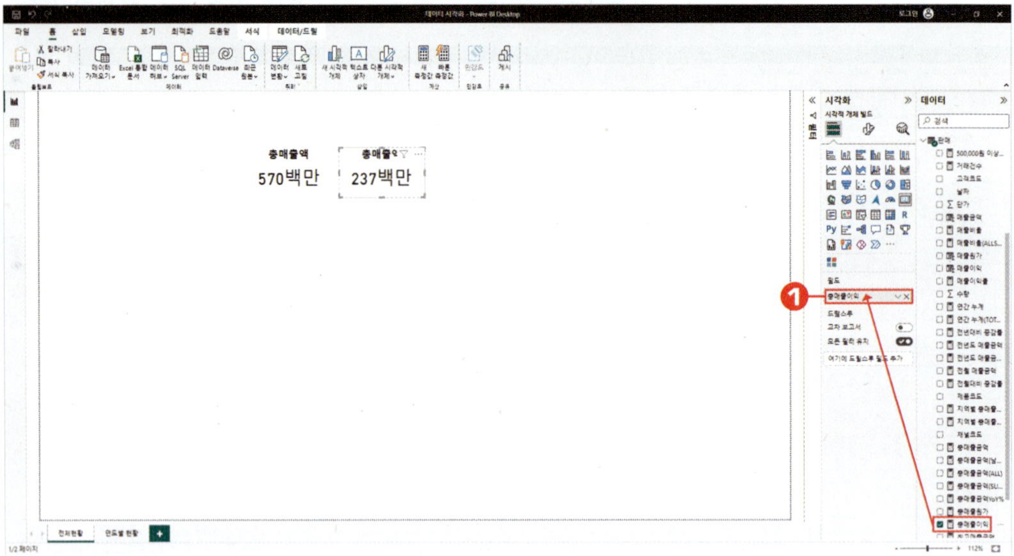

06 [시각적 개체 서식 지정]–[일반]–[제목]을 클릭하여 '매출이익'으로 변경합니다.

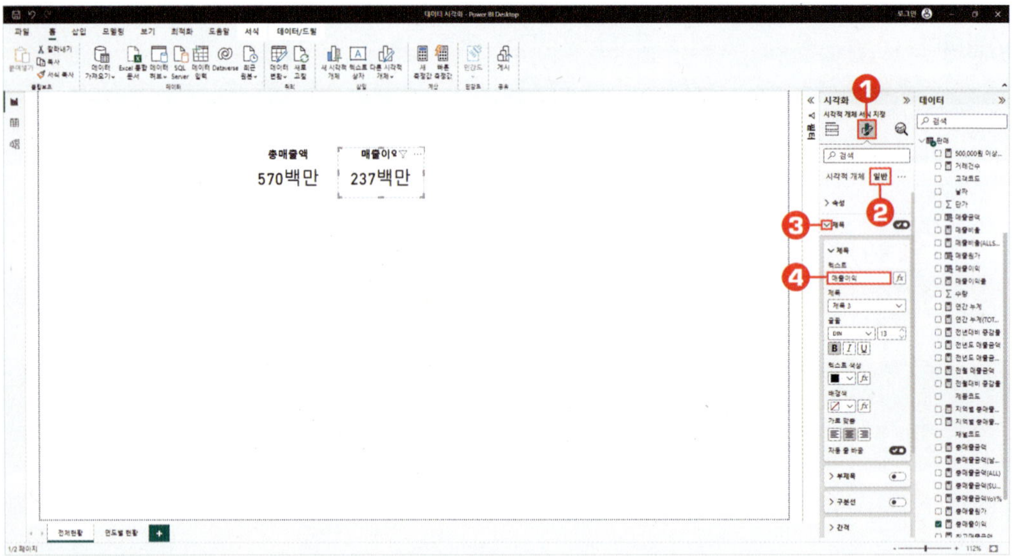

07 같은 방법으로 [카드] 개체를 복사, 붙여넣기한 다음 [필드] 영역에 '판매' 테이블의 [거래건수]를 추가하고 [시각적 개체 서식 지정]-[일반]-[제목]을 클릭하여 '거래건수'로 변경합니다.

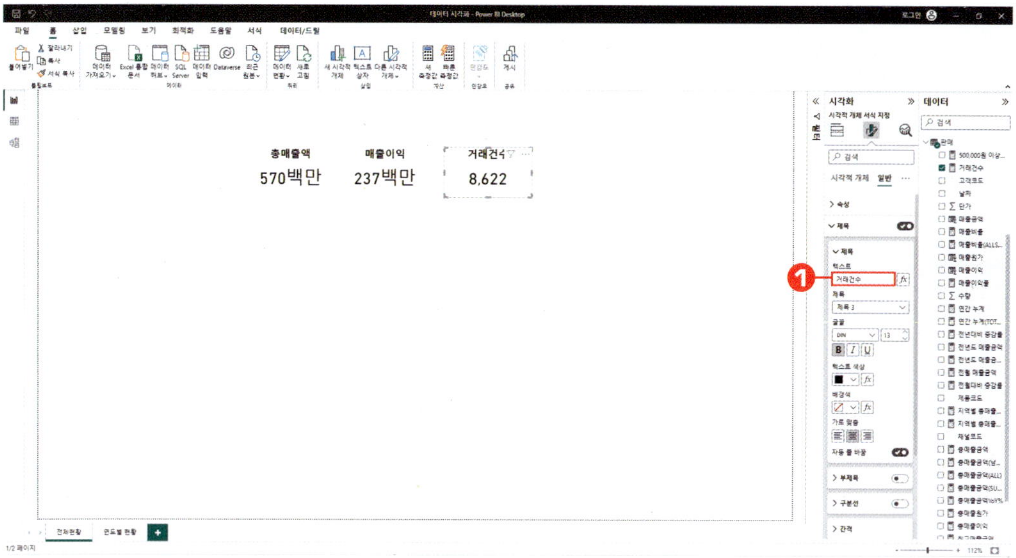

08 마지막으로 복사, 붙여넣기하여 [필드] 영역에 '고객' 테이블의 [총고객수]를 추가하고 [시각적 개체 서식 지정]-[일반]-[제목]을 클릭하여 '고객수'로 변경합니다.

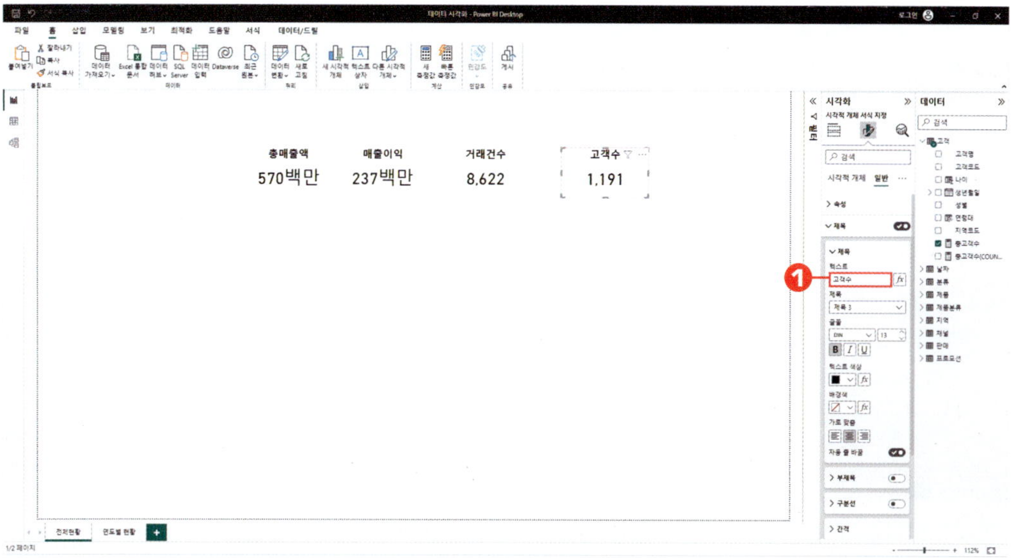

09 총매출액 개체를 선택한 상태에서 Ctrl 키를 눌러 나머지 개체도 모두 선택하고 [서식]-[정렬] 그룹-[맞춤]-[가로 균등 맞춤]을 클릭합니다.

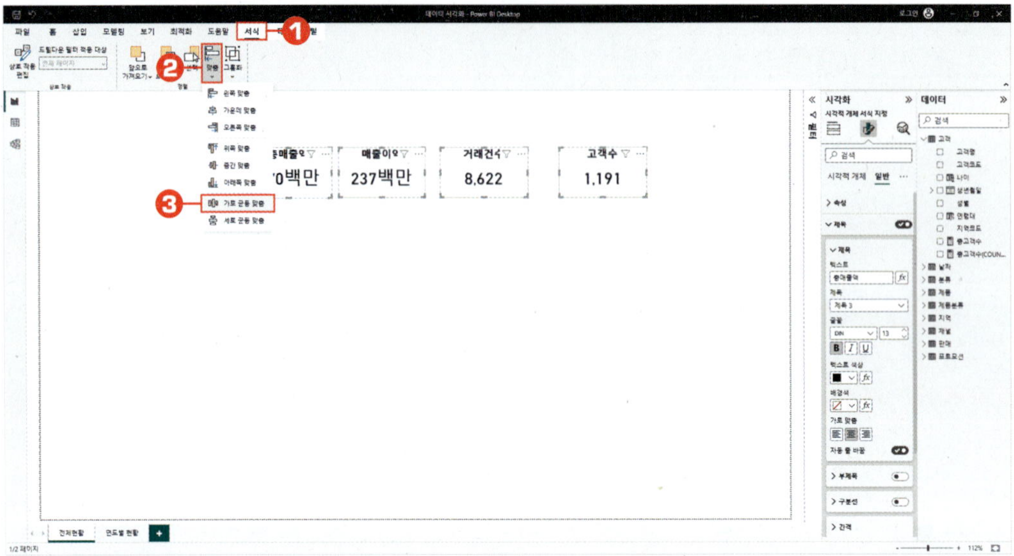

10 [카드] 개체의 위치가 균등하게 조정됩니다.

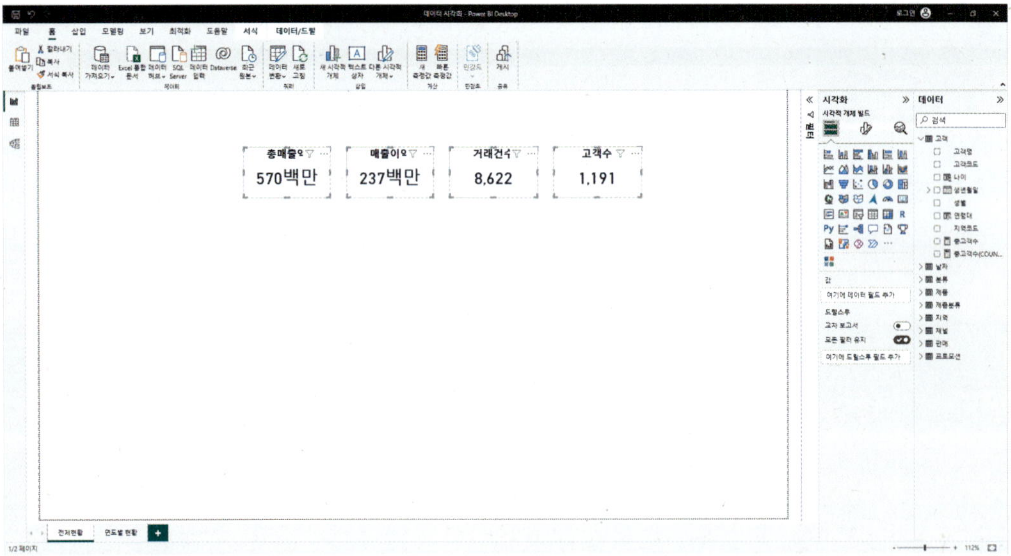

| TIP | Power BI Desktop에서는 설명 값의 표시 단위를 천 단위씩(천, 백만, 십억, 조) 지원합니다. FORMAT 함수를 사용하여 측정값을 만들면 사용자가 원하는 표시 단위로 시각화할 수 있습니다. 총매출액 카드 개체의 표시 단위를 '억 원'으로 변경해 보겠습니다.

1 '판매' 테이블에 [새 측정값]을 추가합니다. 수식 입력줄에 총매출금액(억) = FORMAT([총매출금액]/100000000,"#,0.0억원")을 입력하고 Enter 키를 누릅니다.

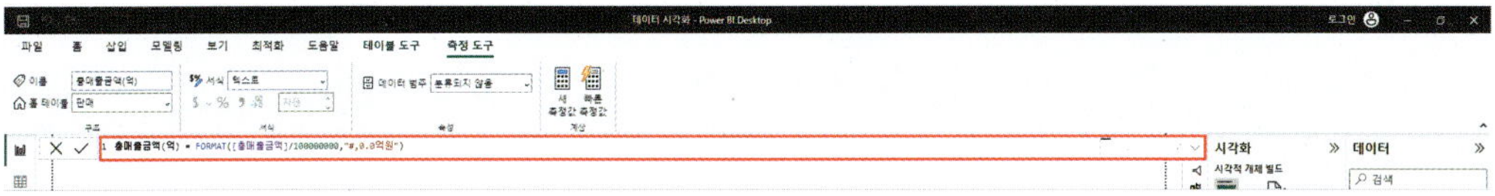

2 [총매출액] 카드 개체를 선택합니다. [필드] 영역의 [총매출금액]을 제거하고 [총매출금액(억)]을 추가합니다. 표시 단위가 변경되어 표시됩니다.

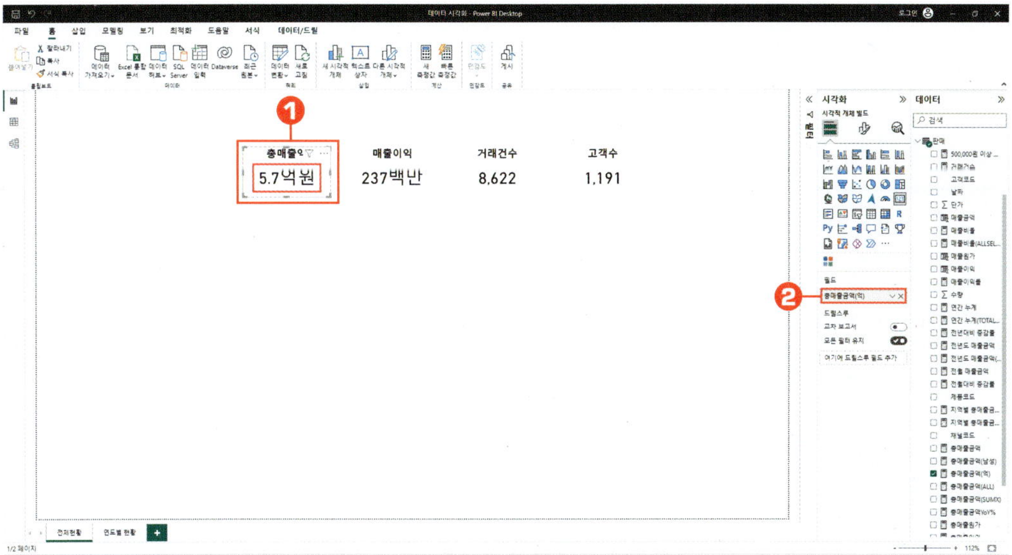

| 묶은 세로 막대형 차트

묶은 세로 막대형 차트는 각 항목의 데이터를 세로 막대로 표시한 차트입니다. 데이터의 크고 작음을 빠르고 쉽게 파악할 수 있으며, 항목 간의 값을 비교하고자 할 때 사용합니다. 묶은 세로 막대형 차트는 비교할 항목이 적은 경우에 사용하는 것을 권장합니다. 권역별 매출을 시각화해 보겠습니다.

01 보고서의 빈 영역을 클릭한 후 [묶은 세로 막대형 차트] 개체를 선택하고 크기를 적절히 조절하여 적당한 위치로 이동시킵니다. [X축] 영역에 '지역' 테이블의 [권역명]을 추가하고 [Y축] 영역에 '판매' 테이블의 [총매출금액]을 추가합니다.

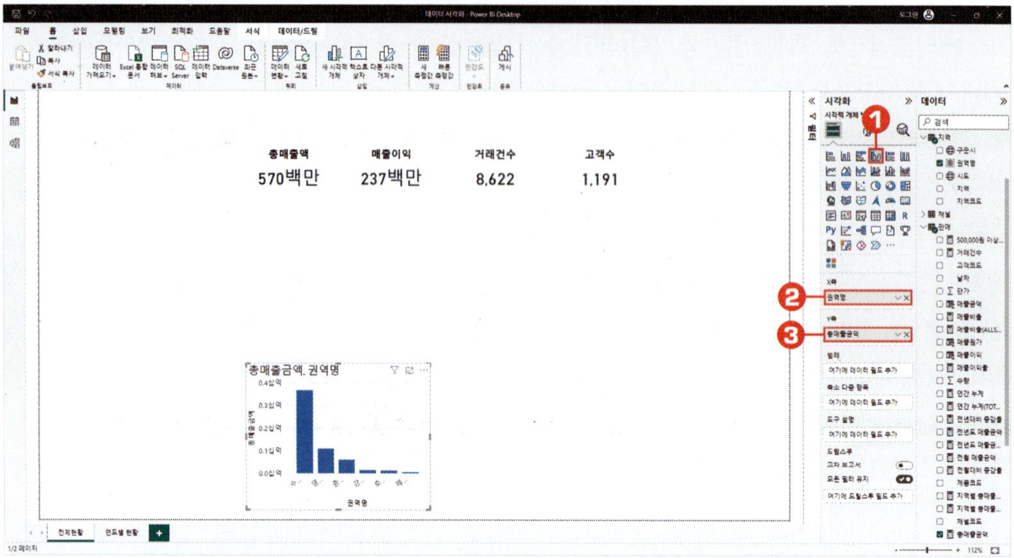

⊕ 다른 시각적 개체를 추가할 때는 반드시 보고서의 빈 영역을 클릭하여 기존 시각적 개체에 대한 선택을 해제해야 합니다. 시각적 개체가 선택되어 있는 상태에서 다른 시각적 개체를 선택하면 아래의 그림과 같이 기존에 선택되어 있는(여기서는 고객수) 개체가 해당 개체(여기서는 묶은 세로 막대형 차트)로 변경됩니다.

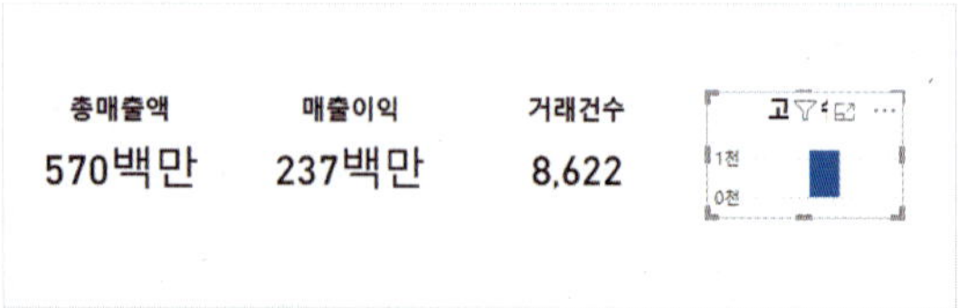

02 [시각적 개체 서식 지정]을 클릭하고 [X축] 옵션을 아래로 확장시킵니다. 텍스트 크기를 '8'로 변경하고 [제목] 옵션을 해제합니다.

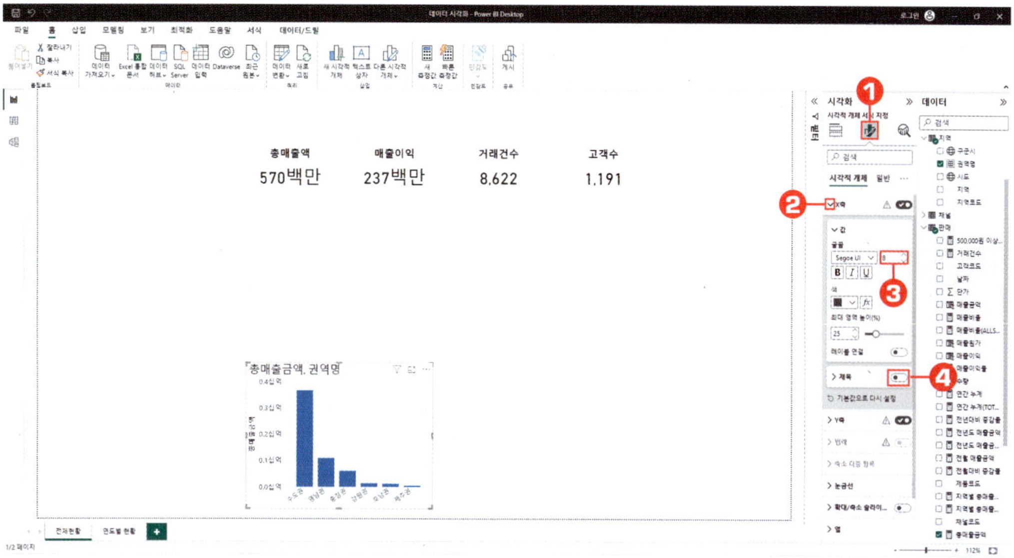

03 [Y축]-[값] 옵션을 클릭하여 텍스트 크기 '8', [표시단위] '백만'으로 변경하고 [제목] 옵션을 해제합니다.

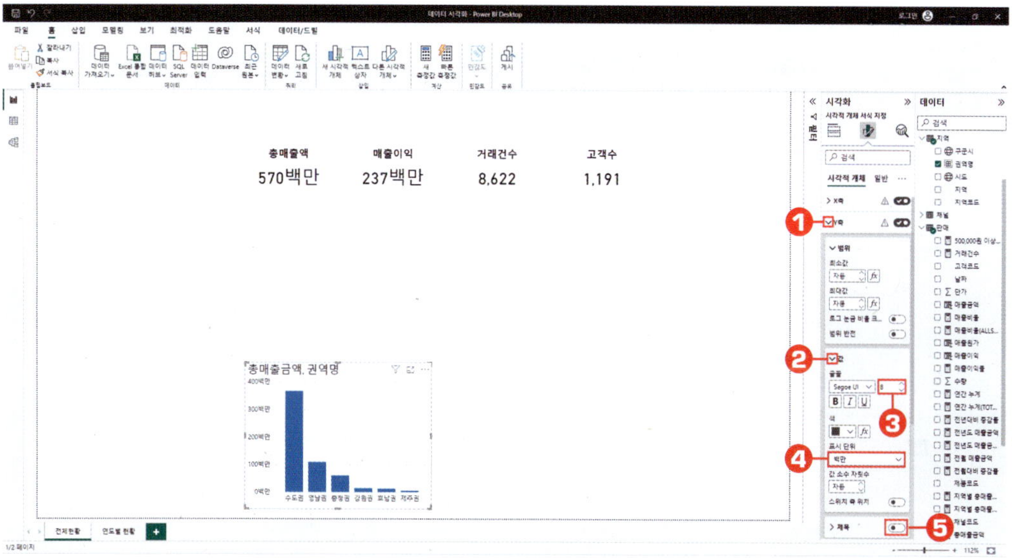

04 [눈금선]을 클릭하여 [가로] 옵션을 해제합니다.

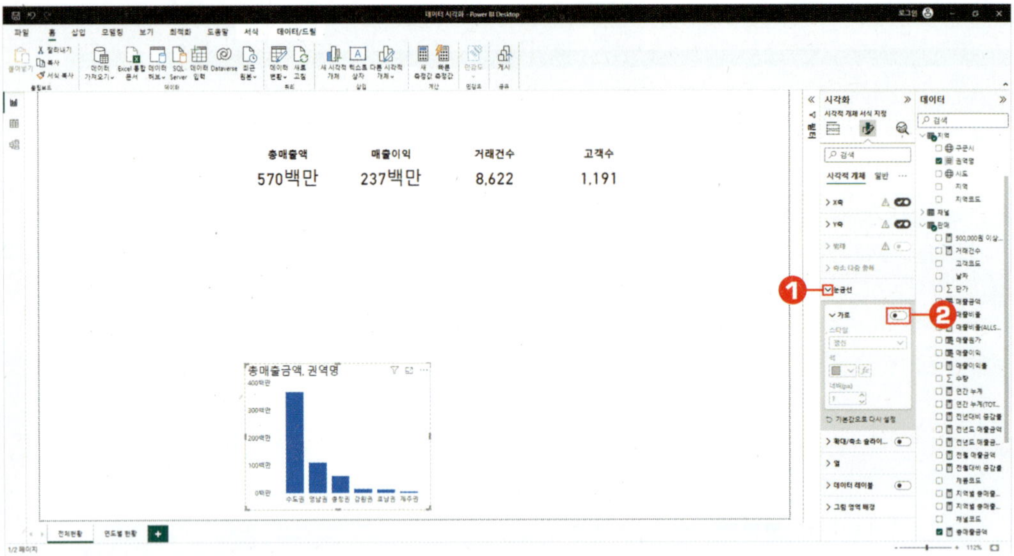

05 [열]–[색] 옵션에서 막대의 색상을 '테마 색 1, 50% 더 어둡게'로 변경합니다.

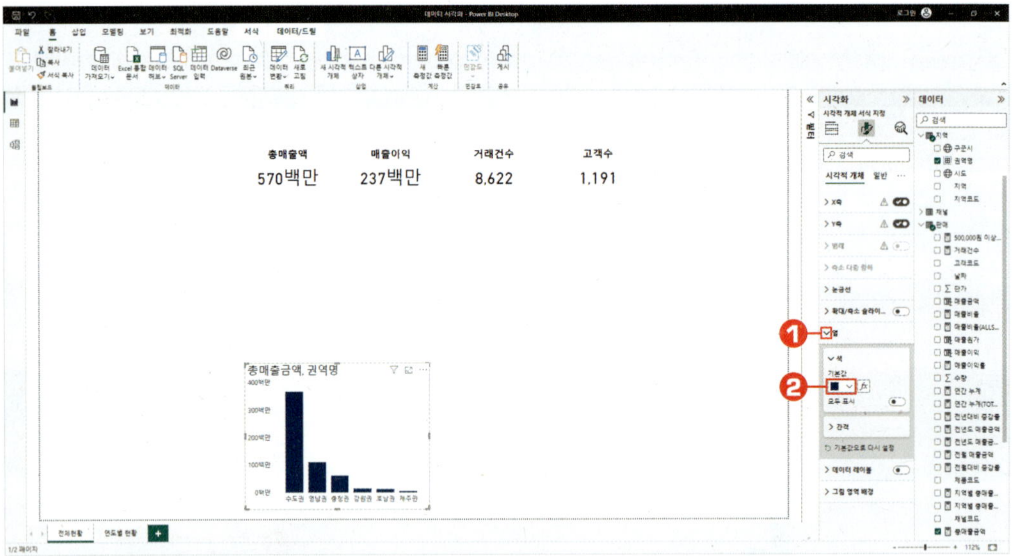

[모두 표시] 옵션을 활성화하면 개별 요소마다 다른 색을 지정할 수 있습니다.

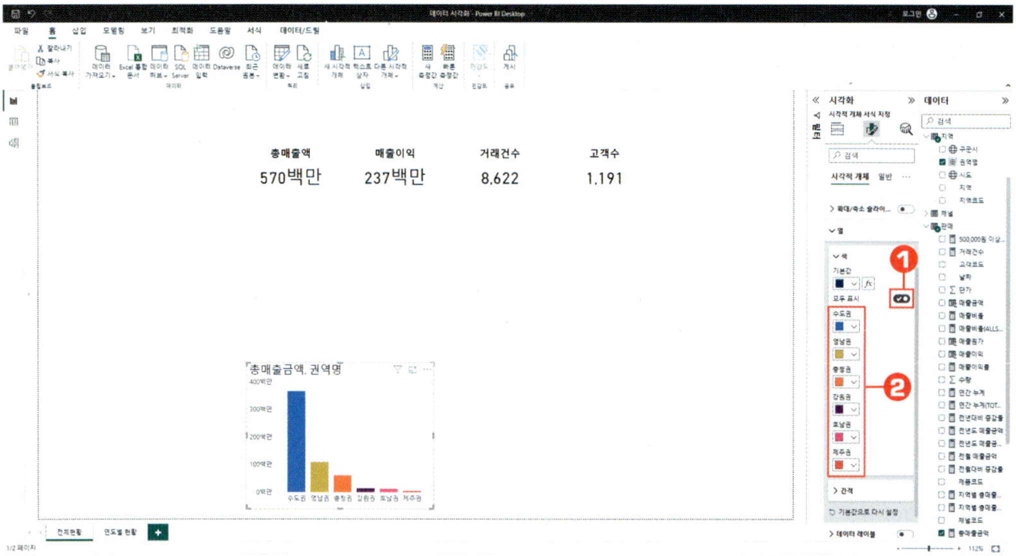

06 [데이터 레이블] 옵션을 활성화시킨 다음 아래로 확장시킵니다. [값] 옵션을 클릭하여 텍스트 크기를 '8'로 변경합니다.

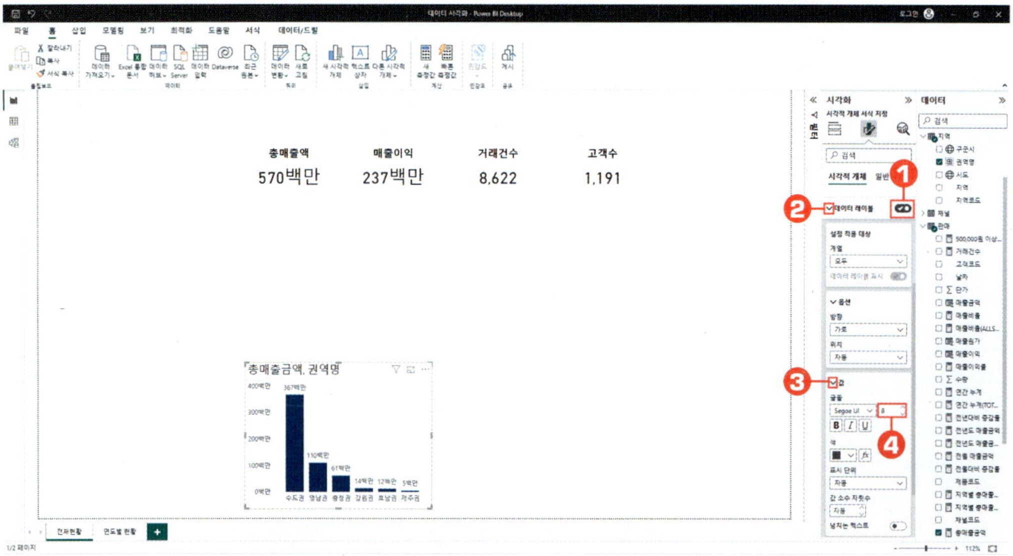

07 [시각적 개체 서식 지정]에서 [일반]을 클릭하고 [제목] 옵션을 활성화시킨 다음 아래로 확장합니다. [텍스트] 영역에 권역별 매출을 입력하고 '가운데 맞춤'으로 지정합니다.

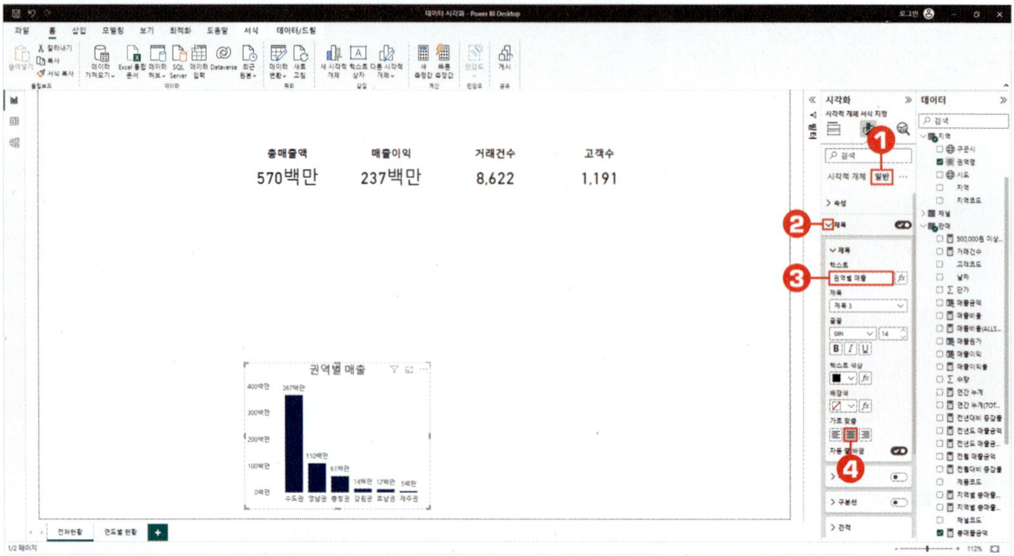

| 묶은 가로 막대형 차트

묶은 가로 막대형 차트는 각 항목의 데이터를 가로 막대로 표시한 차트입니다. 묶은 세로 막대형 차트와 마찬가지로 개별 항목 간의 값을 비교하고자 할 때 사용합니다. 묶은 가로 막대형 차트는 항목의 텍스트 길이가 길거나, 비교할 항목이 많은 경우에 사용하는 것을 권장합니다. 분류별 매출을 시각화해 보겠습니다.

01 보고서의 빈 영역을 클릭한 후 [묶은 가로 막대형 차트] 개체를 선택하고 크기를 적절히 조절하여 적당한 위치로 이동시킵니다. [Y축] 영역에 '분류' 테이블의 [분류명]을 추가하고 [X축] 영역에 '판매' 테이블의 [총매출금액]을 추가합니다.

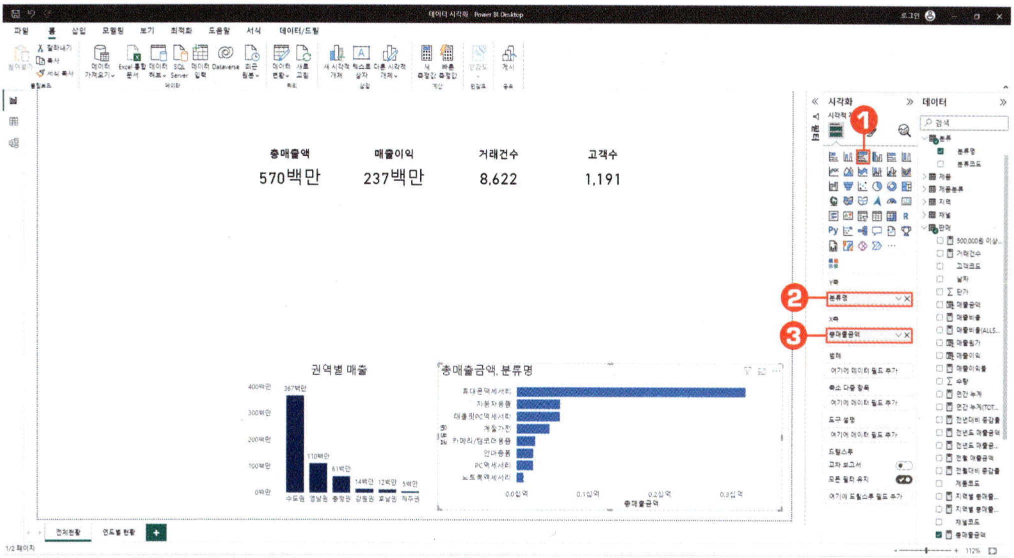

02 [시각적 개체 서식 지정]을 클릭하고 [Y축] 옵션을 아래로 확장시킵니다. 텍스트 크기를 '8'로 변경하고 [제목] 옵션을 해제합니다.

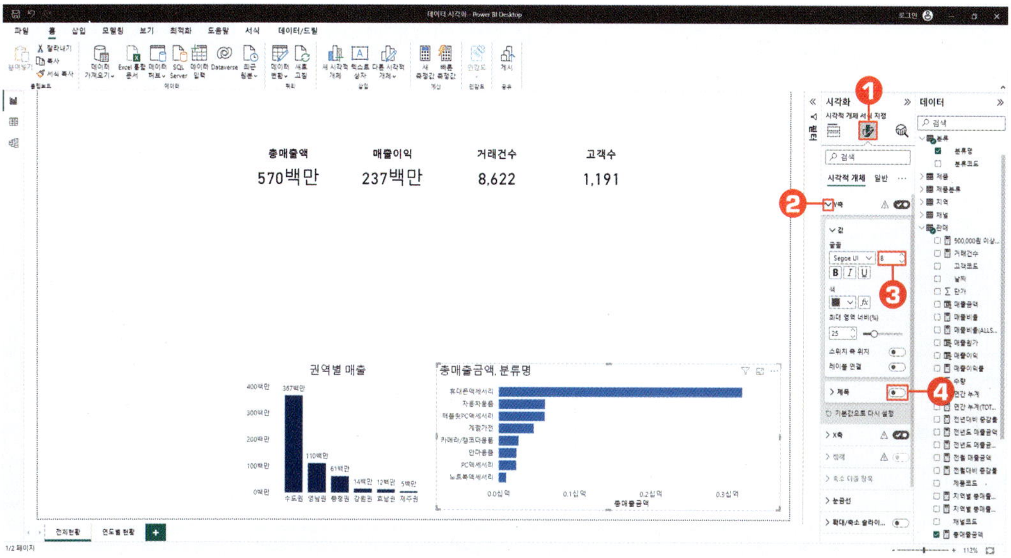

03 [X축]–[값] 옵션을 클릭하여 텍스트 크기 '8', [표시단위] '백만'으로 변경하고 [제목] 옵션을 해제합니다.

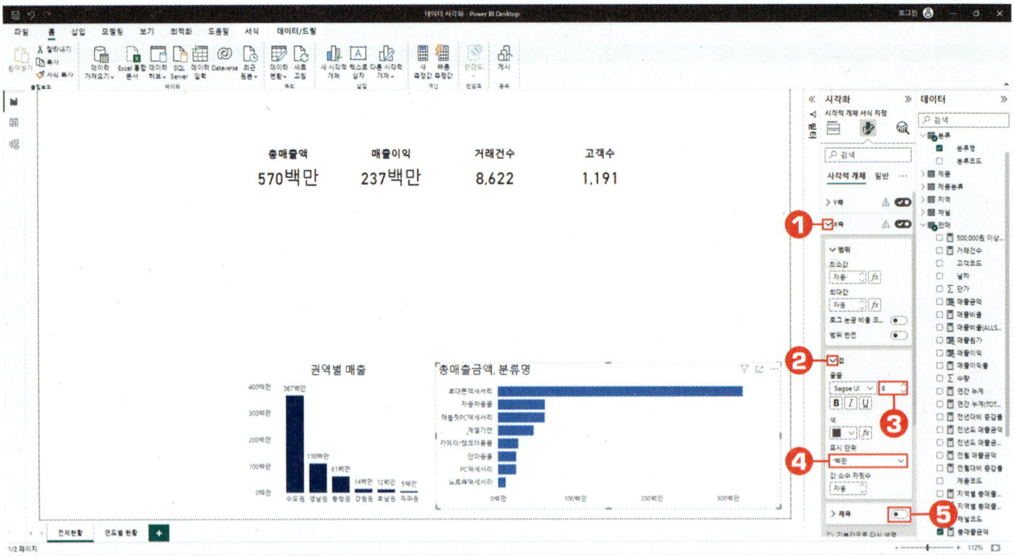

04 [눈금선]을 클릭하여 [세로] 옵션을 해제합니다.

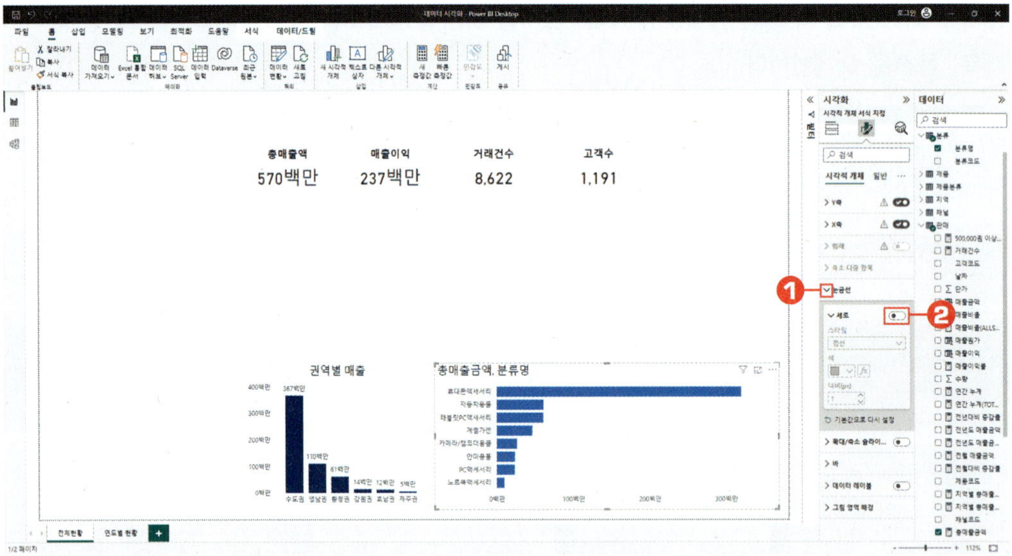

| 누적 가로 막대형 차트

누적 가로 막대형 차트는 여러 항목의 개별 요소를 가로로 누적한 차트입니다. 전체 중에서 개별 요소가 차지하는 비중을 확인할 때 사용합니다. 연도를 기준으로 각 분류별 매출 현황을 시각화해 보겠습니다.

01 [묶은 가로 막대형 차트]를 선택한 상태에서 [누적 가로 막대형 차트] 개체를 선택합니다.

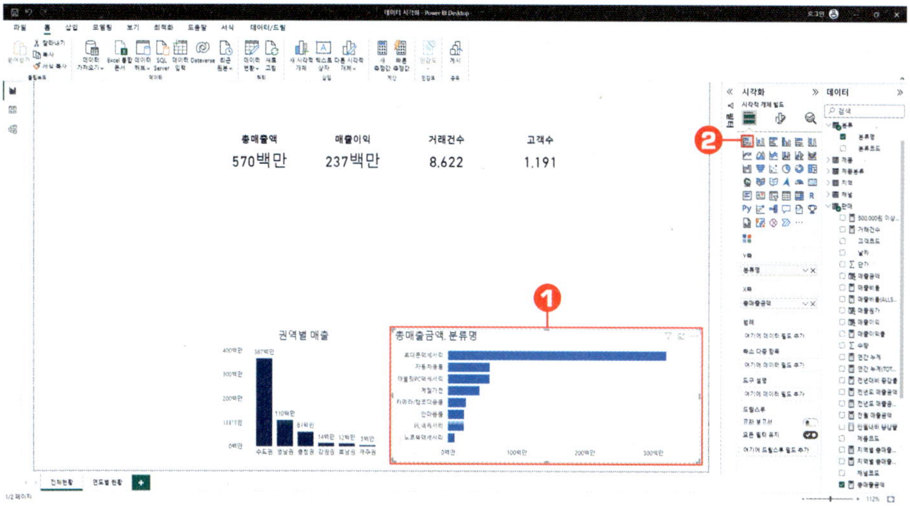

02 [Y축] 영역에 '날짜' 테이블의 [연도], [X축] 영역에 '판매' 테이블의 [총매출금액], [범례] 영역에 '분류' 테이블의 [분류명]을 추가합니다.

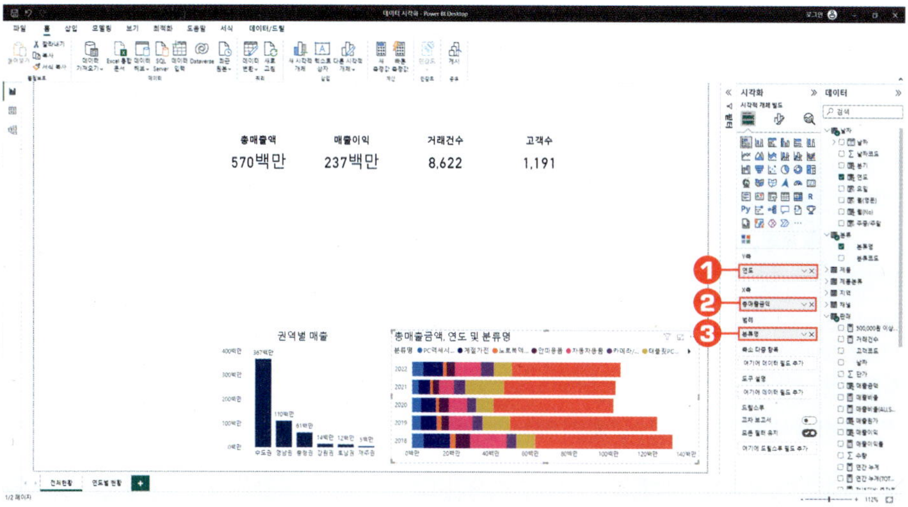

03 [시각적 개체 서식 지정]을 클릭하고 [눈금선]을 아래로 확장시켜 [가로] 옵션을 해제합니다.

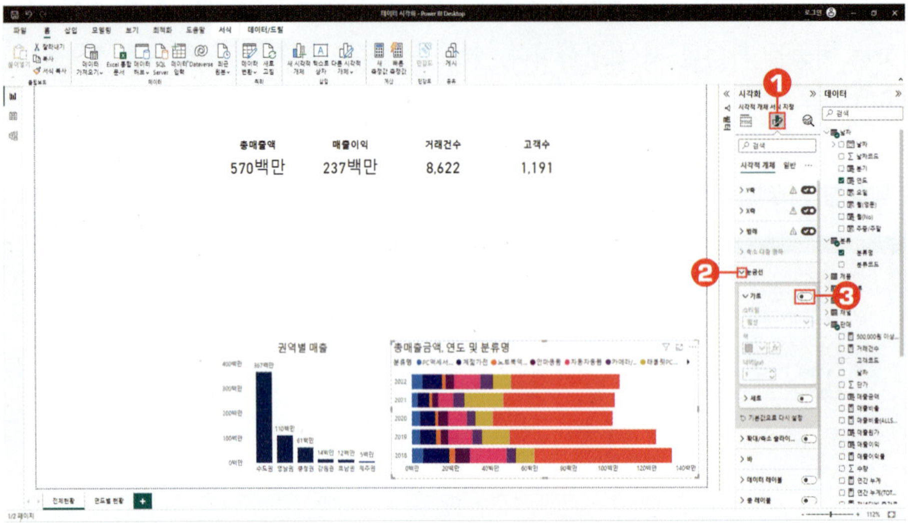

04 [시각적 개체 서식 지정]에서 [일반]을 클릭하고 [제목] 옵션을 활성화시킨 다음 아래로 확장합니다. [텍스트] 영역에 연도별 분류 매출을 입력하고 '가운데 맞춤'으로 지정합니다.

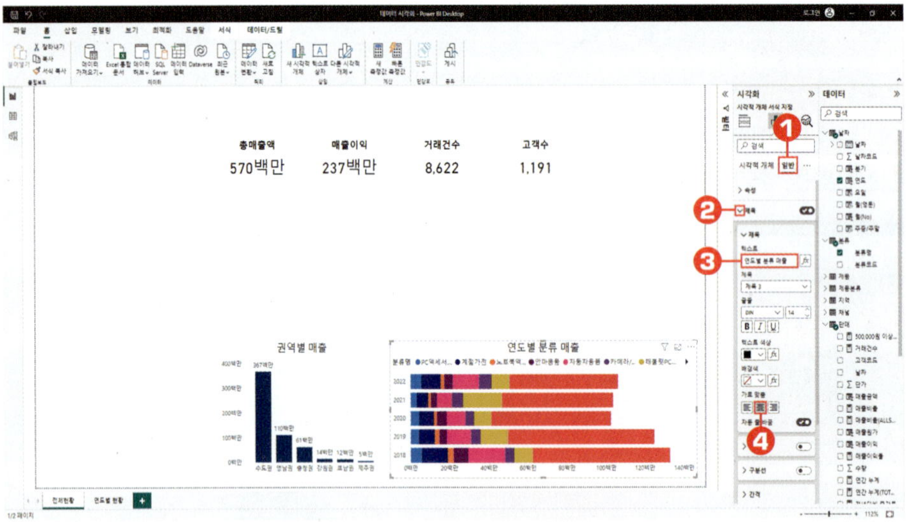

| 원형/도넛형 차트 ◔ / ◎

원형/도넛형 차트는 전체에서 각 항목이 차지하는 비중 또는 비율을 표시할 때 사용합니다. 채널별 매출비율을 시각화해 보겠습니다.

01 보고서의 빈 영역을 클릭한 후 [원형 차트] 개체를 선택하고 크기를 적절히 조절하여 적당한 위치로 이동시킵니다. [범례] 영역에 '채널' 테이블의 [채널명], [값] 영역에 '판매' 테이블의 [총매출금액]을 추가합니다.

02 [시각적 개체 서식 지정]을 클릭하고 [범례] 옵션을 해제합니다. [세부 정보 레이블]을 클릭하여 [레이블 내용]을 '범주, 총퍼센트'로 변경한 뒤 [값]을 클릭하여 텍스트 크기를 '8'로 설정합니다.

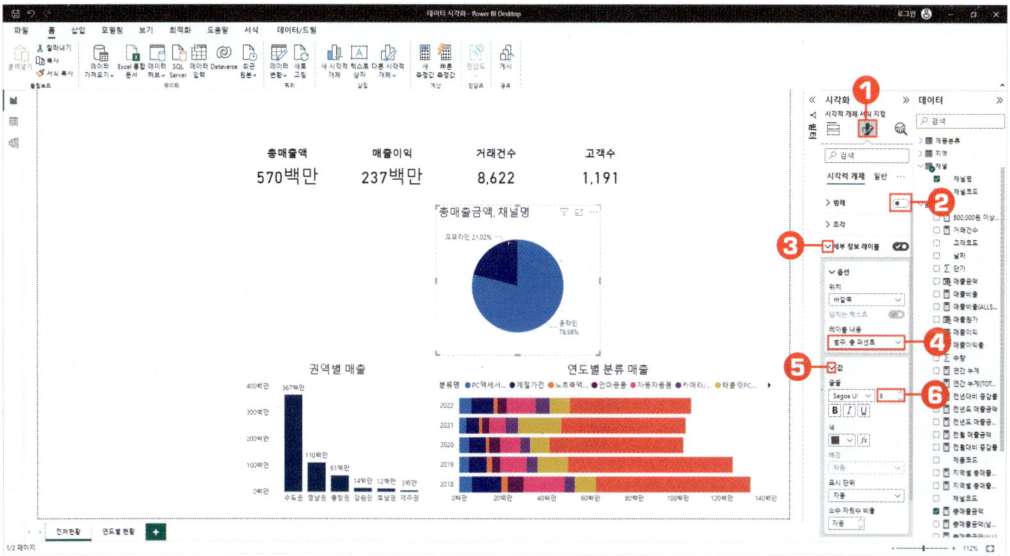

03 [시각적 개체 서식 지정]에서 [일반]을 클릭하고 [제목] 옵션을 활성화시킨 다음 아래로 확장합니다. [텍스트] 영역에 채널별 매출을 입력하고 '가운데 맞춤'으로 지정합니다.

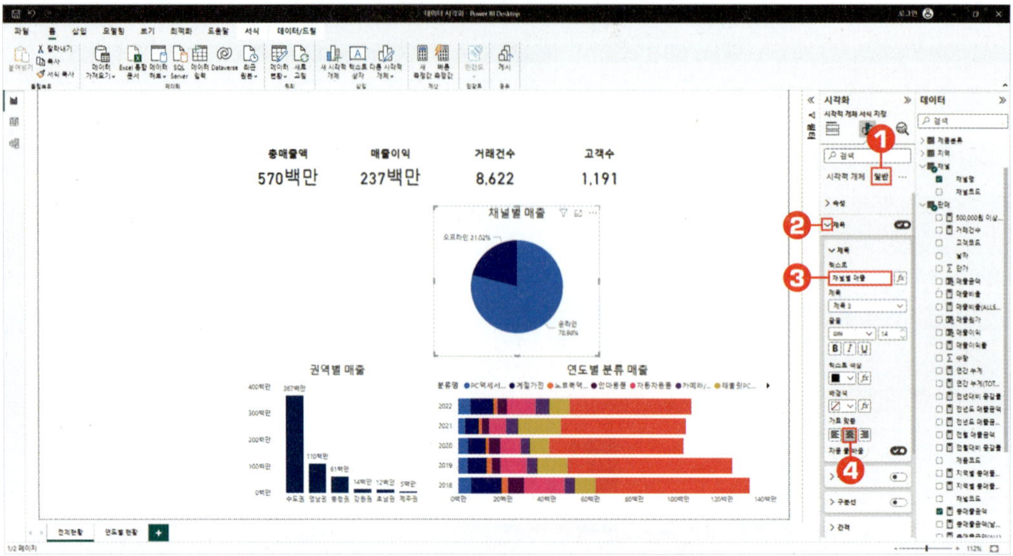

04 [원형 차트]를 선택한 상태에서 복사, 붙여넣기하고 [도넛형 차트]로 변경합니다. [범례] 영역에 '프로모션' 테이블의 [프로모션명]을 추가합니다.

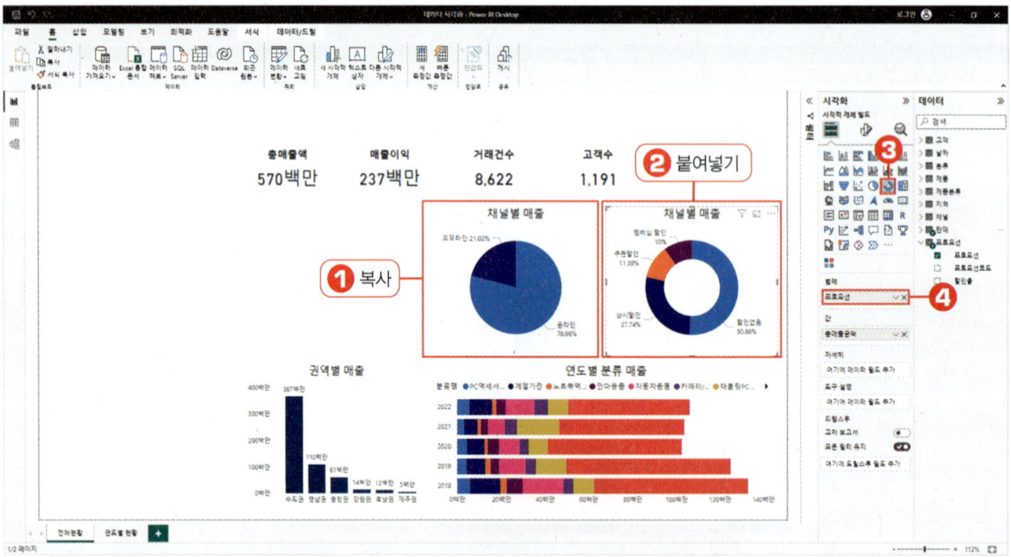

05 [시각적 개체 서식 지정]을 클릭하여 [조각]을 확장한 다음 [간격]을 클릭하여 내부 반경(%)를 '50'으로 변경합니다.

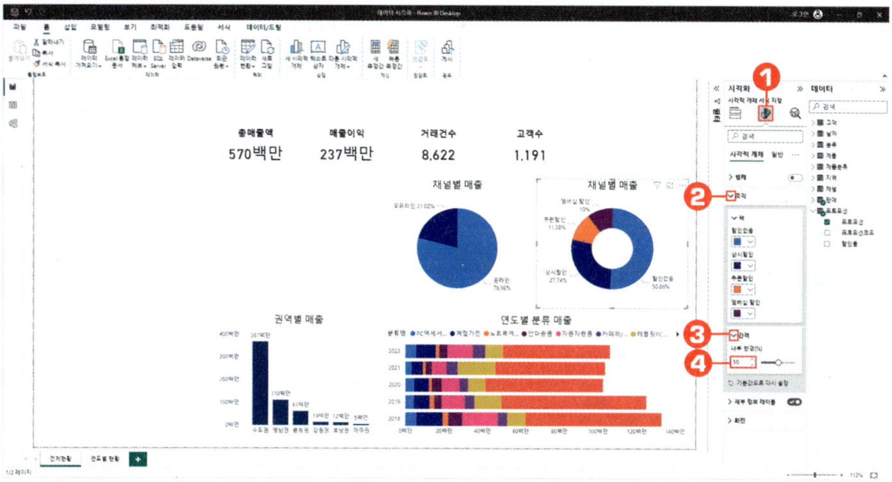

06 [시각적 개체 서식 지정]에서 [일반]을 클릭하고 [제목] 옵션을 활성화시킨 다음 아래로 확장합니다. [텍스트] 영역에 프로모션별 매출을 입력하고 '가운데 맞춤'으로 지정합니다.

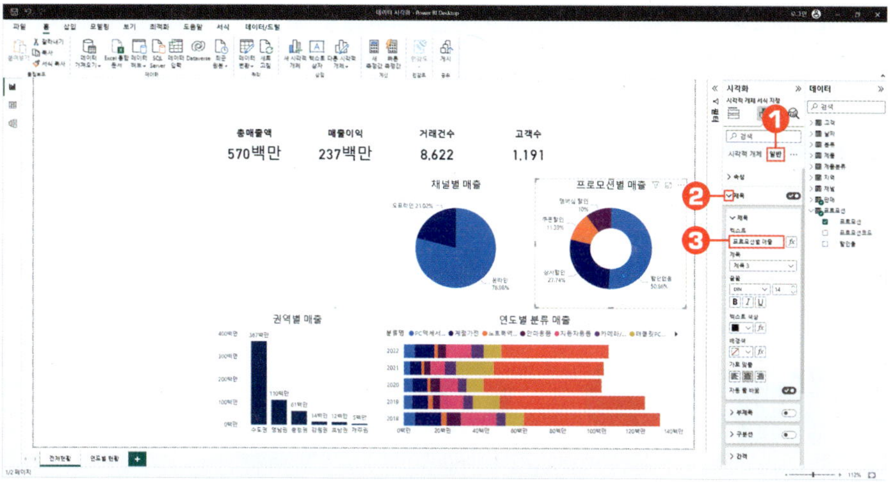

| 꺾은선형 및 묶은 세로 막대형 차트

꺾은선형 및 묶은 세로 막대형 차트는 꺾은선형 차트와 세로 막대형 차트를 하나로 결합한 차트입니다. y축 열과 선에 데이터를 추가하여 두 개의 데이터를 한번에 비교할 수 있습니다. 연도별 총매출액과 매출이익률을 시각화해 보겠습니다.

01 보고서의 빈 영역을 클릭한 후 [꺾은선형 및 묶은 세로 막대형 차트] 개체를 선택하고 크기를 적절히 조절하여 적당한 위치로 이동시킵니다. [X축] 영역에 '날짜' 테이블의 [연도], [열 y축] 영역에 '판매' 테이블의 [총매출금액], [선 y축] 영역에 '판매' 테이블의 [매출이익률]을 추가합니다.

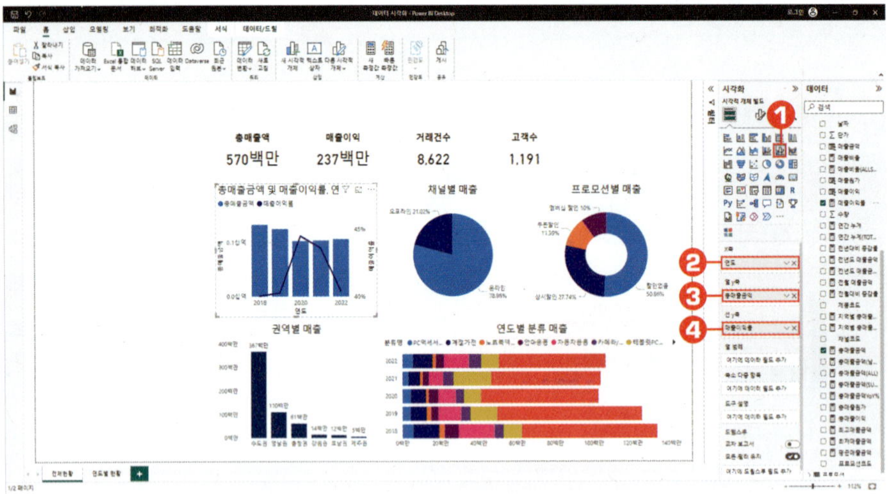

02 [X축]의 유형이 '연속'일 경우 시각적 개체의 크기가 충분히 크지 않으면 전체 연도명이 표시되지 않습니다. 전체 연도를 표시하고자 할 경우에는 [X축]의 유형을 '범주별'로 설정해야 합니다. [시각적 개체 서식 지정]을 클릭하고 [X축] 옵션을 아래로 확장시켜 유형을 '범주별', 텍스트 크기를 '8'로 변경하고 [제목] 옵션을 해제합니다.

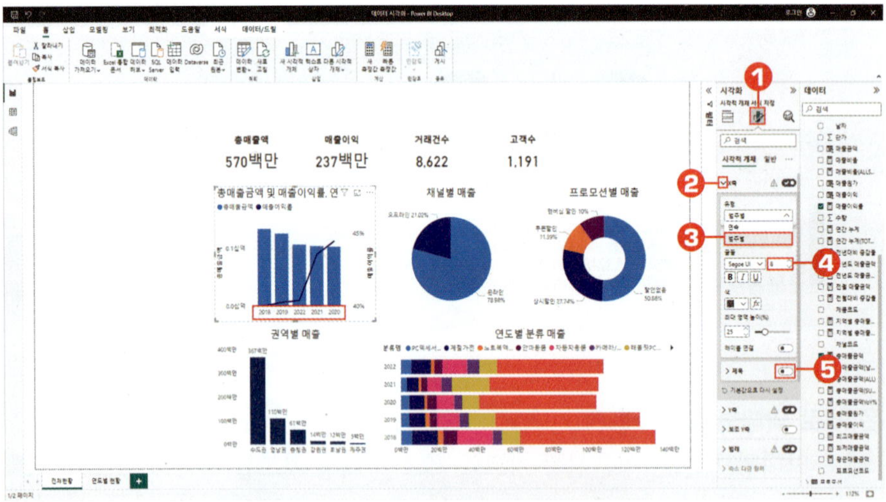

03 [Y축]을 클릭하여 [범위] 최소값 영역에 '0', 최대값 영역에 150000000을 입력하고 [값] 옵션을 클릭합니다. 텍스트 크기를 '8'로 설정하고 [제목] 옵션을 해제합니다.

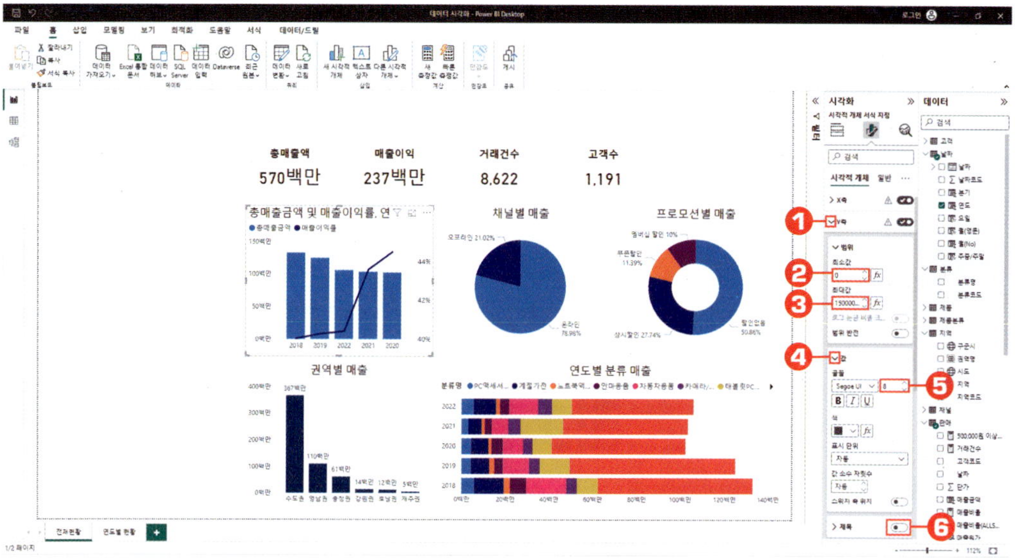

04 [보조 Y축]을 활성화하고 아래로 확장시킵니다. [범위] 최소값 영역에 0.35, 최대값 영역에 0.5를 입력하고 [값] 옵션을 클릭하여 텍스트 크기를 '8'로 설정합니다.

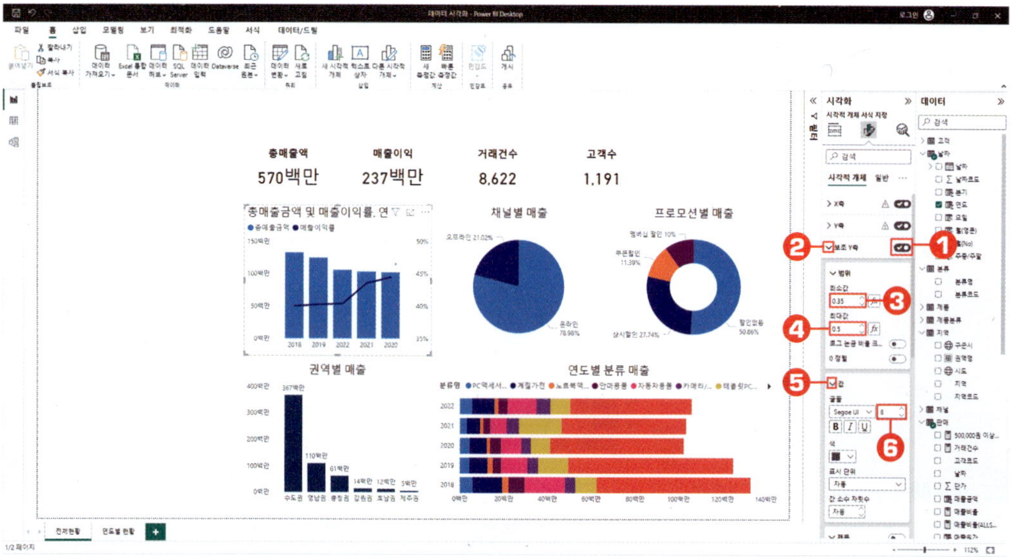

05 [눈금선]을 아래로 확장시켜 [가로] 옵션을 해제합니다.

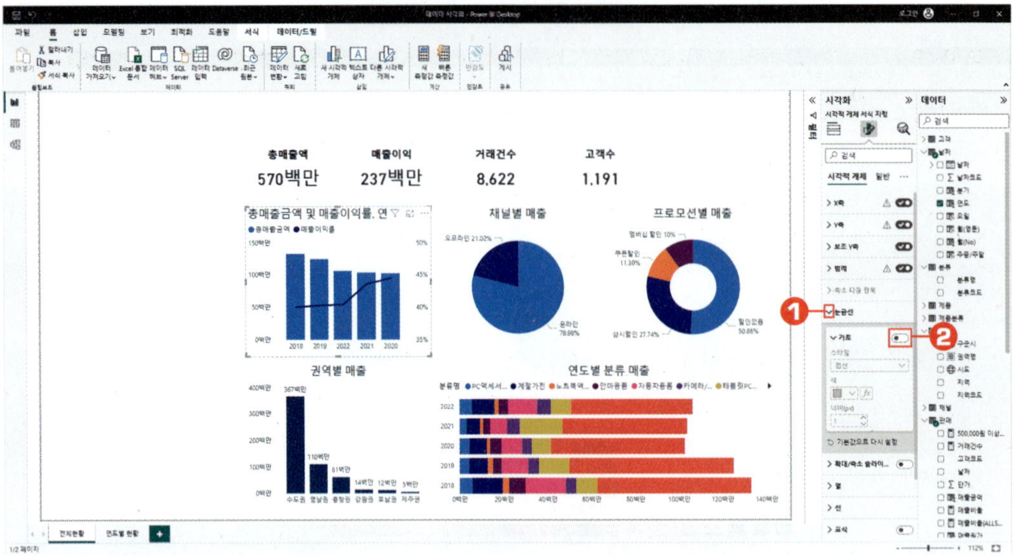

06 [표식]을 활성화하고 아래로 확장시킵니다. [도형] 옵션에서 '◆' 유형, [색] 옵션에서 색상을 '테마 색 8'로 변경합니다.

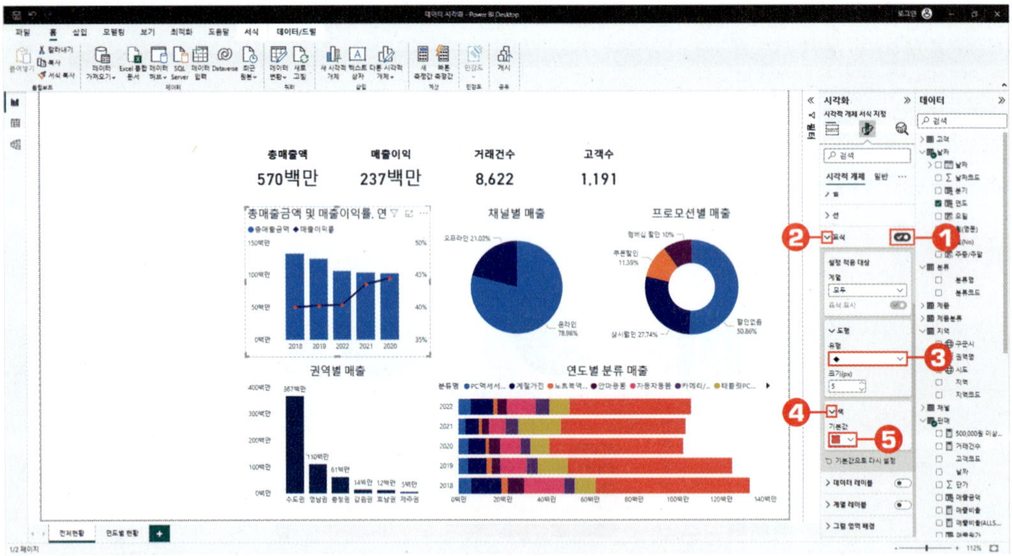

07 [시각적 개체 서식 지정]에서 [일반]을 클릭하고 [제목] 옵션을 활성화시킨 다음 아래로 확장합니다. [텍스트] 영역에 연도별 매출금액 및 이익률을 입력하고 '가운데 맞춤'으로 지정합니다.

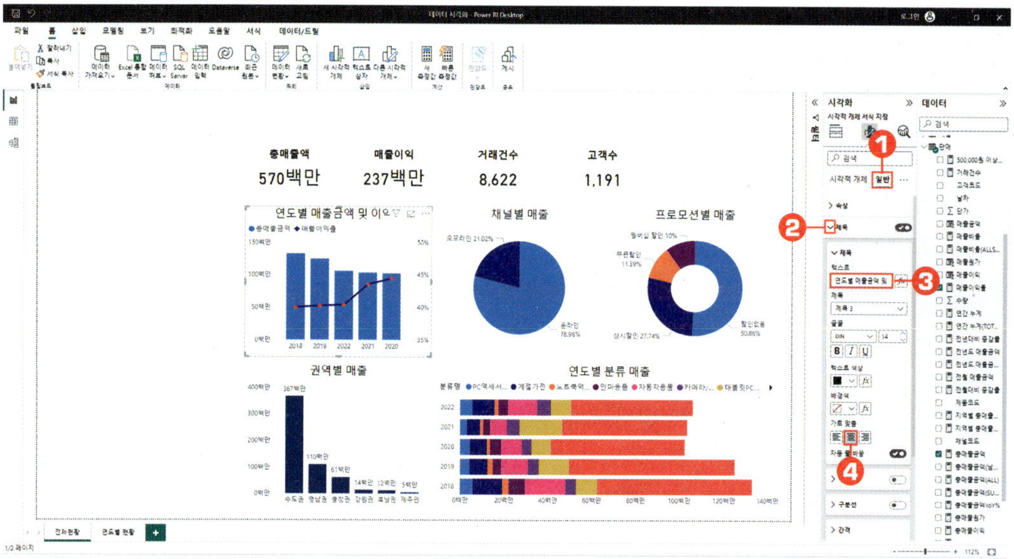

08 시각적 개체는 기본적으로 [X축] 영역의 필드 값을 오름차순으로 정렬하지만 [X축] 영역의 필드 값이 텍스트인 경우에는 [Y축] 영역의 필드 값을 내림차순으로 정렬합니다. 앞서 [X축] 유형을 '범주별'로 변경하게 되면서 정렬이 변경되었습니다. 연도를 순차적으로 표시하기 위해 [꺾은선형 및 묶은 세로 막대형 차트] 개체의 [추가 옵션]을 클릭하고 [축 정렬]을 '연도' 기준으로 '오름차순 정렬'합니다.

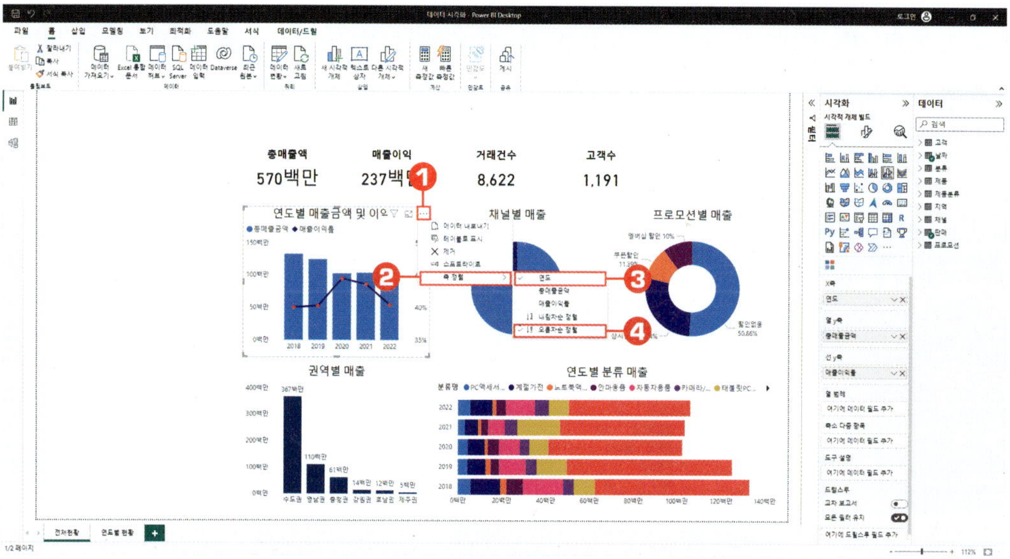

| 맵

맵 개체는 Microsoft에서 제공하는 지도 서비스인 Bing Maps와 통합된 지도 시각화 개체입니다. 위치 데이터를 Bing에 전송하여 지도를 구성하고 범주 및 정량 데이터를 연결합니다. 위치에 따른 데이터 값을 시각화할 수 있습니다.

01 보고서의 빈 영역을 클릭한 후 [맵] 개체를 선택하고 크기를 적절히 조절하여 적당한 위치로 이동시킵니다. [위치] 영역에 '지역' 테이블의 [시도]를 추가하고 [거품 크기] 영역에 '판매' 테이블의 [총매출금액]을 추가합니다.

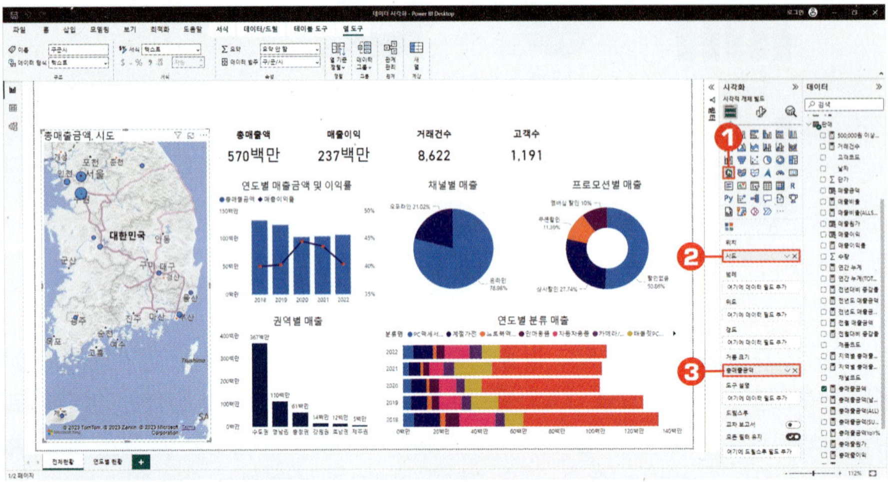

02 [시각적 개체 서식 지정]을 클릭하고 [거품형] 옵션을 아래로 확장시켜 크기를 '5'로 설정합니다.

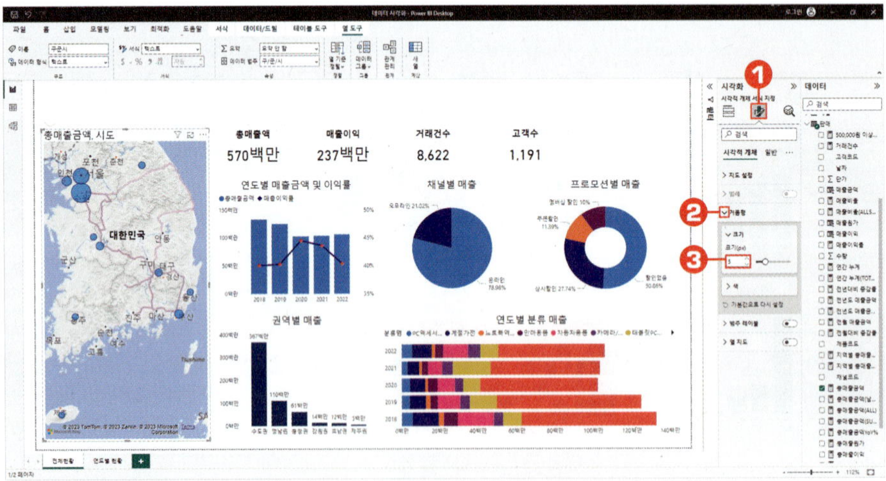

03 [시각적 개체 서식 지정]에서 [일반]을 클릭하고 [제목] 옵션을 활성화시킨 다음 아래로 확장합니다. [텍스트] 영역에 시도별 매출을 입력하고 '가운데 맞춤'으로 지정합니다.

[시각적 개체 서식 지정]–[지도 설정]–[스타일]에서 지도의 스타일을 변경할 수 있습니다.

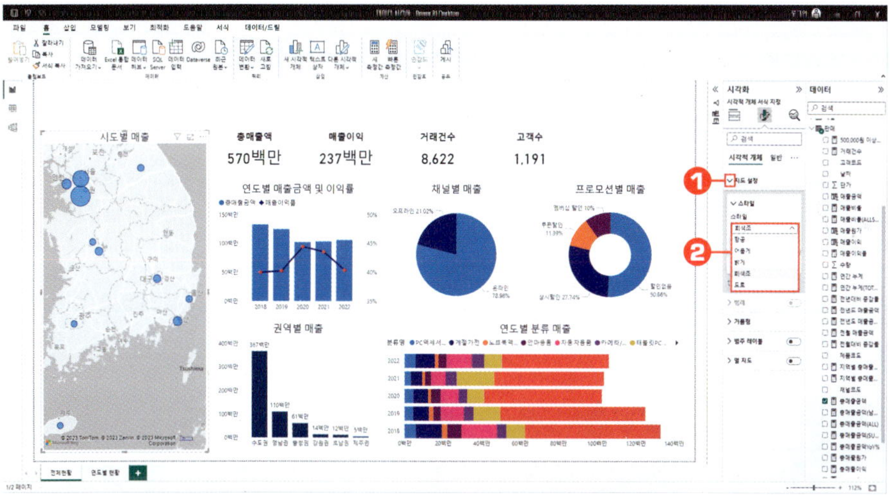

| 계기

계기 차트는 목표에 대한 진행률을 표시합니다. 연간 매출금액의 목표 달성 현황을 시각화해 보겠습니다.

01 보고서의 빈 영역을 클릭한 후 [계기] 개체를 선택하고 크기를 적절히 조절하여 적당한 위치로 이동시킵니다. [값] 영역에 '판매' 테이블의 [연간 누계]를 추가합니다.

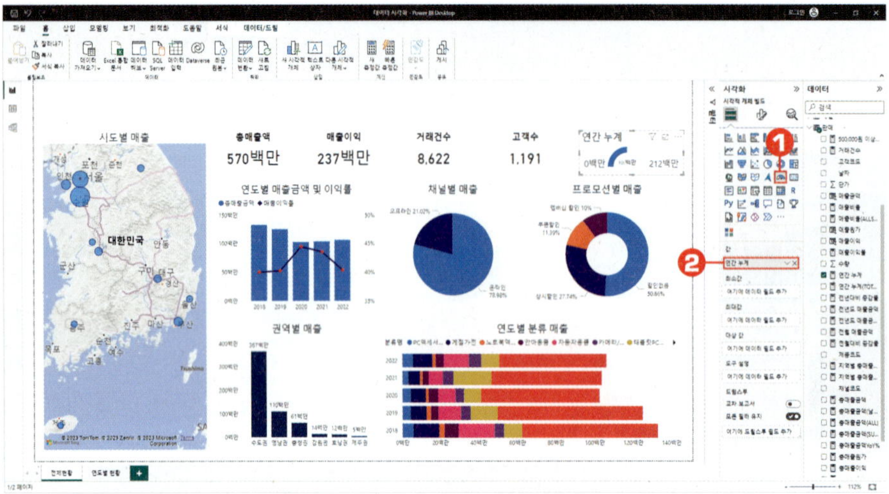

02 [시각적 개체 서식 지정]을 클릭하고 [게이지 축] 옵션을 아래로 확장시켜 최소값 0, 최대값 150000000, 대상 120000000을 입력합니다.

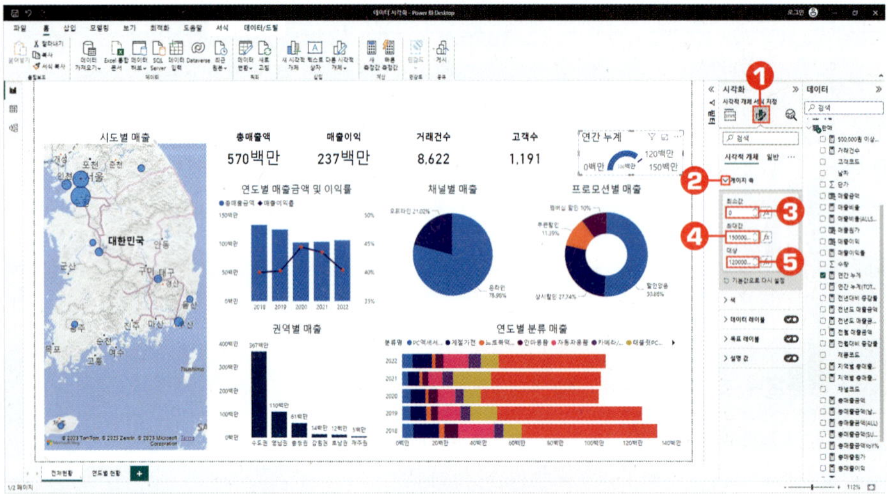

03 [색] 옵션을 아래로 확장시켜 대상 색상을 '테마 색 8'로 변경하고 [데이터 레이블] 옵션을 해제합니다.

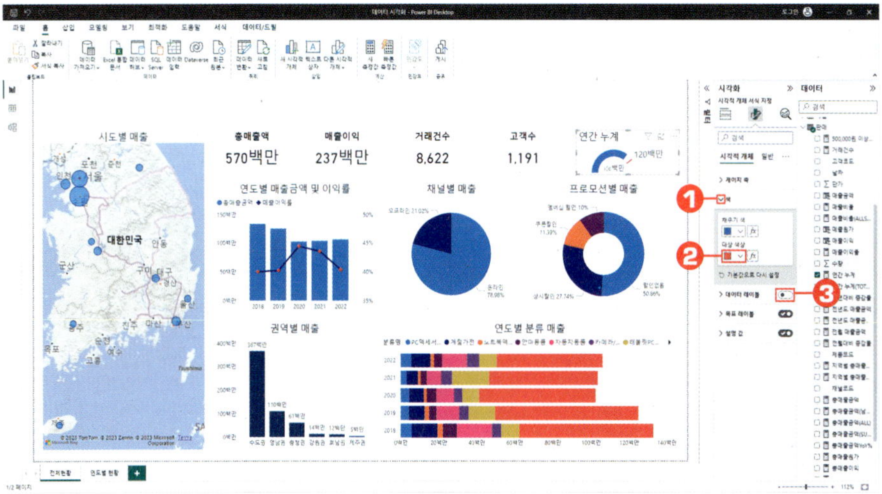

04 [시각적 개체 서식 지정]에서 [일반]을 클릭하고 [제목] 옵션을 활성화시킨 다음 아래로 확장합니다. [텍스트] 영역에 목표매출 달성 현황을 입력하고 텍스트 크기를 '10'으로 변경합니다.

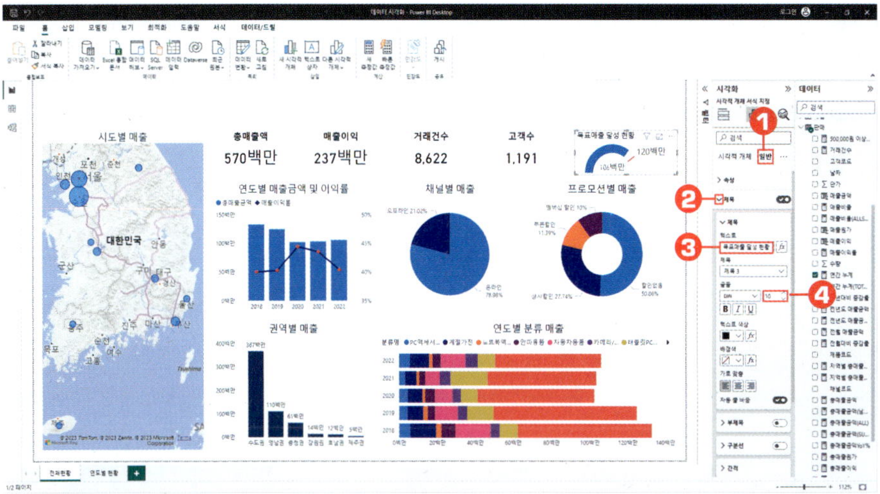

| 여러 행 카드

여러 행 카드는 하나의 타일에 여러 항목 값을 표시할 수 있습니다. 연도에 따른 월별 매출금액, 매출이익, 매출이익률을 시각화해 보겠습니다.

01 '연도별 현황' 페이지로 이동한 후 [여러 행 카드] 개체를 선택하고 크기를 적절히 조절하여 적당한 위치로 이동시킵니다. [필드] 영역에 '날짜' 테이블의 [연도], [월(영문)]과 '판매' 테이블의 [총매출금액], [총매출이익], [매출이익률]을 추가합니다.

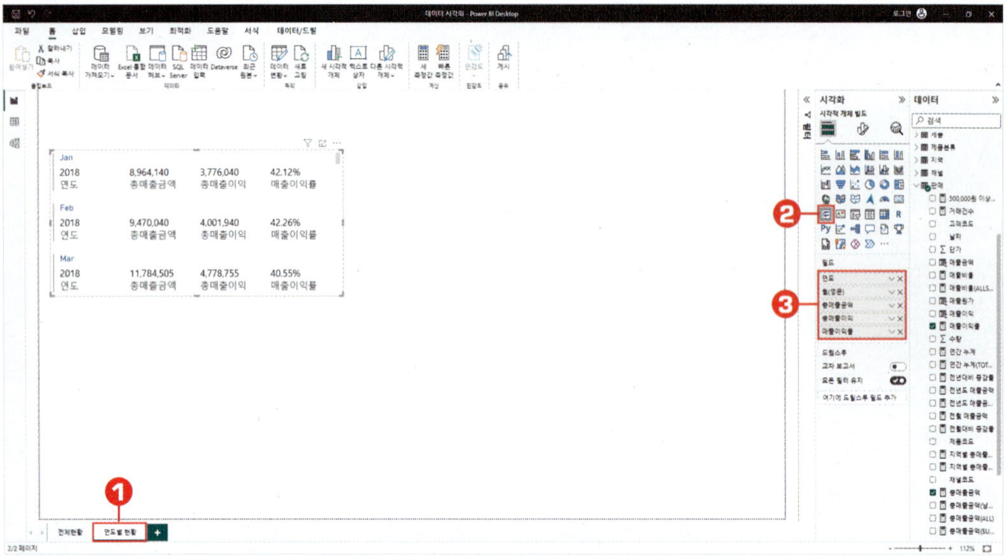

02 [시각적 개체 서식 지정]을 클릭하고 [설명 값], [범주 레이블], [카드] 옵션을 차례대로 확장시켜 텍스트 크기를 '11'로 지정합니다.

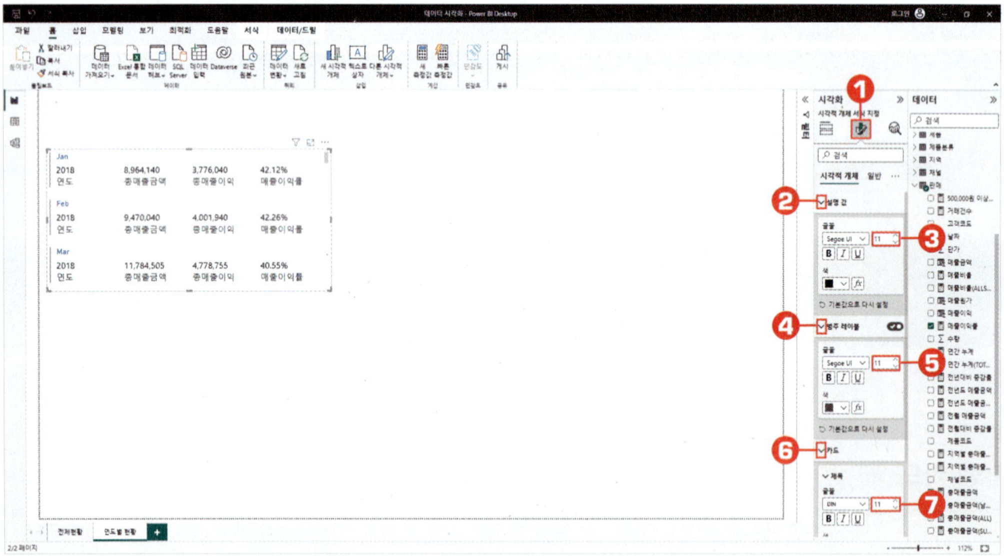

03 [여러 행 카드] 개체의 [추가 옵션]을 클릭하고 [정렬 기준]을 '연도'로 설정하여 최근 연도를 기준으로 시각화합니다.

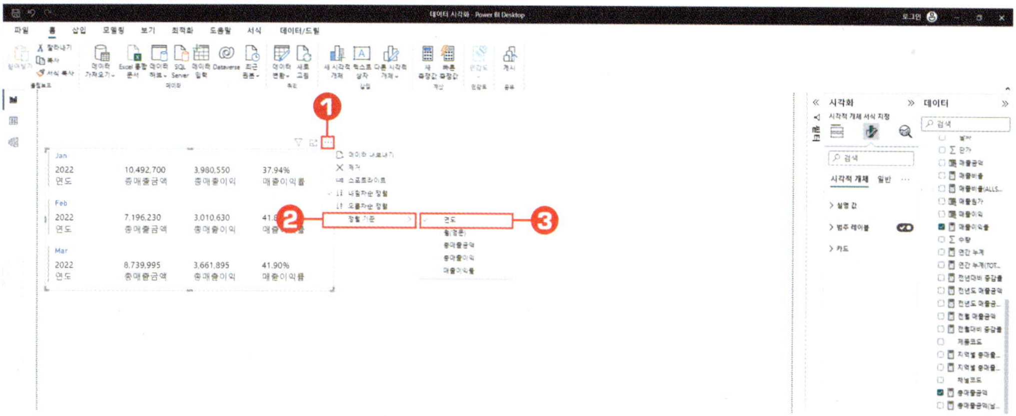

꺾은선형 차트

꺾은선형 차트는 데이터 값을 선형으로 표시한 차트입니다. 시간 경과에 따른 데이터 추이를 파악할 때 주로 사용합니다. 월별 매출금액을 시각화해 보겠습니다.

01 보고서의 빈 영역을 클릭한 후 [꺾은선형 차트] 개체를 선택하고 크기를 적절히 조절하여 적당한 위치로 이동시킵니다. [X축] 영역에 '날짜' 테이블의 [월(영문)], [Y축] 영역에 '판매' 테이블의 [총매출금액], [범례] 영역에 '날짜' 테이블의 [연도]를 추가합니다.

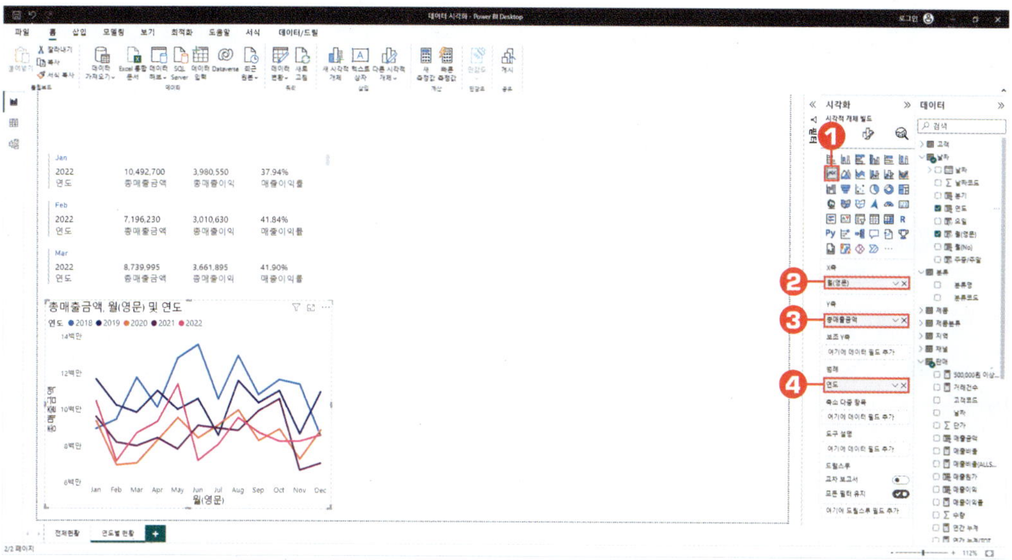

02 [시각적 개체 서식 지정]을 클릭하고 [X축] 옵션을 아래로 확장시켜 [제목]을 해제합니다.

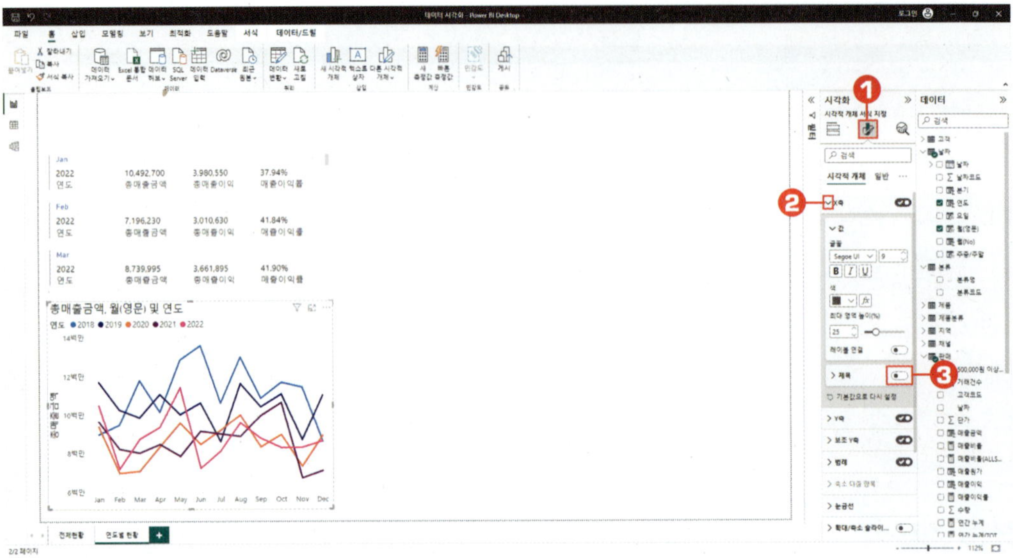

03 [Y축] 옵션을 아래로 확장시켜 [제목]을 해제합니다.

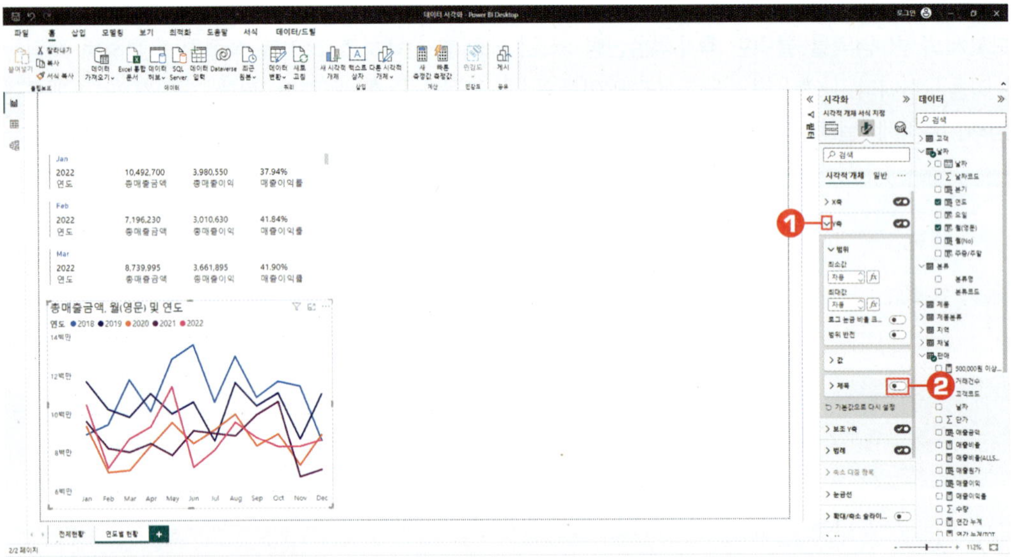

04 [표식]을 활성화시킨 다음 아래로 확장하여 크기를 '4'로 변경합니다.

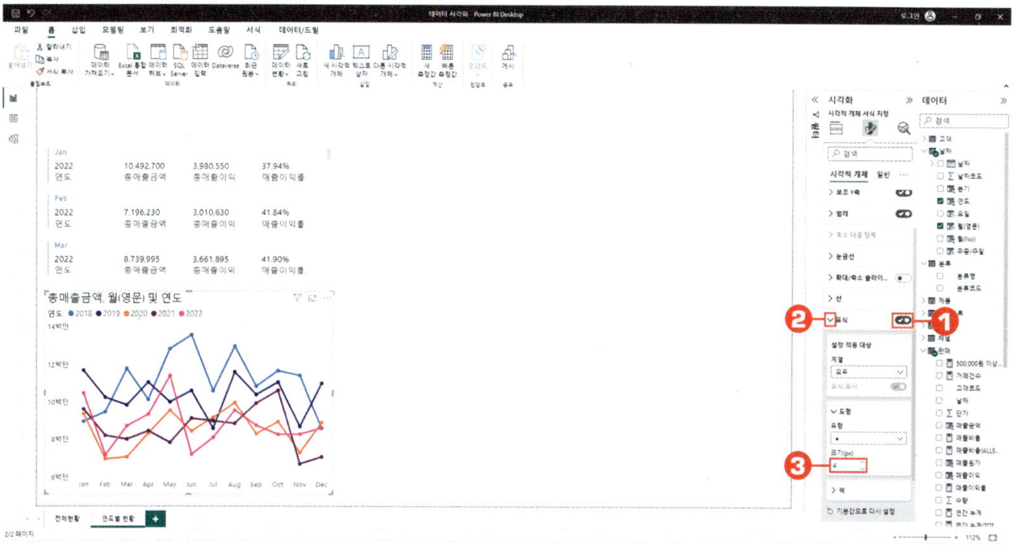

05 [시각적 개체 서식 지정]에서 [일반]을 클릭하고 [제목] 옵션을 활성화시킨 다음 아래로 확장합니다. [텍스트] 영역에 월별 매출을 입력하고 '가운데 맞춤'으로 지정합니다.

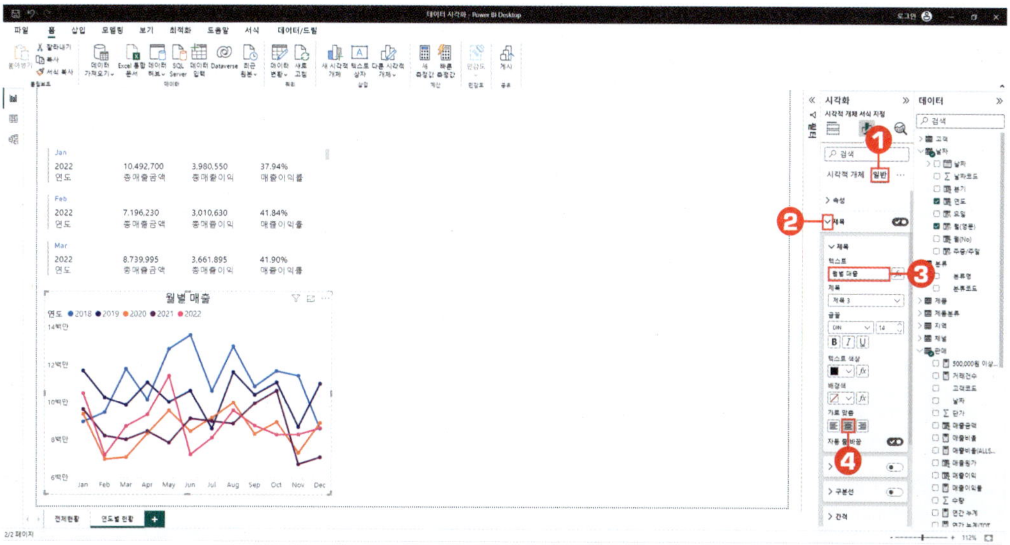

⊕ 시각적 개체에 추가한 필드를 마우스 오른쪽 버튼을 클릭하여 [이 시각적 개체의 이름 바꾸기]를 선택하거나 더블클릭하면 시각적 개체에 표시되는 이름을 변경할 수 있습니다. 바뀐 필드의 이름은 해당

시각적 개체에만 적용됩니다.

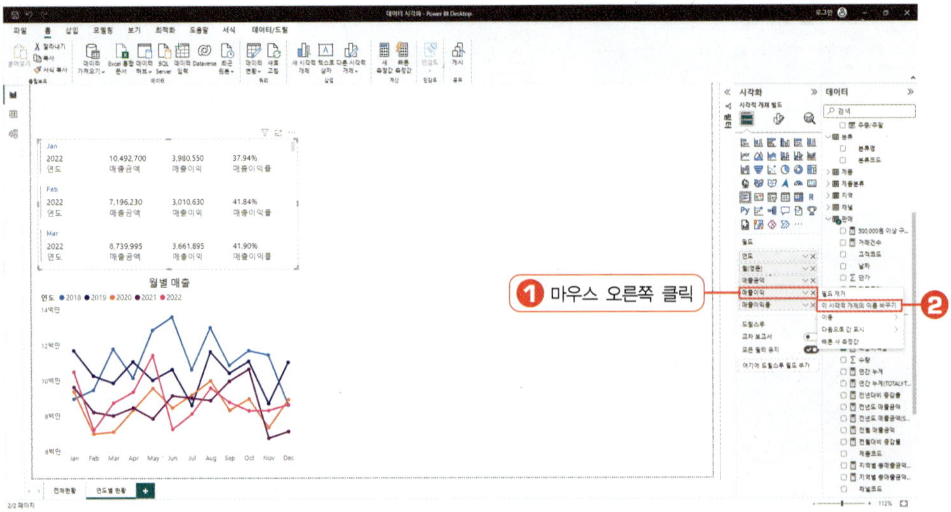

| 테이블

테이블은 단일 범주에 대한 상세 값을 파악하고 해당 값들의 정량적 비교가 필요한 경우 사용합니다. 연도별 매출금액, 전년도 매출금액, 전년대비 증감률을 시각화해 보겠습니다.

01 보고서의 빈 영역을 클릭한 후 [테이블] 개체를 선택하고 크기를 적절히 조절하여 적당한 위치로 이동시킵니다. [열] 영역에 '날짜' 테이블의 [연도], '판매' 테이블의 [총매출금액], [전년도 매출금액], [전년대비 증감률]을 추가합니다.

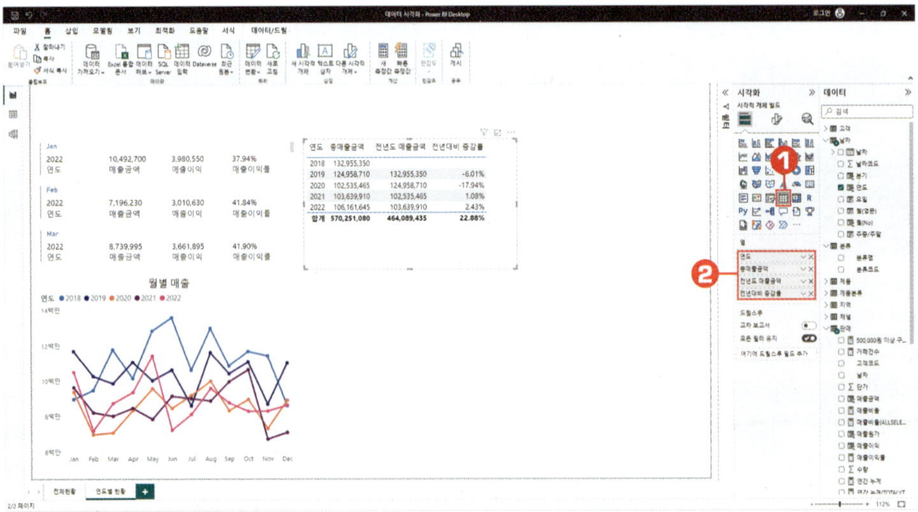

02 [시각적 개체 서식 지정]을 클릭하고 [스타일 사전 설정] 옵션을 아래로 확장시켜 '대체 행'으로 설정하고 [값] 영역을 클릭하여 텍스트 크기 '11', 다른 배경색을 '흰색'으로 변경합니다.

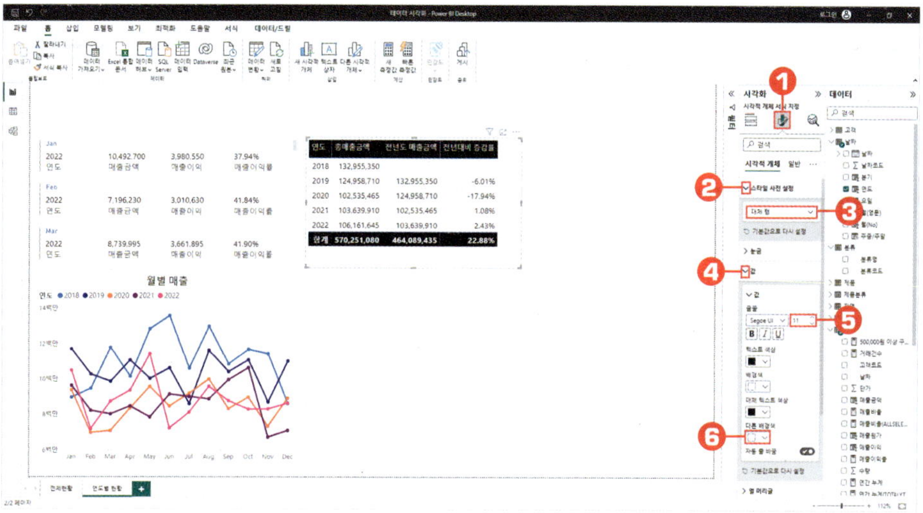

03 [열 머리글] 옵션을 아래로 확장시켜 텍스트 크기를 '11'로 변경하고 머리글 맞춤을 '가운데'로 설정합니다.

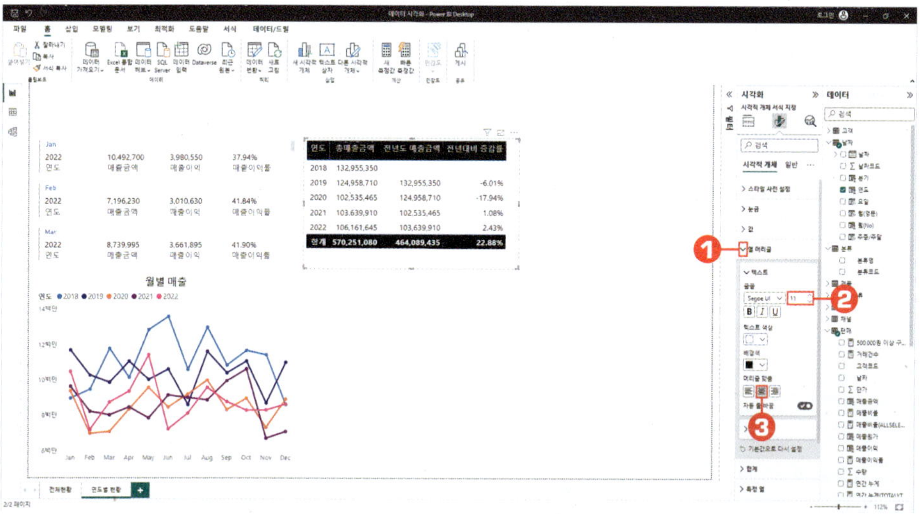

| KPI

KPI는 Key Performance Indicator의 약자로 핵심 성과 지표를 말합니다. 측정 가능한 목표에 대한 진행률의 정도를 파악할 때 사용합니다. 전년도 매출금액을 목표로 현재 매출의 진행률을 시각화해 보겠습니다.

01 보고서의 빈 영역을 클릭한 후 [KPI] 개체를 선택하고 크기를 적절히 조절하여 적당한 위치로 이동시킵니다. [값] 영역에 '판매' 테이블의 [총매출금액], [추세 축] 영역에 '날짜' 테이블의 [연도], [대상] 영역에 [전년도 매출금액]을 추가합니다.

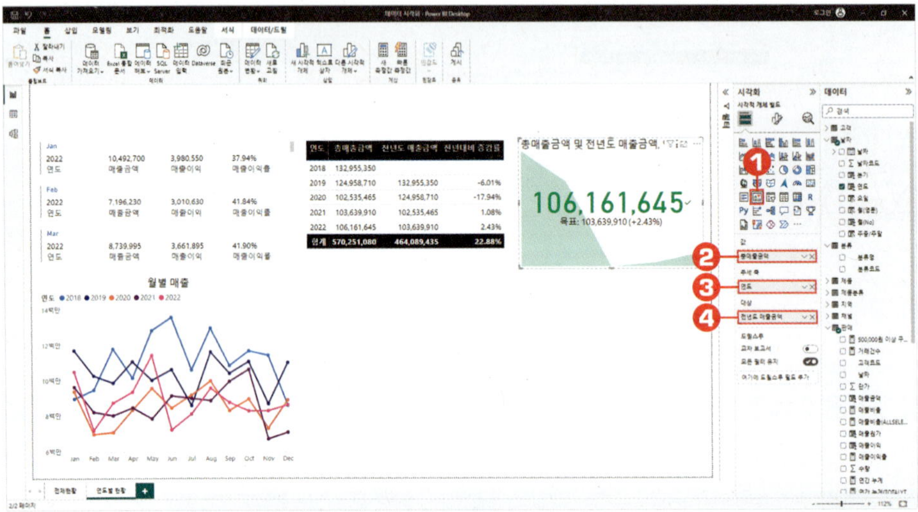

02 [시각적 개체 서식 지정]을 클릭하고 [설명 값] 옵션을 아래로 확장시켜 텍스트 크기를 '40'으로 변경하고 표시 단위 '백만', 값 소수 자릿수 '0'으로 설정합니다.

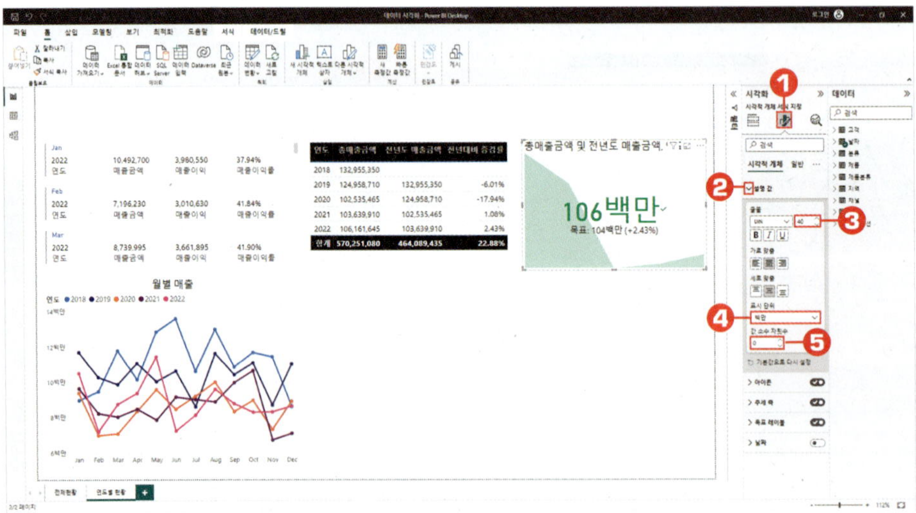

03 [시각적 개체 서식 지정]에서 [일반]을 클릭하고 [제목] 옵션을 아래로 확장시켜 [텍스트] 영역에 전년대비 매출 현황을 입력합니다.

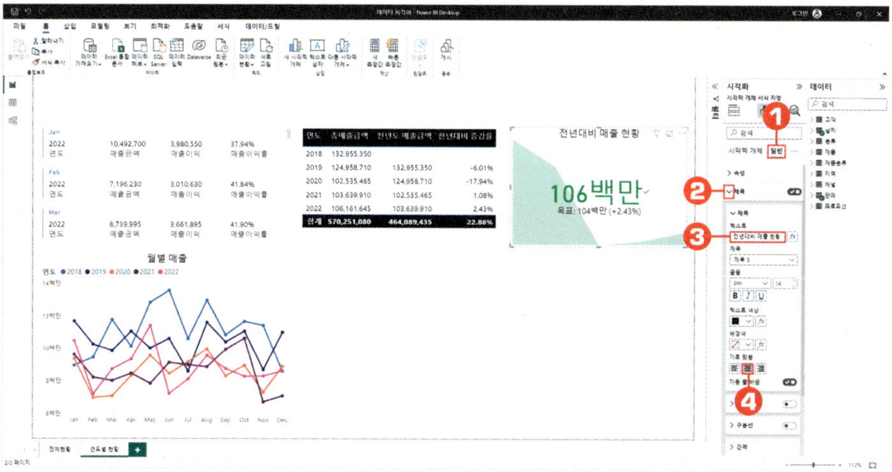

| 폭포 차트

폭포 차트는 값의 증감을 반영한 누계를 시각화합니다. 초기 값이 특정 요인에 의해 어떤 영향을 받는지 파악할 때 유용하게 사용됩니다. 연도별 총매출금액이 판매채널에 받는 영향을 시각화해 보겠습니다.

01 보고서의 빈 영역을 클릭한 후 [폭포 차트] 개체를 선택하고 크기를 적절히 조절하여 적당한 위치로 이동시킵니다. [범주] 영역에 '날짜' 테이블의 [연도], [분석 결과] 영역에 '채널' 테이블의 [채널명], [Y축] 영역에 '판매' 테이블의 [총매출금액]을 추가합니다.

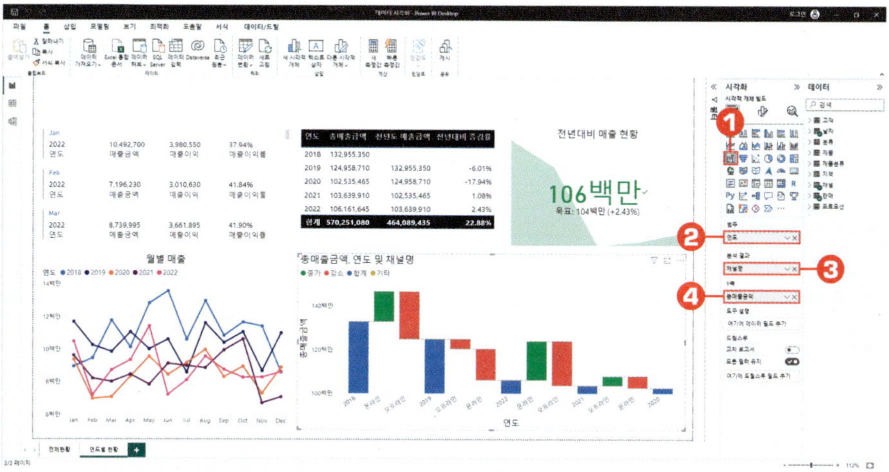

02 [시각적 개체 서식 지정]을 클릭하고 [X축] 옵션을 아래로 확장시켜 텍스트 크기를 '8'로 변경하고 [제목] 옵션을 해제합니다.

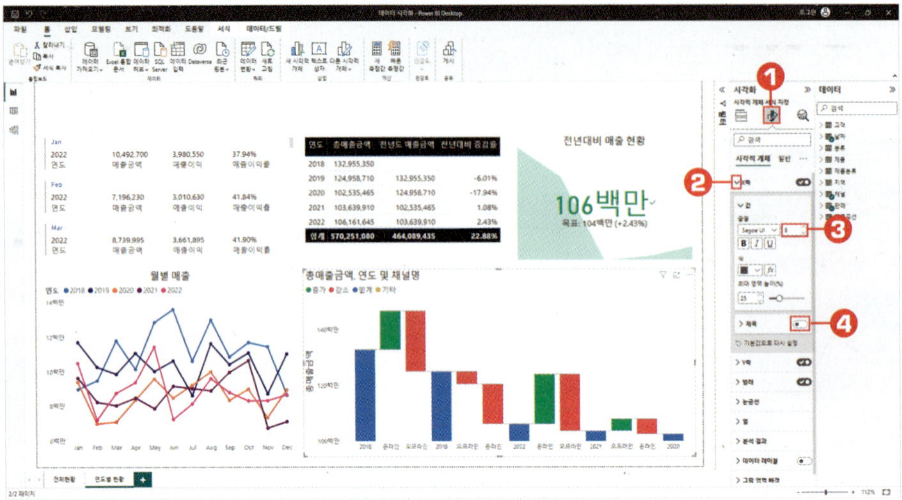

03 [Y축]–[값] 옵션을 클릭하여 텍스트 크기 '8'로 변경하고 [제목] 옵션을 해제합니다.

04 [시각적 개체 서식 지정]에서 [일반]을 클릭하고 [제목] 옵션을 아래로 확장시킵니다. [텍스트] 영역에 연도별 판매 채널 분석을 입력하고 '가운데' 맞춤으로 설정합니다.

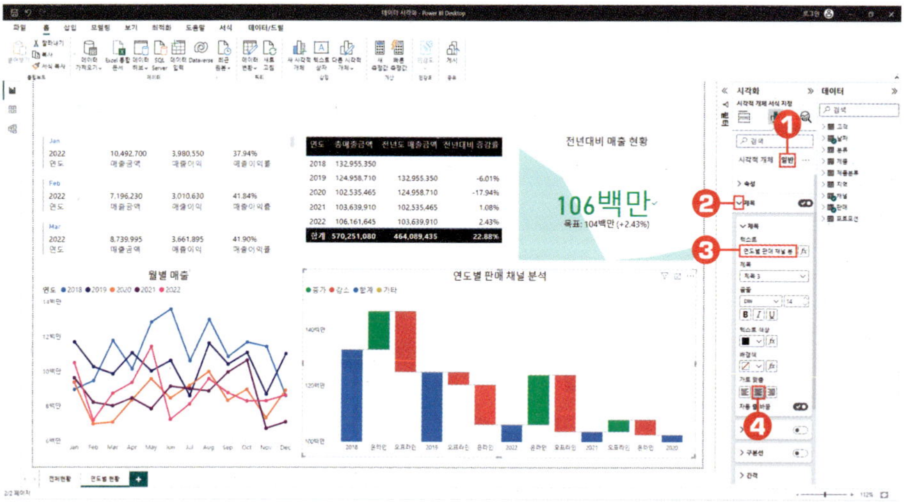

| 누적 영역형 차트

누적 영역형 차트는 꺾은선형 차트에 기초하여 구성되며 선 아래의 영역을 채워 시간에 경과에 따른 값의 변화를 표시합니다. 시간 경과에 따른 분류별 매출금액의 변화를 시각화해 보겠습니다.

01 새 페이지를 추가하고 페이지의 이름을 '분류별 현황'으로 변경합니다. [시각화] 창에서 [누적 영역형 차트] 개체를 선택하고 크기를 적절히 조절하여 적당한 위치로 이동시킵니다. [X축] 영역에 '날짜' 테이블의 [월(No)], [Y축] 영역에 '판매' 테이블의 [총매출금액], [범례] 영역에 '분류' 테이블의 [분류명]을 추가합니다.

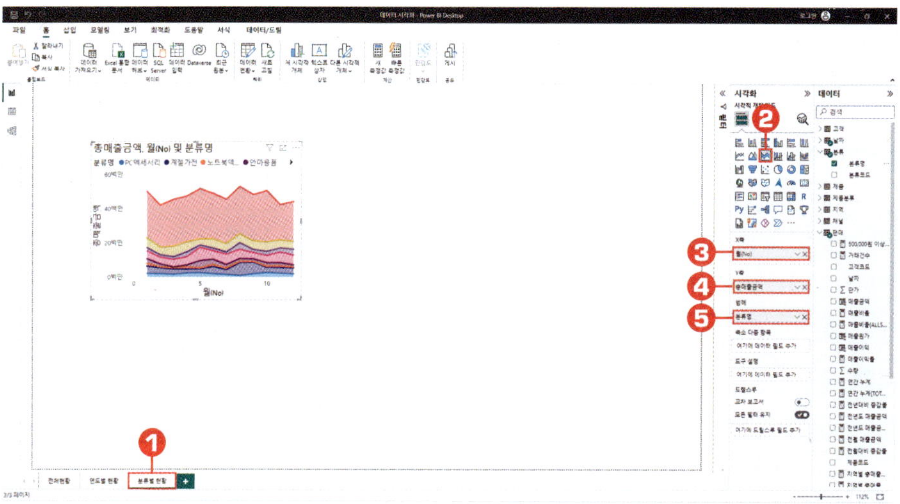

02 [시각적 개체 서식 지정]을 클릭하고 [X축] 옵션을 아래로 확장시켜 유형을 '범주별'로 변경하고 [제목] 옵션을 해제합니다.

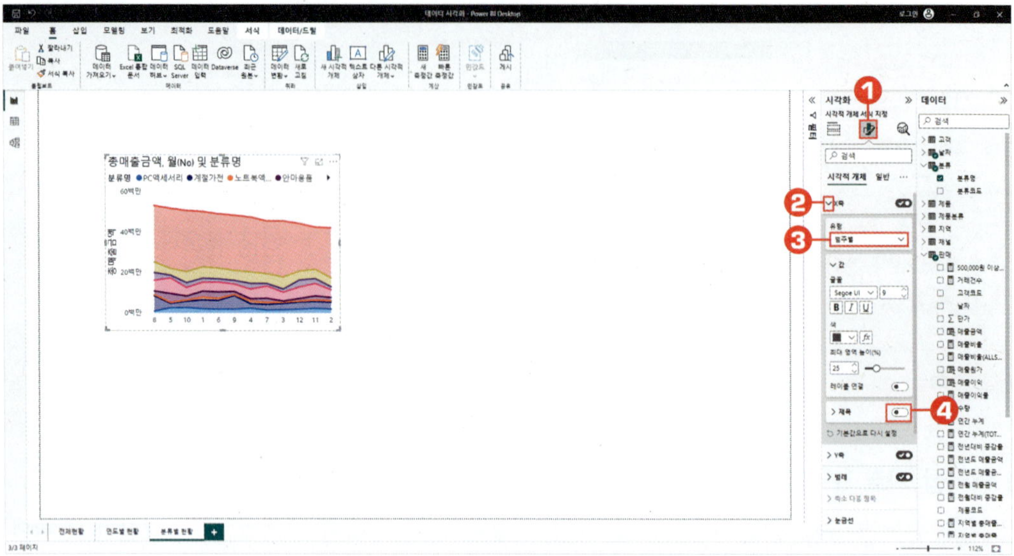

03 [Y축] 옵션을 아래로 확장시켜 [제목] 옵션을 해제합니다.

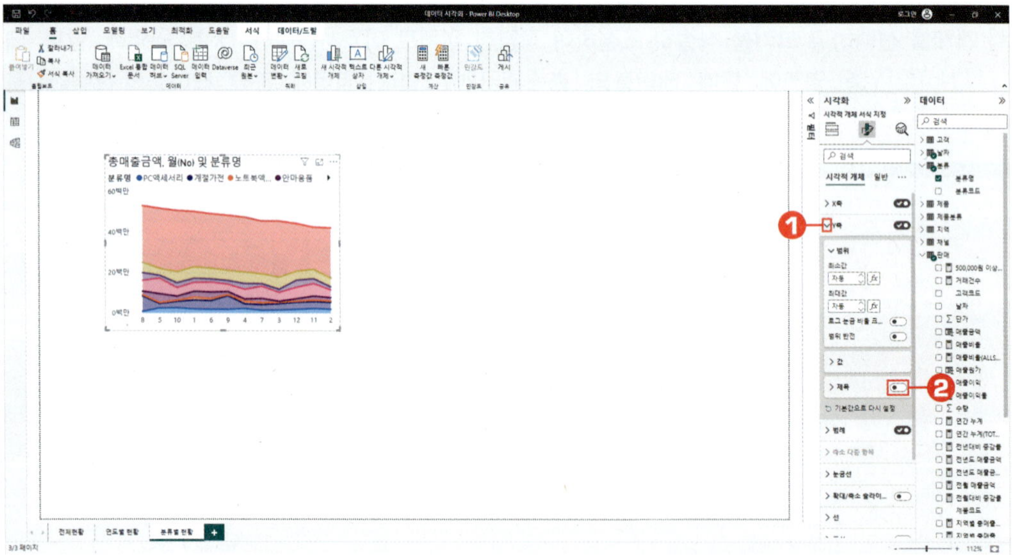

04 [시각적 개체 서식 지정]에서 [일반]을 클릭하고 [제목] 옵션을 아래로 확장시킵니다. [텍스트] 영역에 월별 분류 매출을 입력하고 '가운데' 맞춤으로 설정합니다.

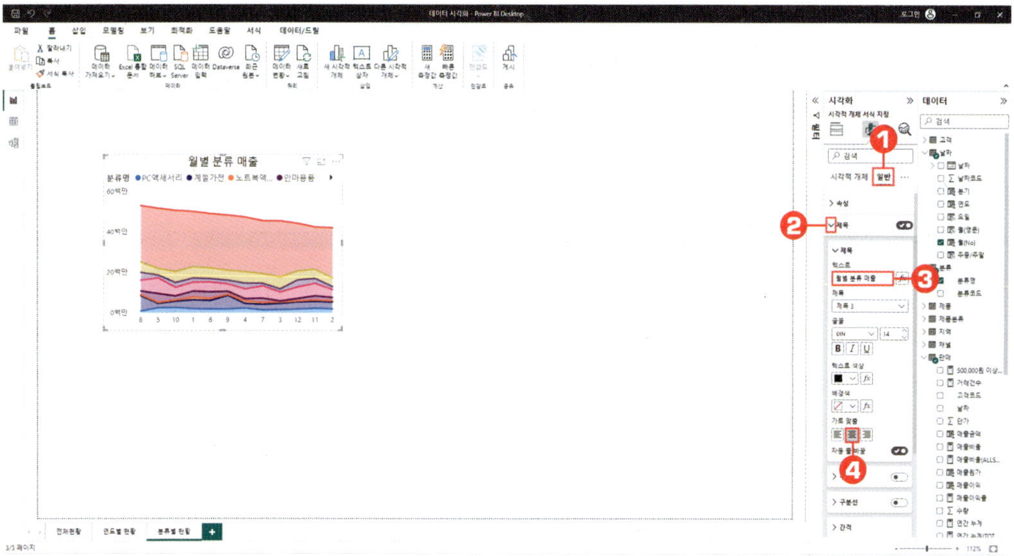

05 [누석 영억형 차트] 개체의 [추가 옵선]을 클릭하고 [축 정렬]을 '월(No)' 기준으로 '오름차순 정렬' 합니다.

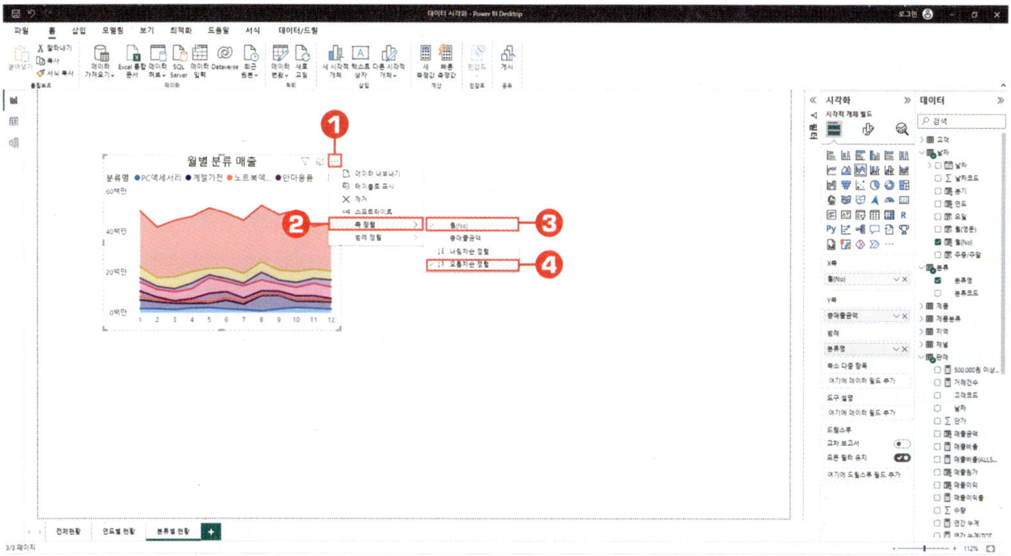

| 리본 차트

리본 차트는 가장 높은 순위의 데이터 범주를 위쪽에 표시하여 기간에 따른 순위 변경 내용을 효과적으로 표시합니다. 연도를 기준으로 분류별 매출금액의 순위 변화를 시각화해 보겠습니다.

01 보고서의 빈 영역을 클릭한 후 [리본 차트] 개체를 선택하고 크기를 적절히 조절하여 적당한 위치로 이동시킵니다. [X축] 영역에 '날짜' 테이블의 [연도], [Y축] 영역에 '판매' 테이블의 [총매출금액], [범례] 영역에 '분류' 테이블의 [분류명]을 추가합니다.

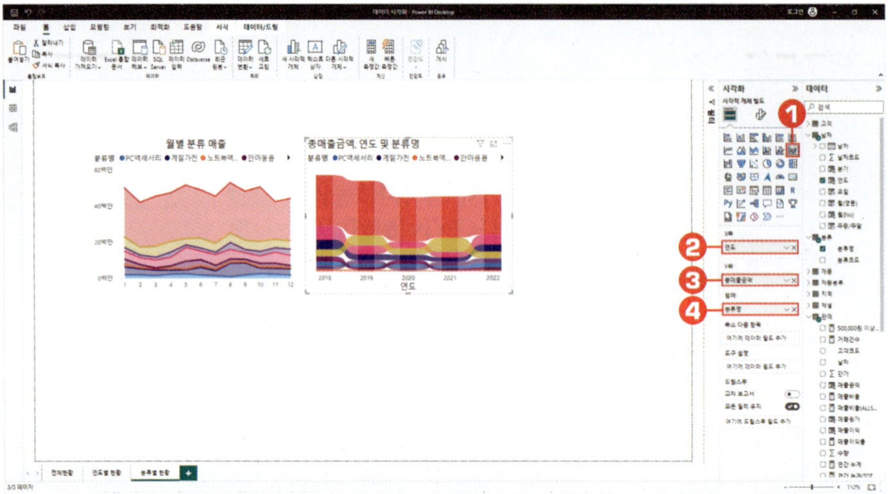

02 [시각적 개체 서식 지정]을 클릭하고 [X축] 옵션을 아래로 확장시켜 [제목] 옵션을 해제합니다.

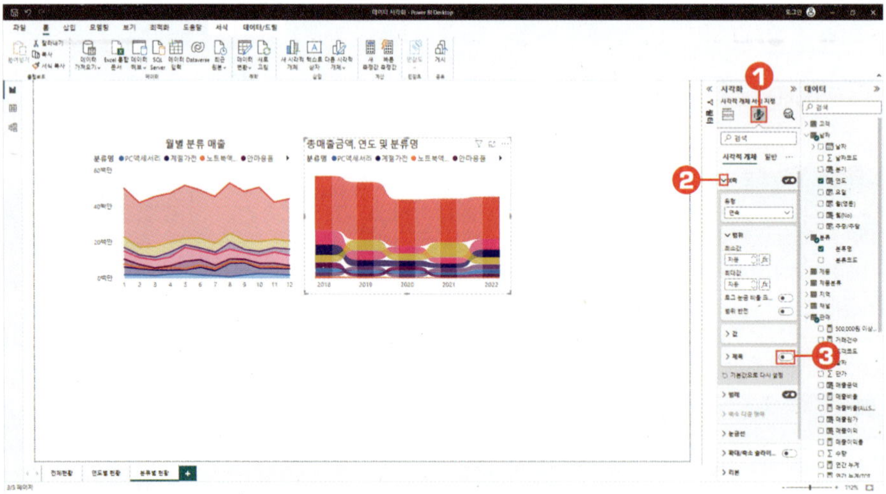

03 [눈금선]을 아래로 확장시켜 [세로] 옵션을 해제합니다.

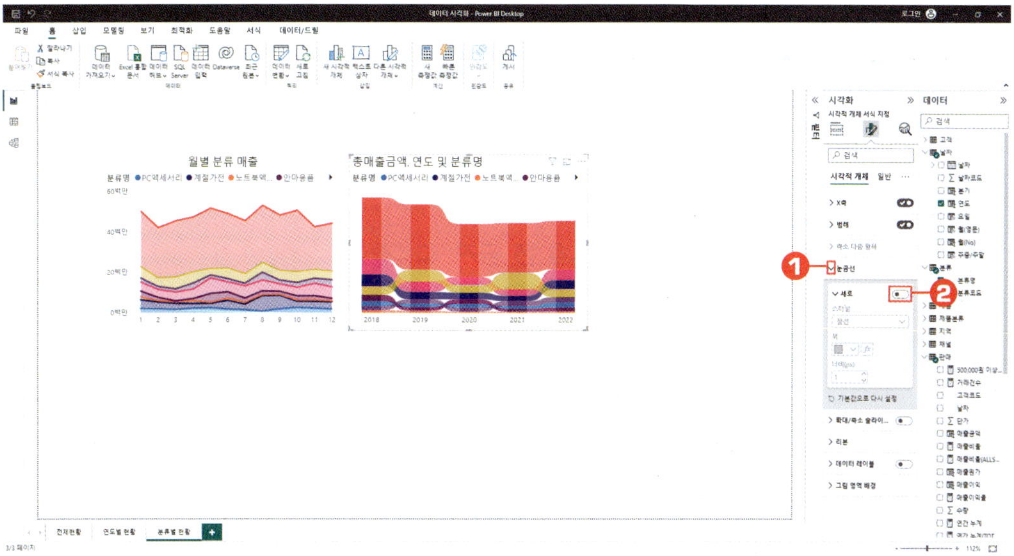

04 [리본]을 아래로 확장시켜 커넥터 투명도(%)를 '40'으로 설정합니다.

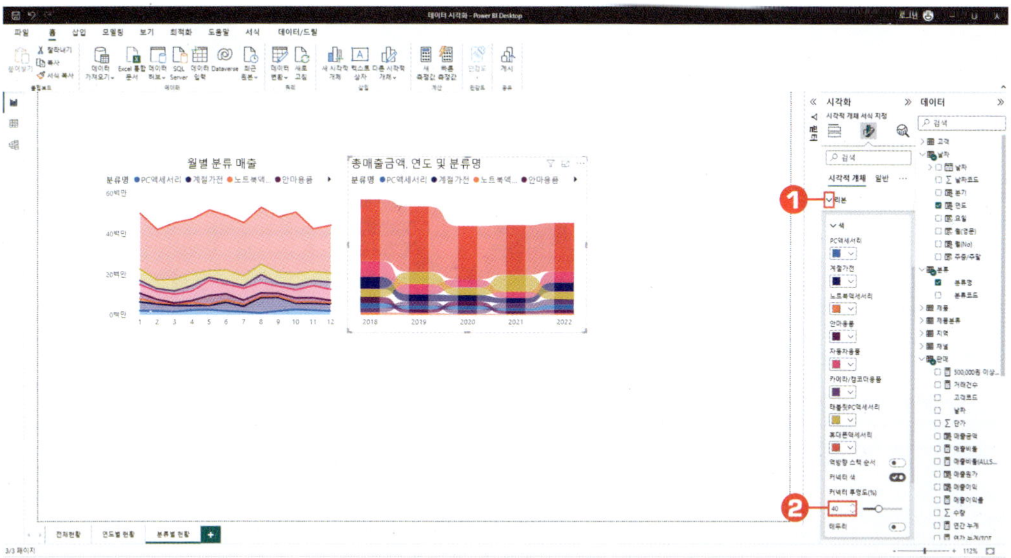

05 [시각적 개체 서식 지정]에서 [일반]을 클릭하고 [제목] 옵션을 아래로 확장시킵니다. [텍스트] 영역에 연도별 분류 매출을 입력하고 '가운데' 맞춤으로 설정합니다.

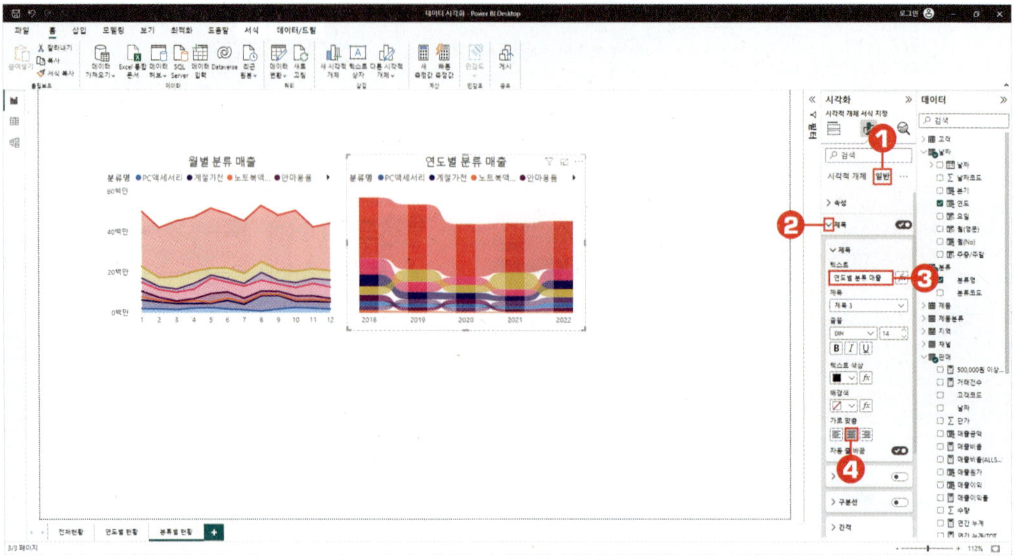

| Treemap

Treemap은 계층적 데이터를 중첩된 사각형 집합으로 표시합니다. 상위 계층 내에 하위 계층이 포함되어 사각형의 크기와 색상으로 각 요소를 표시합니다. 데이터 값의 크기에 따라 사각형의 크기가 결정되며 크기순으로 가장 큰 것은 왼쪽 위, 가장 작은 것은 오른쪽 아래에 정렬되어 각 부분과 전체 간의 비율을 표시하는 데 유용합니다. 제품분류별 매출을 시각화해 보겠습니다.

01 보고서의 빈 영역을 클릭한 후 [리본 차트] 개체를 선택하고 크기를 적절히 조절하여 적당한 위치로 이동시킵니다. [범주] 영역에 '분류' 테이블의 [분류명], [자세히] 영역에 '제품분류' 테이블의 [제품분류명], [값] 영역에 '판매' 테이블의 [총매출액]을 추가합니다.

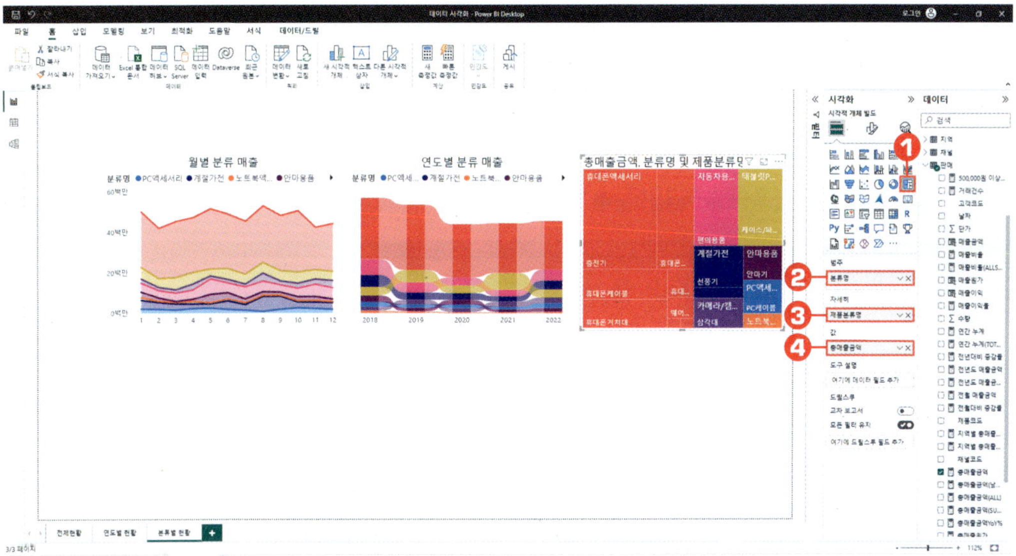

02 [시각적 개체 서식 지정]에서 [일반]을 클릭하고 [제목] 옵션을 아래로 확장시킵니다. [텍스트] 영역에 제품분류별 매출을 입력하고 '가운데' 맞춤으로 설정합니다.

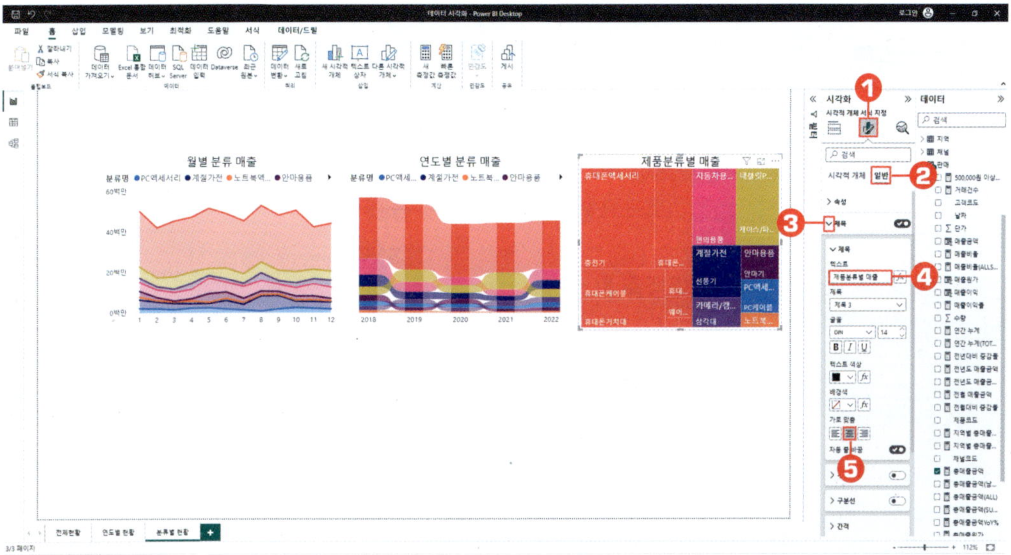

| 분산형 차트

분산형 차트는 두 개의 값 축을 통해 X, Y 숫자 값의 교차점에 점을 표시하여 서로 다른 두 변수 간의 상관관계를 파악하고자 할 때 사용합니다. 제품별 거래건수와 매출이익의 상관관계를 분석해 보겠습니다.

01 보고서의 빈 영역을 클릭한 후 [분산형 차트] 개체를 선택하고 크기를 적절히 조절하여 적당한 위치로 이동시킵니다. [값] 영역에 '제품' 테이블의 [제품명], [X축] 영역에 '판매' 테이블의 [거래건수], [Y축] 영역에 '판매' 테이블의 [총매출이익]을 추가합니다.

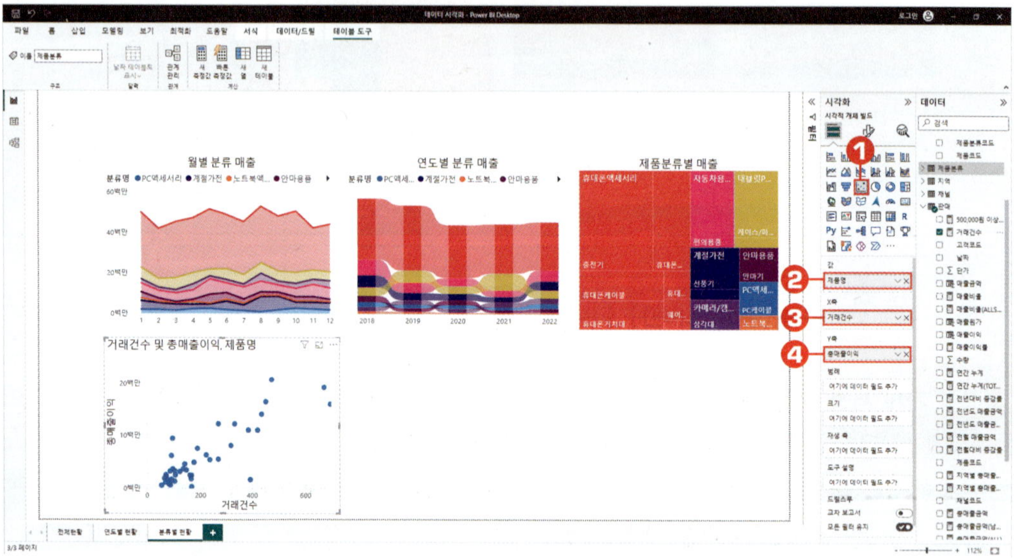

02 [시각적 개체 서식 지정]을 클릭하고 [X축]–[제목] 옵션을 아래로 확장시켜 텍스트 크기를 '10'으로 지정합니다.

03 [Y축]–[제목] 옵션을 아래로 확장시켜 텍스트 크기를 '10'으로 지정합니다.

04 [시각적 개체 서식 지정]에서 [일반]을 클릭하고 [제목] 옵션을 아래로 확장시킵니다. [텍스트] 영역에 상관관계 분석을 입력하고 '가운데' 맞춤으로 설정합니다.

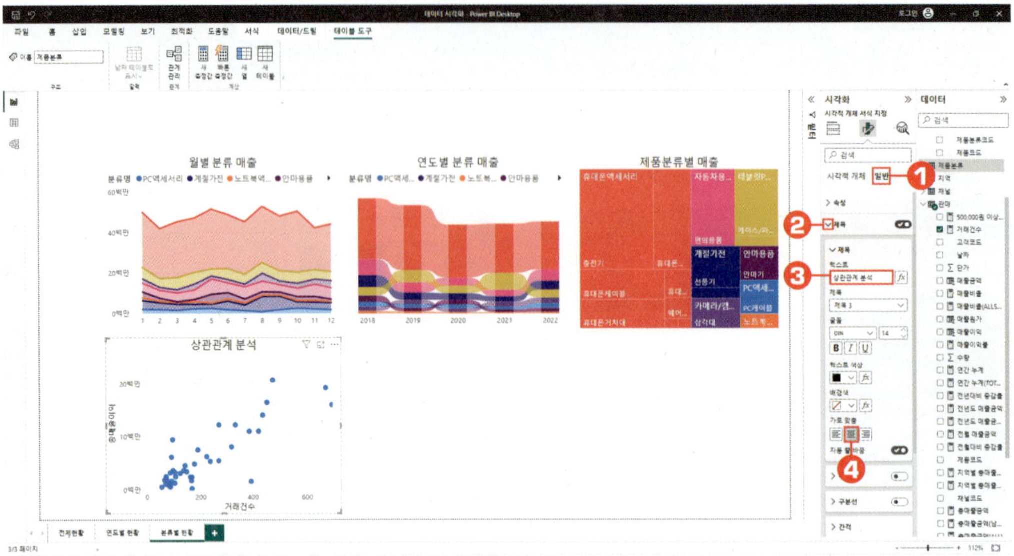

05 [시각화] 창의 [시각적 개체에 데이터 추가]를 클릭하고 [크기] 영역에 '판매' 테이블의 [총매출금액]을 추가하면 버블의 크기로 데이터의 추가 차원을 나타낼 수 있는 거품형 차트로 표시됩니다.

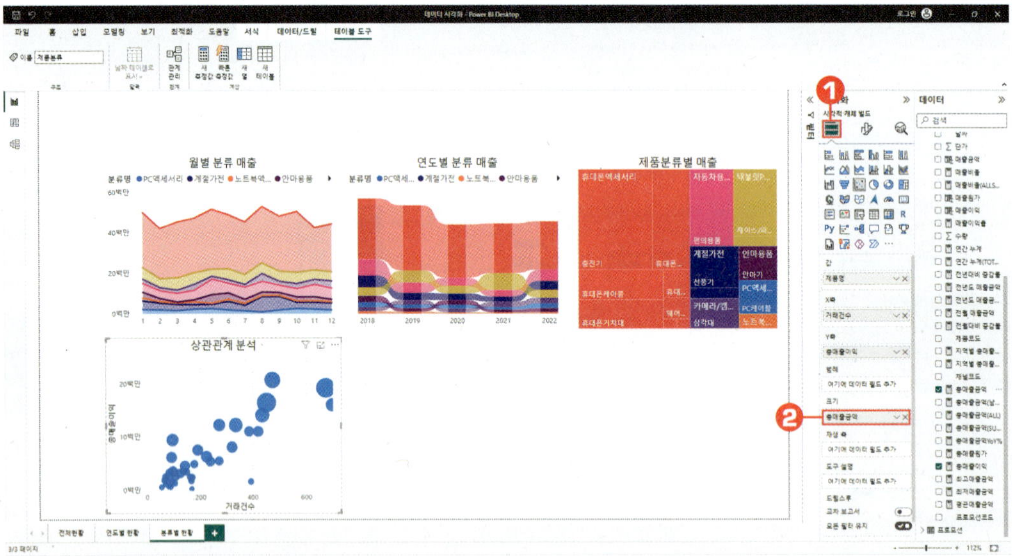

➕ [재생 축] 영역에 '날짜' 테이블의 [연도] 필드를 추가하면 연도별 데이터의 변화를 확인할 수 있습니다.

| 행렬

행렬은 피벗 테이블과 같이 대량의 데이터를 행과 열로 사용자 기준에 맞게 재구성하여 효율적으로 요약한 표입니다. 행과 열 영역에 2개 이상의 계층적 데이터를 추가할 경우 드릴 기능을 통해 행렬을 확장 또는 축소할 수 있습니다. 분류, 제품분류별로 월별 매출, 전월매출, 전월대비 증감률을 시각화해 보겠습니다.

01 보고서의 빈 영역을 클릭한 후 [행렬] 개체를 선택하고 크기를 적절히 조절하여 적당한 위치로 이동시킵니다. [행] 영역에 '분류' 테이블의 [분류명], [열] 영역에 '날짜' 테이블의 [월(영문)], [값] 영역에 '판매' 테이블의 [총매출금액], [전월 매출금액], [전월대비 증감률]을 추가합니다.

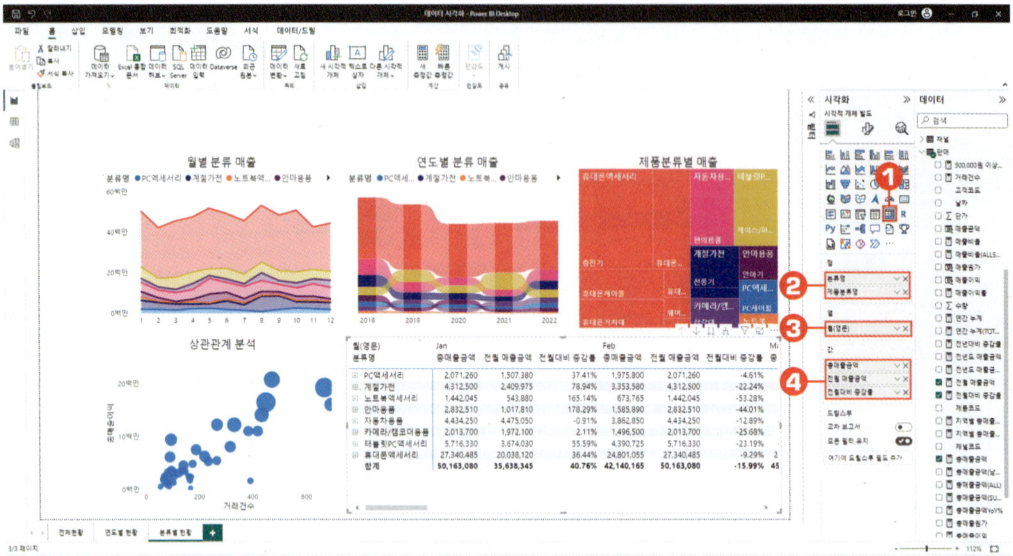

02 [시각적 개체 서식 지정]을 클릭하여 [스타일 사전 설정] 옵션을 아래로 확장시켜 '굵은 헤더'로 설정하고 [눈금] 옵션을 아래로 확장시켜 [세로 눈금선]을 활성화시킵니다.

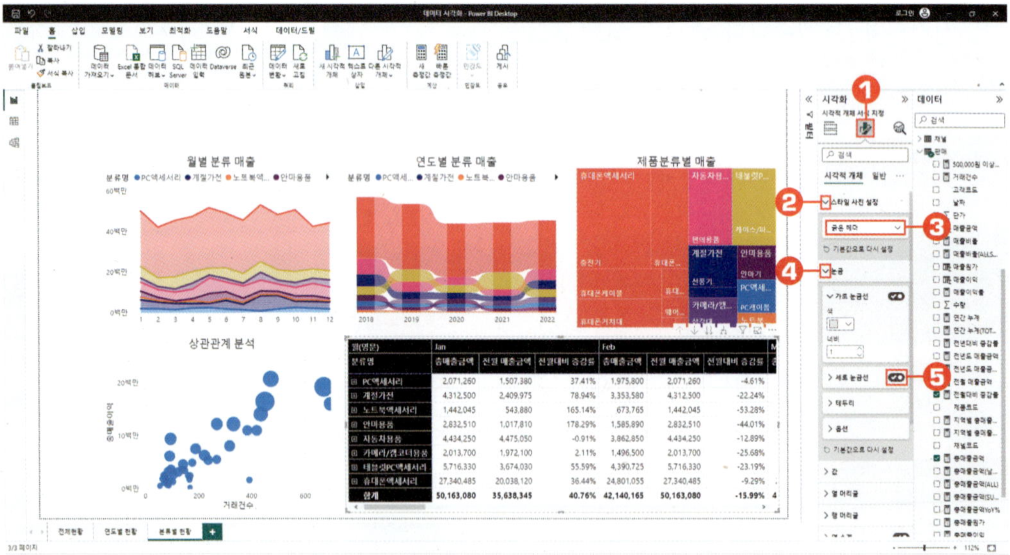

03 [행렬] 개체의 상단에 있는 ↓(드릴다운) 아이콘을 클릭하고 드릴할 데이터 요소를 클릭하면 해당 범주의 계층별 데이터 값을 필터링하여 시각화할 수 있습니다. 이전 시각화로 돌아가려면 ↑(드릴업) 아이콘을 클릭합니다.

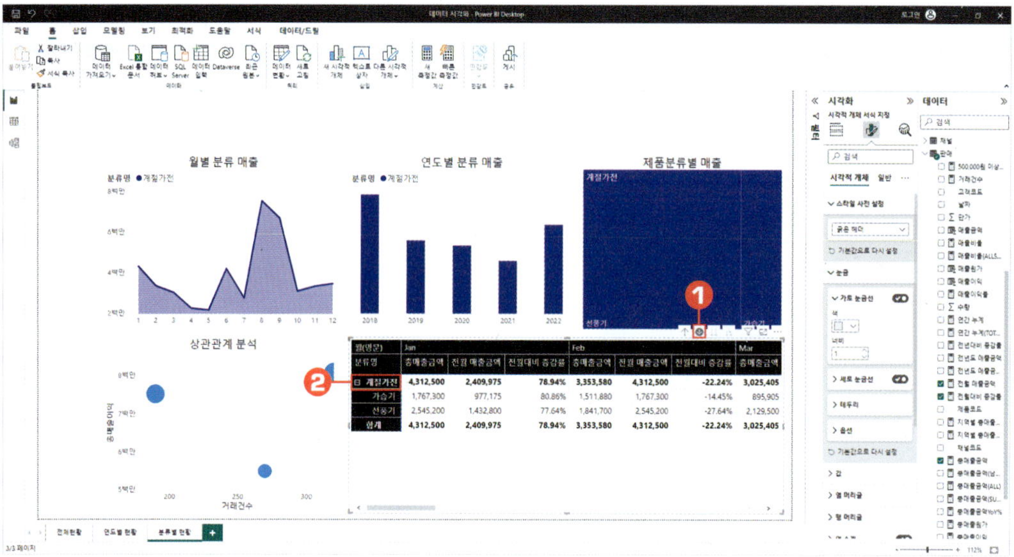

04 드릴다운 오른쪽에 있는 ⇊(계층 구조에서 다음 수준으로 이동) 아이콘을 클릭하면 하위 계층으로 이동되어 '제품분류명'이 시각화됩니다. ↑(드릴업) 아이콘을 클릭하면 상위 계층으로 다시 이동됩니다.

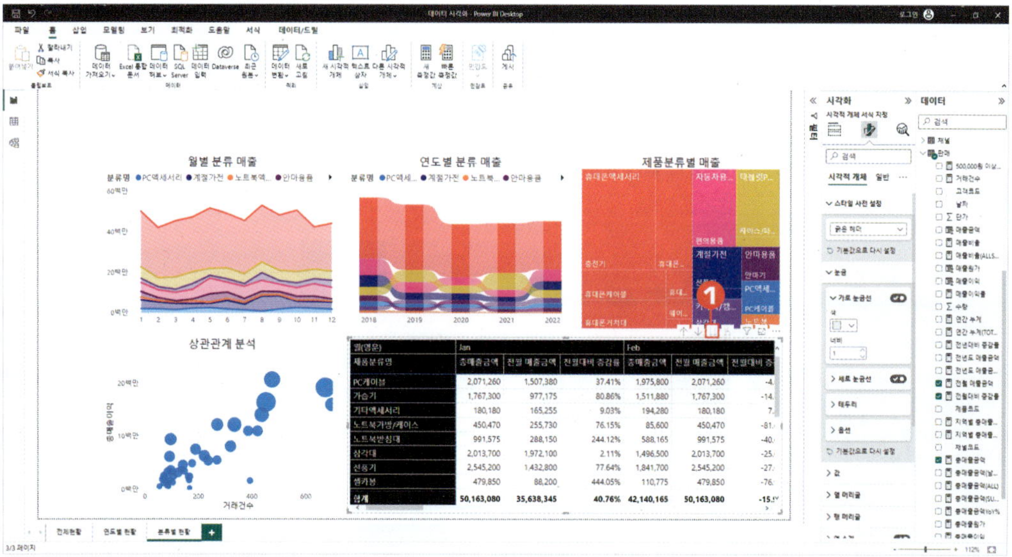

05 ⛙(계층 구조에서 한 수준 아래로 모두 확장) 아이콘을 클릭하면 계층이 아래로 모두 확장되어 한 번에 표시됩니다. 해당 아이콘을 클릭하고 [시각적 개체 서식 지정]에서 [행 머리글]을 아래로 확장시켜 [옵션]을 클릭합니다. [계단형 레이아웃 들여쓰기]를 '20'으로 설정하여 제품분류명의 들여쓰기 간격을 변경합니다.

⊕ [계단형 레이아웃] 옵션을 해제하면 행 머리글을 분리하여 표시할 수 있습니다.

| 슬라이서

슬라이서는 보고서 페이지의 다른 시각적 개체를 필터링합니다. 페이지 내에 있는 시각적 개체를 날짜 기준으로 필터링할 수 있는 연도 및 월 슬라이서를 추가해 보겠습니다.

01 보고서의 빈 영역을 클릭한 후 [슬라이서] 개체를 선택하고 크기를 적절히 조절하여 적당한 위치로 이동시킵니다. [필드] 영역에 '날짜' 테이블의 [연도]를 추가합니다.

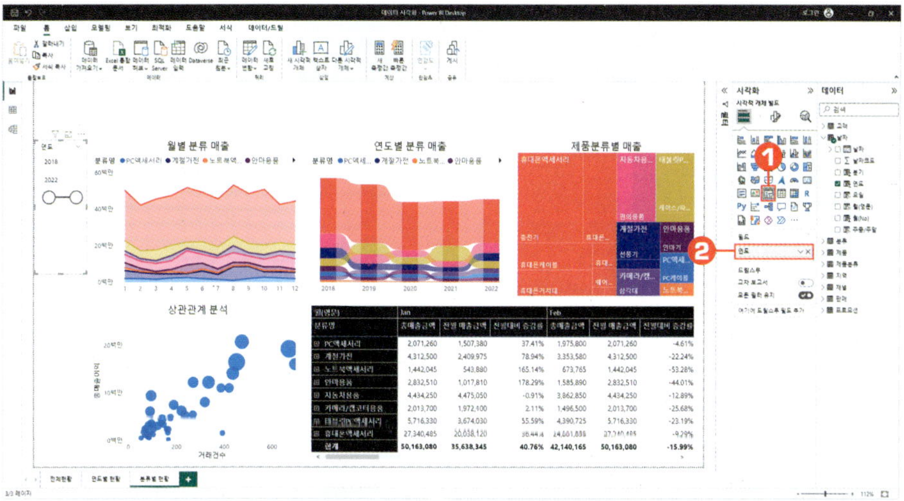

02 [시각적 개체 서식 지정]을 클릭합니다. [슬라이서 설정] 옵션을 아래로 확장시켜 스타일을 '타일'로 설정하고 [슬라이서 머리글] 옵션을 해제합니다.

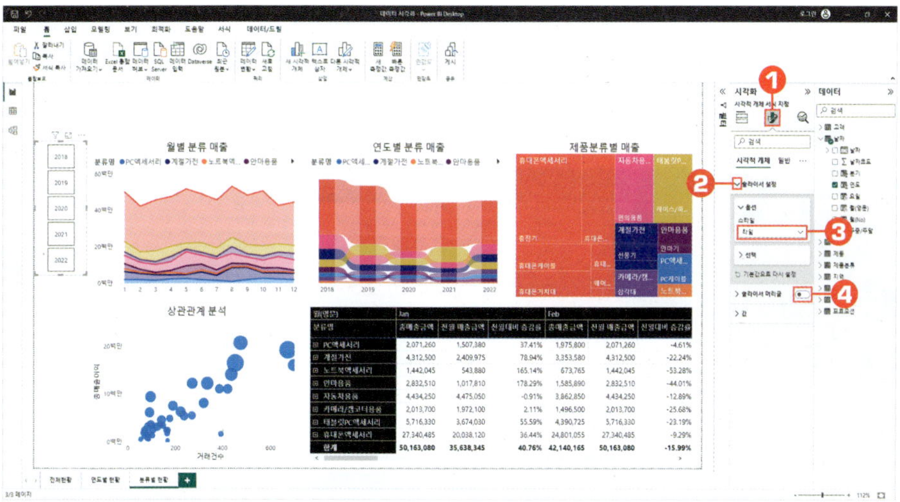

03 [값] 옵션을 아래로 확장시켜 텍스트 크기 '9', '굵게', 안쪽 여백 '0'으로 설정합니다.

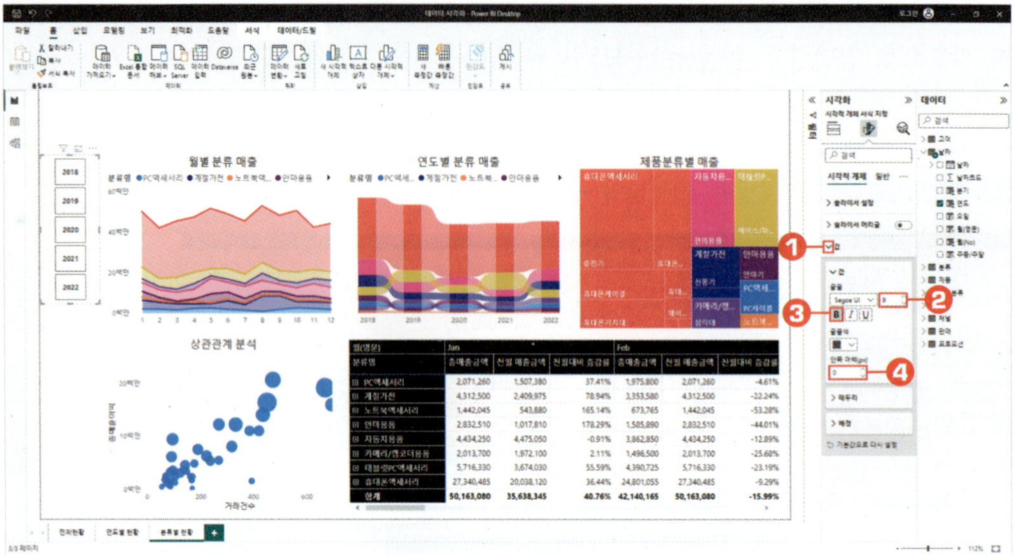

04 [시각적 개체 서식 지정]에서 [일반]을 클릭하고 [제목] 옵션을 활성화시켜 아래로 확장합니다. [텍스트] 영역에 Year를 입력하고 '가운데' 맞춤으로 설정합니다.

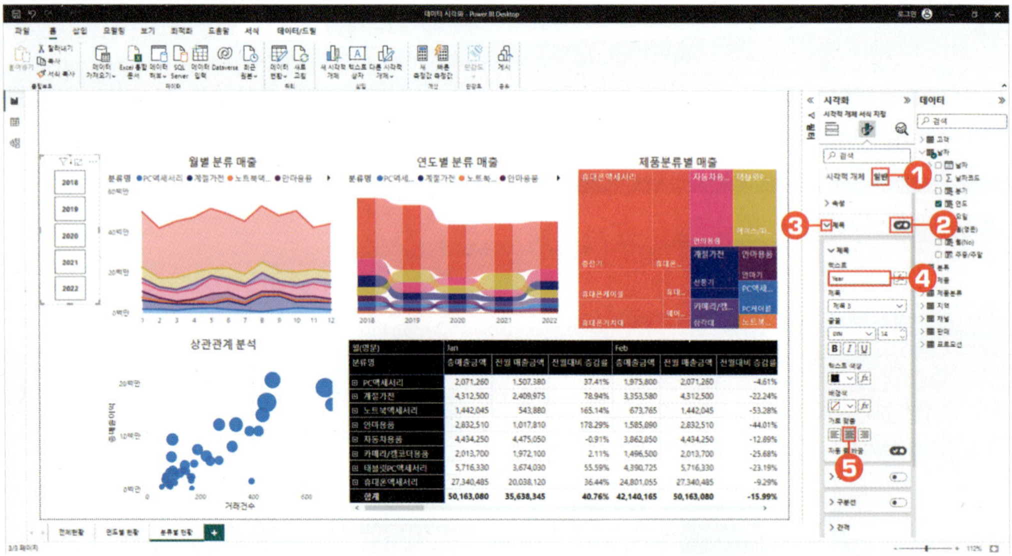

05 [슬라이서] 개체를 복사, 붙여넣기하고 크기를 적절히 조절하여 적당한 위치로 이동시킵니다.

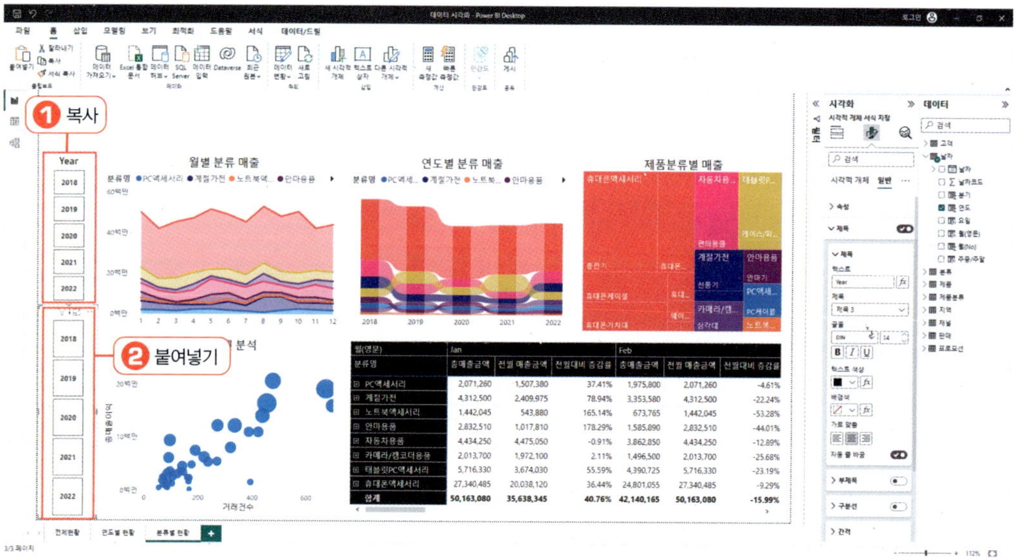

06 [필드] 영역의 [연도]를 제거하고 '날짜' 테이블의 [월(영문)]을 추가합니다.

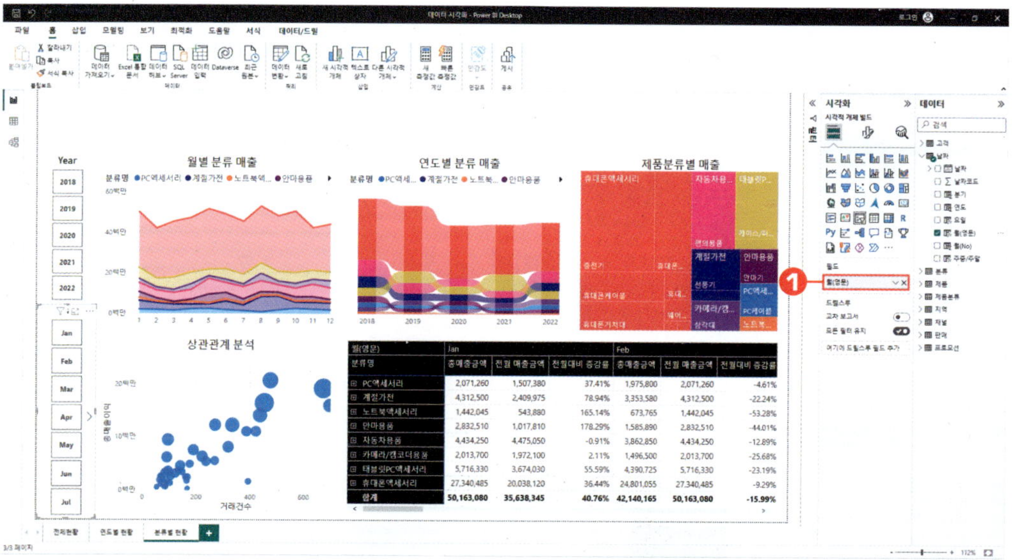

07 [시각적 개체 서식 지정]에서 [일반]을 클릭하고 [제목] 옵션을 아래로 확장시킵니다. [텍스트] 영역에 Month를 입력합니다.

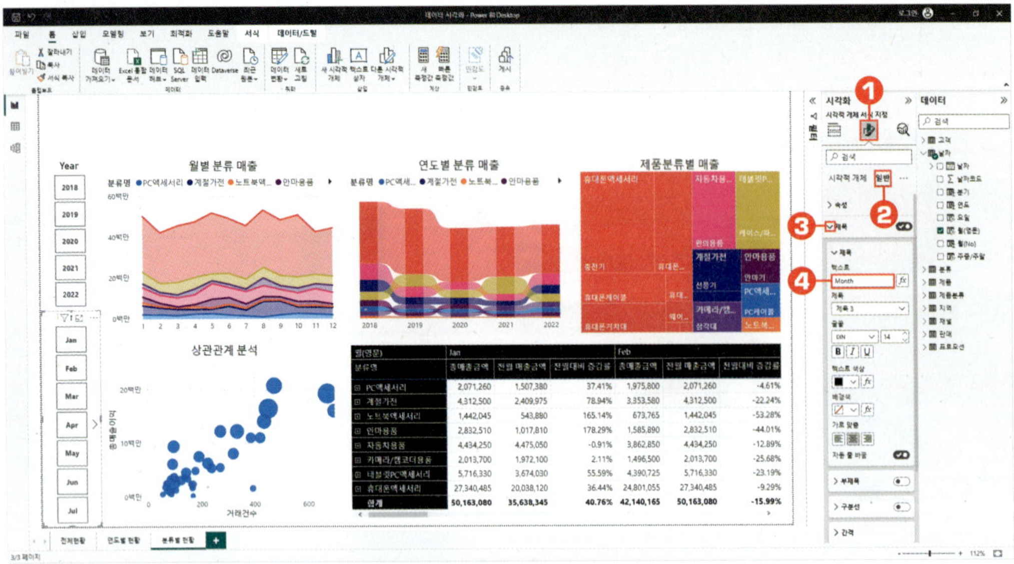

08 'Year' [슬라이서]에서 '2022'를 선택하고, 'Month' [슬라이서]의 'Feb', 'Mar'를 선택(다중 선택은 Ctrl 키 사용)하면 '분류별 현황' 페이지에 있는 시각적 개체의 2022년 2, 3월의 데이터만 필터링되어 표시됩니다.

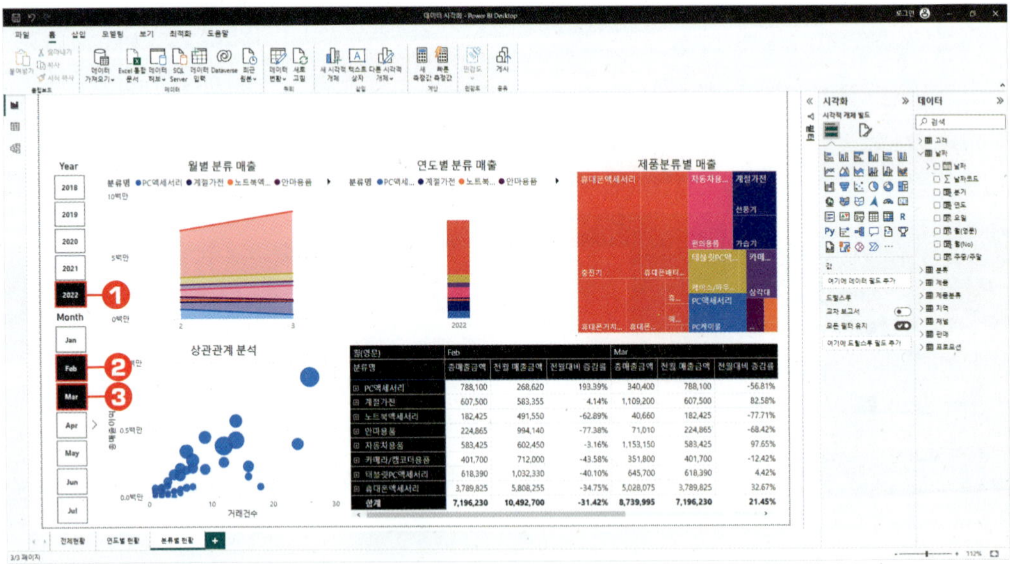

| 도형 맵

도형 맵은 색을 다르게 지정하여 맵 영역의 상대 비교를 표시합니다. 현재 Power BI Desktop에서 지원하는 맵이 제한적이므로 사용자 지정 맵을 사용하고자 할 경우 TopoJSON 형식의 파일이 필요합니다. 매출금액 상위 3개의 지역(경기도, 서울특별시, 인천광역시)의 구군시별 매출을 도형 맵을 사용해 시각화해 보겠습니다.

01 화면 상단의 [파일]을 클릭합니다.

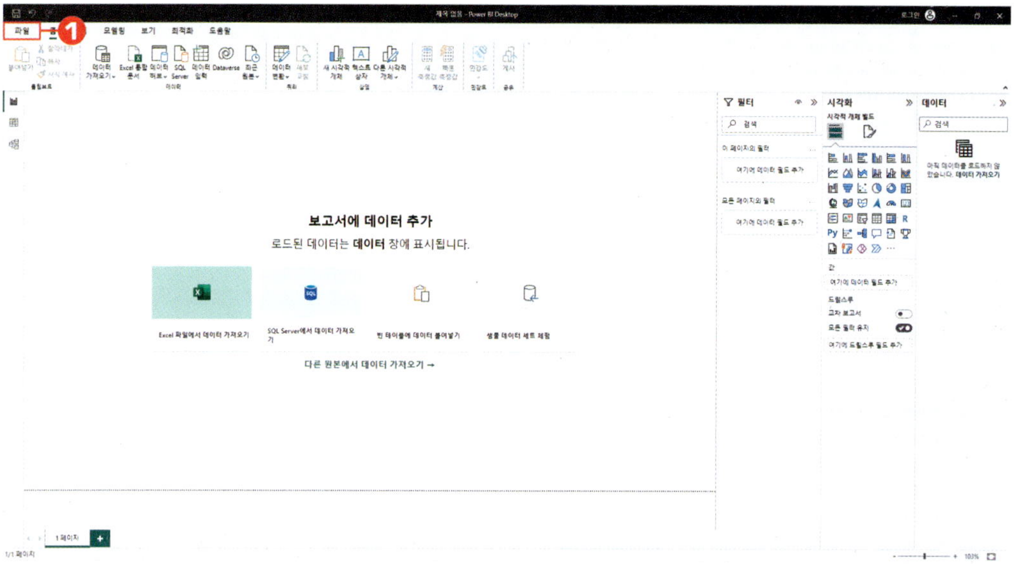

02 [옵션 및 설정]–[옵션]을 클릭합니다.

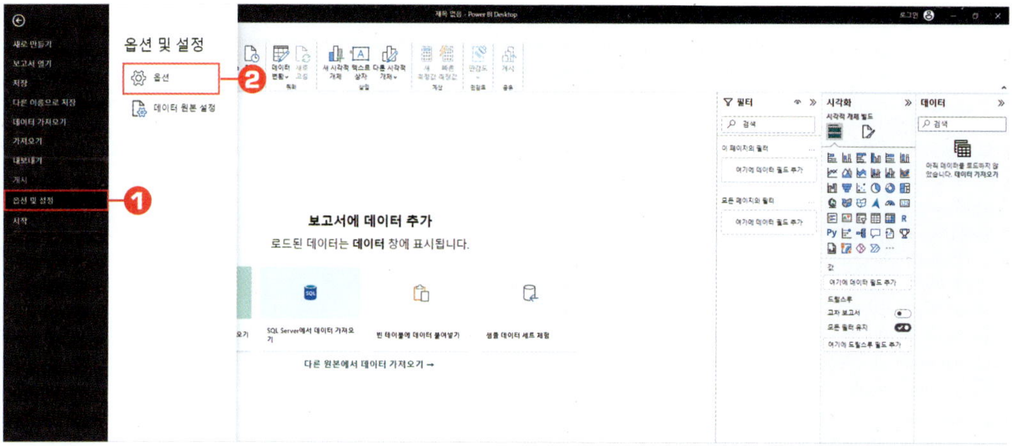

03 [옵션] 대화상자가 표시되면 [미리 보기 기능]을 클릭하고 [도형 맵 시각화]를 체크한 다음 [확인]을 클릭합니다.

04 [다시 시작이 필요한 기능]이라는 메시지가 표시됩니다. 미리 보기 기능을 사용하기 위해서는 Power BI Desktop을 종료 후 다시 실행해야 합니다. [확인]을 클릭하고 Power BI Desktop을 종료 후 재실행하면 [시각화] 창에 [도형 맵]이 추가됩니다.

05 새 페이지를 추가하고 페이지의 이름을 '지역별 현황'으로 변경합니다. [시각화] 창에서 [도형 맵] 개체를 선택하고 크기를 적절히 조절하여 적당한 위치로 이동시킵니다. [위치] 영역에 '지역' 테이블의 [구군시], [색 채도] 영역에 '판매' 테이블의 [총매출금액]을 추가합니다.

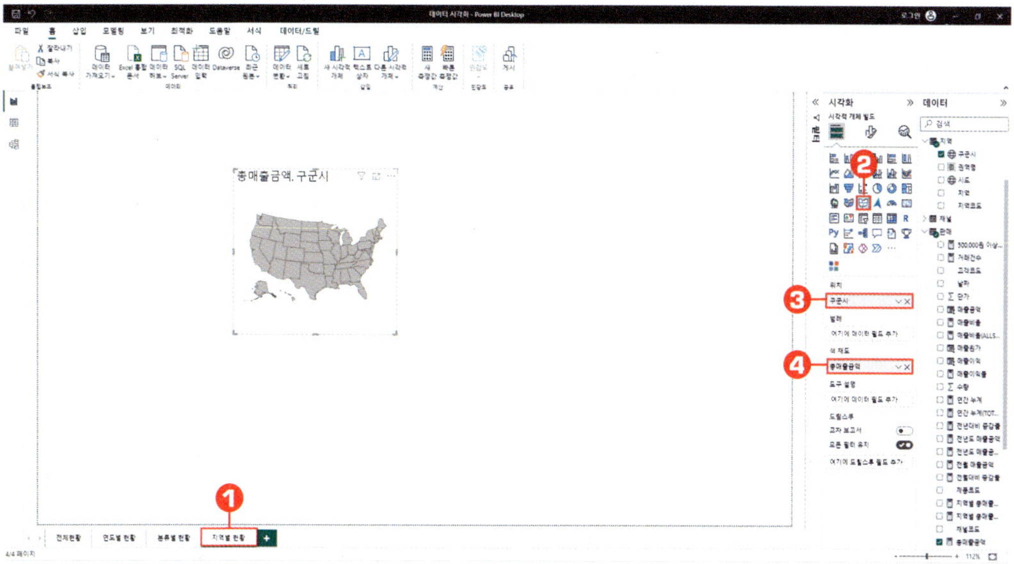

06 [시각적 개체 서식 지정]을 클릭합니다. [지도 설정] 옵션을 아래로 확장시켜 맵 유형을 '사용자 지정 맵'으로 설정하고 맵 유형 추가에서 '경기지도.json' 파일을 추가한 뒤 [필터] 창을 확장시킵니다.

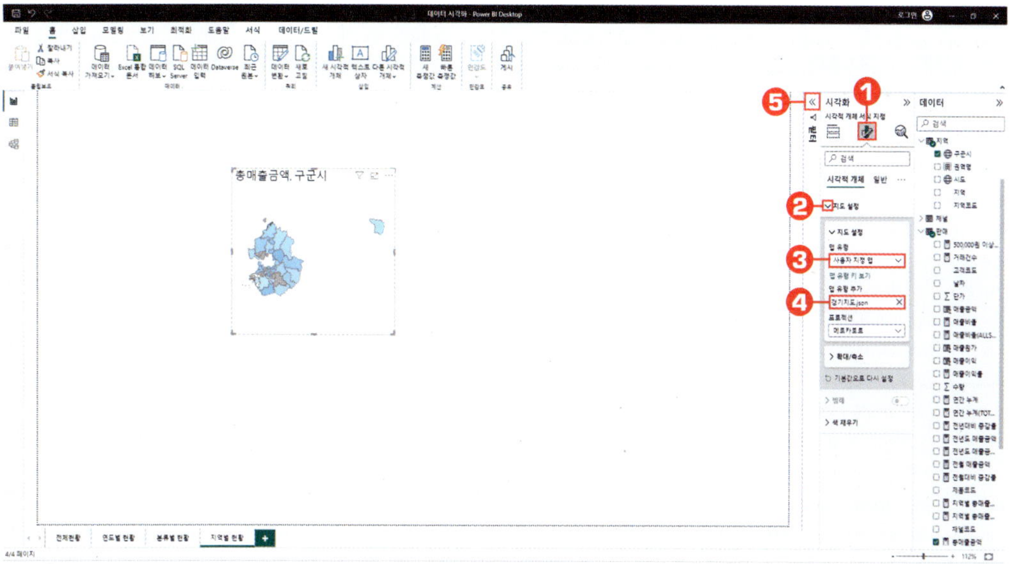

07 [이 시각적 개체의 필터]에 '지역' 테이블의 [시도] 필드를 마우스로 드래그하여 추가합니다.

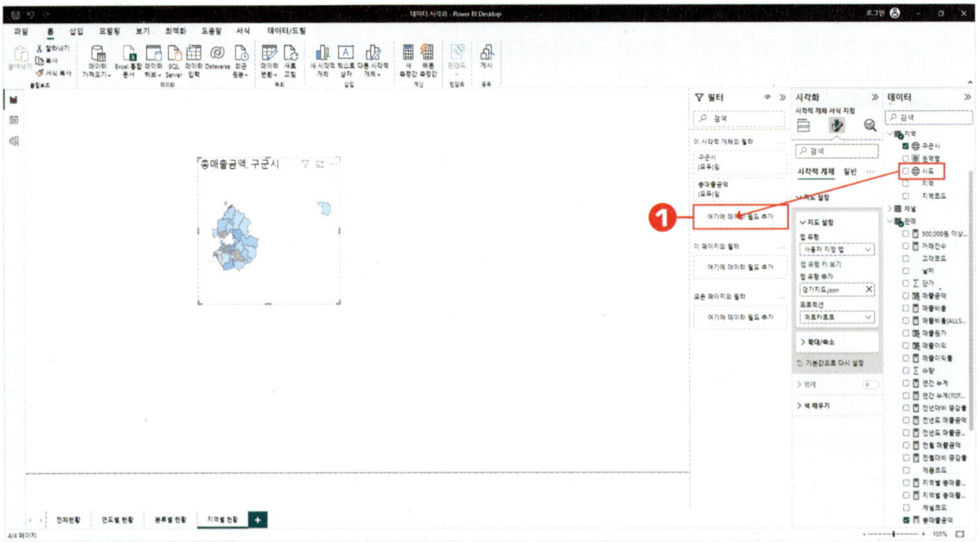

08 추가된 [시도] 필터에서 '경기도'만 선택하여 필터링합니다. 해당 개체에 [시도] 필터를 설정하는 이유는 시도별로 동일한 구군시 명이 존재할 수 있기 때문입니다. 예를 들어 '중구'의 경우 서울특별시, 인천광역시, 대전광역시, 대구광역시, 부산광역시, 울산광역시 총 6개 시도에 해당 구군시가 존재하기 때문에 해당 개체에 필터를 설정하지 않으면 6개 시도의 '중구' 매출액이 모두 합산되어 표시됩니다. 따라서 각 지역별 시군구의 매출을 시각화하고자 할 경우에는 [필터] 창을 통해 시각적 개체에 대한 필터를 설정해야 합니다.

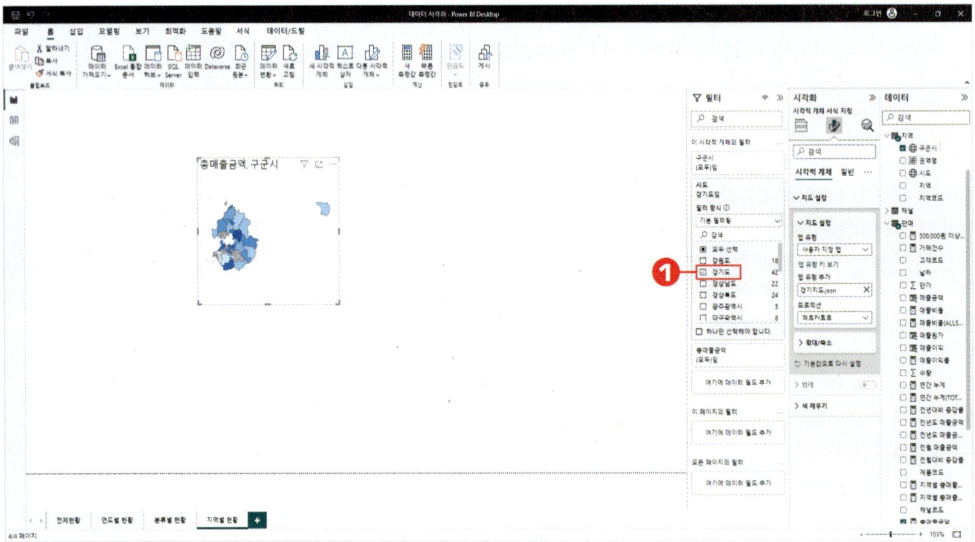

09 [색 채우기] 옵션을 아래로 확장시켜 최소값과 최대값의 색상을 변경합니다.

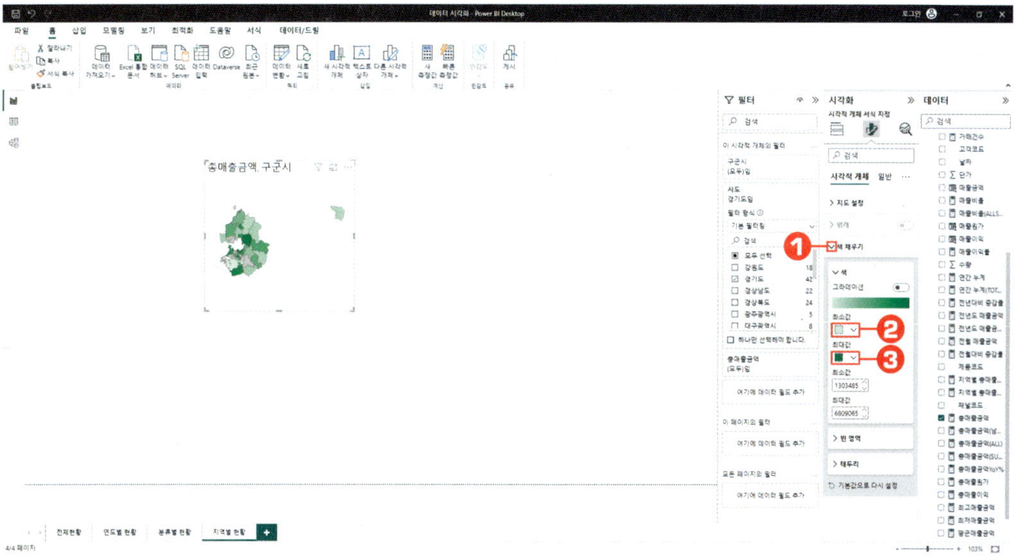

10 시각적 개체 서식 지정]에서 [일반]을 클릭하고 [제목] 옵션을 아래로 확장시킵니다. [텍스트] 영역에 경기를 입력하고 '가운데' 맞춤으로 설정합니다.

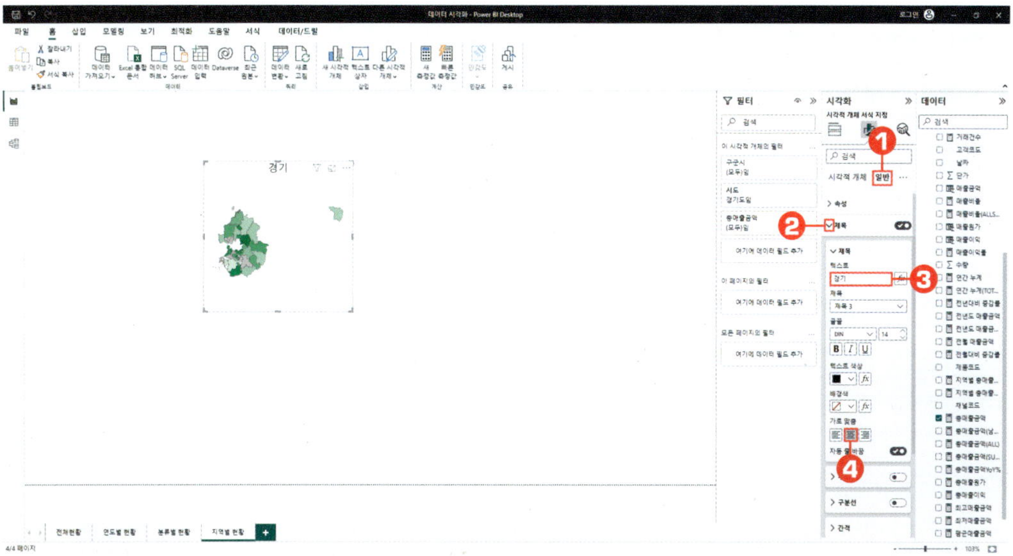

11 '경기' 개체를 복사, 붙여넣기하여 적당한 위치로 이동시킵니다. [시각적 개체 서식 지정]을 클릭하고 [지도 설정] 옵션을 아래로 확장시켜 '경기지도.json'을 제거한 뒤 맵 유형을 '사용자 지정 맵'으로 설정하고 맵 유형 추가에서 '서울지도.json' 파일을 추가합니다.

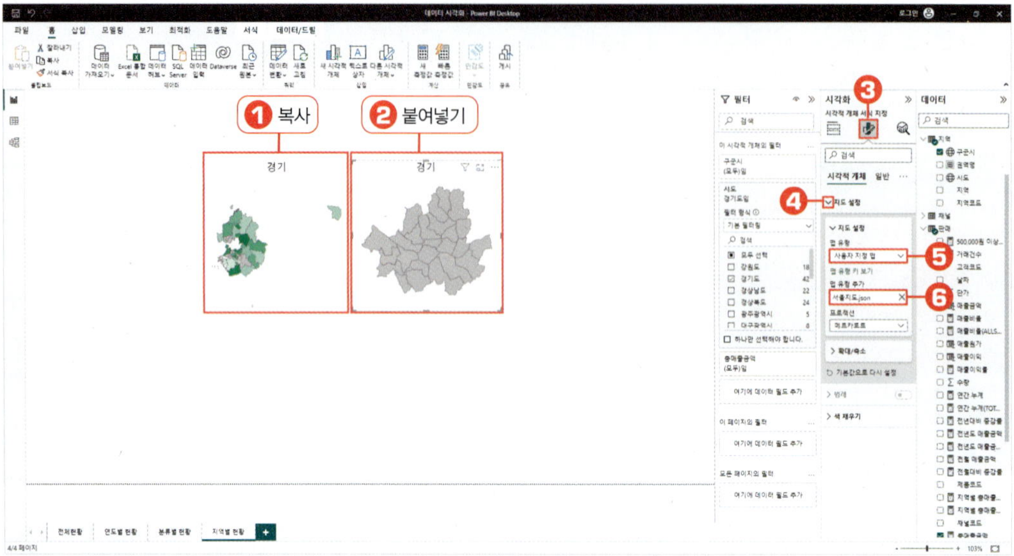

12 [필터] 창의 [시도] 필터에서 '서울특별시'를 선택하고 [시각적 개체 서식 지정]–[색 채우기] 옵션에서 최소값, 최대값의 색상을 변경합니다.

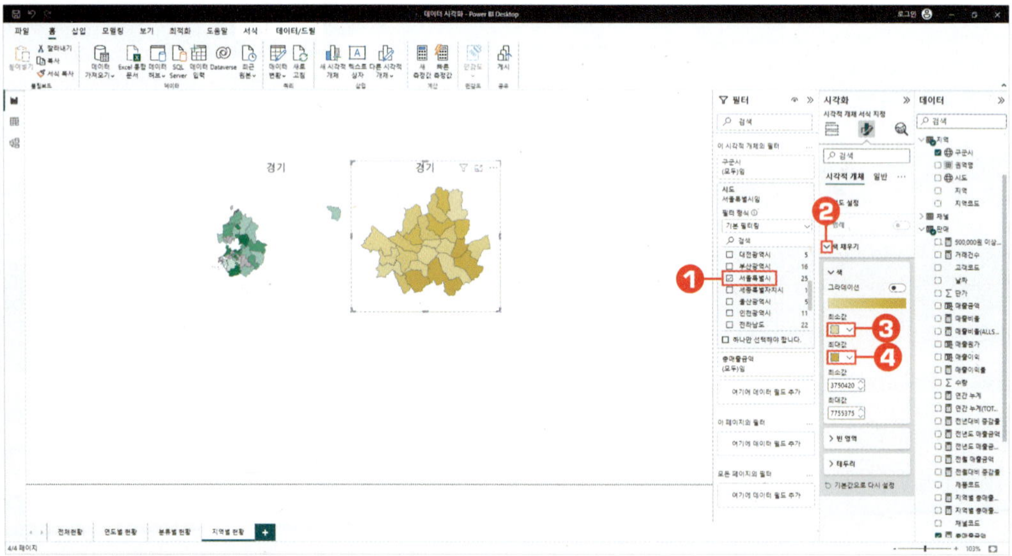

13 [시각적 개체 서식 지정]에서 [일반]을 클릭하고 [제목] 옵션을 아래로 확장시킵니다. [텍스트] 영역에 서울을 입력합니다.

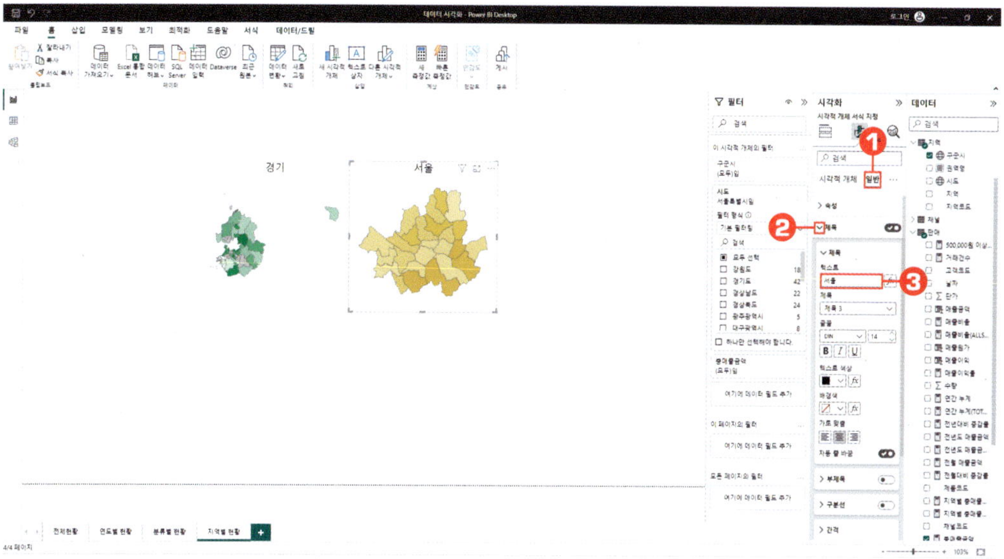

14 '서울' 개체를 복사, 붙여넣기하여 적당한 위치로 이동시킵니다. [시각적 개체 서식 지정]을 클릭하고 [지도 설정] 옵션을 아래로 확장시켜 '서울지도.json'을 제거한 뒤 맵 유형을 '사용자 지정 맵'으로 설정하고 맵 유형 추가에서 '인천지도.json' 파일을 추가합니다.

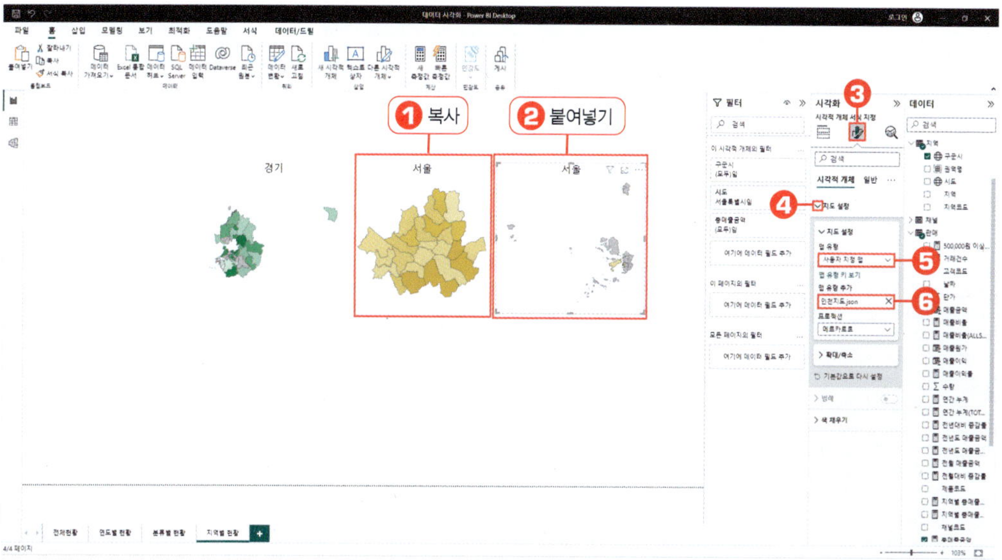

15 [필터] 창의 [시도] 필터에서 '인천광역시'를 선택하고 [시각적 개체 서식 지정]-[색 채우기] 옵션에서 최소값, 최대값의 색상을 변경합니다.

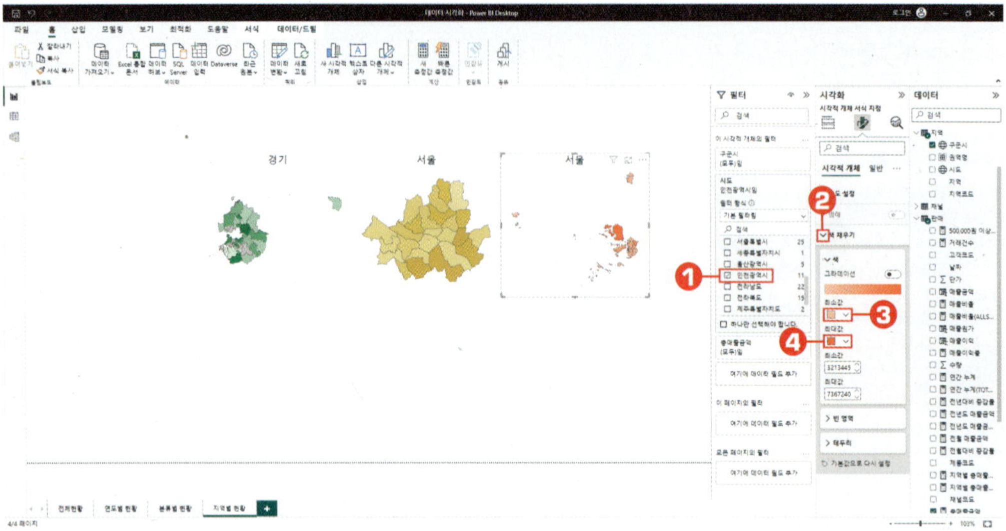

16 [시각적 개체 서식 지정]에서 [일반]을 클릭하고 [제목] 옵션을 아래로 확장시킵니다. [텍스트] 영역에 인천을 입력합니다.

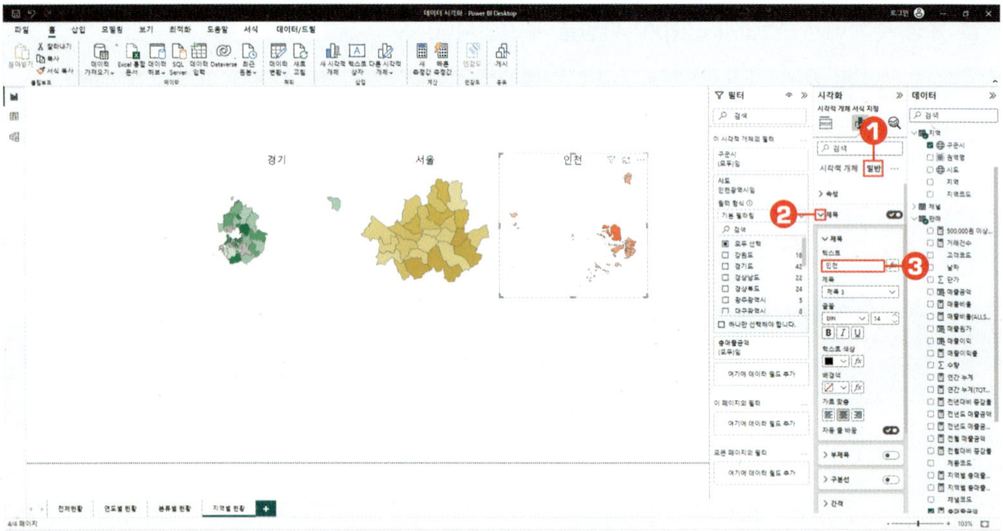

앞서 학습했던 시각적 개체들을 추가로 사용하여 지역별 현황 페이지의 보고서를 완성시켜 보겠습니다.

1 보고서의 빈 영역을 클릭한 후 [누적 세로 막대형 차트] 개체를 선택하고 크기를 적절히 조절하여 적당한 위치로 이동시킵니다. [X축] 영역에 '지역' 테이블의 [시도], [구군시]를 추가하고 [Y축] 영역에 '판매' 테이블의 [총매출금액]을 추가한 뒤 [필터] 창의 [시도] 필드에서 '경기도'를 선택합니다.

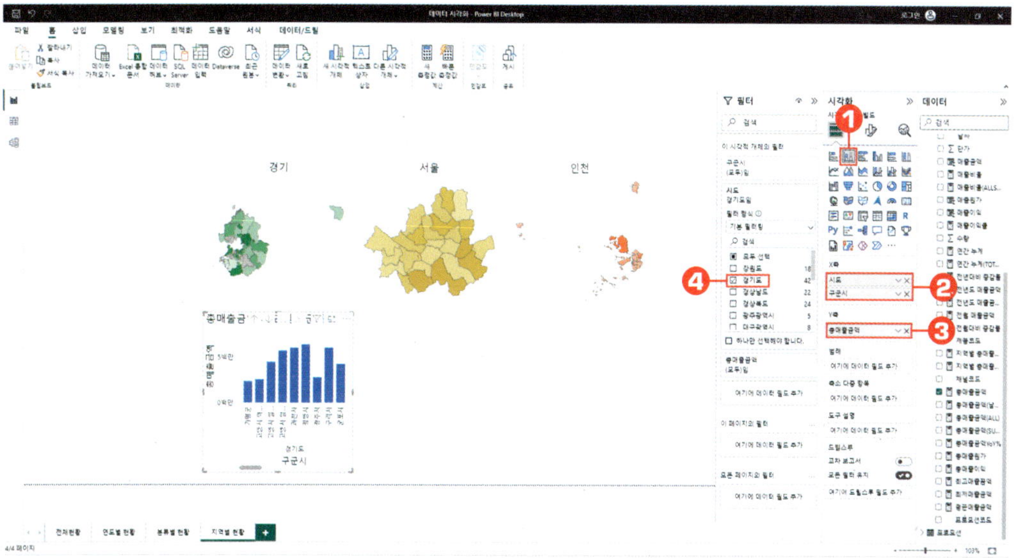

2 [시각적 개체 서식 지정]을 클릭합니다. [X축] 옵션을 아래로 확장시켜 [제목] 옵션을 해제하고 [Y축]과 [Y축 제목] 옵션을 모두 해제합니다.

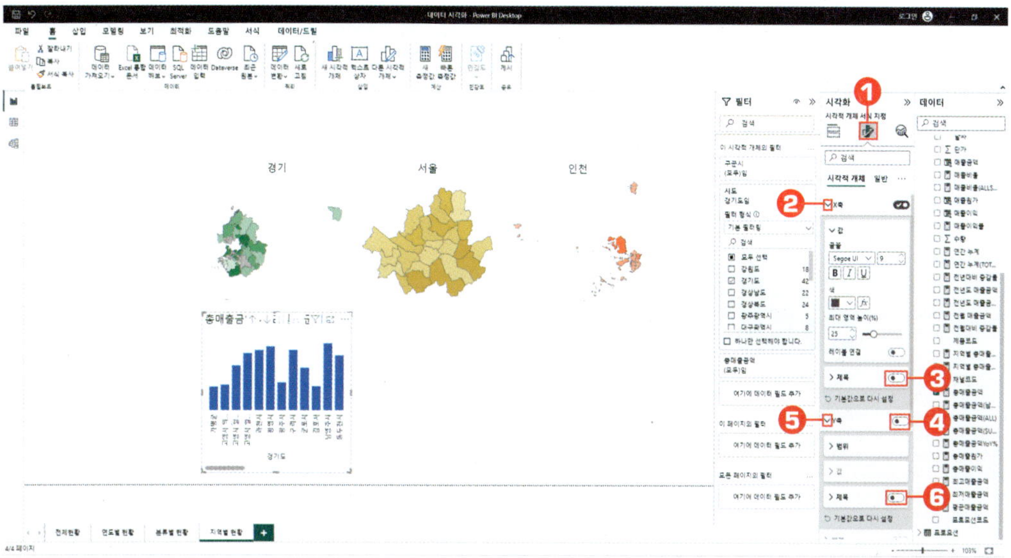

3 [눈금선] 옵션을 아래로 확장시켜 [세로]를 해제합니다.

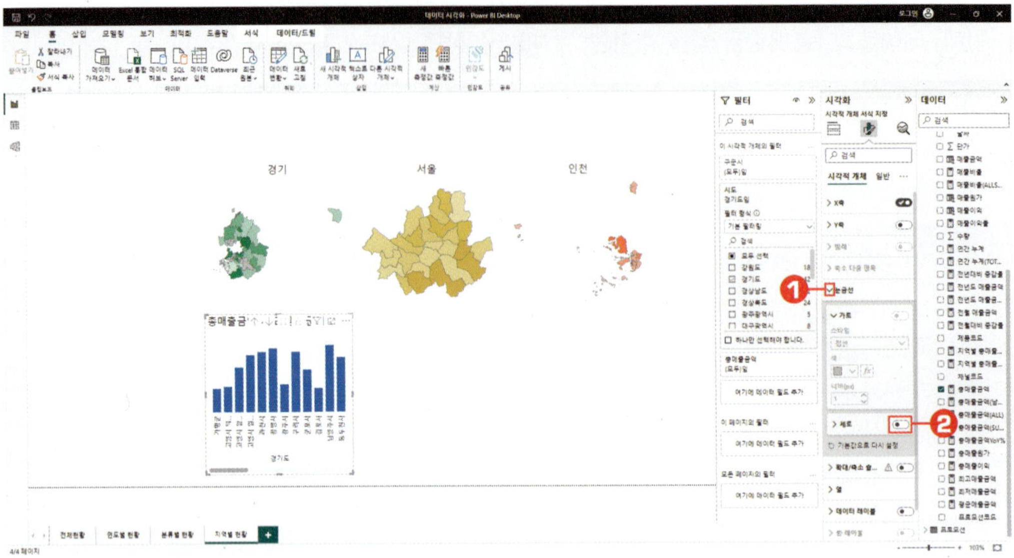

4 [열] 옵션을 아래로 확장시켜 색상을 변경하고 [간격] 옵션에서 최소 범주 너비를 '55'로 설정합니다.

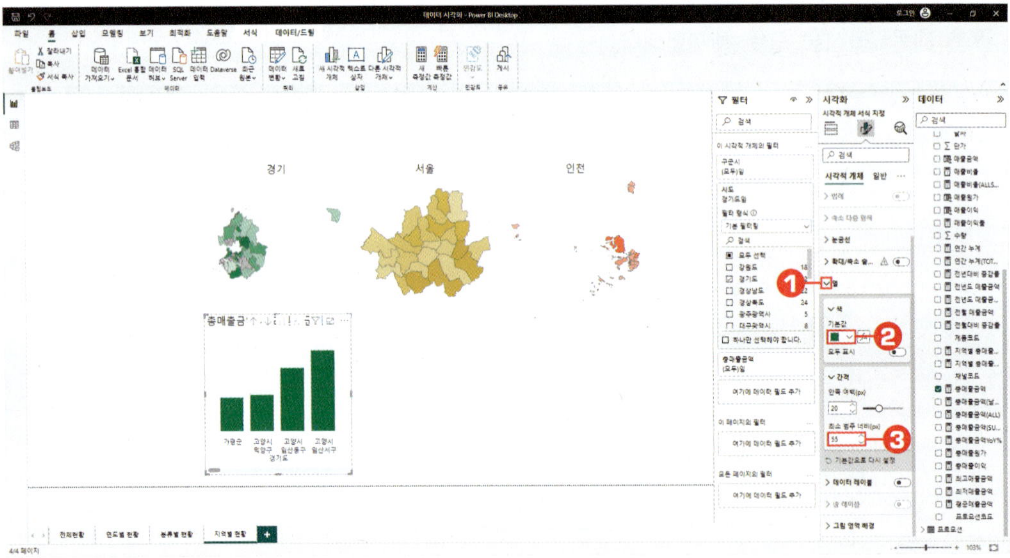

5 [데이터 레이블] 옵션을 활성화하고 아래로 확장시켜 위치를 '안쪽 끝에'로 설정한 다음 [값] 옵션에서 [넘치는 텍스트]를 활성화합니다.

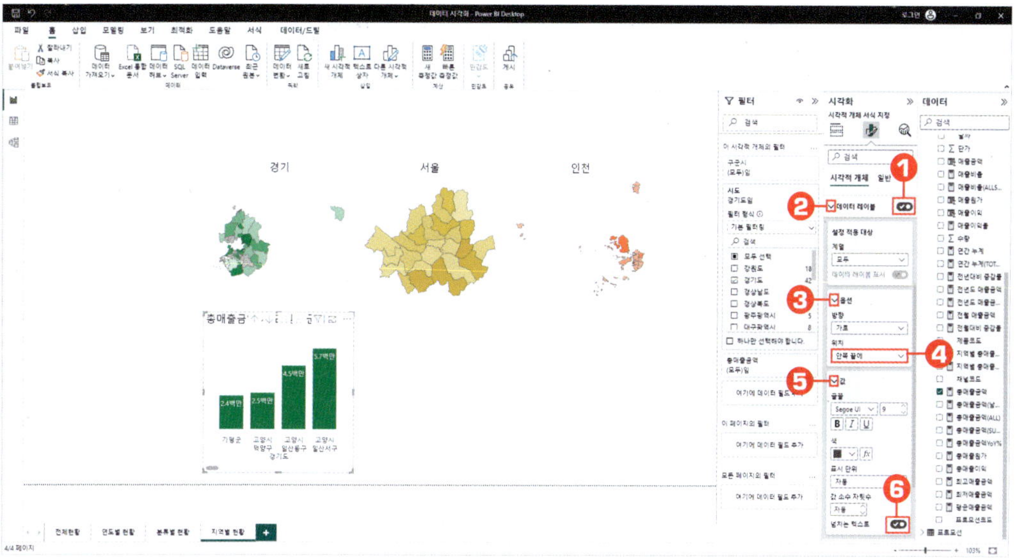

6 [시각적 개체 서식 지정]에서 [일반]을 클릭하고 [제목] 옵션을 해제시킨 뒤 해당 개체의 추가 옵션을 클릭하여 축 정렬을 '총매출금액' 기준으로 '내림차순 정렬'합니다.

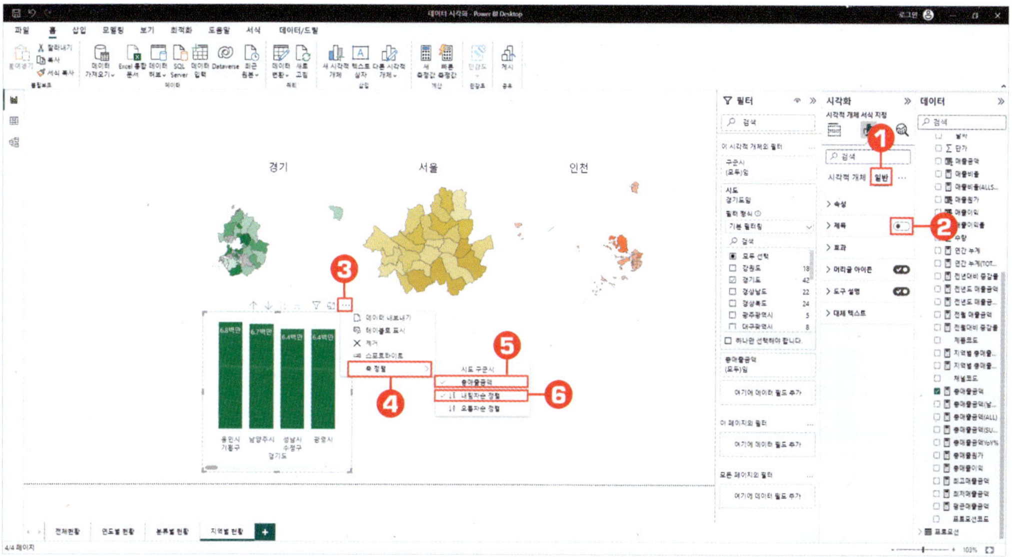

7 개체를 복사, 붙여넣기하여 적당한 위치로 이동시킵니다. [시각적 개체 서식 지정]을 클릭하고 [열] 옵션을 아래로 확장시켜 색상을 변경한 뒤 [필터] 창의 [시도] 필터에서 '서울특별시'를 선택합니다.

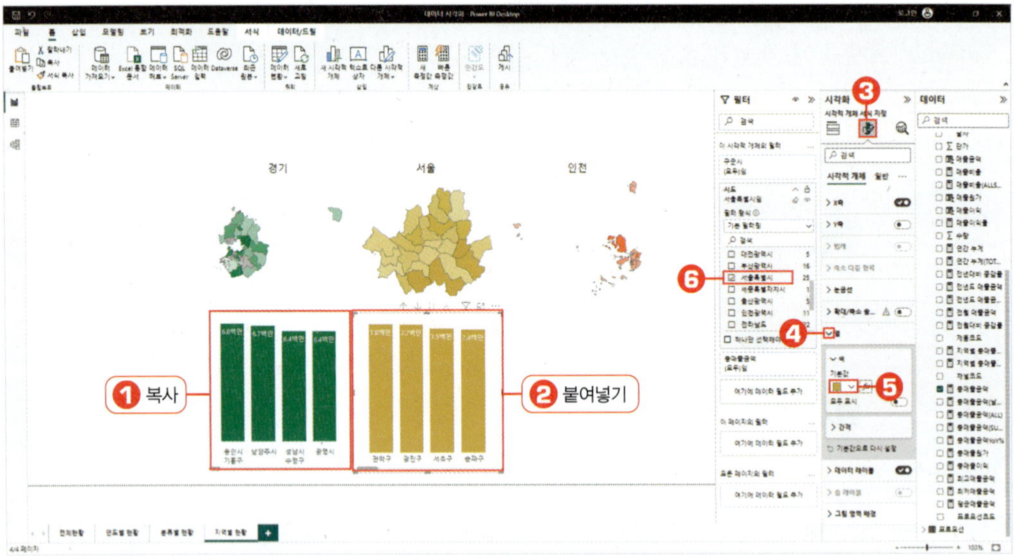

8 개체를 복사, 붙여넣기하여 적당한 위치로 이동시킵니다. [시각적 개체 서식 지정]을 클릭하고 [열] 옵션을 아래로 확장시켜 색상을 변경한 뒤 [필터] 창의 [시도] 필터에서 '인천광역시'를 선택합니다.

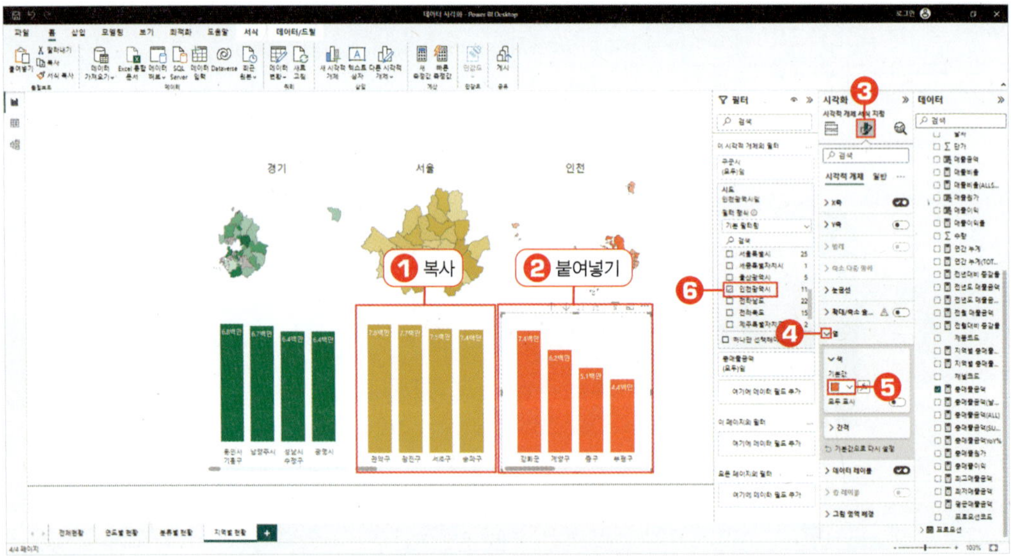

9 보고서의 빈 영역을 클릭한 후 [도넛형 차트] 개체를 선택하고 크기를 적절히 조절하여 적당한 위치로 이동시킵니다. [범례] 영역에 '지역' 테이블의 [권역명], [시도]를 추가하고 [값] 영역에 '판매' 테이블의 [총매출금액]을 추가합니다.

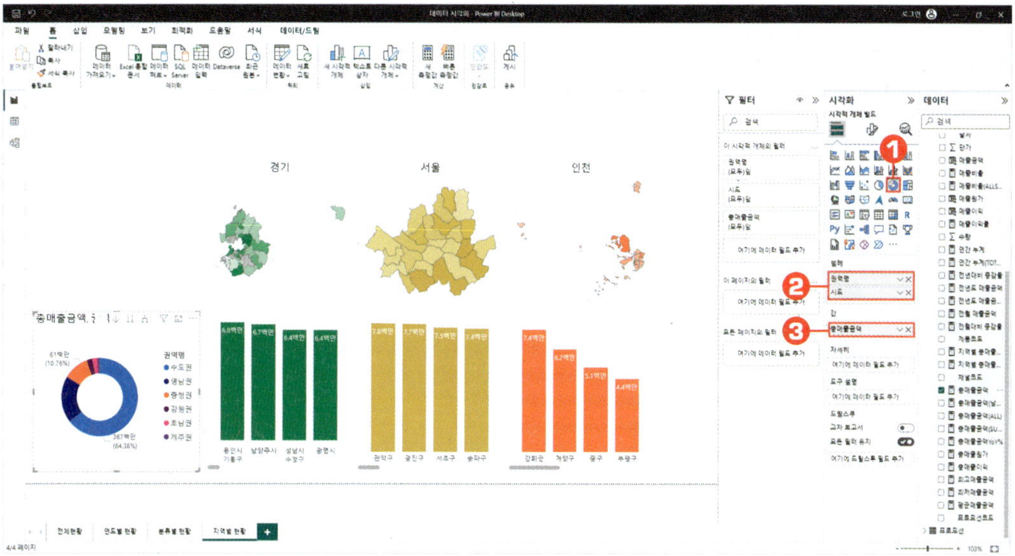

10 [시각적 개체 서식 지정]을 클릭합니다. [범례] 옵션을 해제하고 [조각]-[간격] 옵션에서 내부 반경(%)를 '50'으로 설정한 뒤 [세부 정보 레이블] 옵션에서 레이블 내용을 '범주, 총 퍼센트'로 변경합니다.

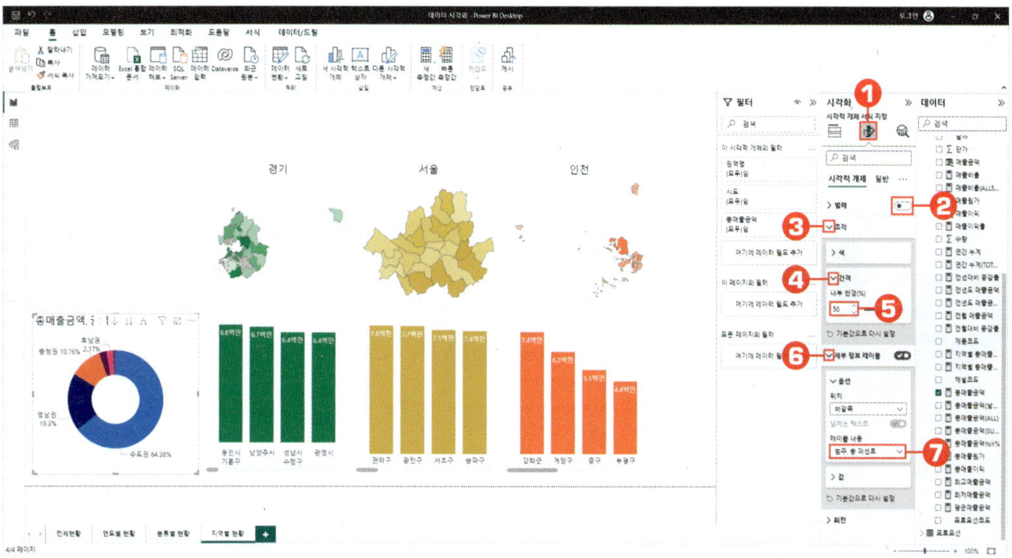

11 [시각적 개체 서식 지정]에서 [일반]을 클릭하고 [제목] 옵션을 아래로 확장시킵니다. [텍스트] 영역에 매출비율을 입력하고 '가운데' 맞춤으로 설정합니다.

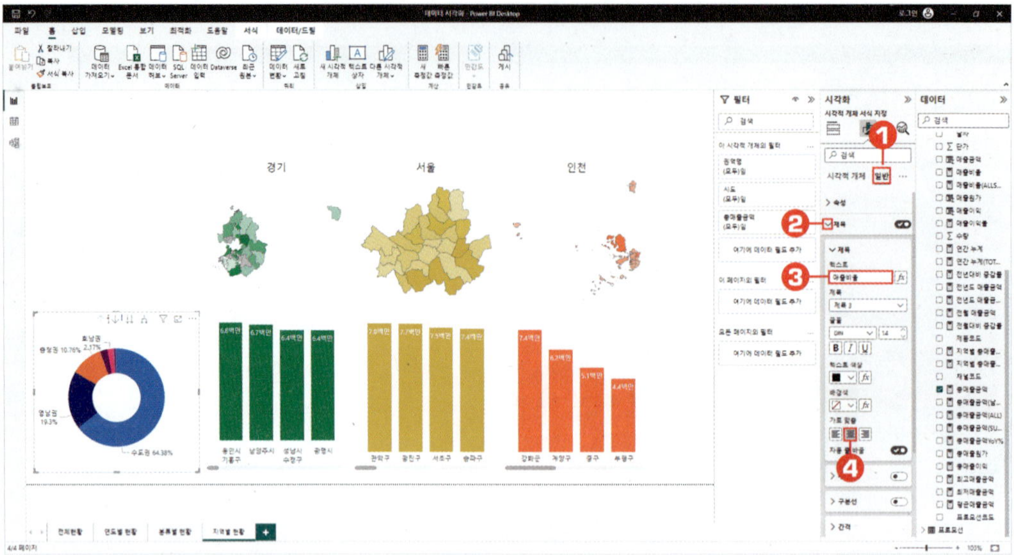

12 보고서의 빈 영역을 클릭한 후 [슬라이서] 개체를 선택하고 크기를 적절히 조절하여 적당한 위치로 이동시킵니다. [필드] 영역에 '날짜' 테이블의 [연도]를 추가합니다.

13 [시각적 개체 서식 지정]을 클릭합니다. [슬라이서 설정] 옵션을 아래로 확장시켜 스타일을 '타일'로 설정하고 [슬라이서 머리글] 옵션을 해제합니다.

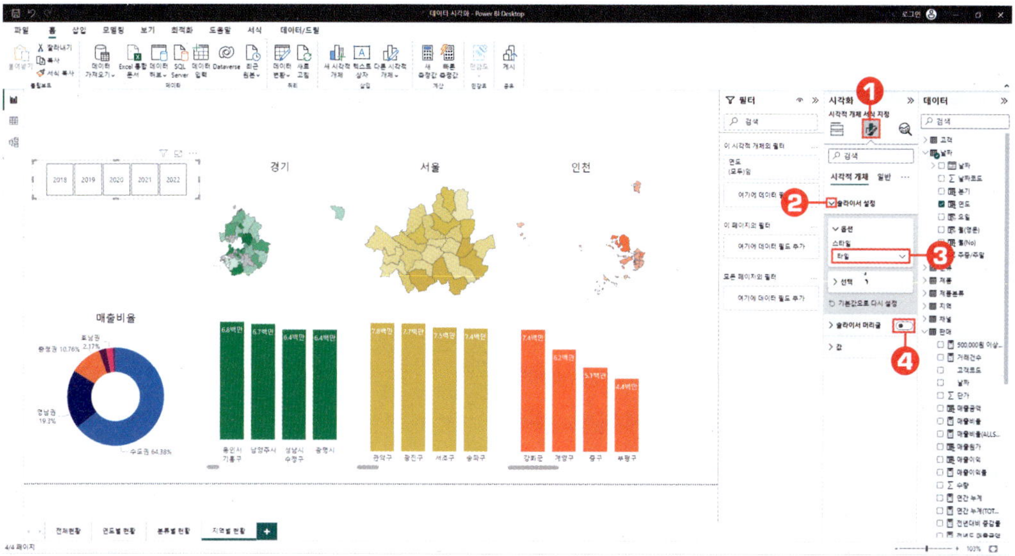

14 [슬라이서] 개체를 복사, 붙여넣기하고 크기를 직질히 조절하여 적당한 위치로 이동시킨 뒤 [필드] 영역의 [연도]를 제거하고 '날짜' 테이블의 [월(영문)]을 추가합니다.

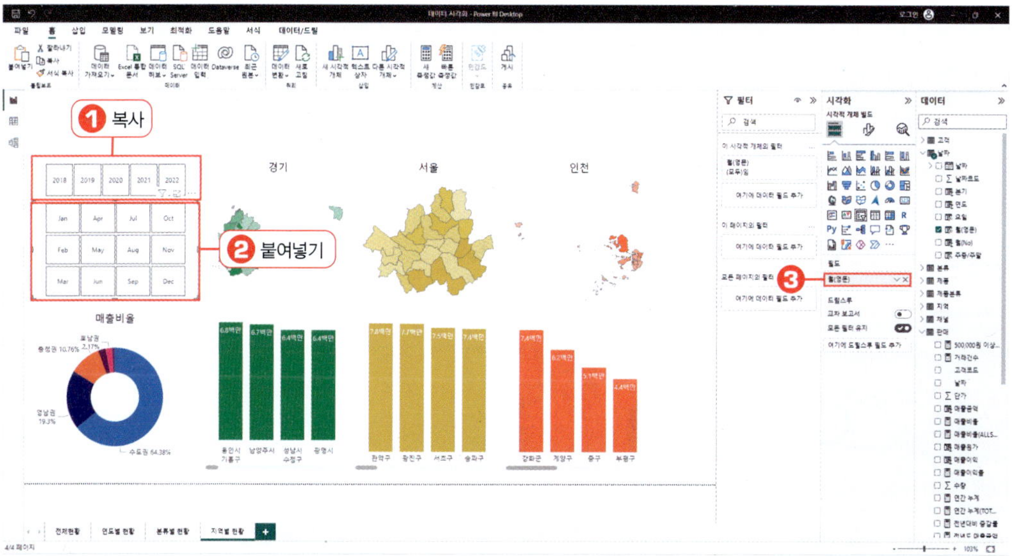

| TIP | [시각화] 창에 더 많은 시각적 개체를 추가해서 사용할 수 있습니다. 단, 해당 기능을 사용하기 위해서는 Power BI Desktop에 로그인되어 있어야 합니다.

1 [시각화] 창에서 ··· 아이콘을 클릭하고 [더 많은 시각적 개체 가져오기]를 선택합니다.

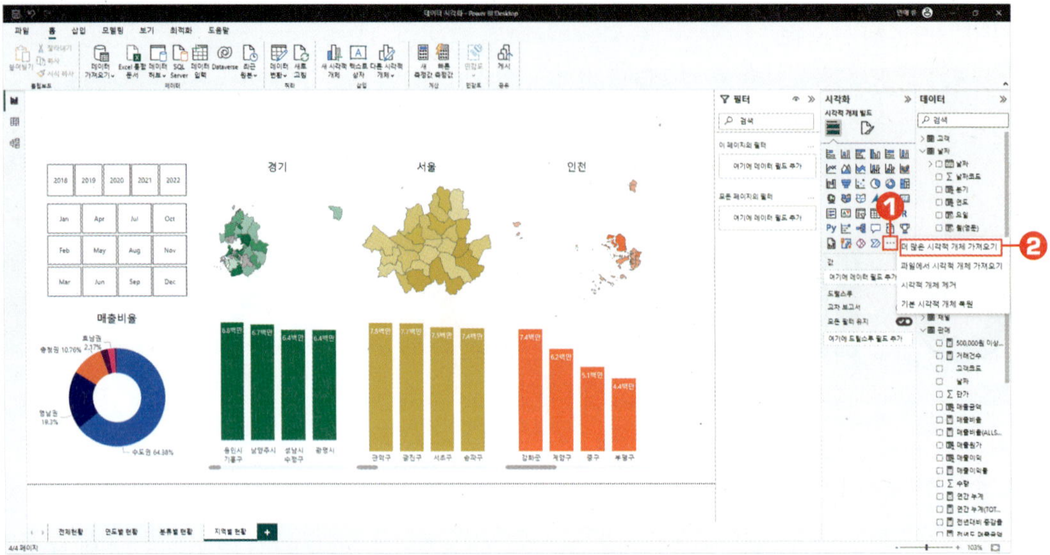

2 [Power BI 시각적 개체] 대화상자가 표시됩니다.

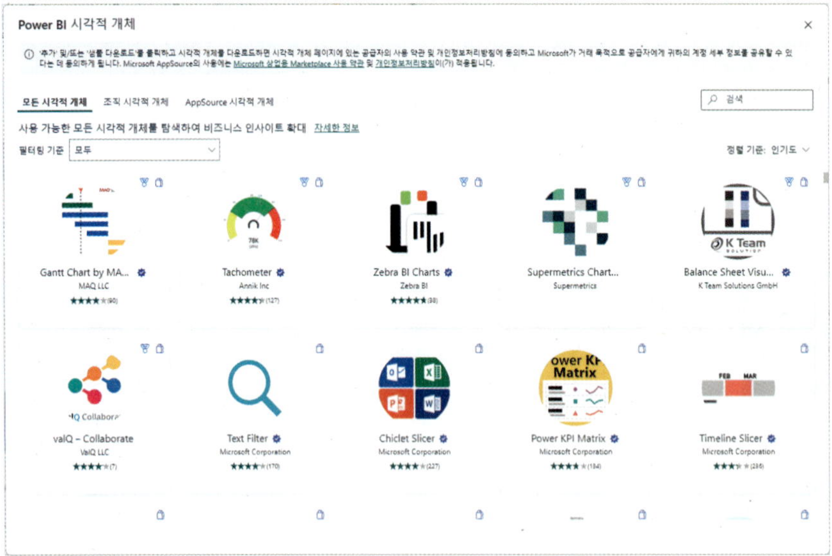

3 추가하고자 하는 개체를 선택한 다음 [추가] 버튼을 클릭합니다.

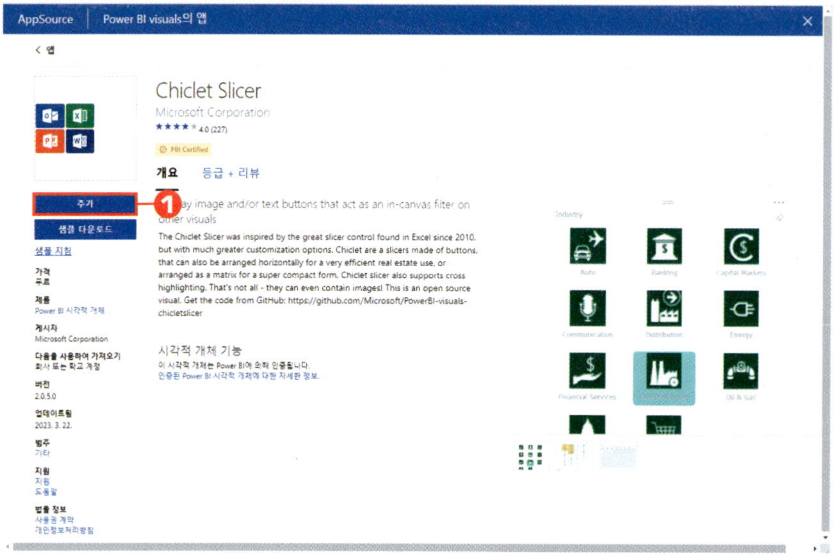

4 [가져오기 성공] 대화상자가 표시되면 [확인]을 클릭합니다. [시각화] 창에 해당 개체가 새롭게 추가됩니다.

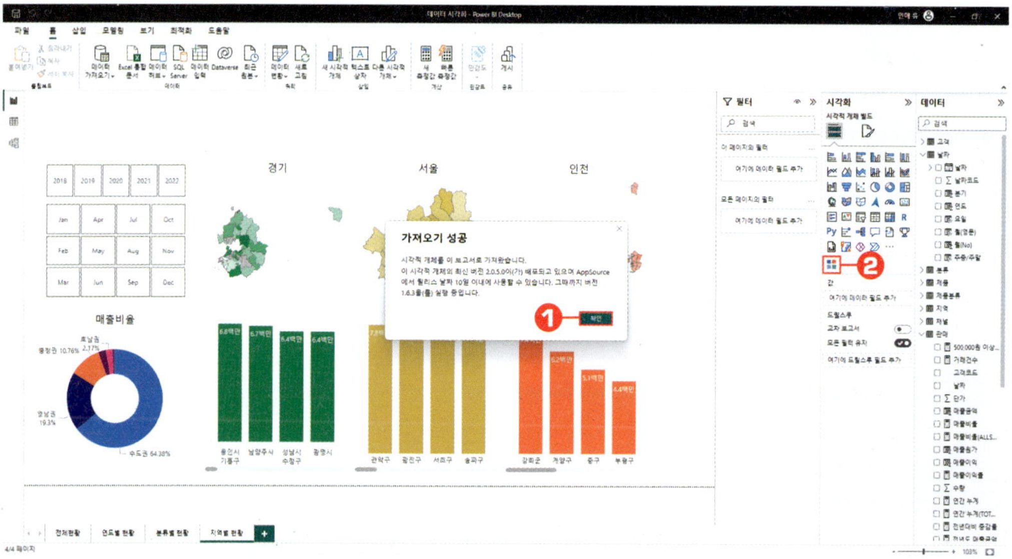

02 상호 작용 편집

▶ 보고서 페이지의 모든 시각적 개체들은 서로 연결되어 하나의 개체에서 데이터 요소를 선택하면 해당 데이터를 포함하고 있는 다른 시각적 개체가 강조 또는 필터되어 표시됩니다. 상호 작용 편집 기능을 사용하여 각 시각적 개체의 상호 작용 방식을 편집할 수 있습니다.

01 '전체현황' 페이지로 이동하여 [꺾은선형 및 묶은 세로 막대형 차트] 개체의 '2022' 요소를 클릭하면 다른 시각적 개체의 2022년도 데이터가 강조 및 필터되어 표시되고 선택한 요소를 다시 클릭하면 원래 상태로 돌아갑니다.

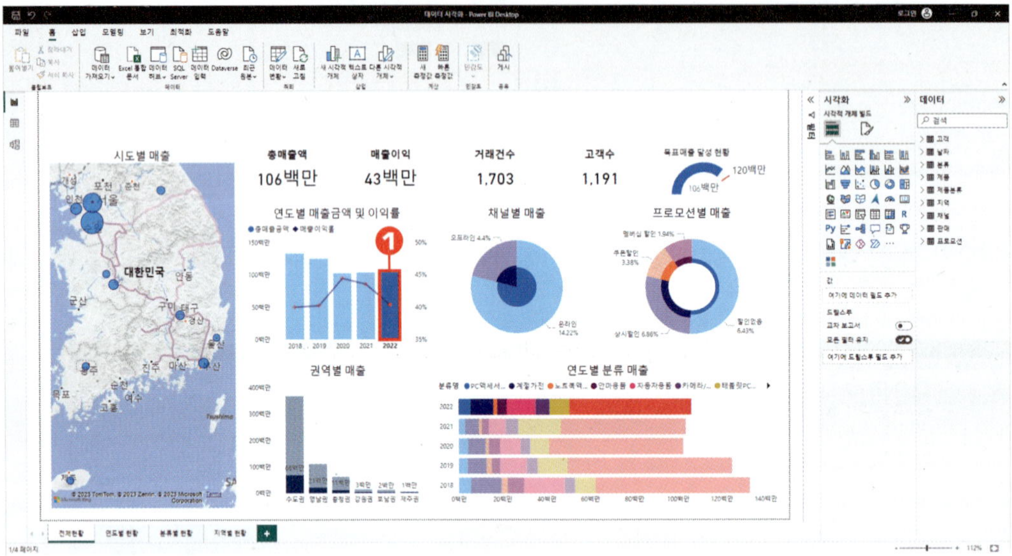

02 [꺾은선형 및 묶은 세로 막대형 차트] 개체를 선택하고 [서식]–[상호 작용] 그룹–[상호 작용 편집]을 클릭합니다.

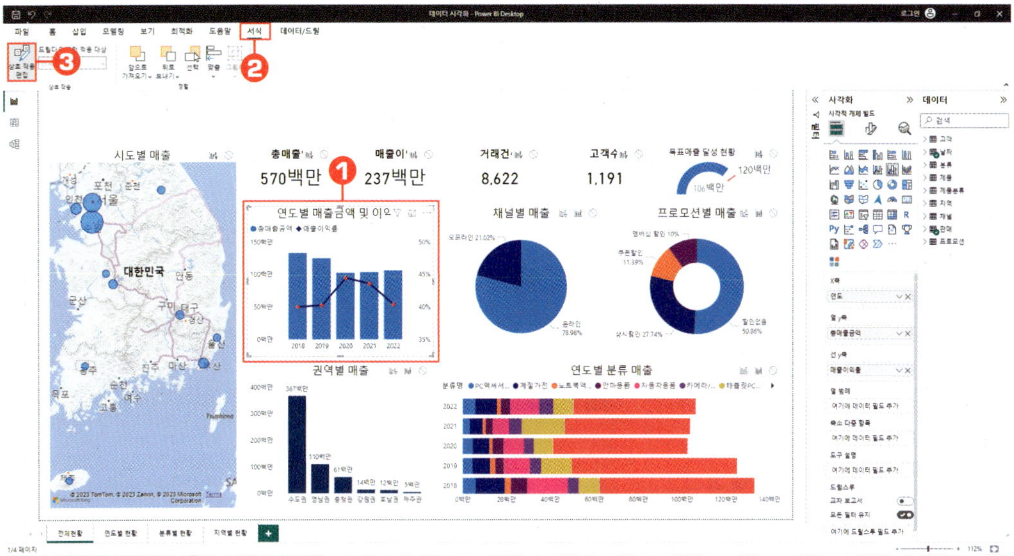

03 다른 시각적 개체 머리글 오른쪽에 (필터), (강조 표시), (없음) 아이콘이 표시됩니다. [기드] 개체의 없음 아이콘을 클릭하여 필터를 해제하고 강조 표시되어 있는 [원형], [도넛형] 차트는 필터 아이콘을 클릭하여 필터를 적용시킵니다.

04 [상호 작용 편집]을 클릭하여 편집을 끝내고 다시 한번 [꺾은선형 및 묶은 세로 막대형 차트] 개체의 '2022'를 클릭하면 [카드] 및 [원형], [도넛형] 개체의 상호 작용이 변경됩니다.

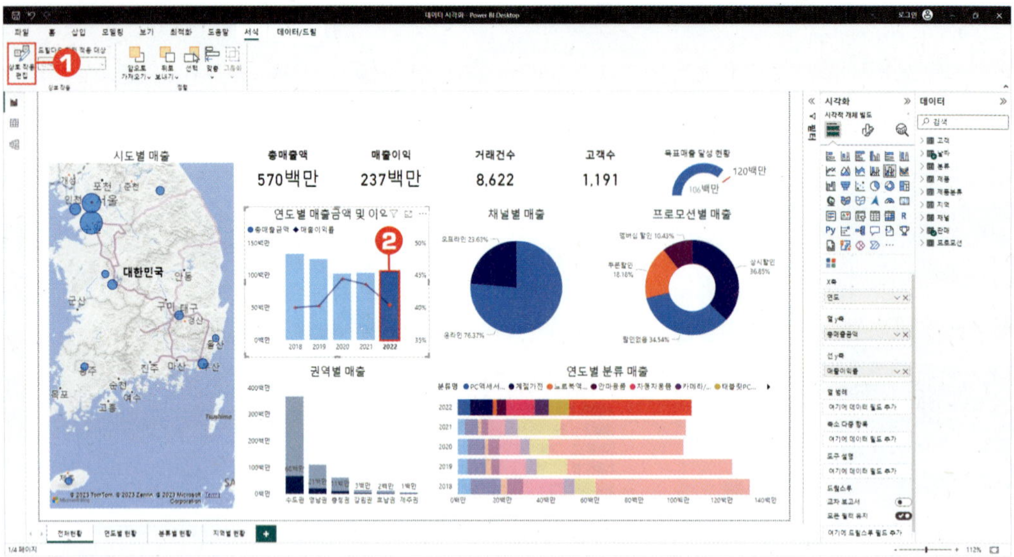

03 도구 설명

▶ 시각적 개체의 데이터 요소에 마우스 커서를 가져다 대면 각 데이터 요소의 세부 정보를 확인할 수 있는 도구 설명이 표시됩니다. 기본적으로 도구 설명은 해당 개체를 시각화하는 데 사용된 필드 및 측정값의 데이터를 표시하지만 [시각화] 창의 [도구 설명] 영역에 다른 데이터 필드를 추가하여 표시할 수 있습니다.

01 시각적 개체의 데이터 요소에 마우스를 가져다 대면 세부 정보를 표시하는 도구 설명이 표시됩니다.

02 [누적 가로 막대형 차트] 개체를 선택하고 [시각화] 창의 [도구 설명] 영역에 '판매' 테이블의 [총매출원가], [총매출이익], [매출이익률]을 추가하면 해당 정보가 도구 설명에 함께 표시됩니다.

| TIP | 도구 설명 페이지를 직접 작성하여 시각적 개체에 적용시킬 수 있습니다.

1 새 페이지를 추가하여 [시각화] 창의 [보고서 페이지 서식 지정]을 클릭합니다. [페이지 정보] 옵션에서 이름을 '도구설명'으로 변경하고 [캔버스 설정] 옵션에서 유형을 '도구 설명', 세로 맞춤을 '중간'으로 설정합니다.

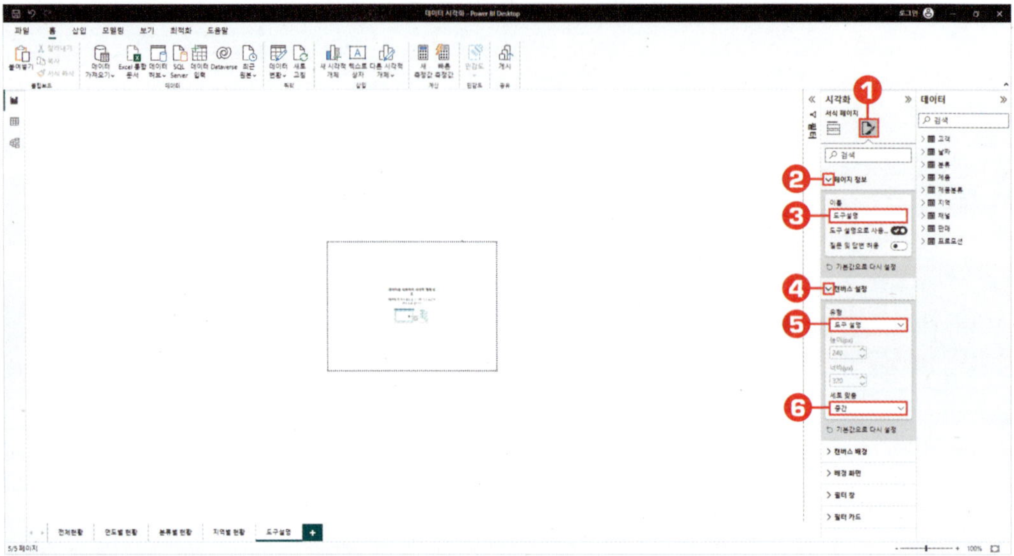

2 도구 설명 크기에 맞게 페이지가 작아집니다. 다음 그림과 같이 시각적 개체를 추가하여 원하는 페이지를 작성합니다.

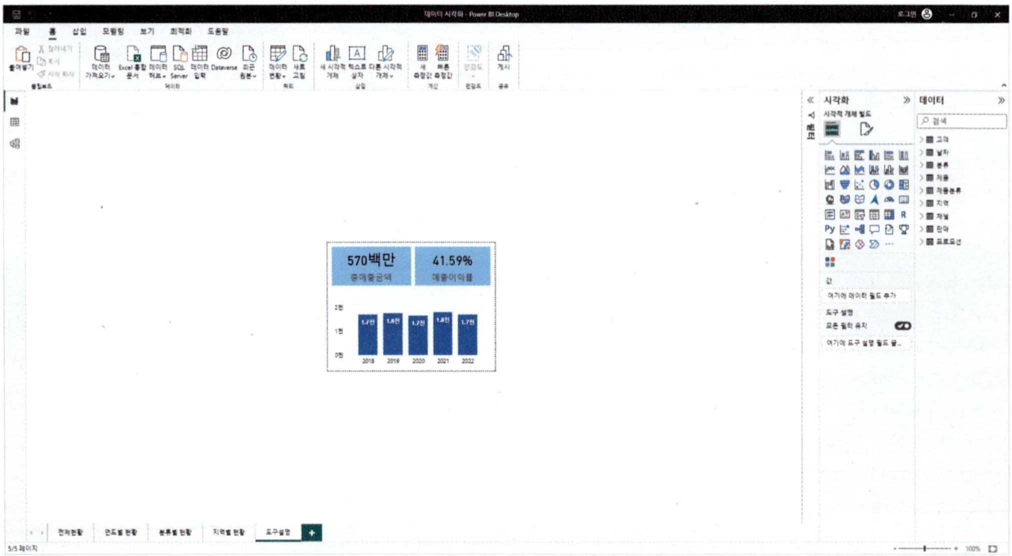

3 [시각화] 창 하단에 있는 [도구 설명]-[여기에 도구 설명 필드 끌어오기] 영역에 '판매' 테이블의 [총매출금액]을 드래그하여 추가합니다.

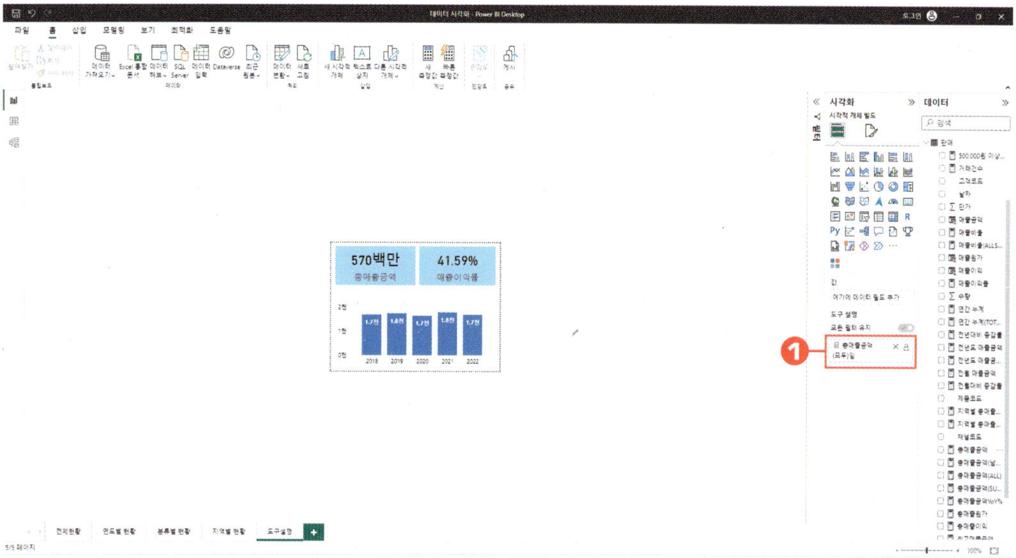

4 '전체현황' 페이지로 이동하여 [총매출금액]이 포함된 시각적 개체에 마우스를 가져다 대면 도구 설명 페이지가 표시됩니다.

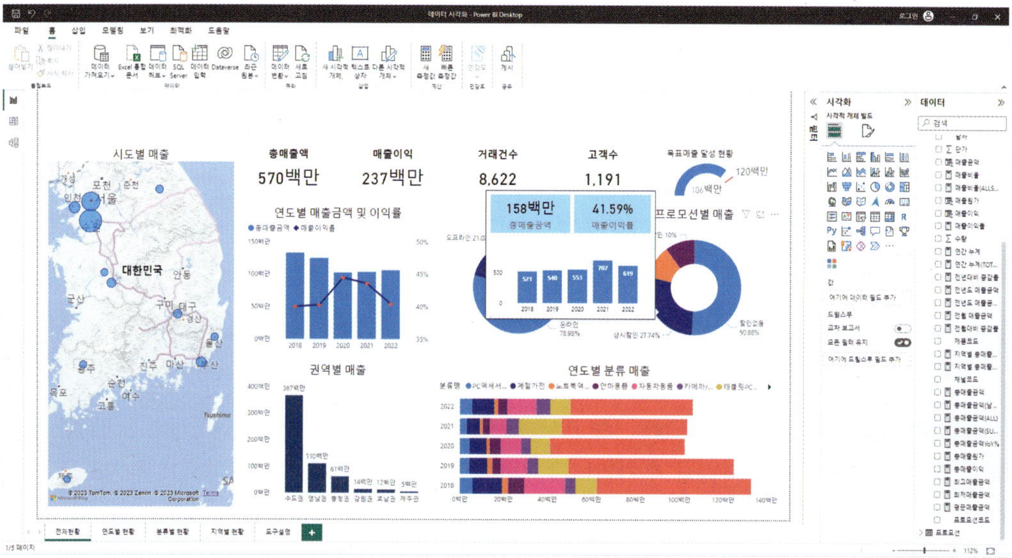

5 개체를 선택하고 [시각적 개체 서식 지정]-[일반]-[도구 설명]-[옵션]을 클릭한 뒤 유형을 '기본값'으로 변경하면 기본 도구 설명이 표시됩니다. 해당 옵션을 사용하면 시각적 개체마다 도구 설명을 다르게 설정할 수 있습니다.

04 보고서 디자인

▶ 텍스트 상자, 도형, 이미지, 테마 등을 사용하여 보고서를 디자인할 수 있습니다. 작성한 보고서를 디자인하여 최종 보고서를 완성해 보겠습니다.

1 캔버스 배경

사용자가 원하는 이미지를 추가하여 보고서 페이지의 배경을 변경할 수 있습니다.

01 '전체현황' 페이지에서 [시각화] 창의 [보고서 페이지 서식 지정]을 클릭하여 [캔버스 배경] 옵션을 아래로 확장시킨 뒤 이미지 파일을 추가합니다. 이미지 맞춤을 '맞춤'으로 설정하고 투명도를 조절합니다.

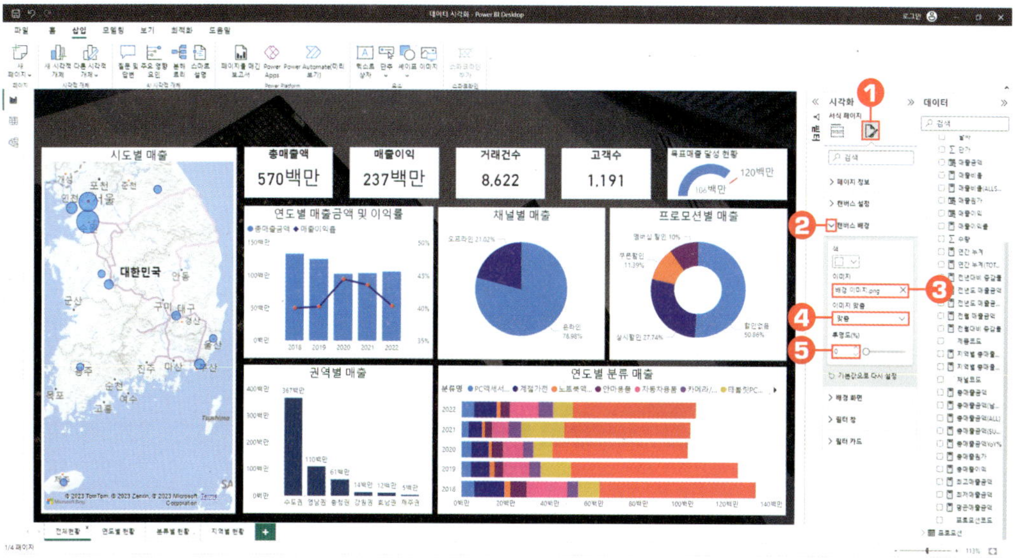

02 같은 방법으로 '연도별 현황', '분류별 현황', 지역별 현황' 페이지 배경을 동일하게 변경합니다.

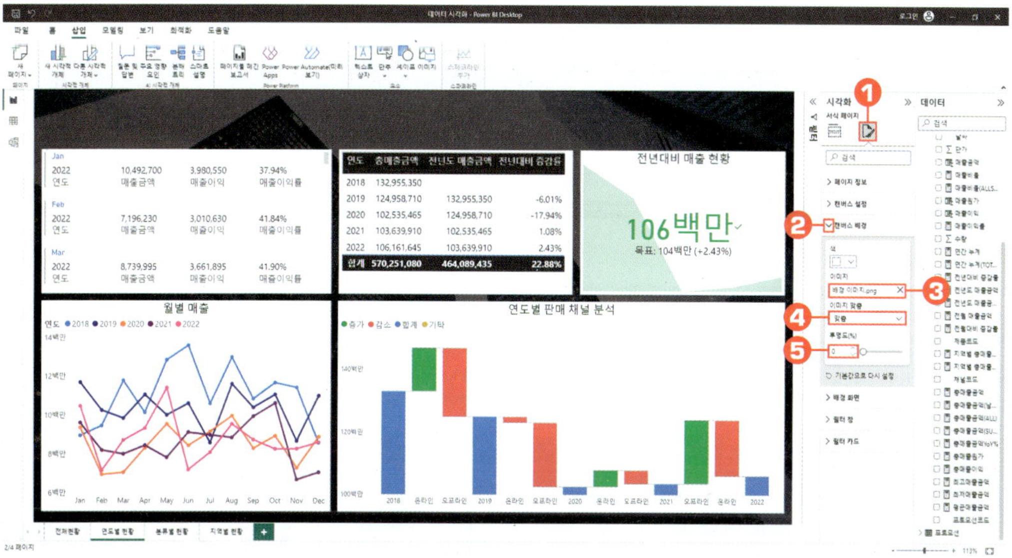

| TIP | 교재에서 사용된 보고서 페이지의 배경 이미지는 무료 이미지 및 사진 제공 사이트 Unsplash (https://unsplash.com/ko)에서 다운받을 수 있습니다. 해당 사이트를 이용하면 다양한 주제와 관련된 이미지를 쉽게 무료 다운로드할 수 있습니다. 단, 이미지에 따라 저작권 관련 주의사항이 다를 수 있으므로 사용 전 해당 사이트의 이용약관을 반드시 확인하시길 바랍니다.

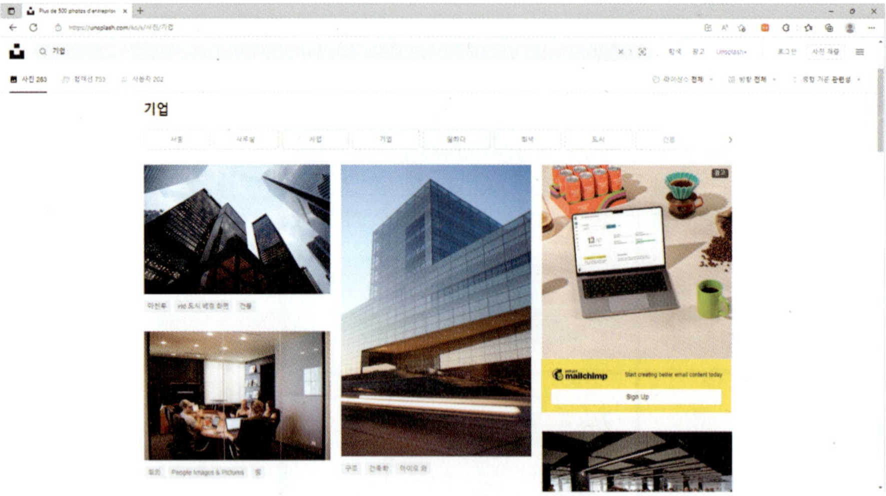

2 삽입 요소

| 텍스트 상자

보고서에 텍스트 상자를 추가하여 텍스트를 삽입할 수 있습니다.

01 [삽입]-[요소] 그룹-[텍스트 상자]를 클릭하고 크기를 적절히 조절하여 페이지 왼쪽 상단으로 이동시킵니다.

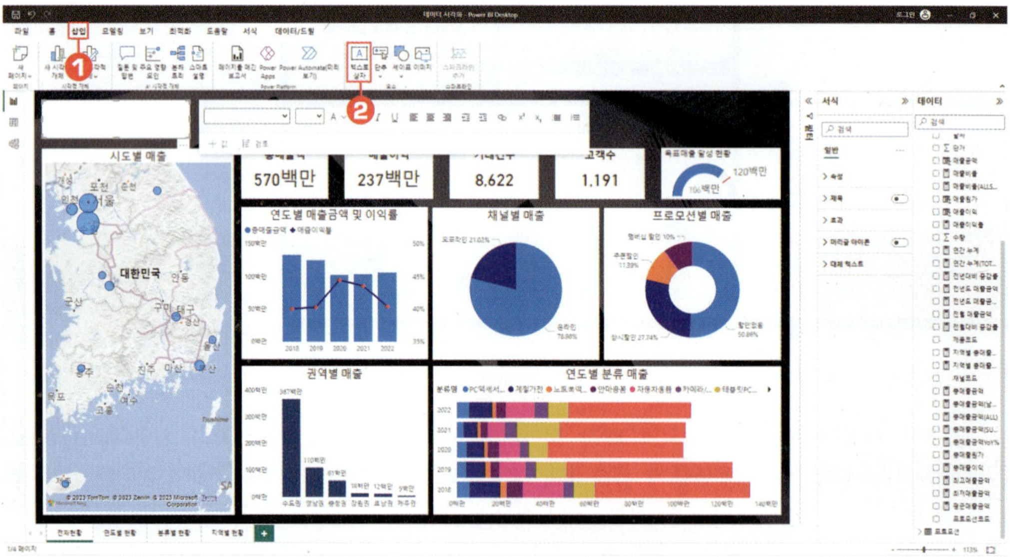

02 텍스트 상자에 Sales Analysis를 입력하고 크기 '28', 색상 '흰색'으로 변경하고 '굵게' 설정합니다.

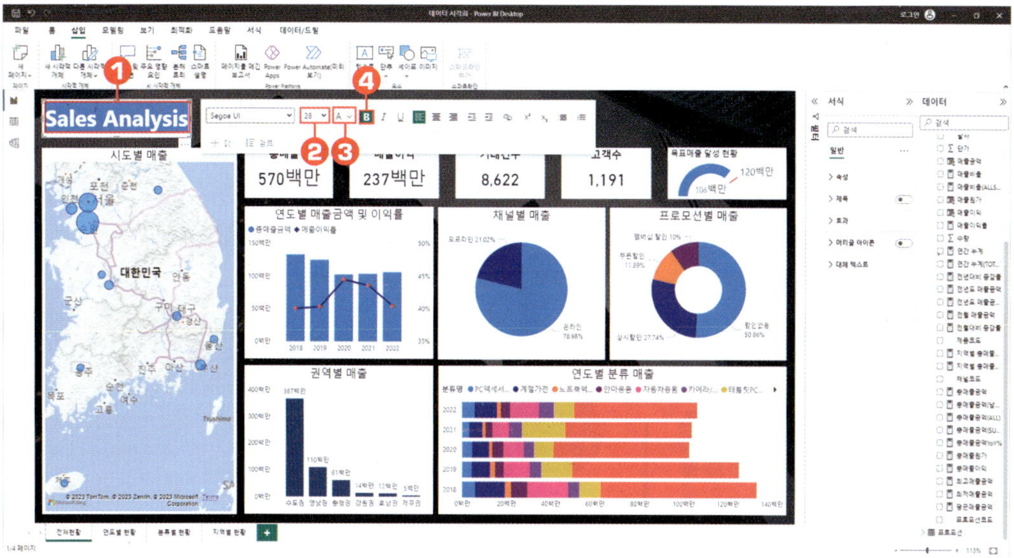

03 [서식] 창의 [효과] 옵션을 아래로 확장시켜 [배경]을 해제합니다.

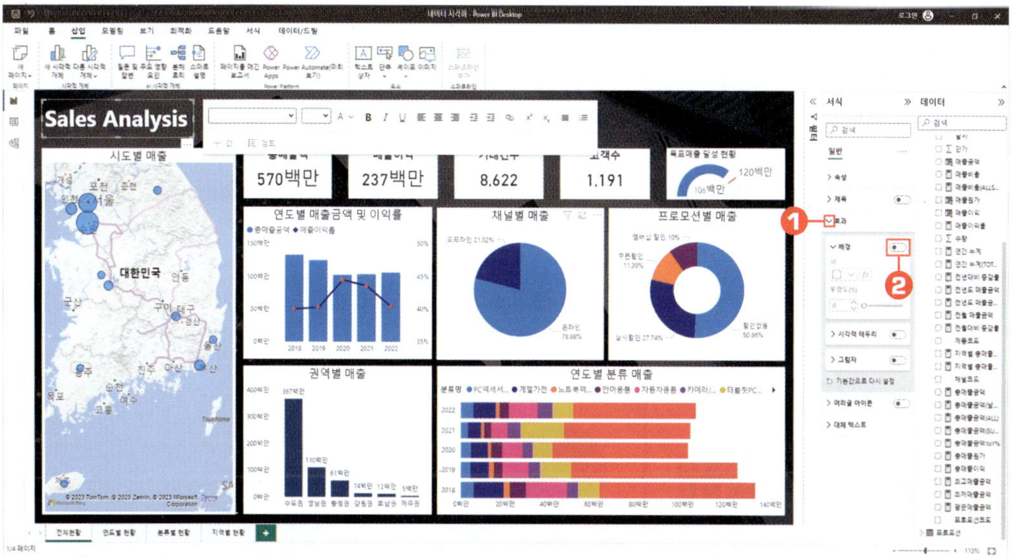

| 셰이프

보고서에 셰이프를 추가하여 다양한 도형 또는 선을 삽입할 수 있습니다.

01 [삽입]–[요소] 그룹–[셰이프]를 클릭하고 [기본 셰이프]–[선]을 선택하여 추가합니다.

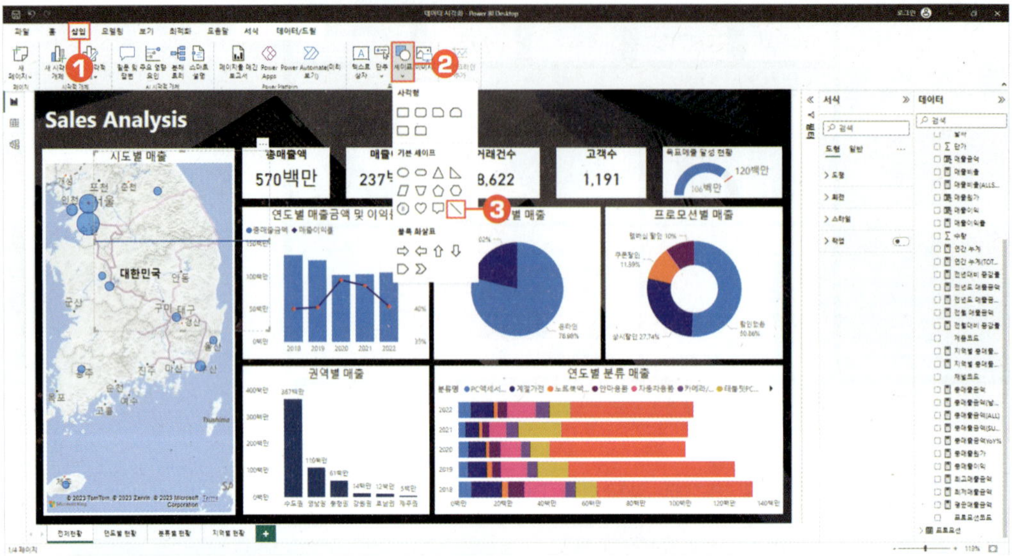

02 선의 크기를 적절히 조절하여 위치를 이동시키고 [서식] 창의 [스타일] 옵션에서 [테두리] 색상을 '흰색'으로 변경합니다.

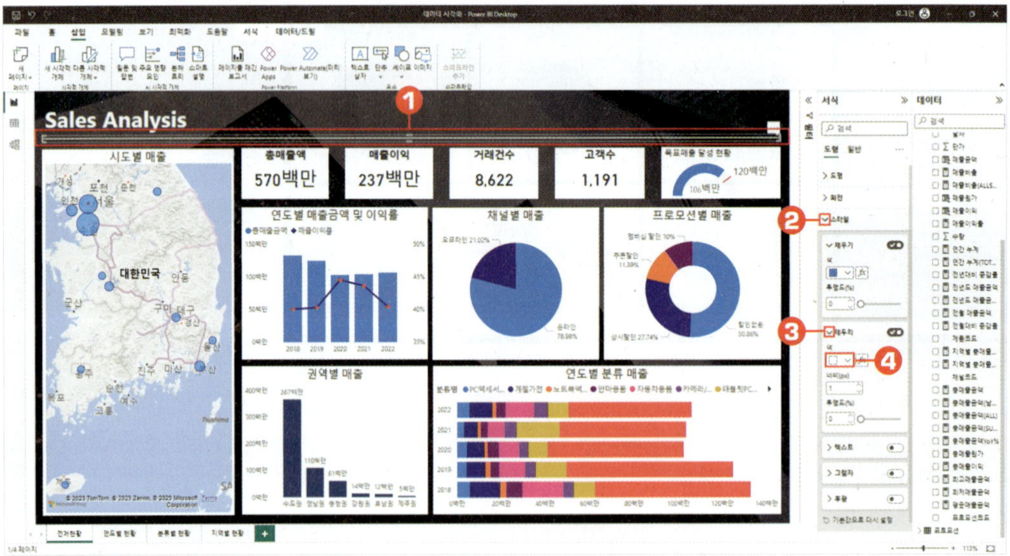

03 [카드] 개체의 크기를 조절합니다.

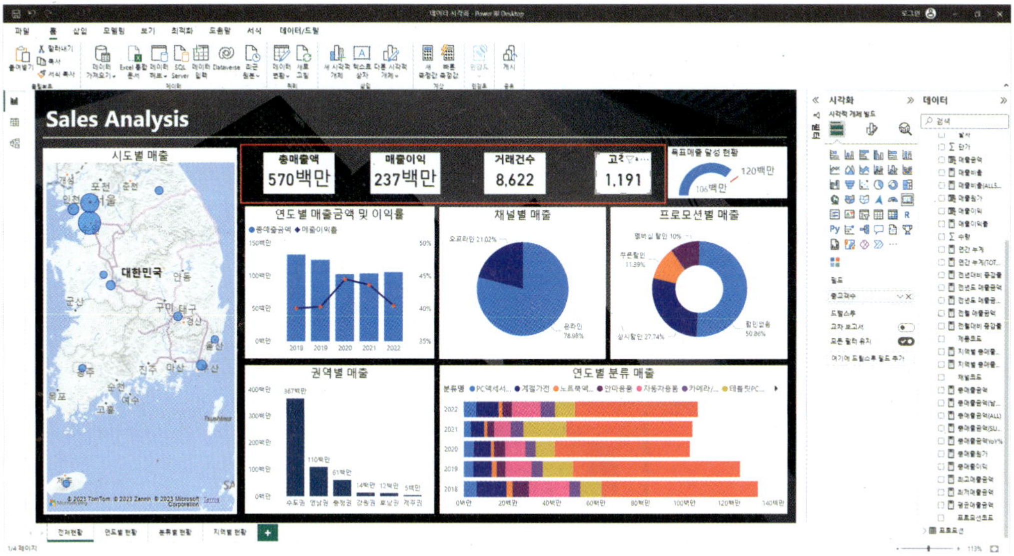

04 [카드] 개체를 모두 선택하고 [시각화] 창의 [시각적 개체 서식 지정]을 클릭합니다. [설명 값] 옵션을 아래로 확장시켜 텍스트 색상을 '흰색'으로 변경합니다.

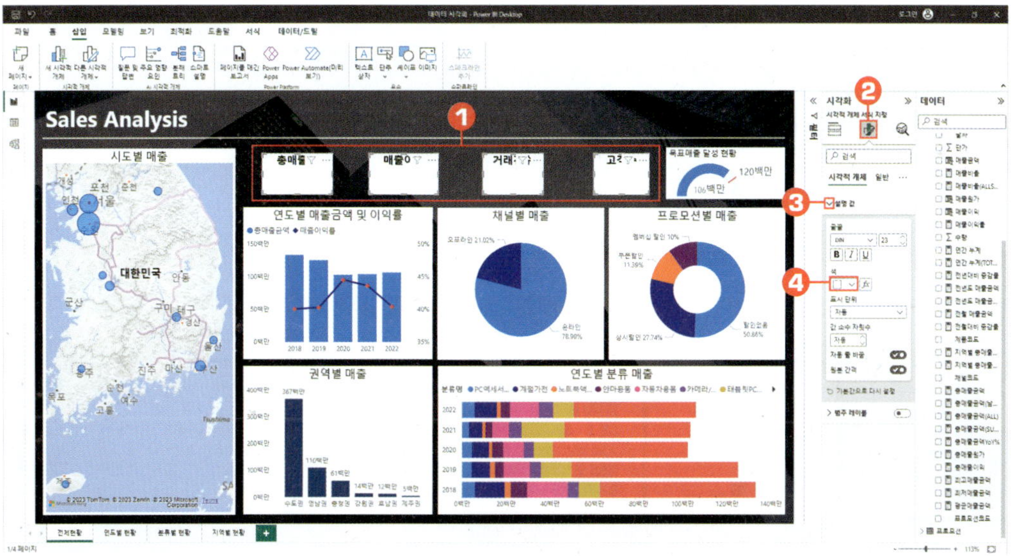

05 [시각적 개체 서식 지정]에서 [일반]을 클릭하고 [제목] 옵션을 아래로 확장시켜 텍스트 색상을 '흰색'으로 변경합니다.

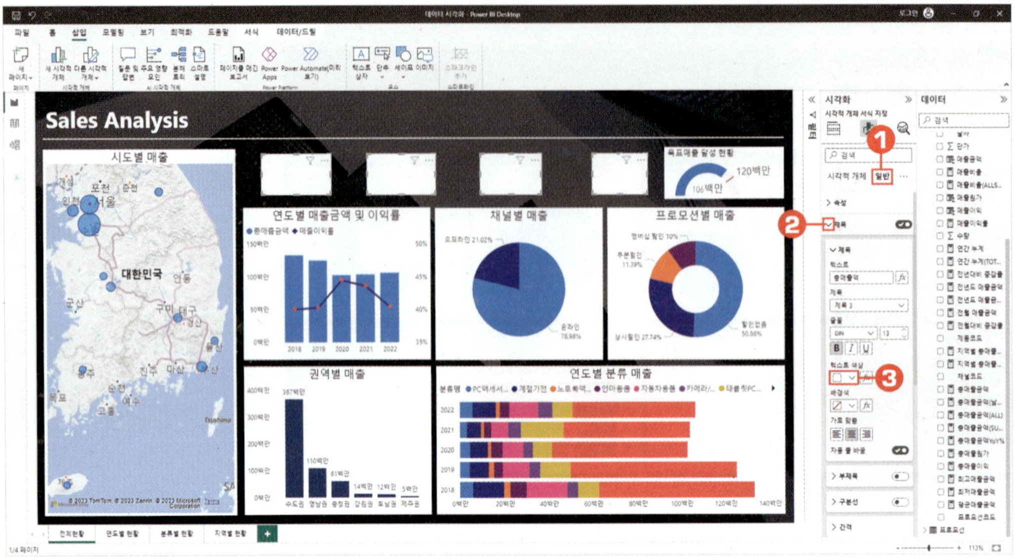

06 [효과] 옵션을 아래로 확장시켜 [배경]을 해제합니다.

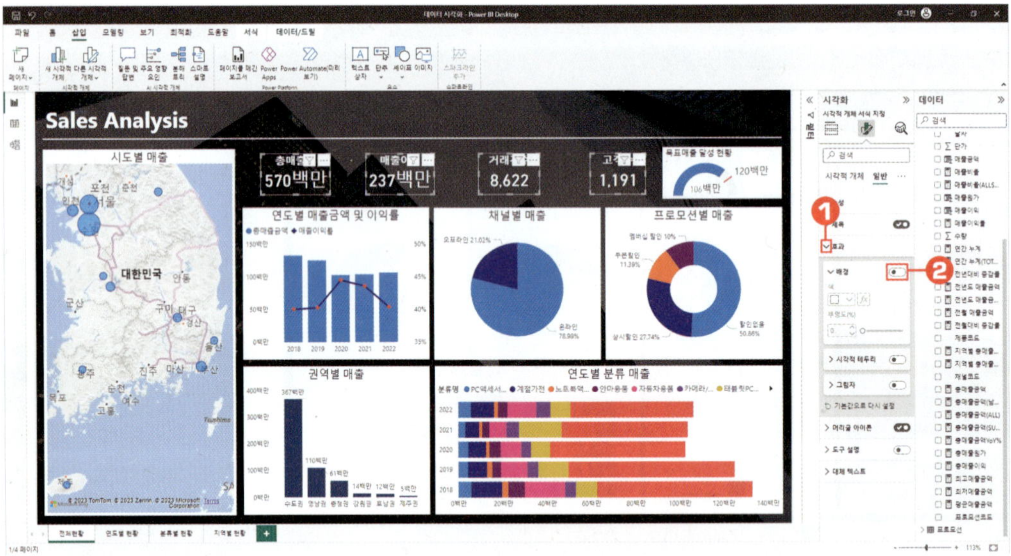

07 [삽입]-[요소] 그룹-[셰이프]를 클릭하고 [사각형]을 선택하여 추가한 뒤 크기를 적절히 조절하여 총매출액 카드 개체 위로 이동시킵니다.

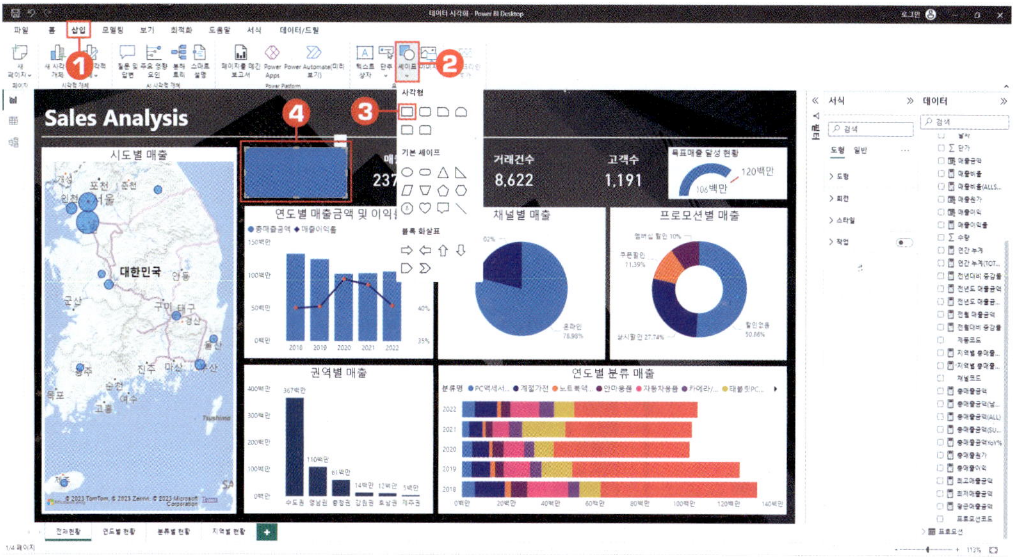

08 [서식] 창의 [스타일] 옵션을 아래로 확장시켜 [채우기], [테두리]를 해제합니다.

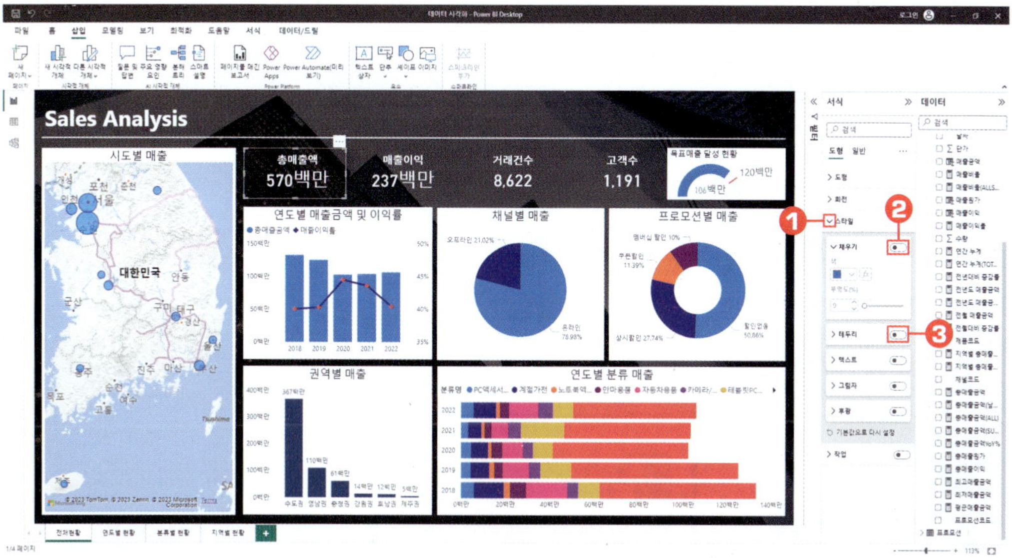

09 [서식] 창의 [일반]을 클릭합니다. [효과] 옵션을 아래로 확장시켜 [시각적 테두리]를 활성화하고 아래로 확장시켜 색상을 '흰색, 60% 더 어둡게'로 변경한 뒤 [그림자]를 활성화합니다.

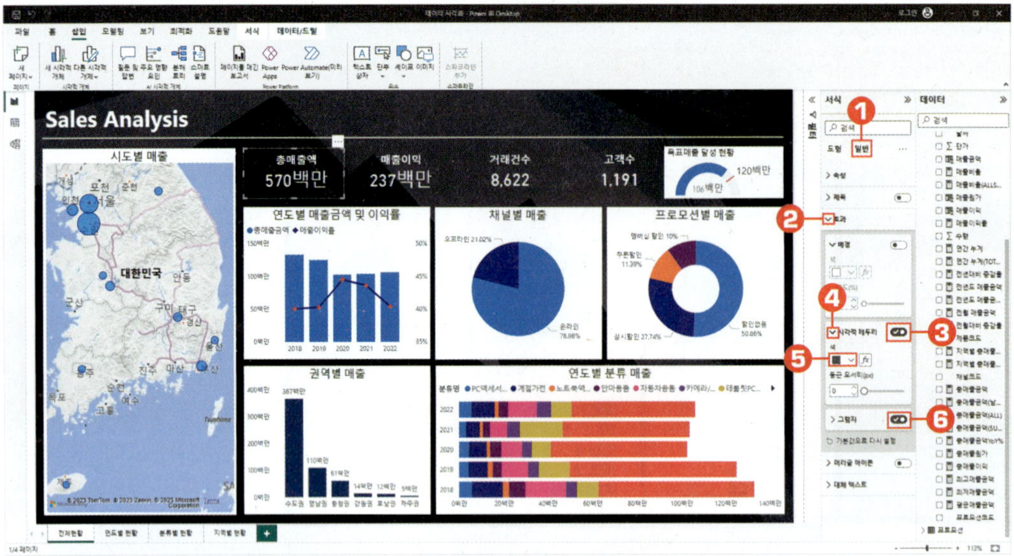

10 도형이 카드 개체 위에 위치하고 있어 카드 개체가 선택되지 않습니다. [보기]-[창 표시] 그룹-[선택]을 클릭하면 시각적 개체의 레이어 순서를 변경할 수 있습니다. 사각형 도형을 총매출액 개체 아래로 이동시킵니다.

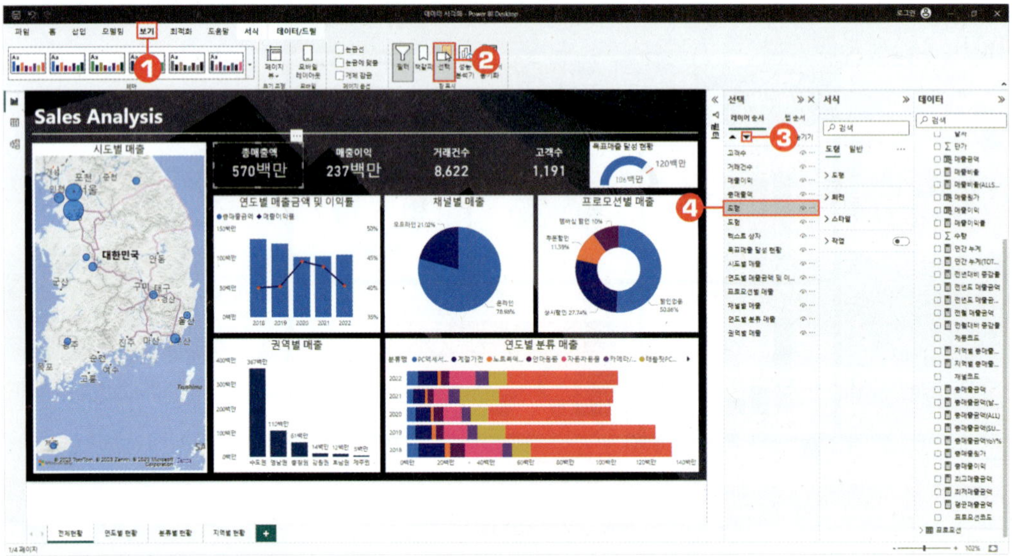

11 총매출액 개체를 선택하여 사각형 도형의 오른쪽 끝으로 이동시킵니다.

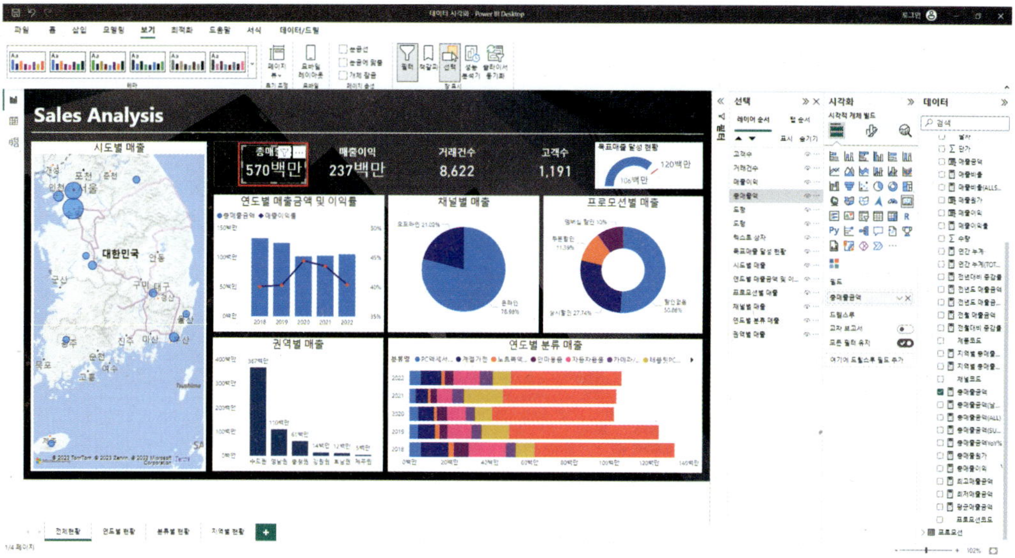

12 사각형 도형을 복사, 붙여넣기하여 매출이익 개체 위로 이동시킵니다. 레이어 순서를 매출이익 개체 아래로 이동시키고 매출이익 개체를 선택하여 사각형 도형의 오른쪽 끝으로 이동시킵니다.

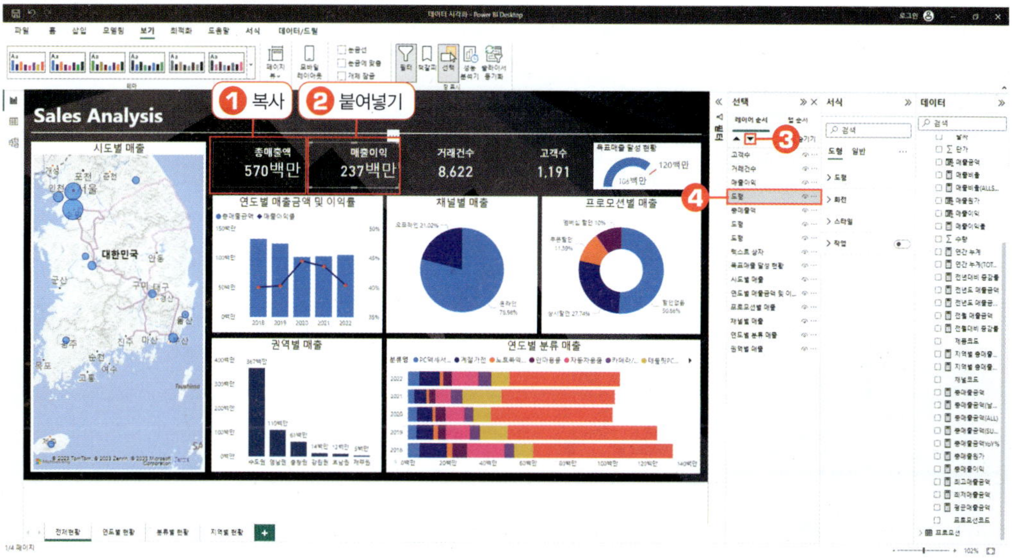

13 같은 방법으로 거래건수와 고객수 개체 위에 사각형 도형을 추가합니다.

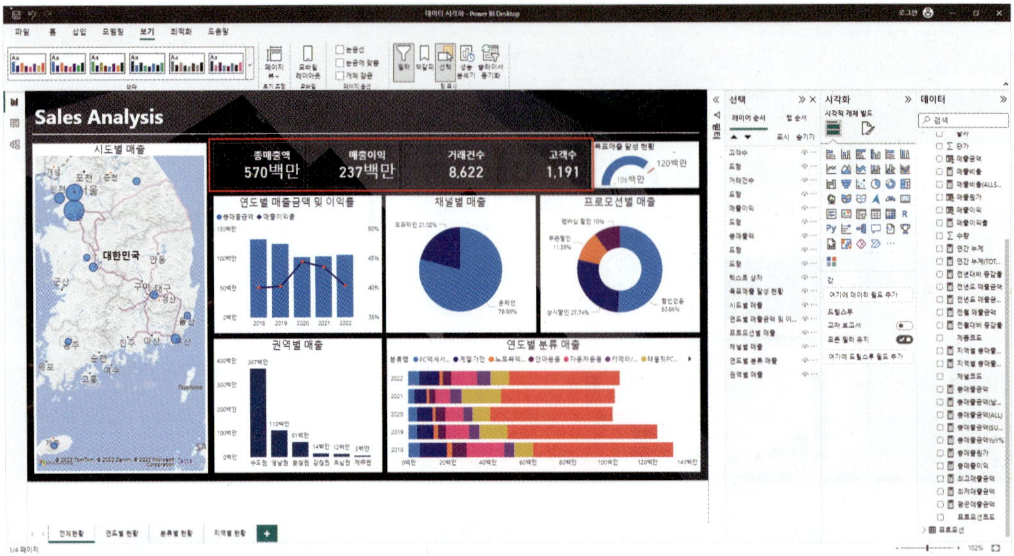

14 사각형 도형과 목표매출 달성 현황 개체를 모두 선택하고 [서식]-[정렬] 그룹-[맞춤]-[가로 균등 맞춤]을 클릭합니다.

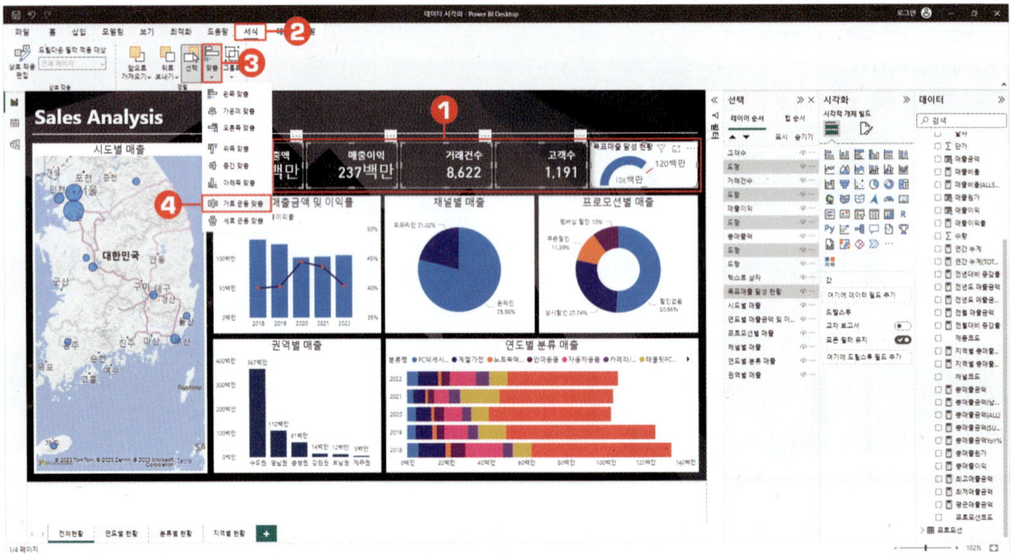

⊕ 추가로 나머지 개체들에 대한 서식 디자인을 변경해 보겠습니다. 시각적 개체의 서식을 개별로 설정할 경우 작업이 매우 번거로우며 시간이 많이 소요됩니다. [보기]–[테마] 그룹–[현재 테마 사용자 지정]에서는 전체 페이지 및 페이지에 있는 모든 시각적 개체에 대한 서식을 한번에 변경할 수 있습니다.

1 [보기]–[테마] 그룹–[현재 테마 사용자 지정]을 클릭합니다.

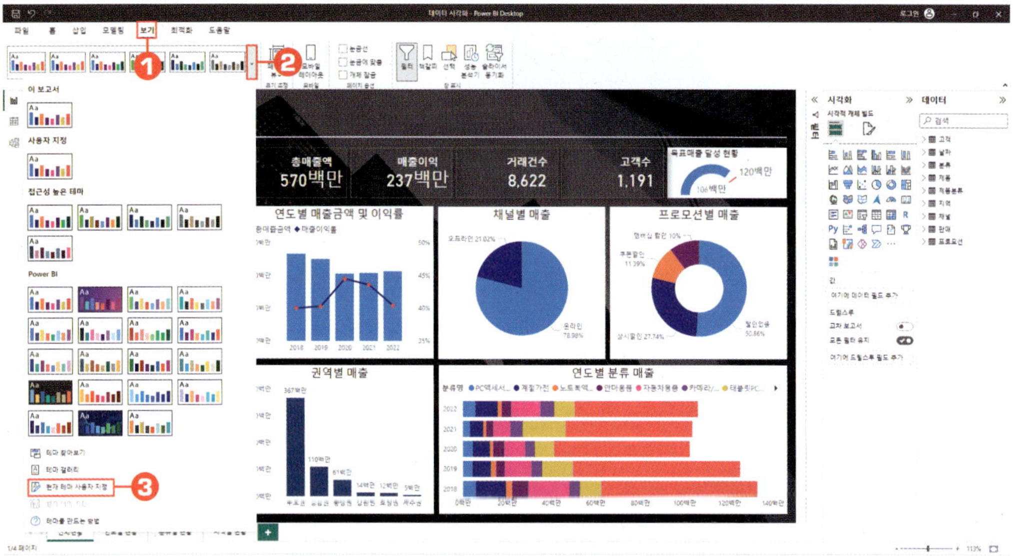

2 [테마 사용자 지정] 대화상자가 표시됩니다. [이름 및 색]–[고급]–[두 번째 수준 요소]의 색상을 '흰색'으로 변경합니다.

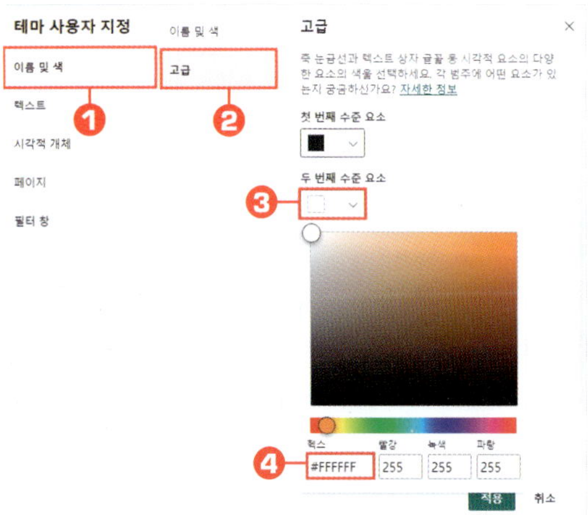

3 [텍스트]-[일반]-[글꼴색]을 '흰색'으로 변경합니다.

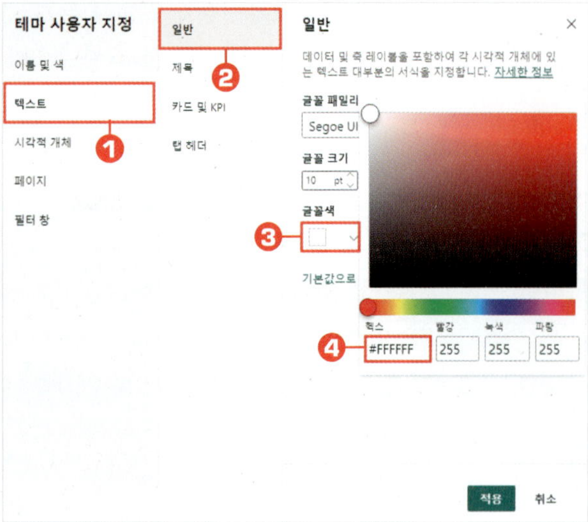

4 [텍스트]-[제목]-[글꼴색]을 '흰색'으로 변경합니다.

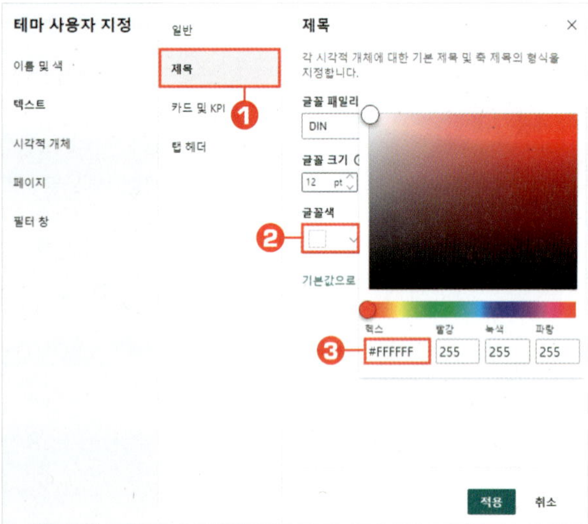

5 [텍스트]-[카드 및 KPI]-[글꼴색]을 '흰색'으로 변경합니다.

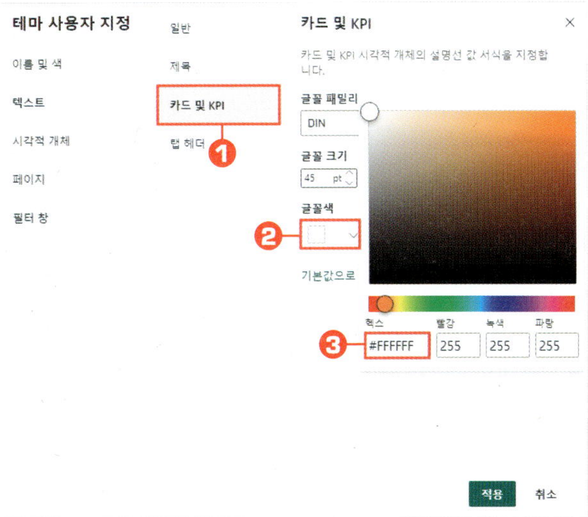

6 [시각적 개체]-[배경]-[투명도]를 '100%'로 변경한 뒤 [적용] 버튼을 클릭합니다.

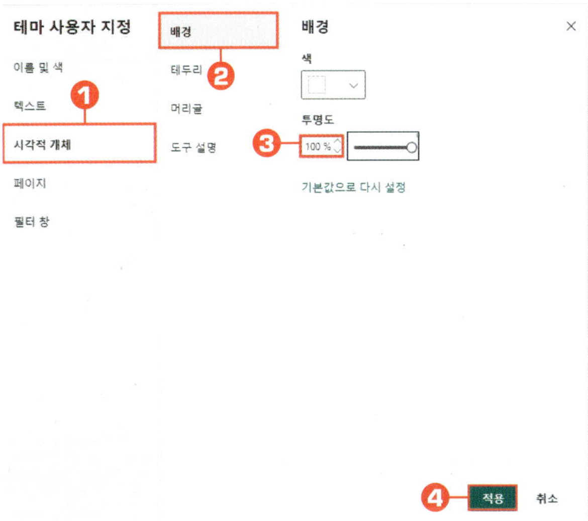

7 [시각적 개체]–[테두리]–[테두리]를 '설정'하고 [색]을 헥스'#666666'으로 변경한 뒤 [적용] 버튼을 클릭합니다.

8 보고서 페이지 내에 있는 모든 시각적 개체의 서식이 변경됩니다.

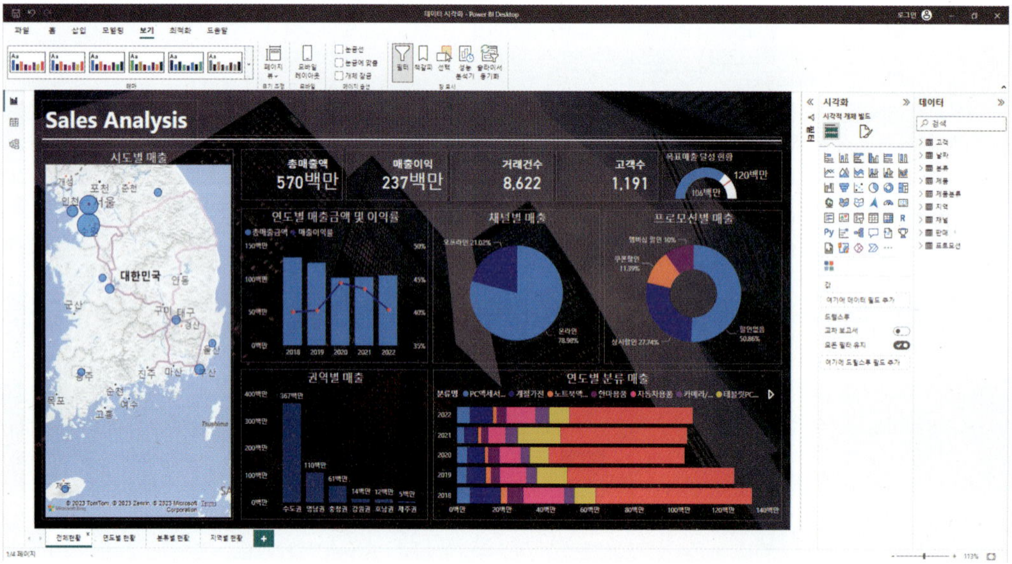

9 [현재 테마 사용자 지정]에서는 모든 시각적 개체에 대한 서식이 변경되므로 해당 서식이 불필요한 특정 개체의 경우에는 수정 작업이 필요합니다. [Sales Analysis] 개체를 선택하고 [서식] 창의 [효과] 옵션을 아래로 확장시켜 [시각적 테두리]를 해제합니다.

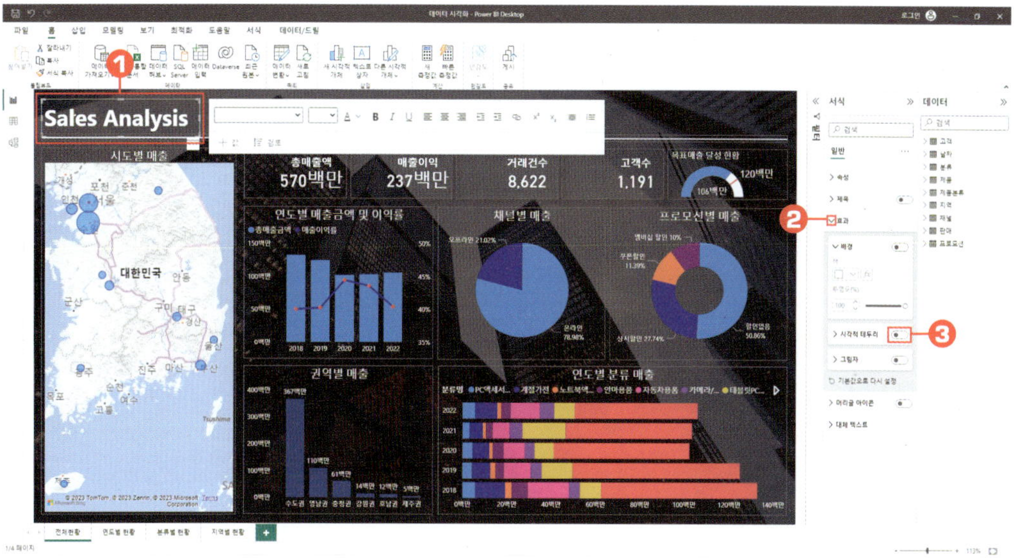

10 [선] 개체를 선택하고 [서식] 창의 [일반]을 클릭합니다. [효과] 옵션을 아래로 확장시키고 [시각적 테두리]를 해제합니다.

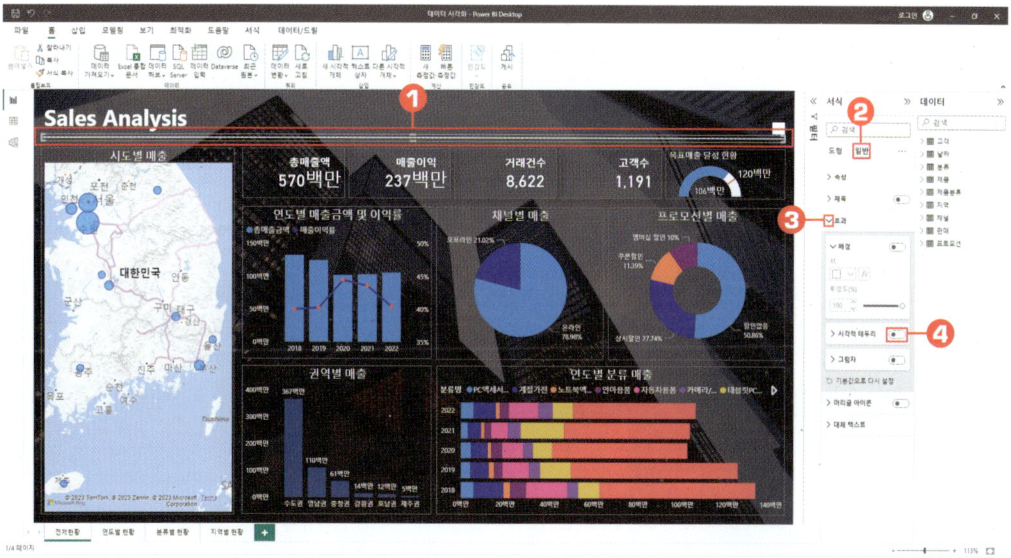

11 '연도별 현황' 페이지로 이동하여 [테이블] 개체를 선택하고 [시각적 개체 서식 지정]-[일반]을 클릭합니다. [속성] 옵션을 아래로 확장시켜 [안쪽여백]을 위쪽 '20', 왼쪽 '8'로 변경하여 테이블을 사각형 도형의 가운데로 위치시킵니다.

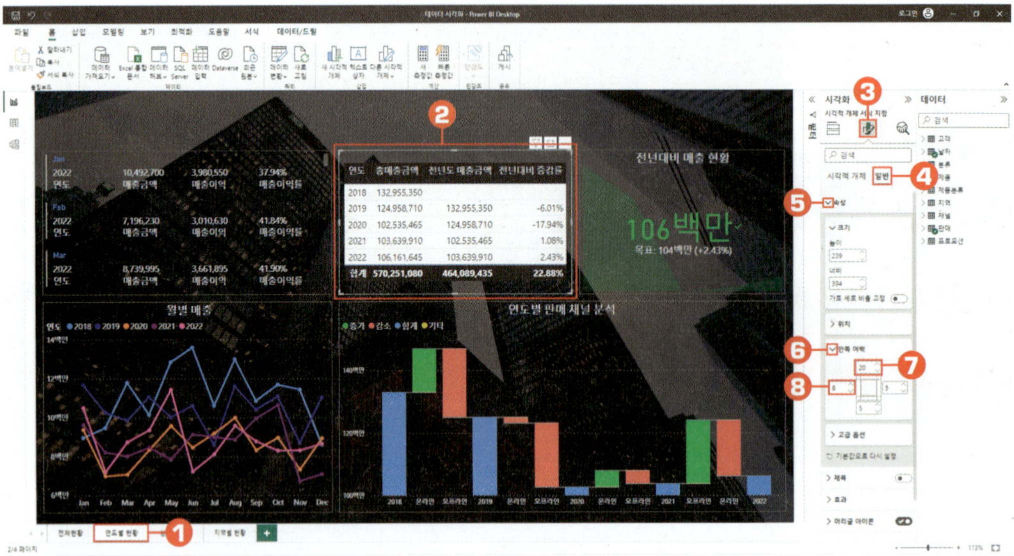

12 '분류별 현황' 페이지로 이동하여 [슬라이서] 개체를 모두 선택하고 [시각적 개체 서식 지정]을 클릭합니다. [값] 옵션을 아래로 확장시켜 [테두리]를 모두 해제하고 [배경]의 색상을 '흰색, 60% 더 어둡게'로 변경합니다.

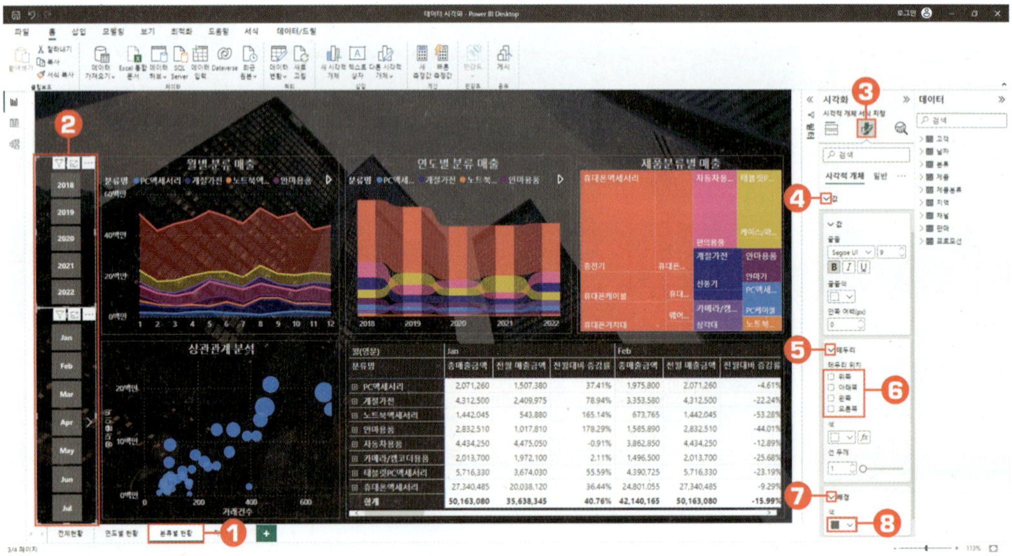

13 [시각적 개체 서식 지정]의 [일반]을 클릭하고 [효과] 옵션을 아래로 확장시켜 [시각적 테두리]를 해제합니다.

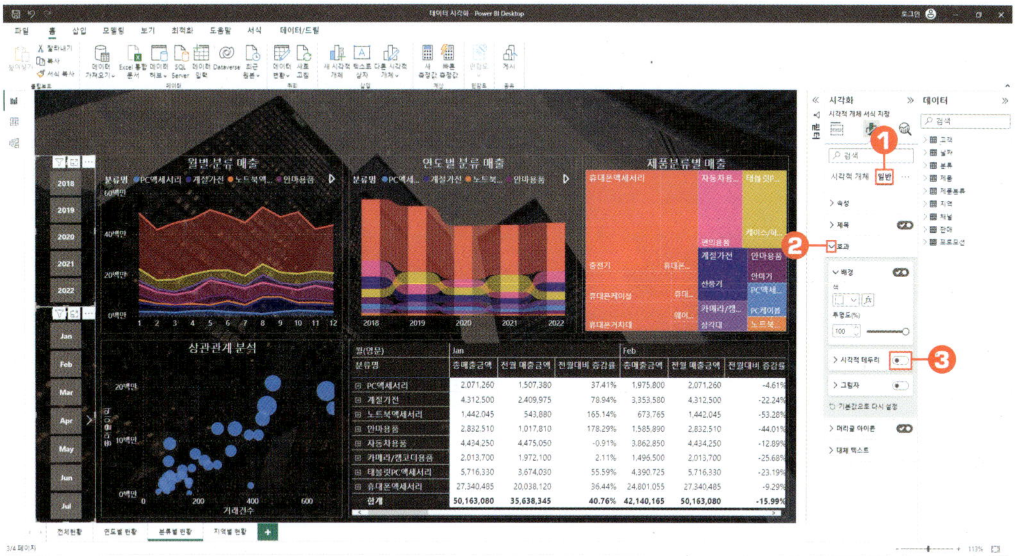

14 '지역별 현황' 페이지로 이동하여 [슬라이서] 개체를 모두 선택하고 [시각적 개체 서식 지정]을 클릭합니다. [값] 옵션을 아래로 확장시켜 텍스트를 '굵게' 설정하고 [테두리]를 모두 해제한 뒤 [배경]의 색상을 '흰색, 60% 더 어둡게'로 변경합니다.

15 [시각적 개체 서식 지정]의 [일반]을 클릭하고 [효과] 옵션을 아래로 확장시켜 [시각적 테두리]를 해제합니다.

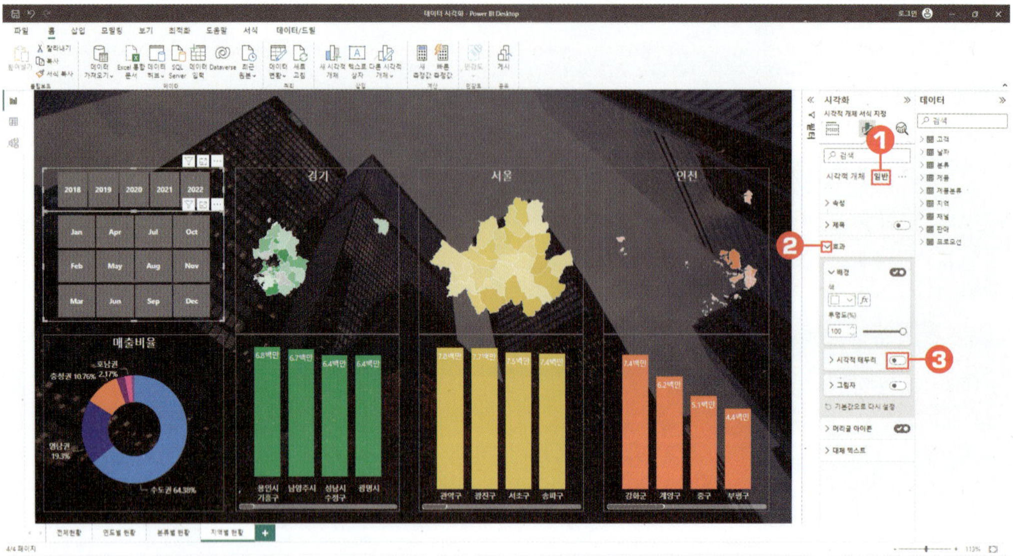

16 [도형 맵] 개체를 모두 선택하여 [시각적 개체 서식 지정]의 [일반]을 클릭하고 [효과] 옵션을 아래로 확장시켜 [시각적 테두리]를 해제합니다.

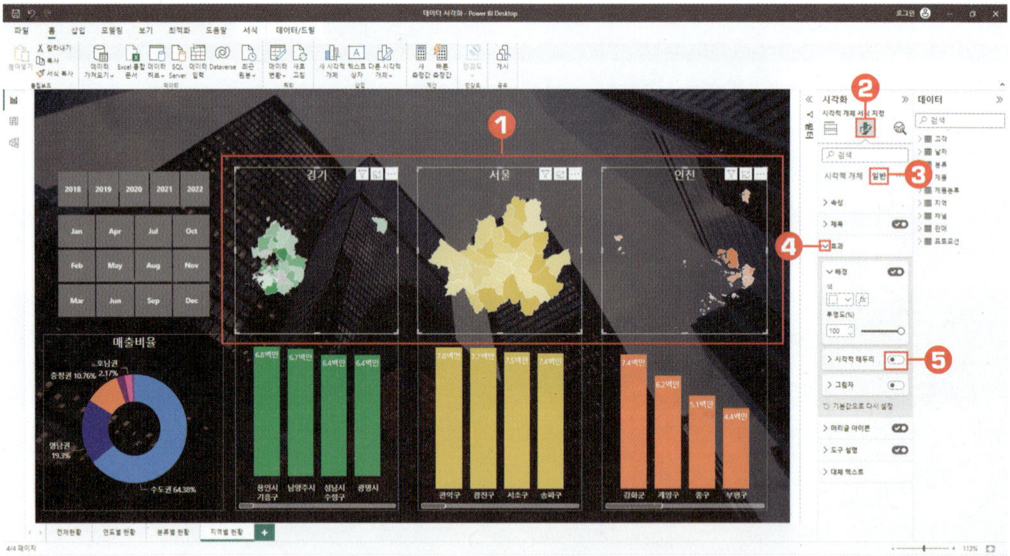

17 [누적 세로 막대형 차트] 개체를 모두 선택하여 [시각적 개체 서식 지정]의 [일반]을 클릭하고 [효과] 옵션을 아래로 확장시켜 [시각적 테두리]를 해제합니다.

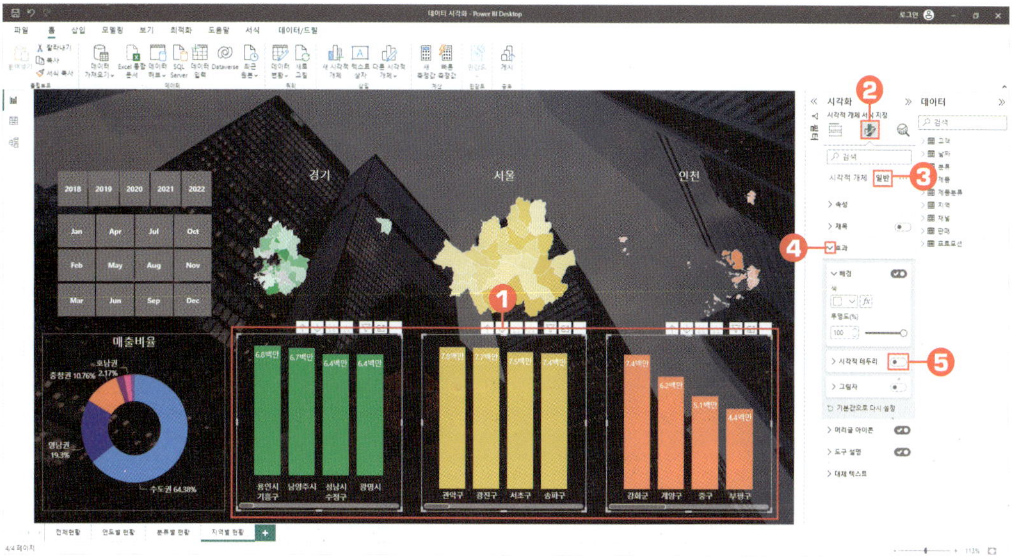

18 마지막으로 [도넛형 차트] 개체를 선택하여 [시각적 개체 서식 지정]이 [일반]을 클릭하고 [효과] 옵션을 아래로 확장시켜 [시각적 테두리]를 해제합니다.

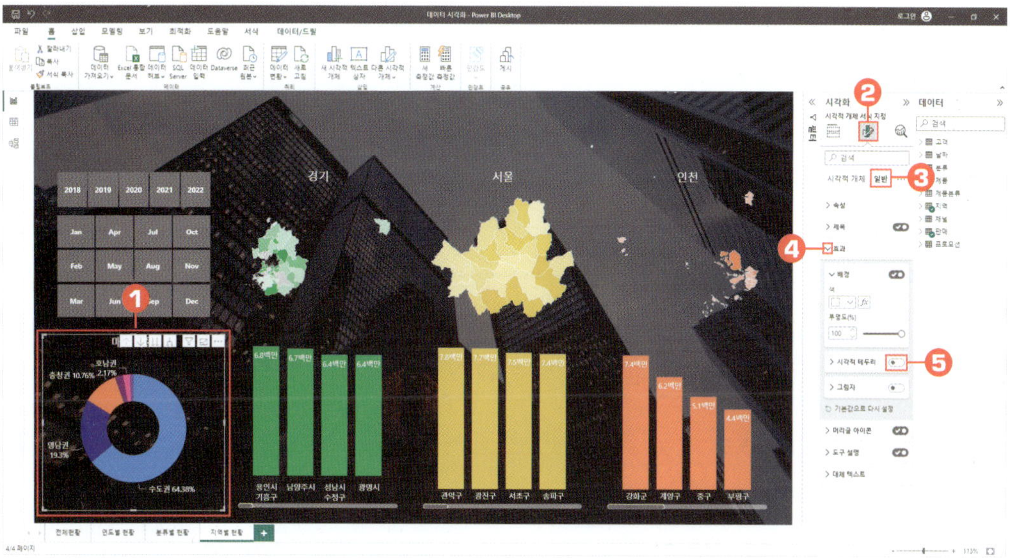

| 이미지

보고서 페이지에 사용자가 원하는 이미지를 추가할 수 있습니다.

01 '전체현황' 페이지로 이동하여 [삽입]-[요소] 그룹-[이미지]를 클릭합니다.

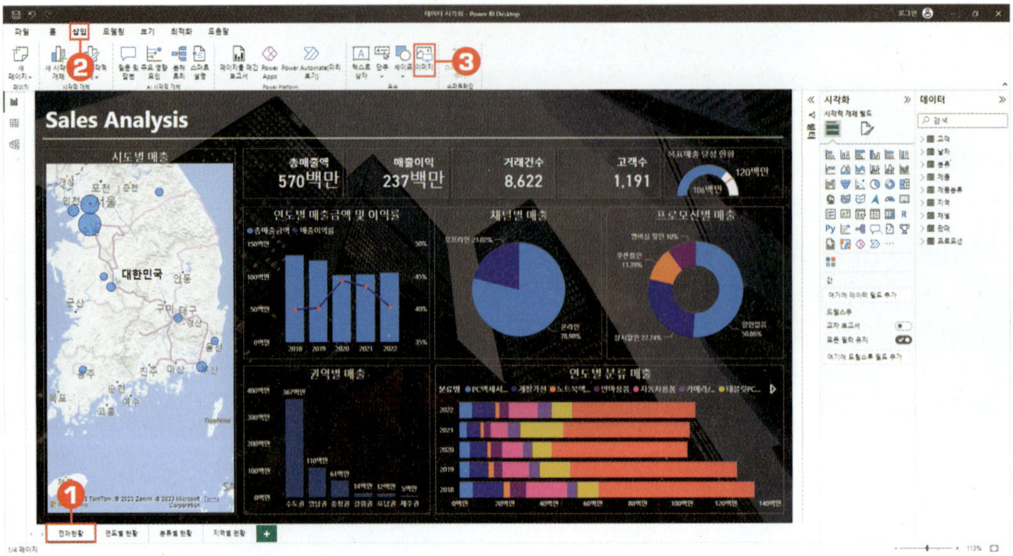

02 [열기] 대화상자가 표시됩니다. '로고.png' 파일을 선택하고 [열기]를 클릭합니다.

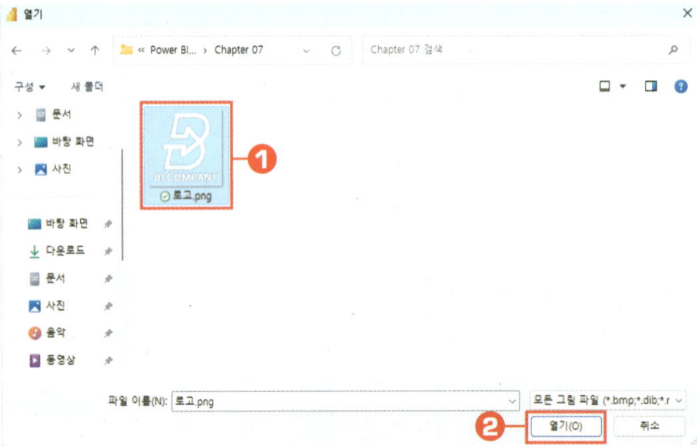

03 삽입된 이미지의 크기를 적절히 조절하여 적당한 위치로 이동시킨 뒤 [서식] 창의 [일반]을 클릭하고 [효과] 옵션을 아래로 확장시켜 [시각적 테두리]를 해제합니다.

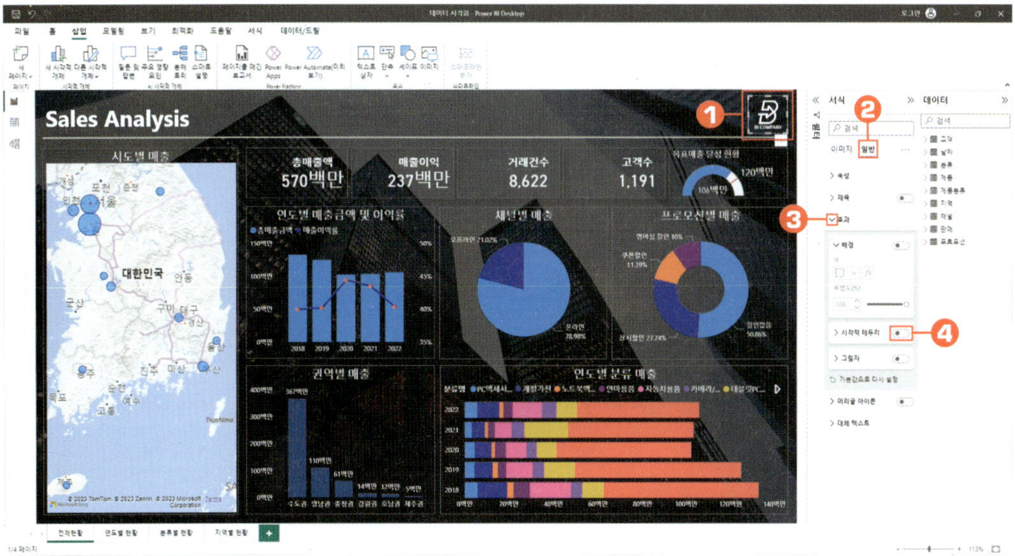

04 같은 방법으로 [삽입]-[요소] 그룹-[이미지]를 클릭하여 [카드], [게기] 개체 옆에 이미지를 추가합니다.

| TIP | 교재에서 사용된 아이콘 이미지는 Google Fonts(https://fonts.google.com/icons)에서 다운받을 수 있습니다. Google Fonts는 오픈소스로 누구나 쉽게 무료로 아이콘을 다운로드할 수 있습니다. 단, 사용 전 해당 사이트의 저작권 관련 주의사항을 반드시 확인하시길 바랍니다.

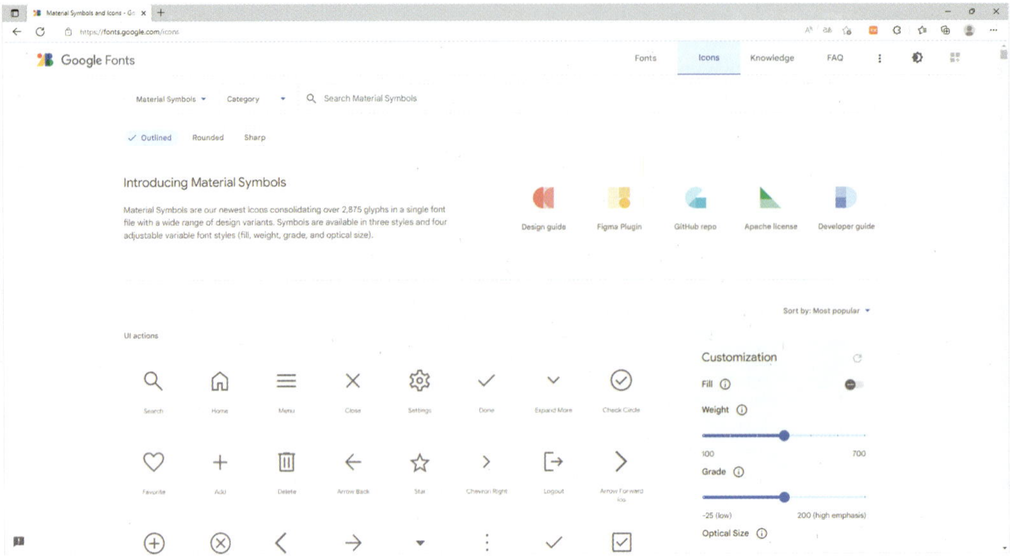

05 페이지 상단의 [텍스트 상자], [선], [로고 이미지]를 선택하고 Ctrl+C하여 복사합니다.

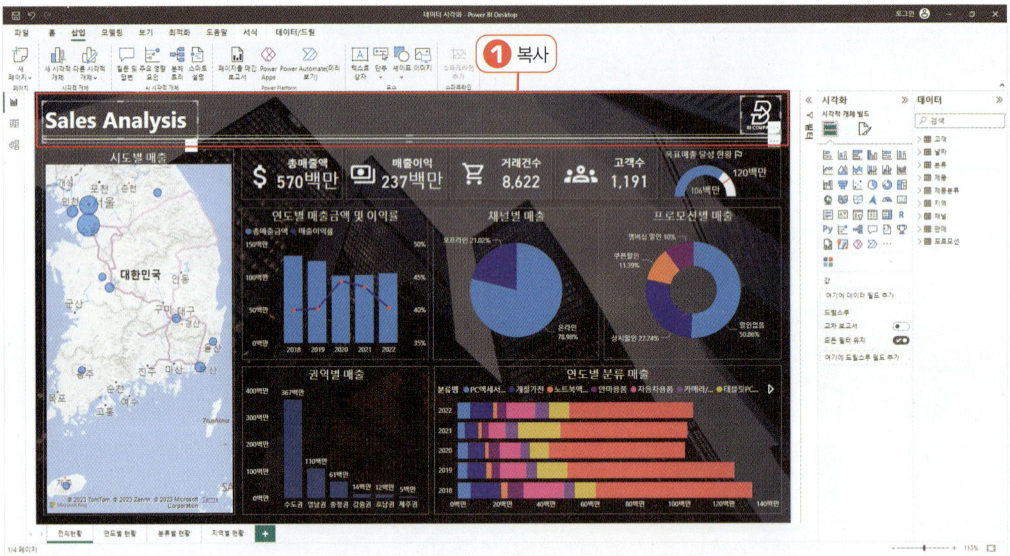

06 복사된 개체를 '연도별 현황', '분류별 현황', '지역별 현황' 페이지에 차례대로 Ctrl+V하여 붙여넣기 합니다.

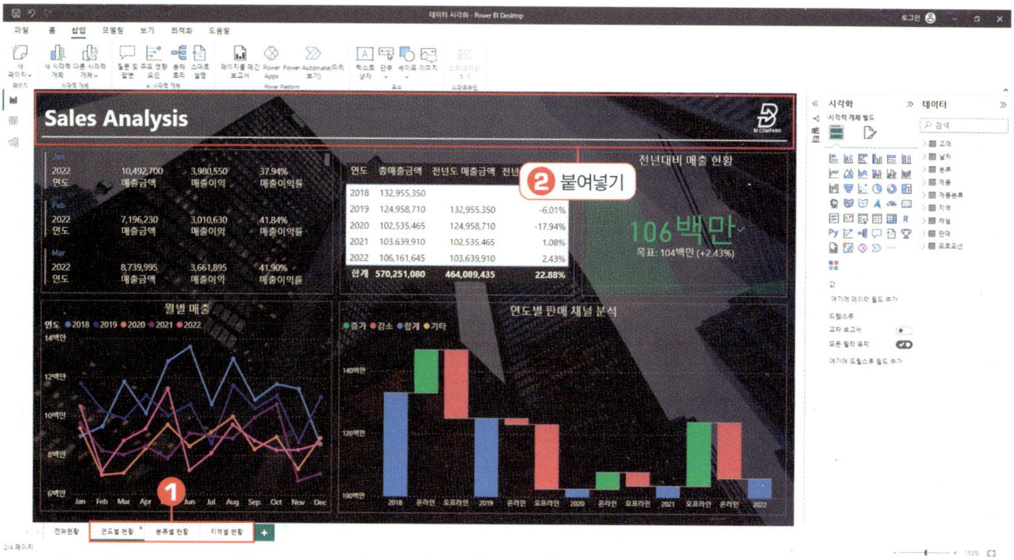

| 단추

마우스를 클릭하여 보고서 페이지를 조작할 수 있는 버튼을 삽입할 수 있습니다.

01 '전체현황' 페이지로 이동하여 [삽입]–[요소] 그룹–[단추]–[비어 있음]을 클릭합니다.

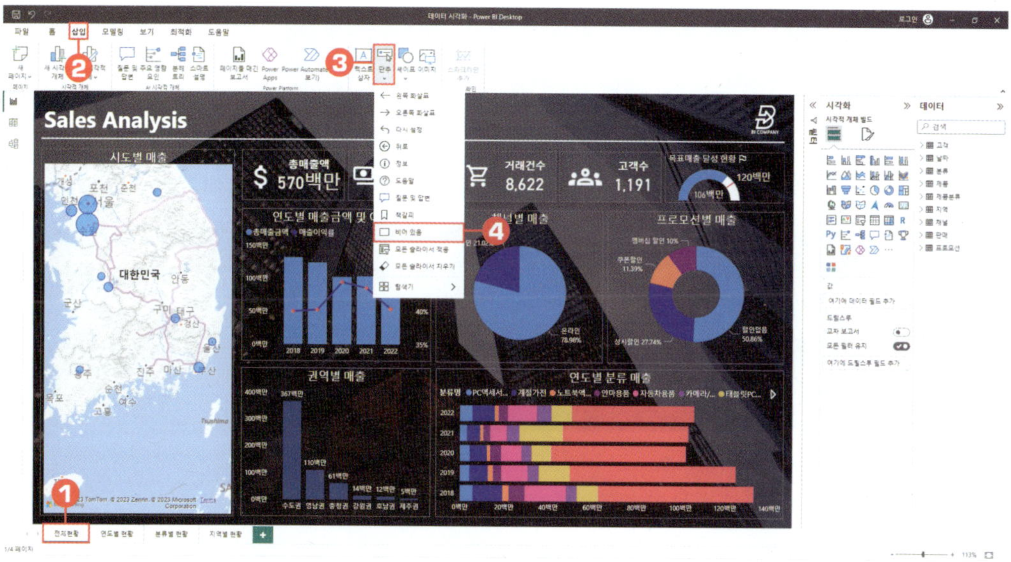

02 단추의 크기를 적절히 조절하여 [선] 개체 위로 이동시킵니다. [서식] 창의 [도형] 옵션을 클릭하여 도형을 '둥근 탭, 오른쪽 상단'으로 변경합니다.

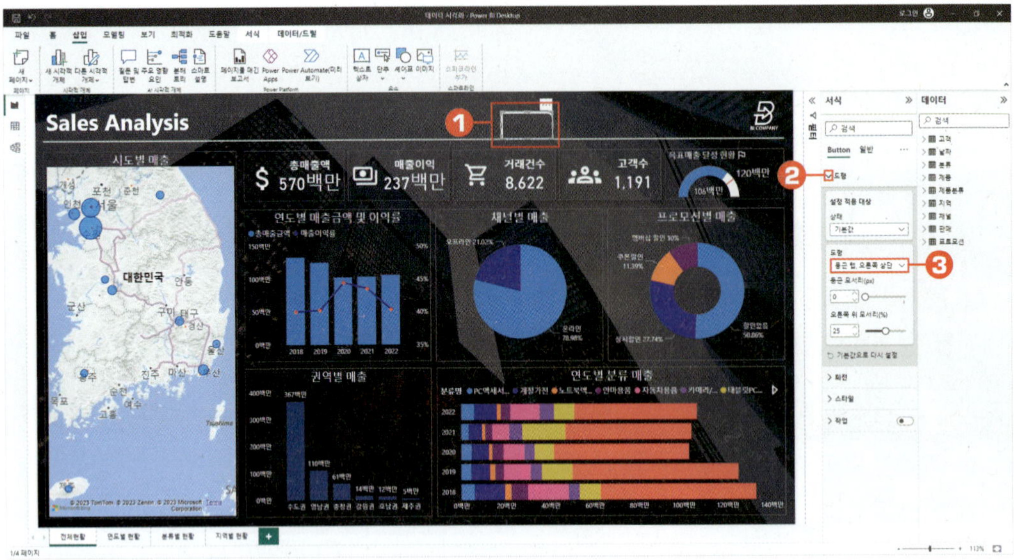

03 [스타일] 옵션을 아래로 확장시켜 [텍스트]를 활성화하고 텍스트에 전체현황을 입력합니다. 텍스트 크기를 '11'로 변경하고 '굵게' 설정한 뒤 글꼴색을 '검정'으로 변경합니다.

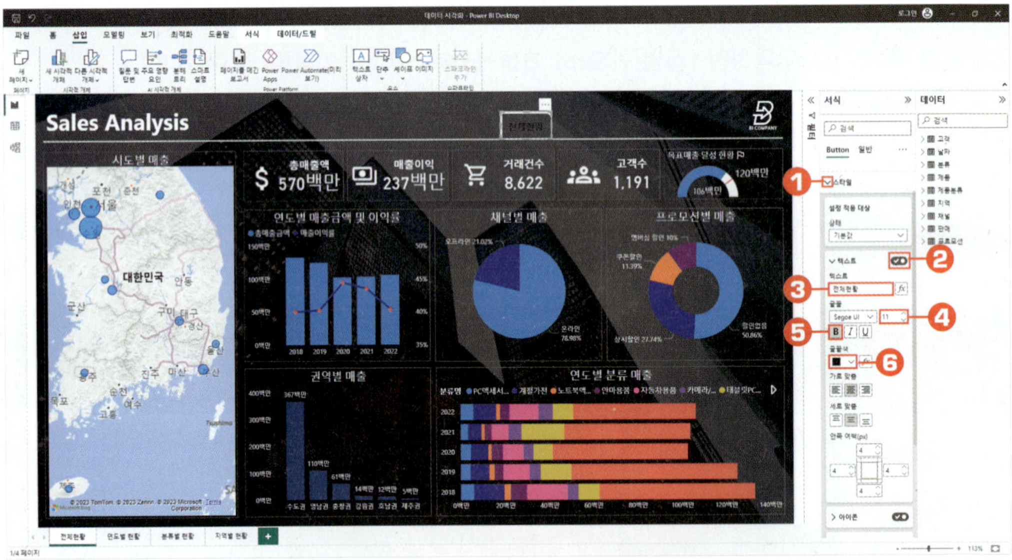

04 [스타일]-[채우기] 옵션을 활성화하여 아래로 확장시킵니다. 색상을 '흰색'으로 변경하고 투명도를 '0'으로 설정한 뒤 [테두리]를 해제합니다.

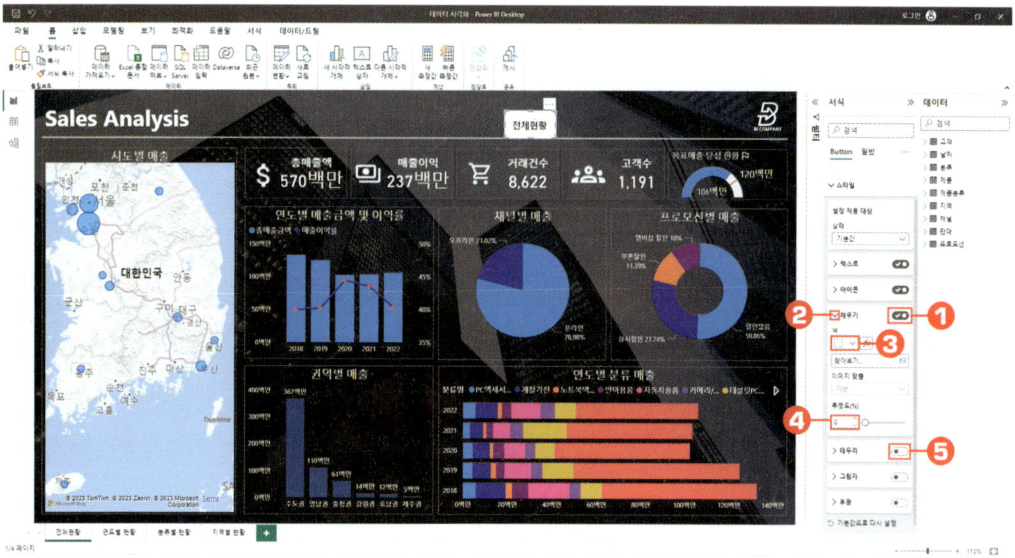

05 [작업] 옵션을 활성화하여 아래로 확장시키고 유형을 '페이지 탐색'으로 지정하고 [도구 설명] 텍스트에 전체현황으로 이동을 입력합니다.

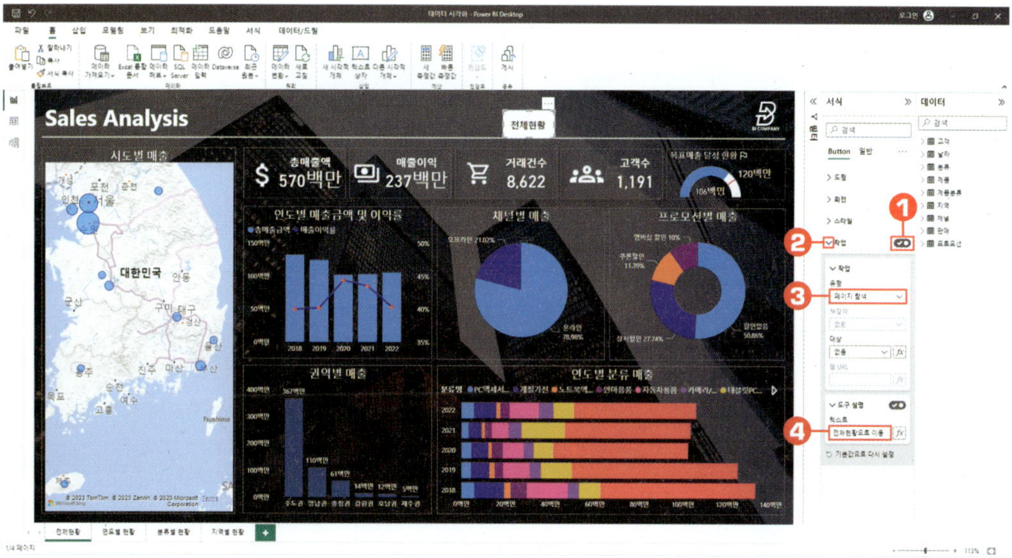

06 [서식]-[일반]을 클릭하고 [효과] 옵션을 아래로 확장시켜 [시각적 테두리]를 해제합니다.

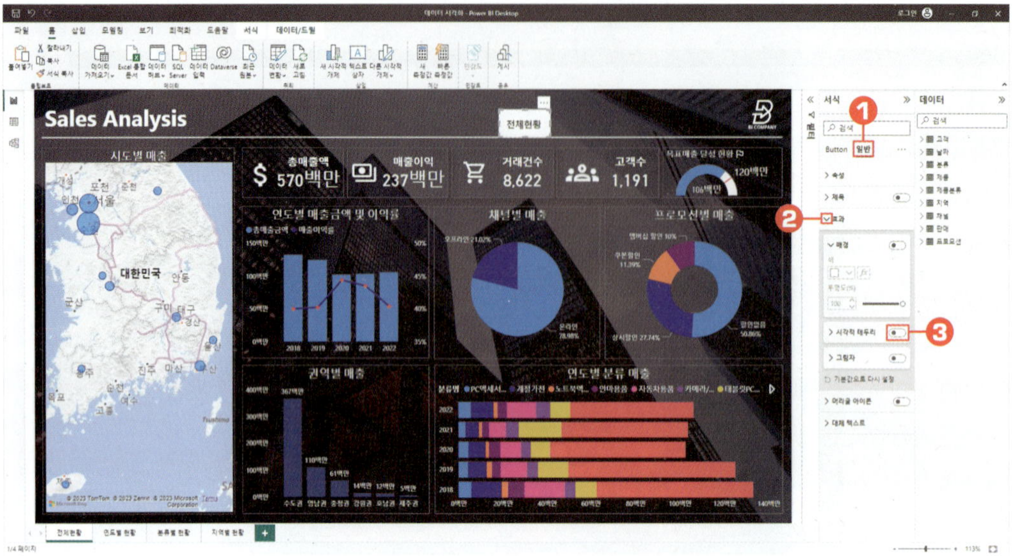

07 [전체현황] 단추를 복사, 붙여넣기하여 위치를 이동시킵니다. [서식]-[Button]-[스타일]-[텍스트] 옵션을 클릭하여 텍스트를 '연도별 현황'으로 변경합니다.

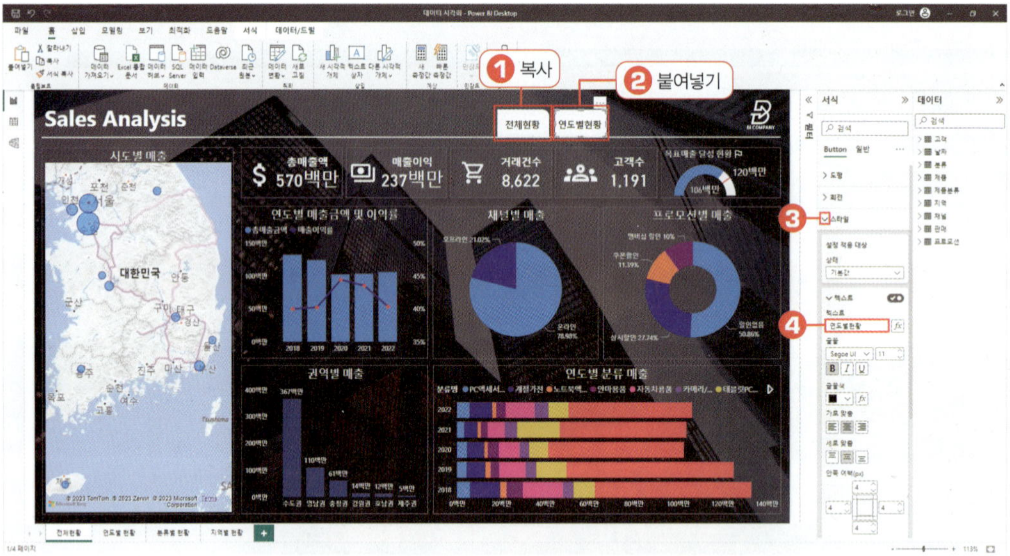

08 [채우기] 옵션을 아래로 확장시켜 투명도를 '50'으로 지정합니다.

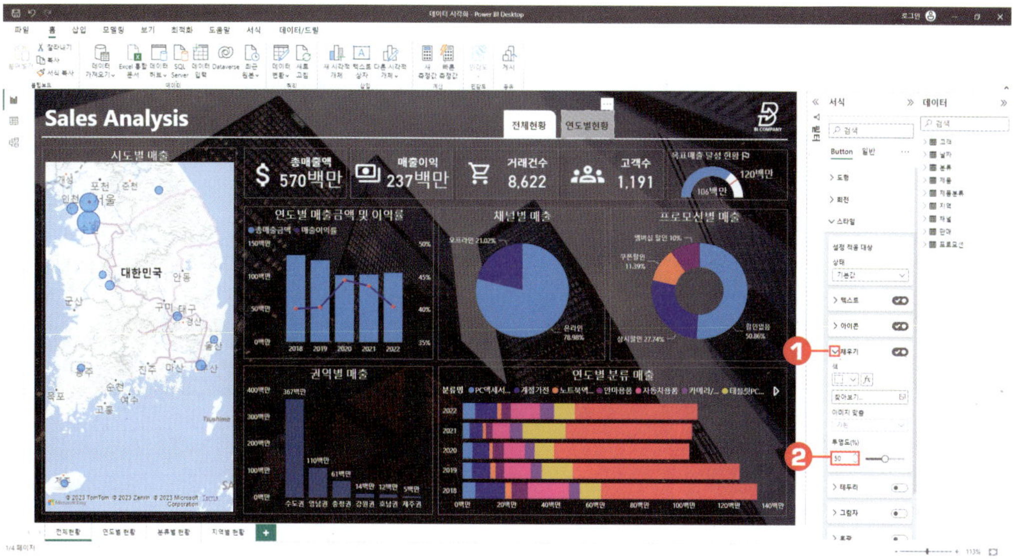

09 [스타일]의 설정 적용 대상을 '가리킬 때'로 변경하고 [채우기]의 투명도를 '0'으로 설정합니다.

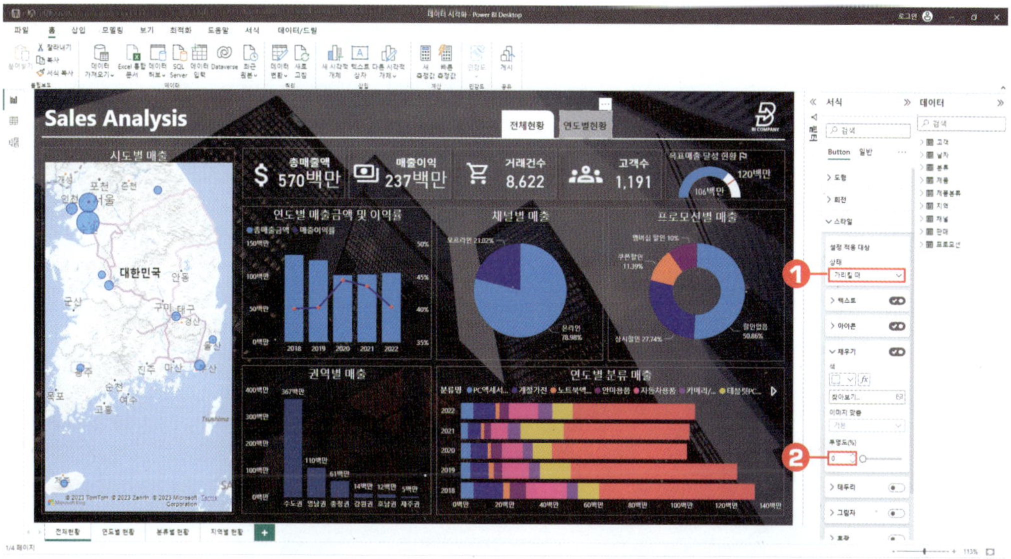

10 [작업] 옵션을 아래로 확장시켜 대상을 '연도별 현황'으로 지정하고 [도구 설명] 텍스트에 연도별 현황으로 이동을 입력합니다.

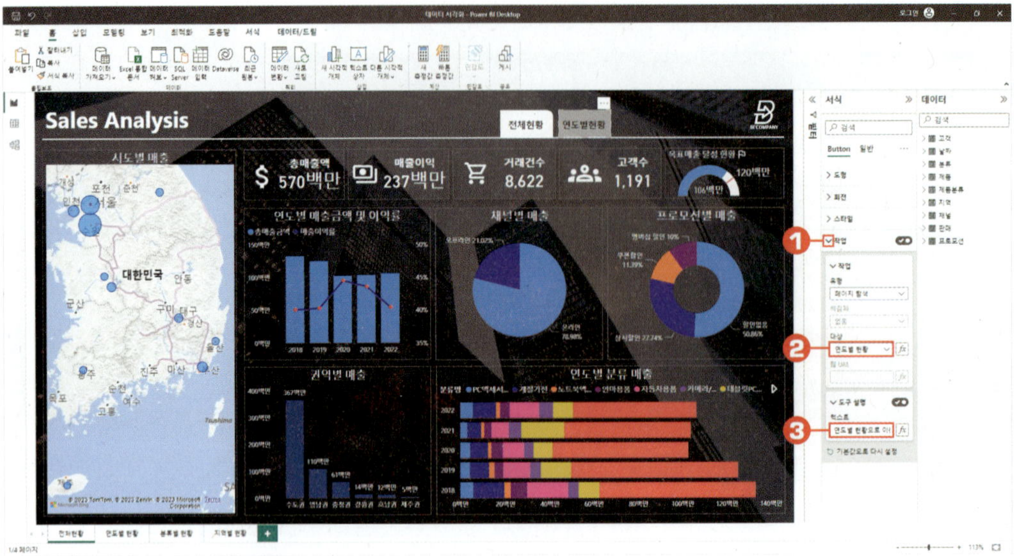

11 [연도별 현황] 단추를 복사, 붙여넣기하여 위치를 이동시킵니다. [서식]-[Button]-[스타일]을 클릭하여 설정 적용 대상을 '기본값'으로 설정하고 텍스트를 '분류별 현황'으로 변경합니다.

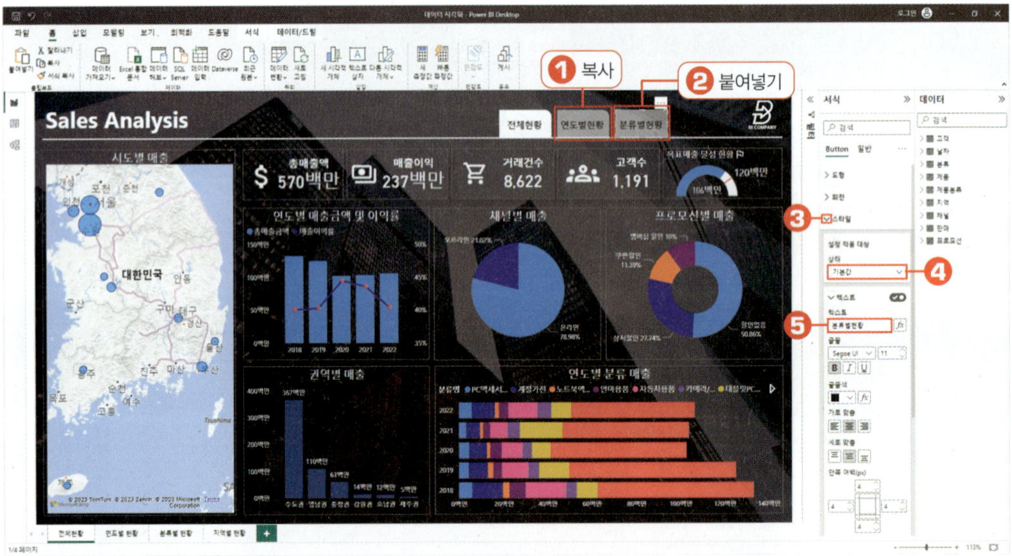

12 [작업] 옵션을 아래로 확장시켜 대상을 '분류별 현황'으로 지정하고 [도구 설명] 텍스트에 분류별 현황으로 이동을 입력합니다.

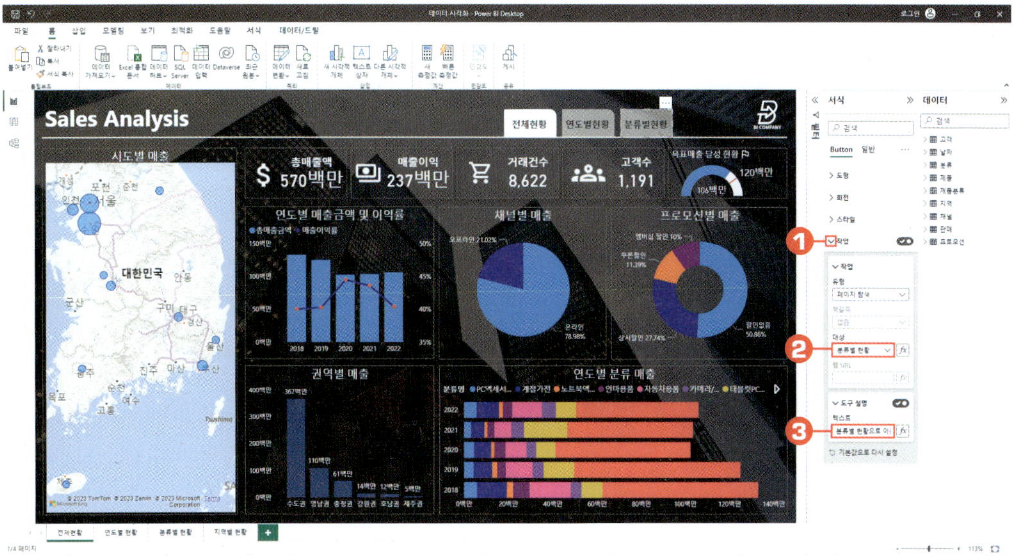

13 [분류별 현황] 단추를 복사, 붙여넣기하여 위치를 이동시킵니다. [서식]–[Button]–[스타일]을 클릭하여 텍스트를 '지역별 현황'으로 변경합니다.

14 [작업] 옵션을 아래로 확장시켜 대상을 '지역별 현황'으로 지정하고 [도구 설명] 텍스트에 지역별 현황으로 이동을 입력합니다.

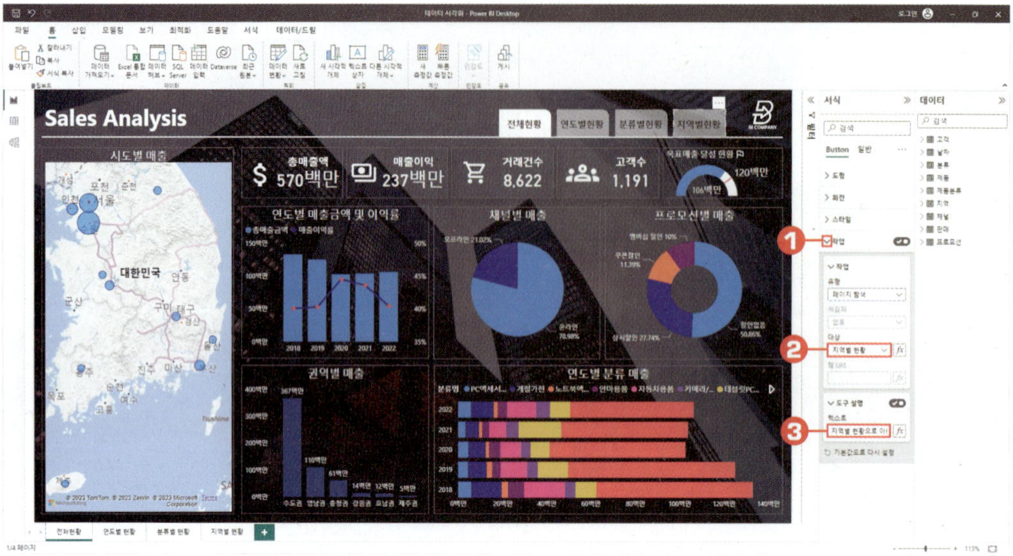

15 '전체현황' 페이지의 [단추] 개체를 복사하여 '연도별 현황' 페이지에 붙여넣기합니다.

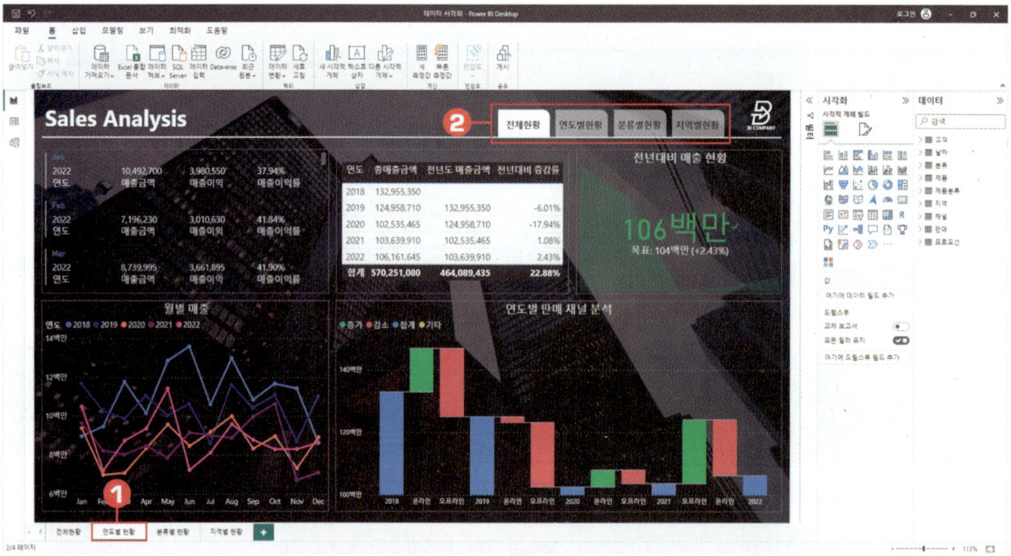

16 [전체현황] 단추를 선택하고 [서식]-[Button]-[스타일]-[채우기]를 클릭하여 투명도를 '50'으로 설정합니다.

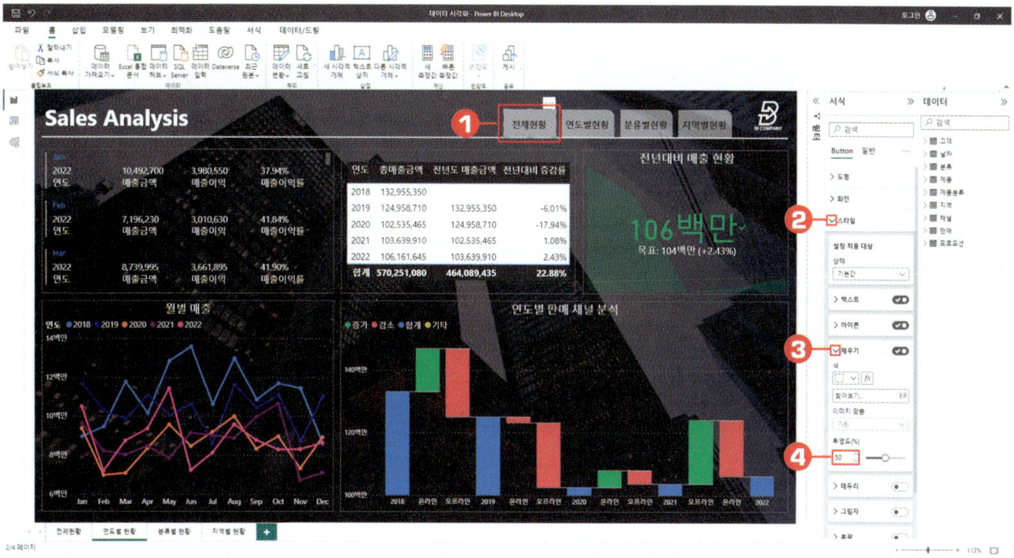

17 [스타일]의 설정 적용 대상을 '가리킬 때'로 변경하고 [채우기]의 투명도를 '0'으로 설정합니다.

18 [작업] 옵션을 아래로 확장시켜 대상을 '전체현황'으로 지정합니다.

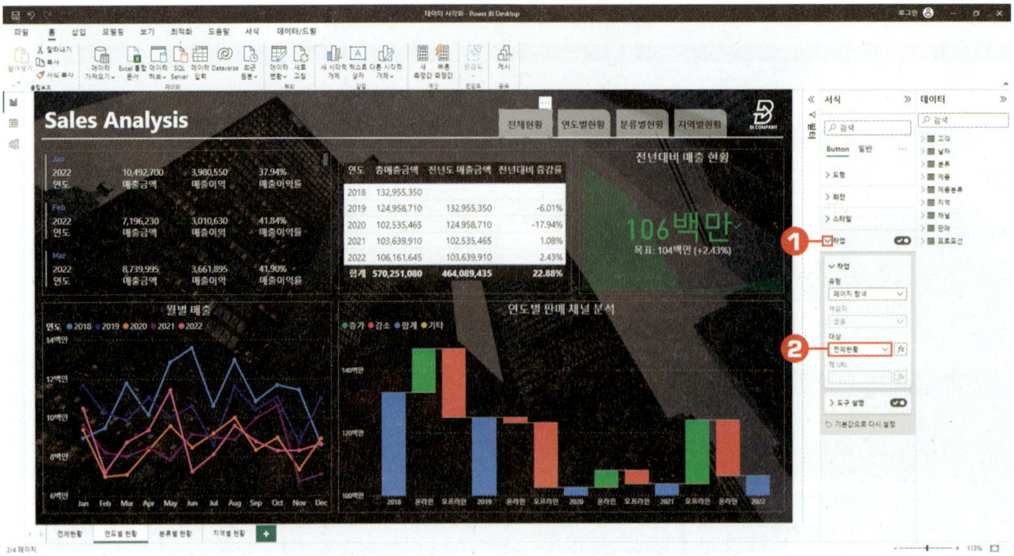

19 [연도별 현황] 단추를 선택하여 [스타일]의 설정 적용 대상을 '기본값'으로 변경하고 [채우기]의 투명도를 '0'으로 설정합니다.

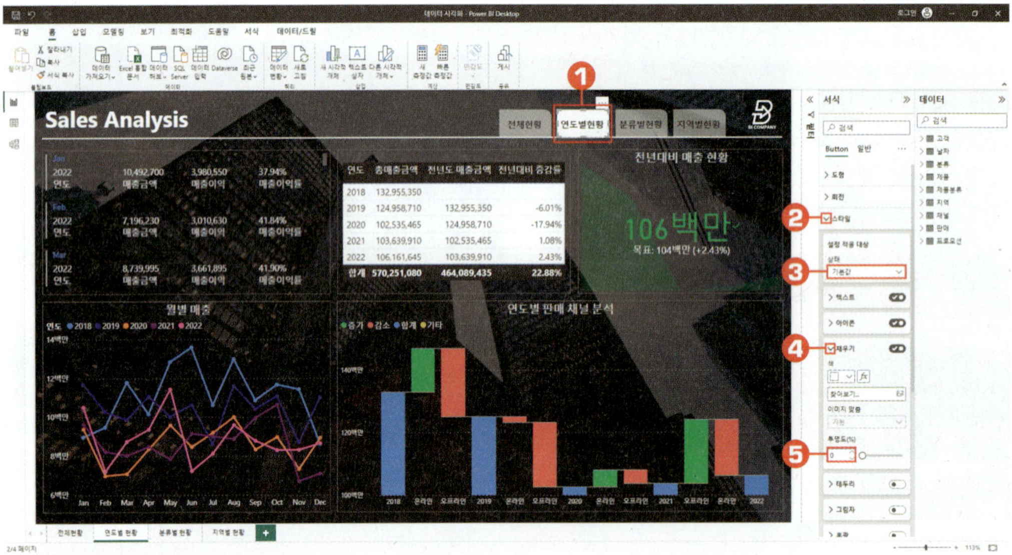

20 '연도별 현황' 페이지의 [단추] 개체를 복사하여 '분류별 현황' 페이지에 붙여넣기합니다.

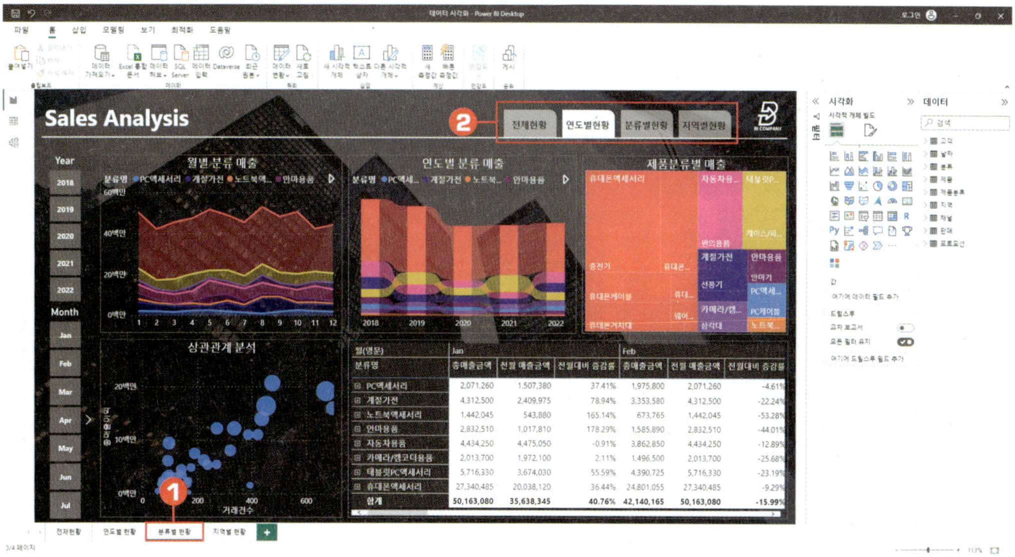

21 [연도별 현황] 단추를 선택하고 [서식]–[Button]–[스타일]–[채우기]를 클릭하여 투명도를 '50'으로 설정합니다.

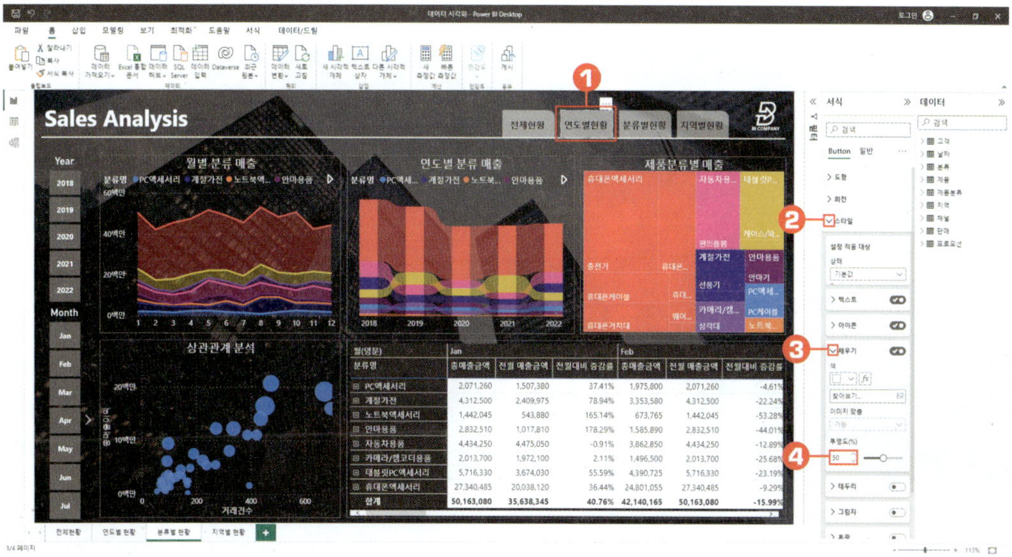

22 [분류별 현황] 단추를 클릭하고 [채우기]의 투명도를 '0'으로 설정합니다.

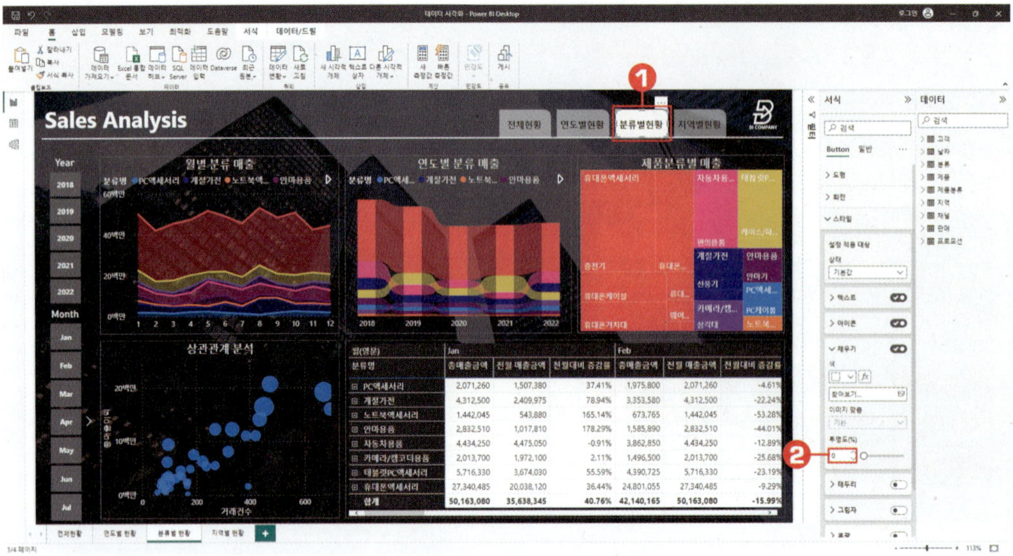

23 '분류별 현황' 페이지의 [단추] 개체를 복사하여 '지역별 현황' 페이지에 붙여넣기합니다.

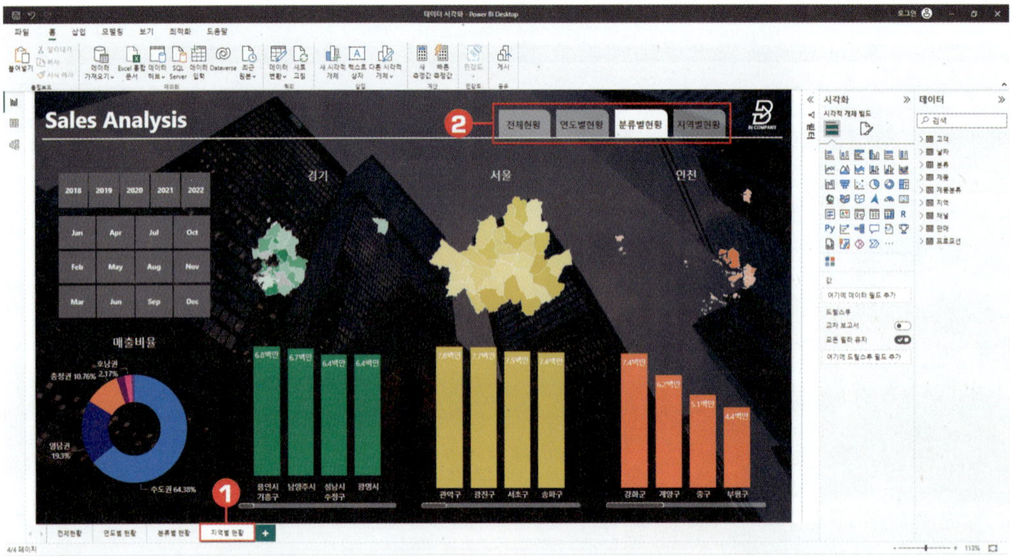

24 [분류별 현황] 단추를 선택하고 [서식]-[Button]-[스타일]-[채우기]를 클릭하여 투명도를 '50'으로 설정합니다.

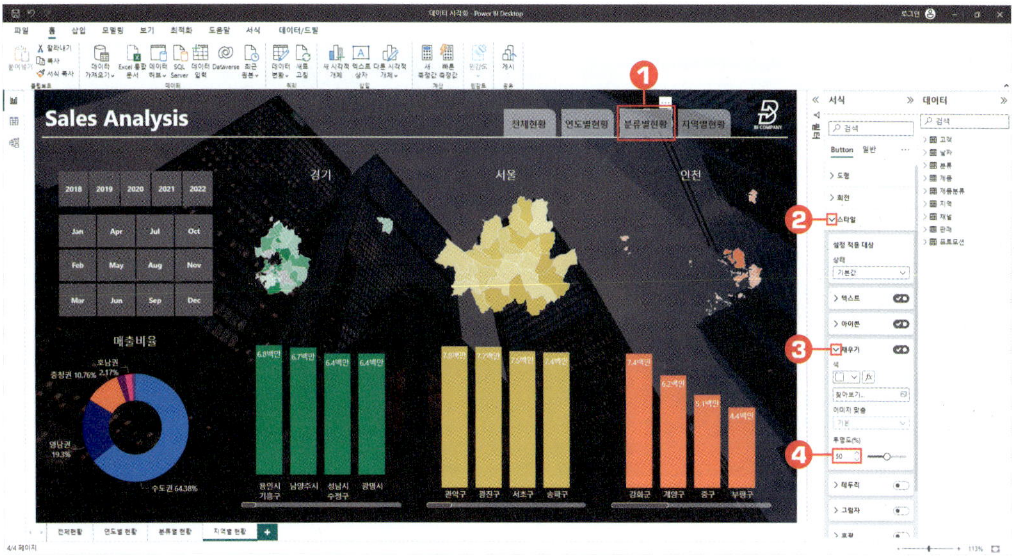

25 [지역별 현황] 단추를 클릭하고 [채우기]의 투명도를 '0'으로 설정합니다.

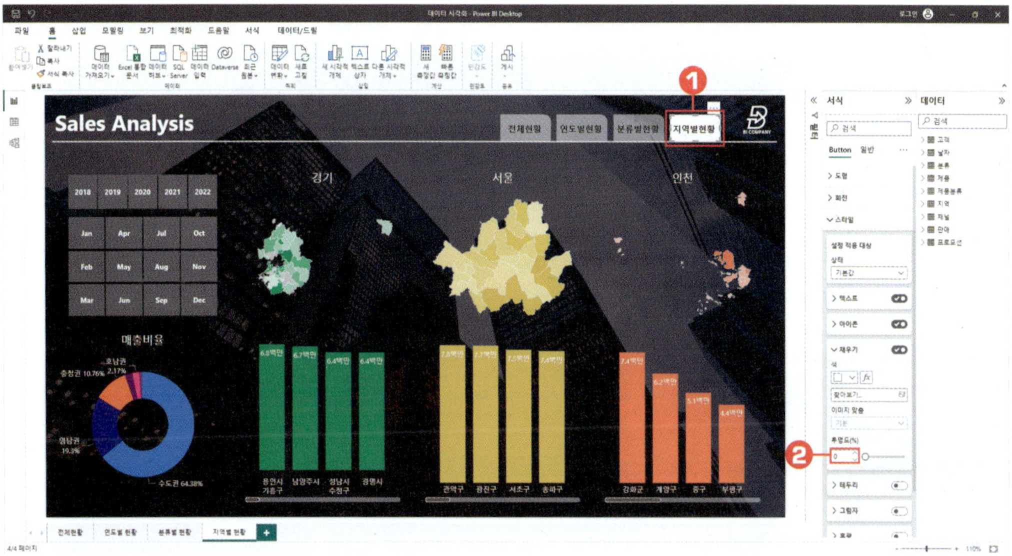

26 '지역별 현황' 페이지에서 [전체현황] 단추를 Ctrl+마우스 클릭합니다.

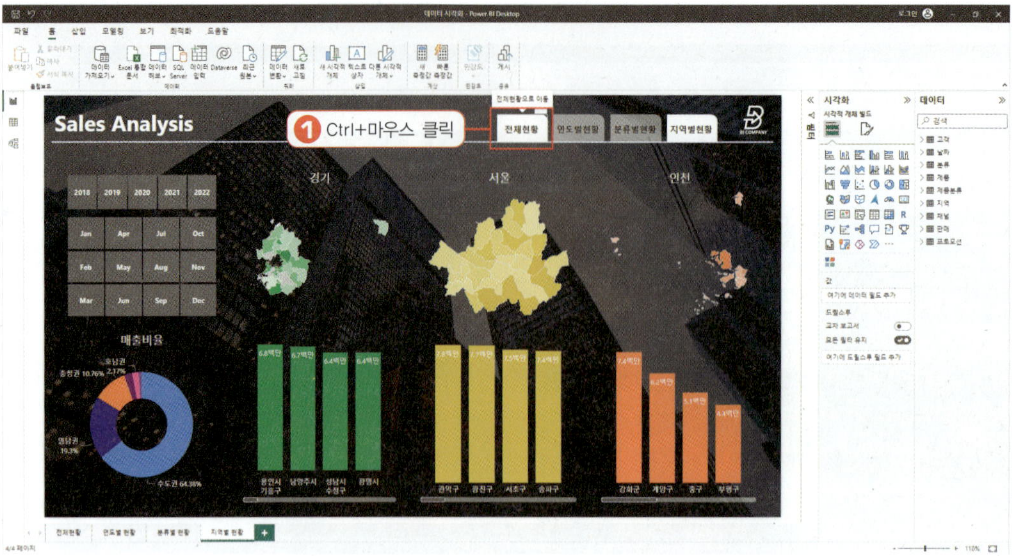

27 '전체현황' 페이지로 바로 이동됩니다.

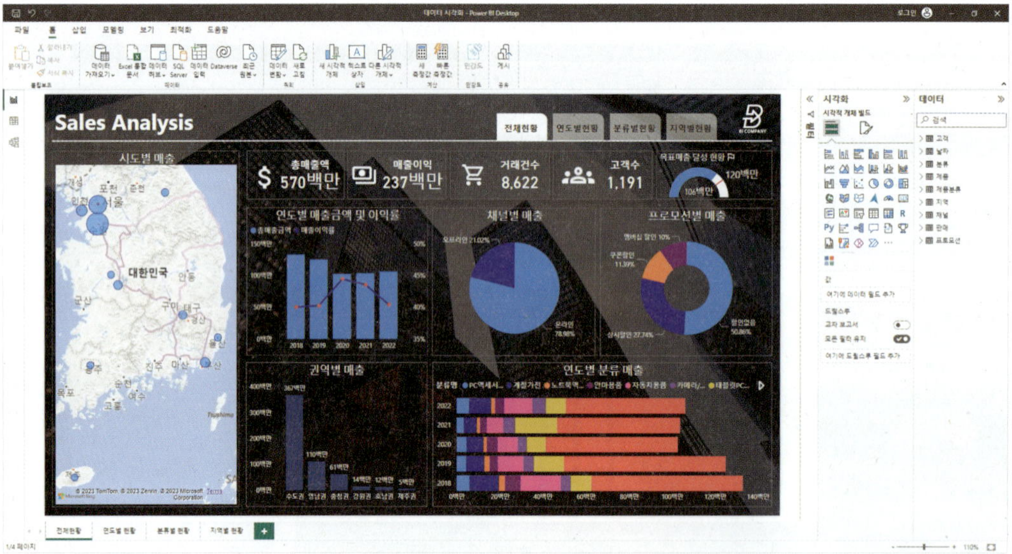

3 조건부 서식

테이블 및 행렬 개체에 조건부 서식을 적용하여 배경색, 글꼴색, 데이터 막대, 아이콘 등을 표시할 수 있습니다.

01 '연도별 현황' 페이지로 이동하여 [테이블] 개체를 선택합니다. [시각화] 창의 [열] 영역에서 [총매출금액]의 ∨(아래 화살표) 아이콘을 클릭하여 [조건부 서식]-[데이터 막대]를 클릭합니다.

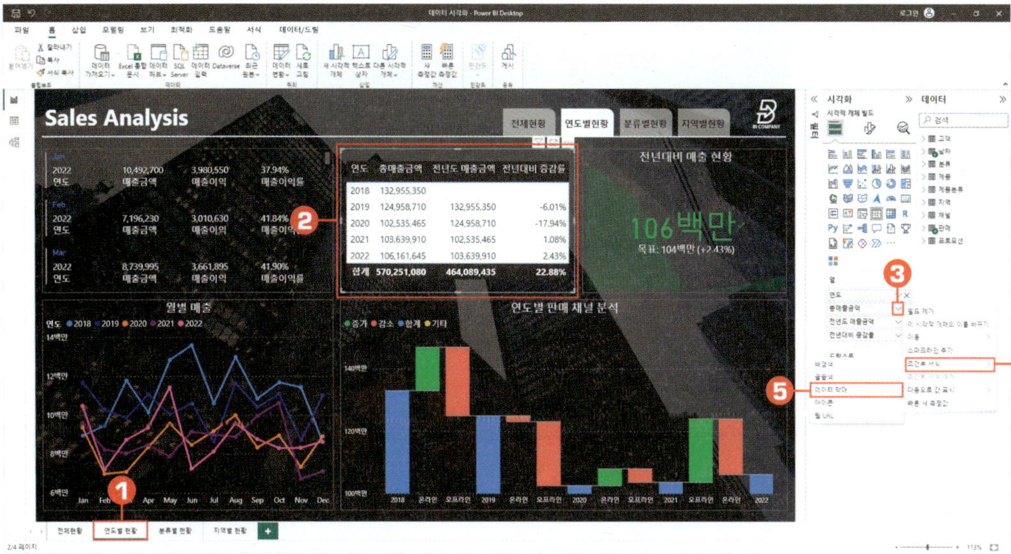

02 [데이터 막대] 대화상자가 표시됩니다. 기본 옵션을 그대로 유지하고 [확인]을 클릭합니다.

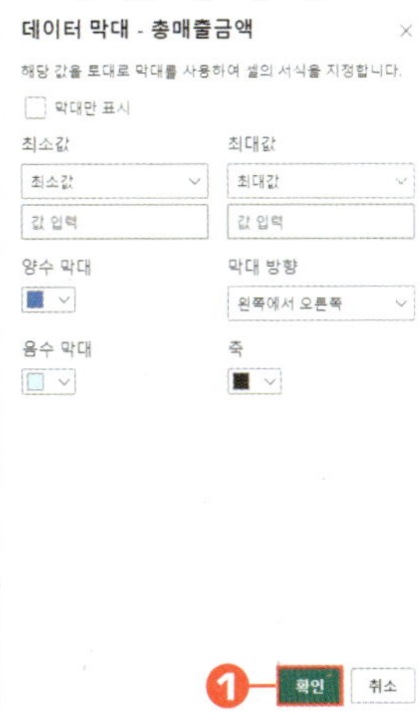

03 테이블 개체의 [총매출금액] 열에 데이터 막대가 표시됩니다. 막대는 데이터 값이 높을수록 길어집니다.

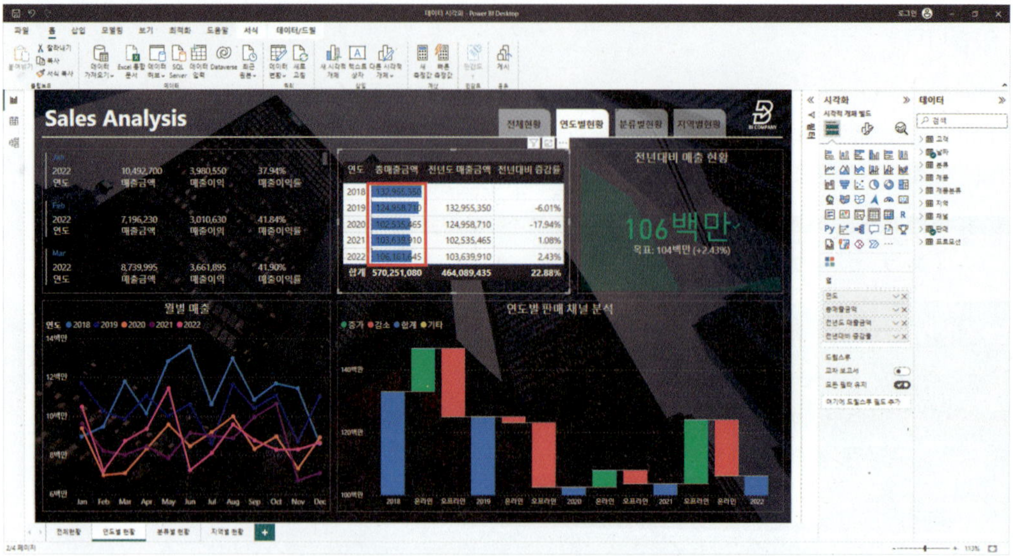

04 [시각화] 창의 [열] 영역에서 [전년도 매출금액]의 ∨(아래 화살표) 아이콘을 클릭하여 [조건부 서식]-[배경색]을 클릭합니다.

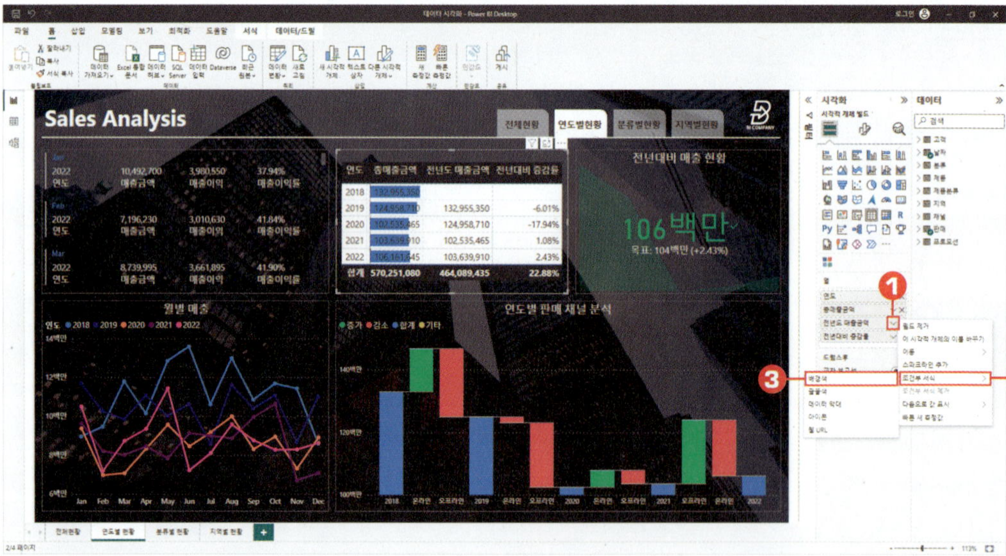

05 [배경색] 대화상자가 표시됩니다. [최대값]의 색상을 '테마 색 1, 40% 더 밝게'로 변경하고 [확인]을 클릭합니다.

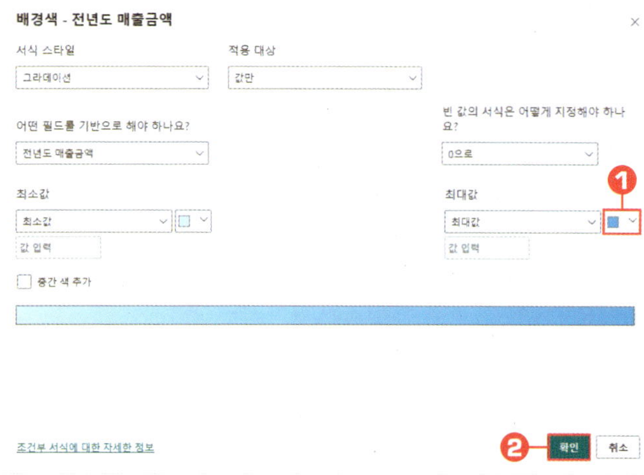

06 [전년도 매출금액] 열에 배경색이 표시됩니다. 서식은 데이터 값이 높을수록 배경색이 진하게 표시되는 그라데이션 스타일이 적용됩니다.

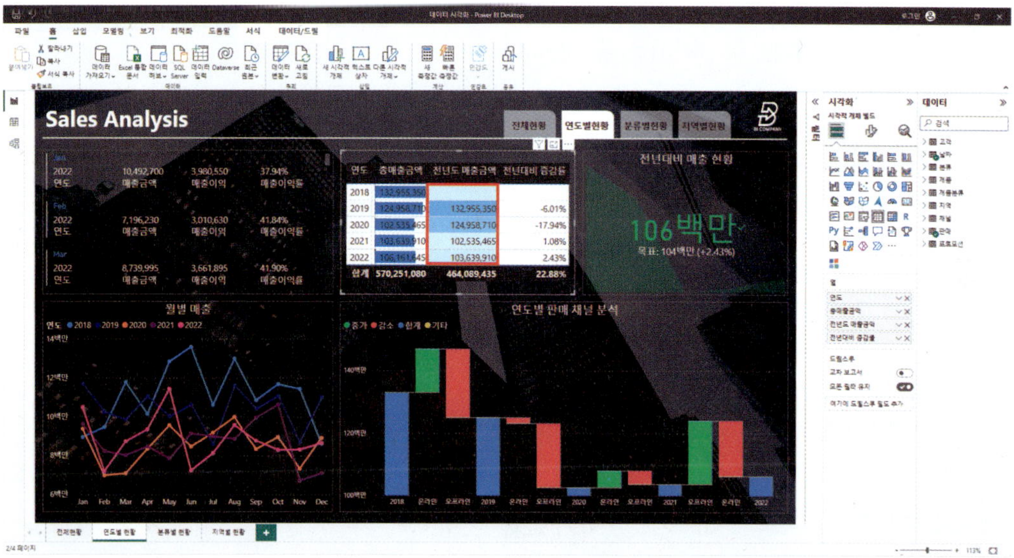

07 [시각화] 창의 [열] 영역에서 [전년대비 증감률]의 ∨(아래 화살표) 아이콘을 클릭하여 [조건부 서식]–[글꼴색]을 클릭합니다.

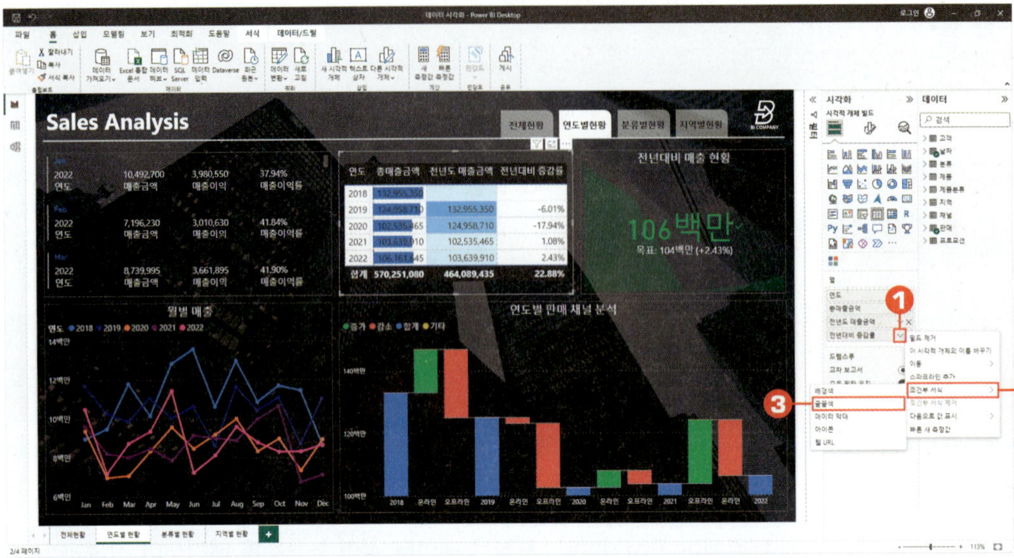

08 [글꼴색] 대화상자가 표시됩니다. [서식 스타일]을 '규칙'으로 변경하여 [+새 규칙]을 클릭하고 다음 그림과 같이 규칙을 설정한 뒤 [확인]을 클릭합니다.

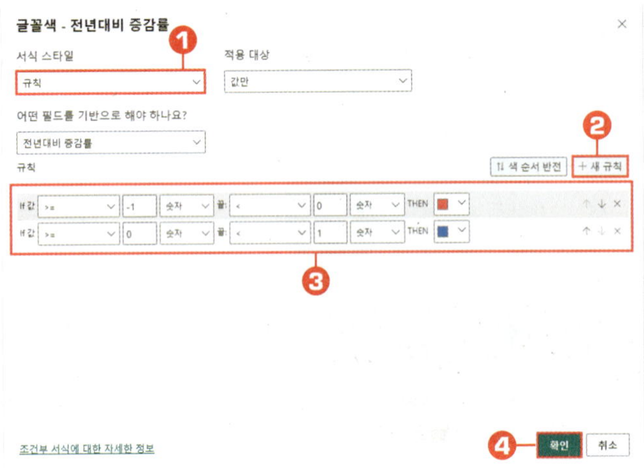

09 [전년대비 증감률] 열의 데이터 값이 음수는 빨간색, 양수는 파란색으로 변경되어 표시됩니다.

10 [시각화] 창의 [열] 영역에서 [전년대비 증감률]의 ∨(아래 화살표) 아이콘을 클릭하여 [조건부 서식]–[아이콘]을 클릭합니다.

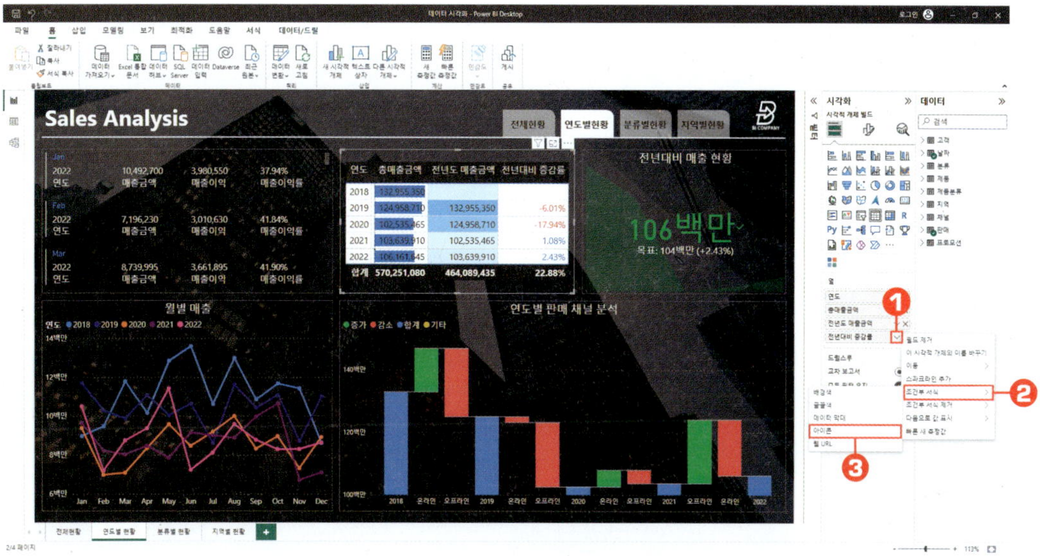

11 [아이콘] 대화상자가 표시됩니다. [스타일]을 '▼ ▬ ▲(증감 표시)' 아이콘으로 변경하고 두 번째 규칙을 제거합니다.

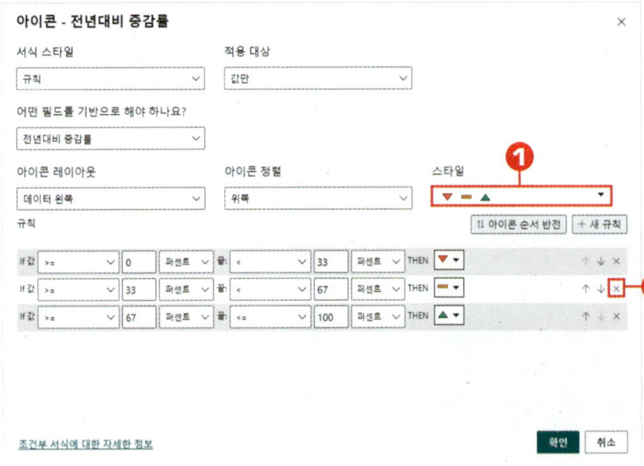

12 다음 그림과 같이 규칙을 설정하고 [확인]을 클릭합니다.

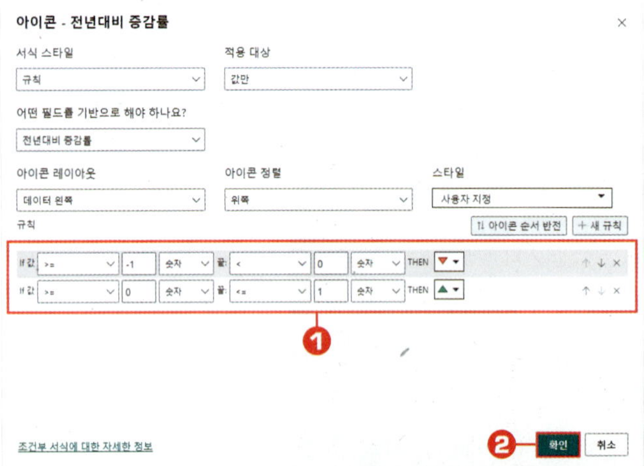

13 [전년대비 증감률] 열의 데이터 값 왼쪽에 증가와 감소를 한눈에 파악할 수 있는 아이콘이 표시됩니다.

⊕ 테이블 및 행렬 개체가 아닌 다른 개체의 경우 [시각적 개체 서식 지정]의 서식 옵션에서 *fx* (조건부 서식) 아이콘이 표시되어 있는 일부 옵션에서 조건부 서식을 설정할 수 있습니다.

1 '전체현황' 페이지의 [맵] 개체를 선택하고 [시각적 개체 서식 지정]–[거품형]–[색]을 클릭한 뒤 *fx* 아이콘을 클릭합니다.

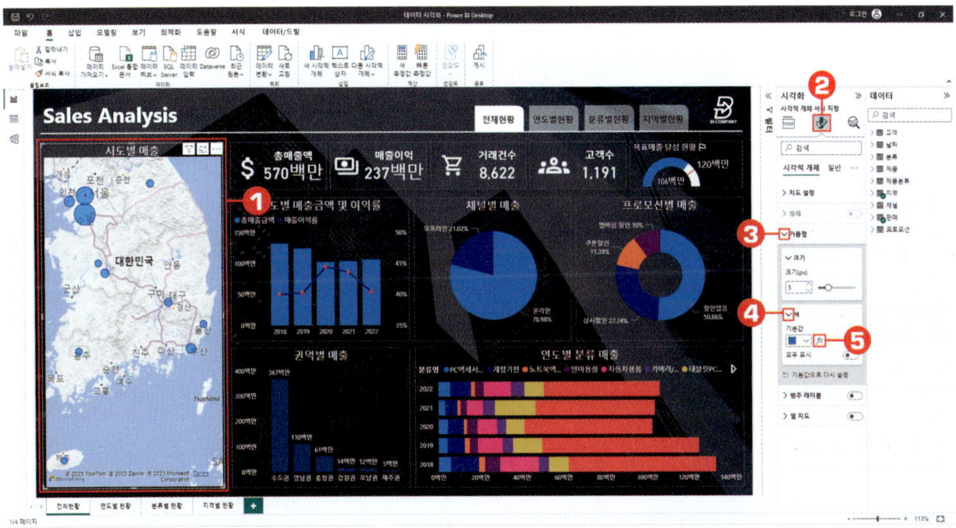

2 [기본색] 대화상자가 표시됩니다. [서식 스타일]을 '그라데이션'으로 변경하고 [어떤 필드를 기반으로 해야 하나요?]에 '판매' 테이블의 [총매출금액]을 추가합니다.

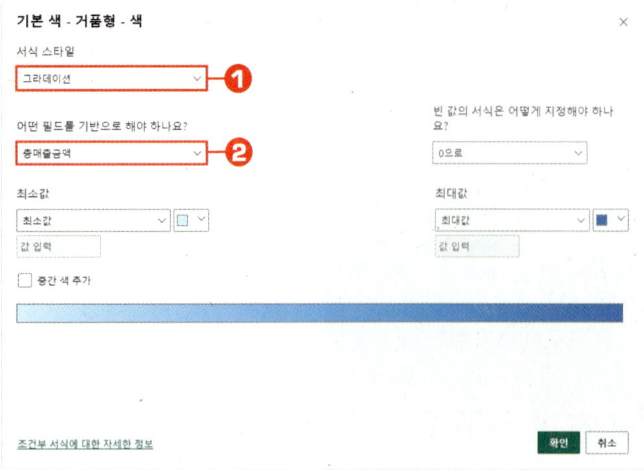

3 [중간 색 추가]를 체크하고 [최소값]의 색상을 '테마 색 8'로 변경한 뒤 [확인]을 클릭합니다.

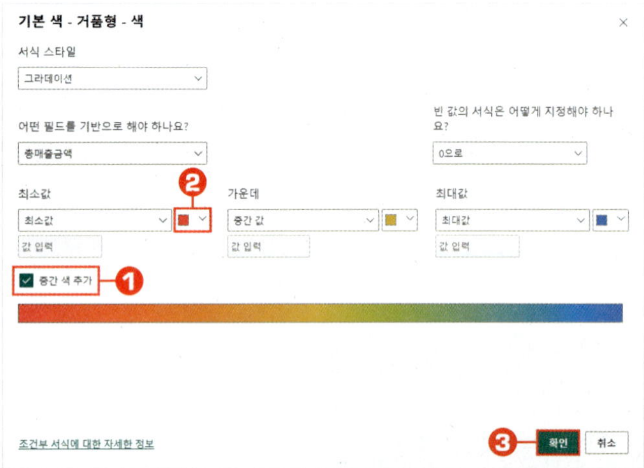

4 [맵] 개체의 거품 색상이 [총매출금액]을 기준으로 변경되어 표시됩니다.

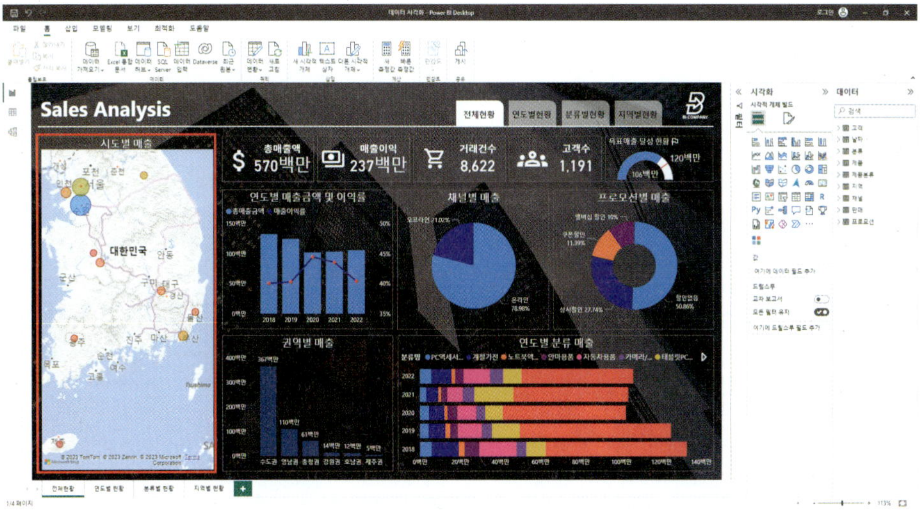

4 테마

테마를 사용하여 보고서 전체 페이지 및 모든 시각적 개체의 색과 서식을 한번에 변경할 수 있습니다. 테마는 사용자 지정을 통해 직접 변경하거나 JSON 파일을 불러와 적용할 수 있습니다. JSON 테마 파일은 테마 갤러리에서 다운받을 수 있습니다.

01 [보기]-[테마] 그룹에서 ⌄(테마 아이콘)을 클릭하면 기본 제공되는 테마가 표시됩니다.

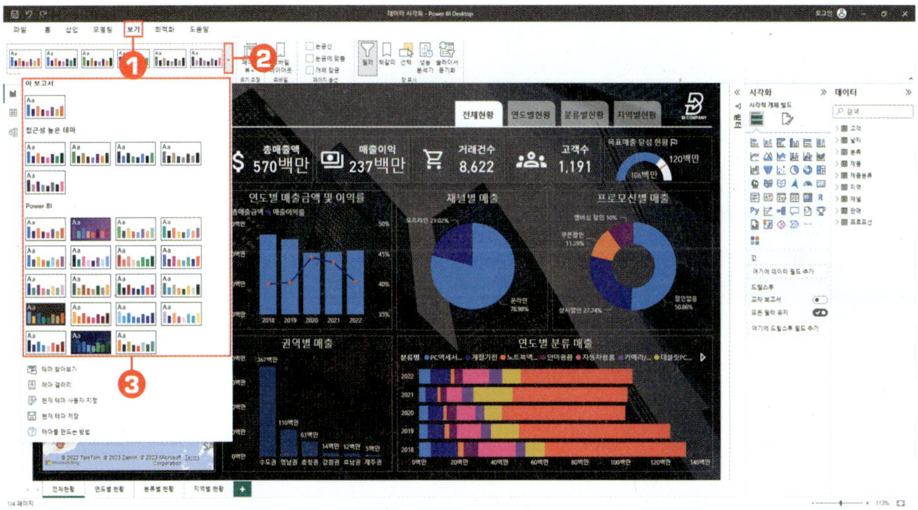

02 원하는 테마를 선택하여 클릭하면 보고서에 해당 테마가 적용됩니다.

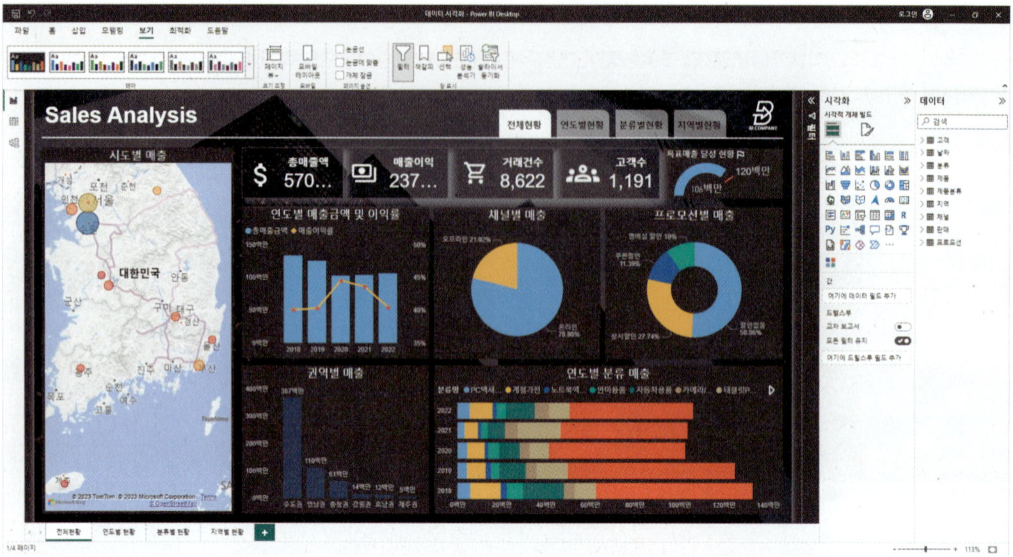

03 이번에는 [보기]–[테마] 그룹에서 ⌄(테마 아이콘)을 클릭하여 [테마 갤러리]를 선택합니다.

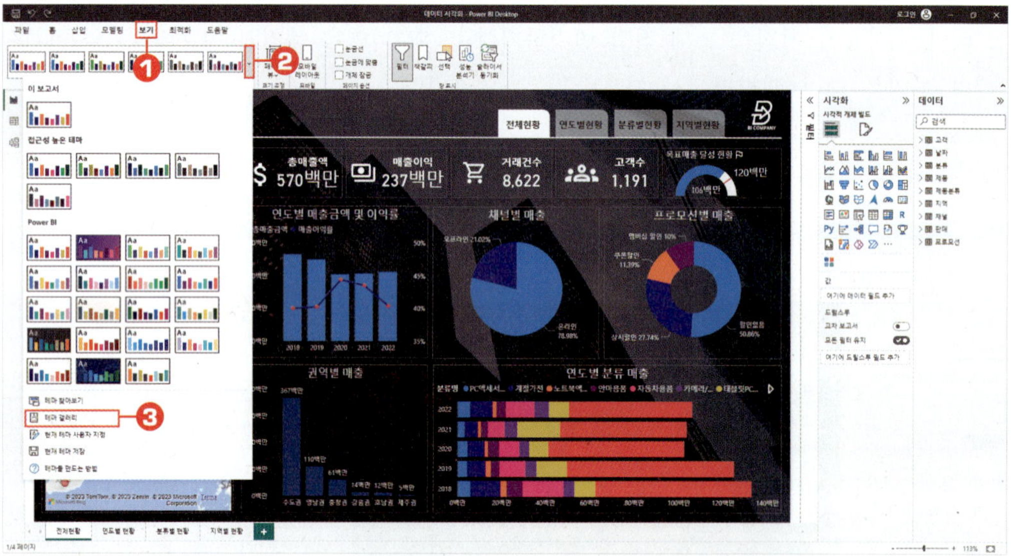

04 [테마 갤러리]로 이동하여 사용하고자 하는 테마를 클릭합니다.

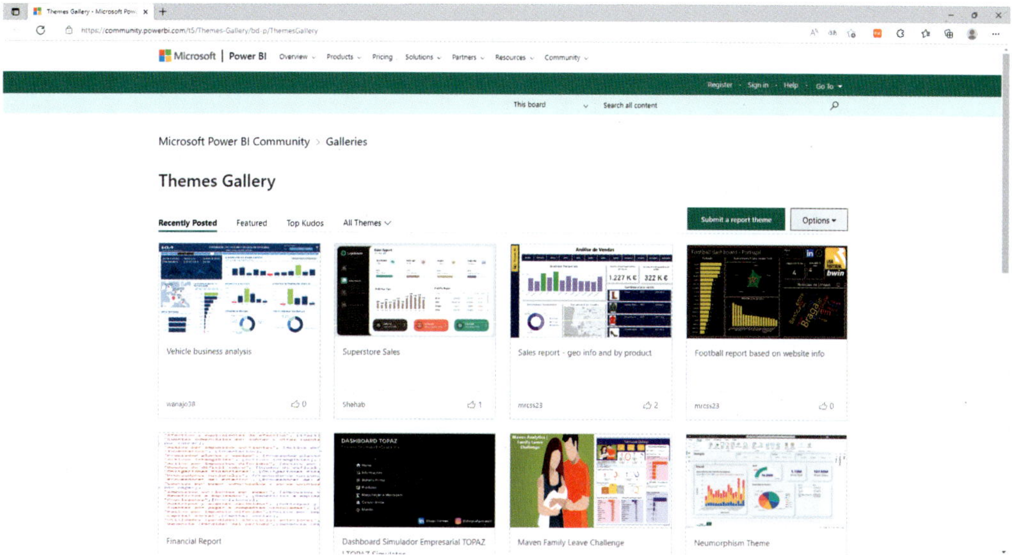

05 테마 정보를 확인하고 페이지 하단에서 json 파일을 다운로드합니다.

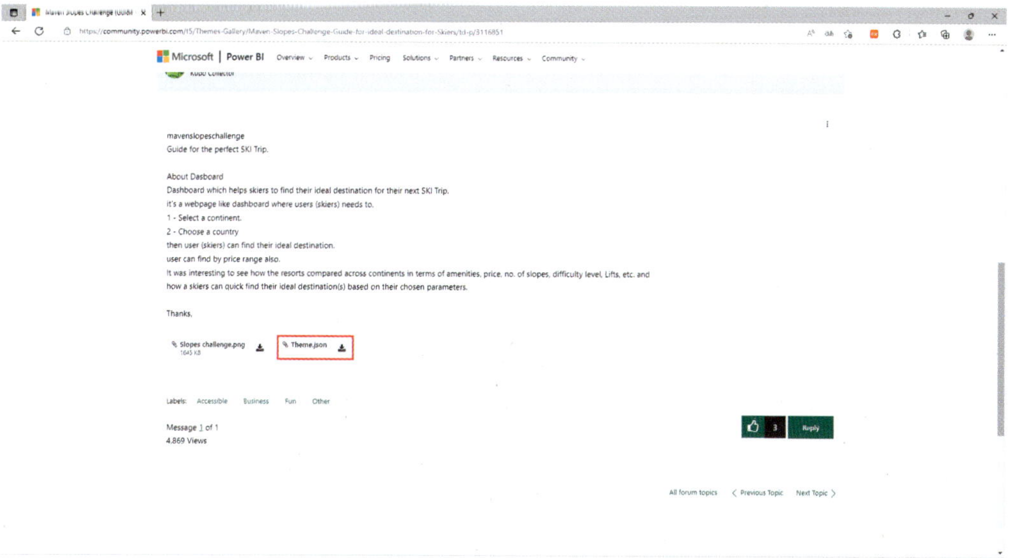

06 다운받은 파일은 [보기]–[테마] 그룹–[(테마 아이콘)]–[테마 찾아보기]를 클릭하여 적용할 수 있습니다.

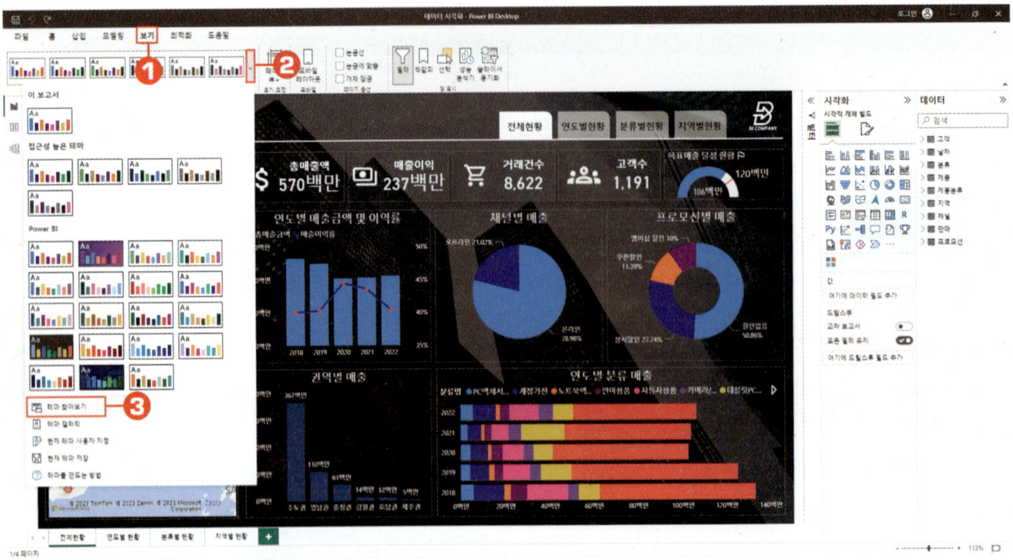

07 단, 테마를 변경하면 이전에 [현재 테마 사용자 지정]을 통해 변경한 디자인은 모두 초기화되고 변경한 테마가 새롭게 적용됩니다.

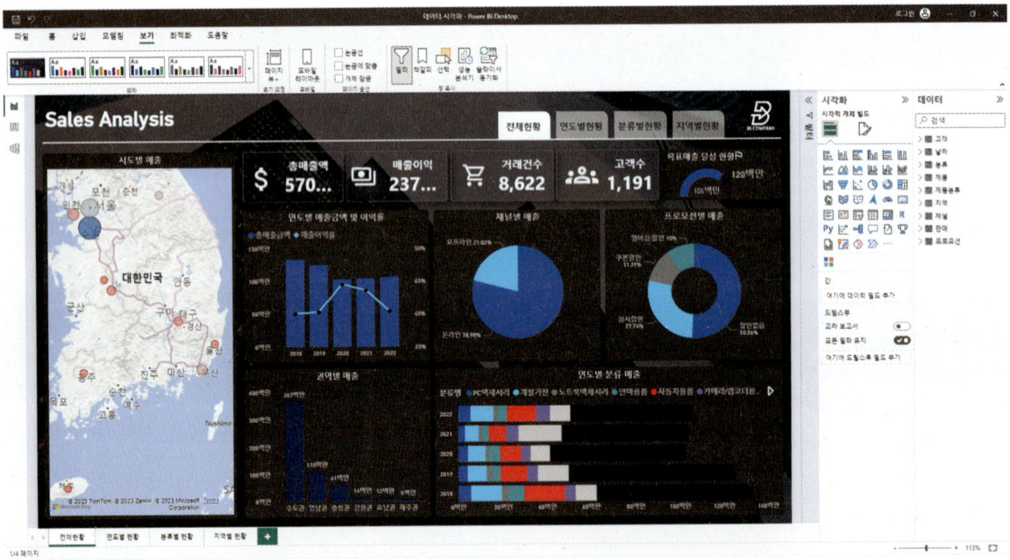

08 [보기]-[테마] 그룹-[˅(테마 아이콘)]-[테마 찾아보기]를 클릭하고 예제파일 'BI COMPANY 테마.json'을 적용시킵니다.

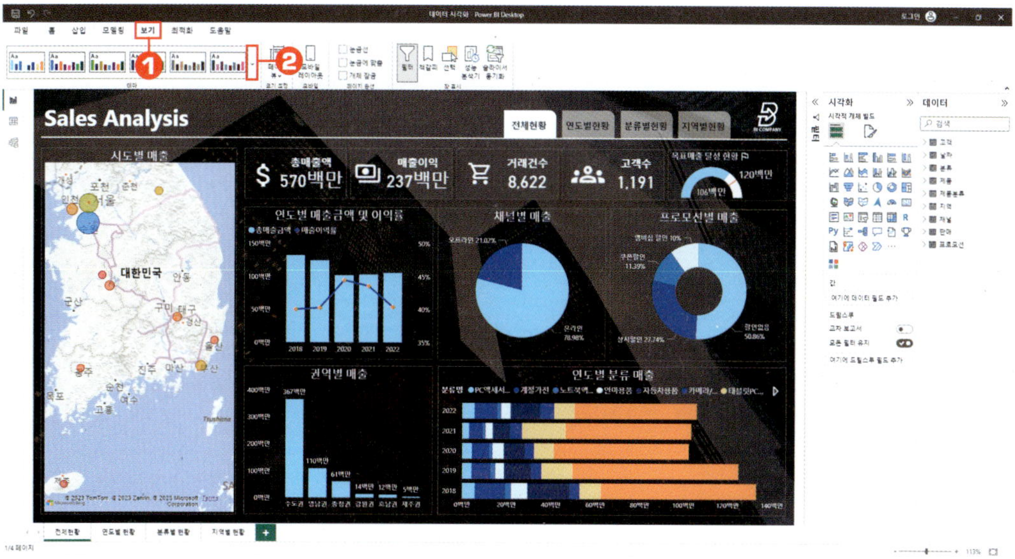

08
Chapter

보고서 게시 및 공유하기

01 보고서 게시 및 공유
02 대시보드 생성 및 공유
03 Power BI Mobile

01 보고서 게시 및 공유

- 보고서를 게시하고 대시보드를 구성하는 것은 별도의 라이선스 없이도 무료로 사용할 수 있지만 보고서 및 대시보드의 공유 기능을 사용하기 위해서는 Power BI Pro 이상의 라이선스가 반드시 필요합니다.
- 공유 콘텐츠를 확인하기 위해서는 공유를 받는 수신자 역시 Power BI Pro 이상의 라이선스가 반드시 필요합니다(단, 콘텐츠가 Power BI Premium 용량에 있다면 라이선스가 없는 사용자라도 콘텐츠를 볼 수 있습니다).

1 보고서 게시

Power BI Desktop에 로그인하여 보고서를 Power BI Service에 게시할 수 있습니다.

01 'Sales Analysis.pbix' 파일을 열고 Power BI Desktop의 화면 상단에 있는 [로그인]을 클릭합니다. [전자 메일 주소 입력] 대화상자가 표시되면 하단의 [전자 메일] 입력줄에 Power BI 계정을 입력하고 [계속]을 클릭하여 로그인합니다.

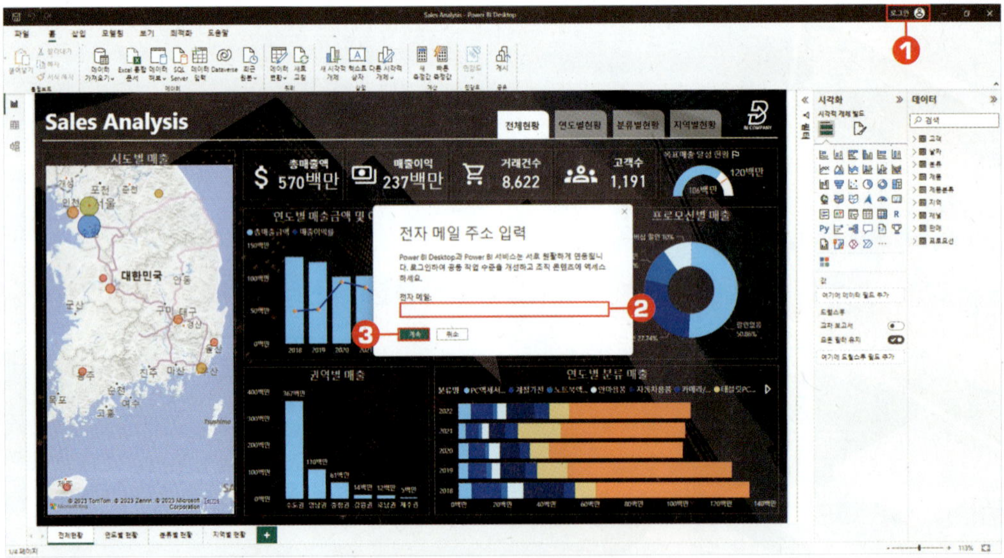

02 [홈]-[공유] 그룹-[게시]를 클릭합니다. [Power BI에 게시] 대화상자가 표시되면 [내 작업 영역]을 선택하고 [선택]을 클릭합니다.

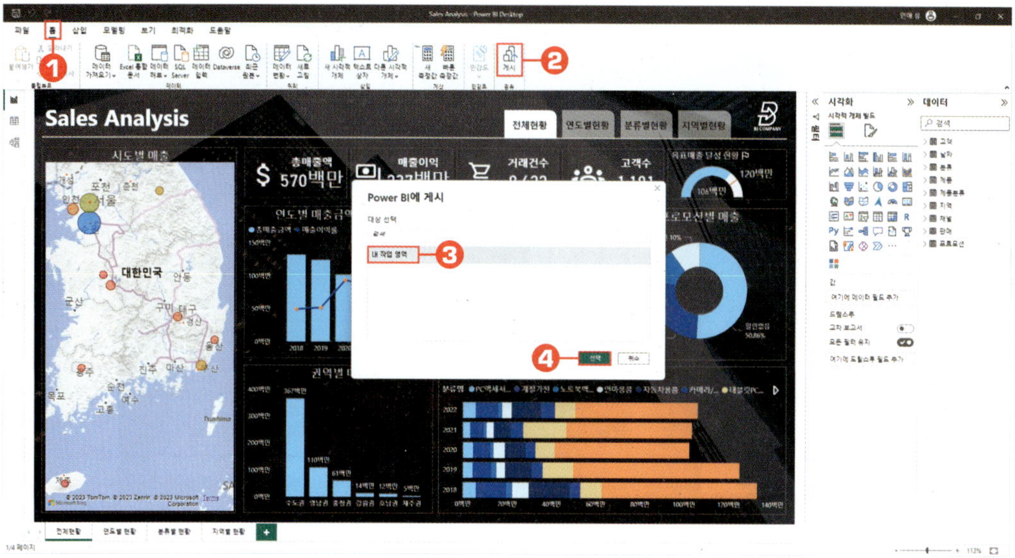

03 [Power BI에 게시하는 중] 대화상자가 표시되고 게시가 완료되면 성공 메시지와 함께 Power BI Service로 이동할 수 있는 링크가 표시됩니다. [Power BI에서 'Sales Analysis.pbix' 열기]를 클릭합니다.

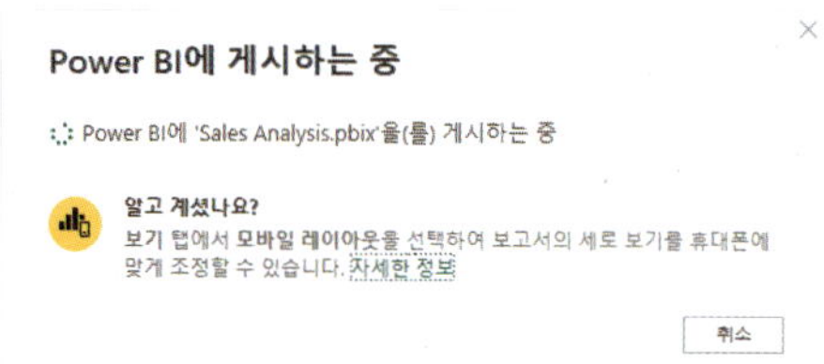

04 Power BI Service 화면이 열리고 'Sales Analysis' 보고서가 표시됩니다.

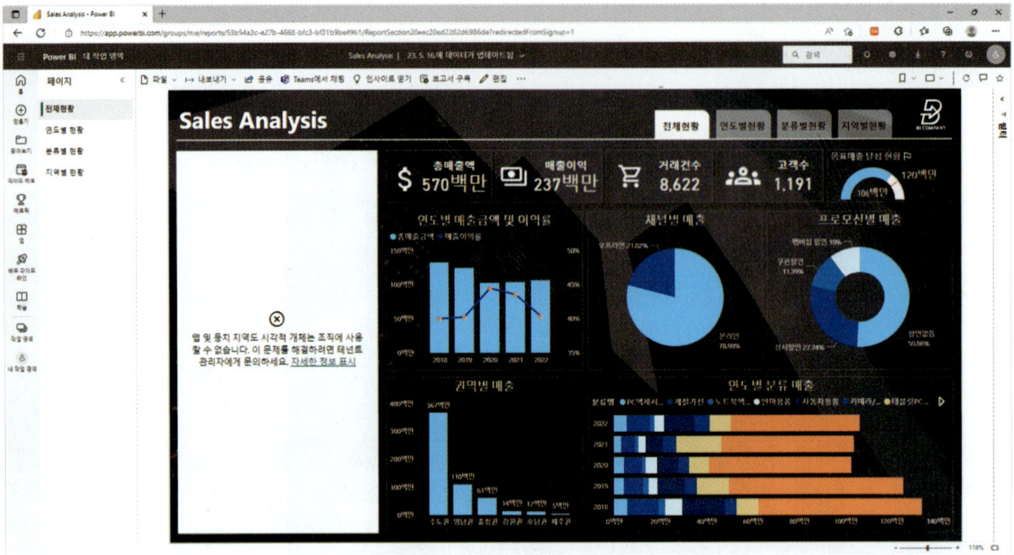

> **주의 |** 맵 및 등치 지역도 시각적 개체의 경우 조직 내 관리자가 해당 개체의 시각화 기능을 사용할 수 있도록 허용해야 합니다. 위의 그림과 같이 Power BI Desktop에서 표시되었던 개체가 Power BI Service에서는 표시되지 않는 상황이 발생할 수 있습니다. 이러한 경우에는 관리자에게 해당 권한을 요청해야 합니다.

2 게시된 보고서 확인

Power BI Desktop을 거치지 않고 Power BI Service로 바로 접속하여 게시된 보고서를 확인할 수 있습니다.

01 웹 브라우저를 실행한 후 주소창에 powerbi.com을 입력하고 접속합니다.

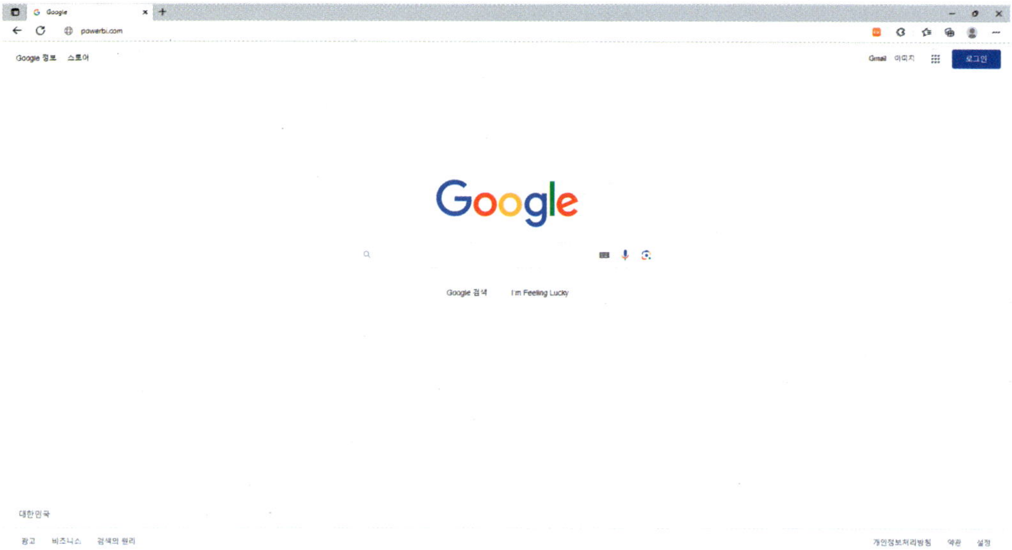

02 로그인 창이 표시되면 Power BI 계정을 입력하여 로그인합니다.

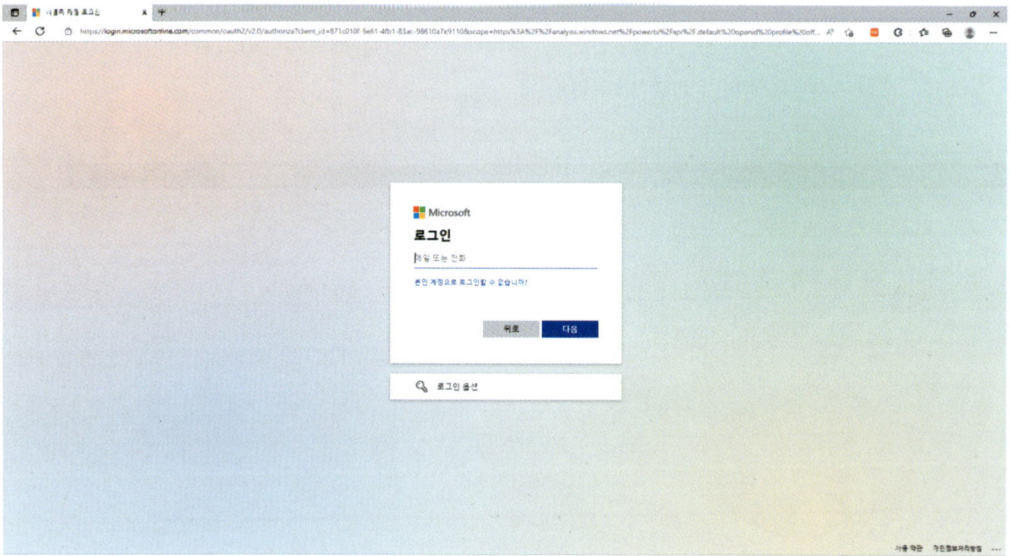

03 Power BI Service 홈 화면이 표시됩니다.

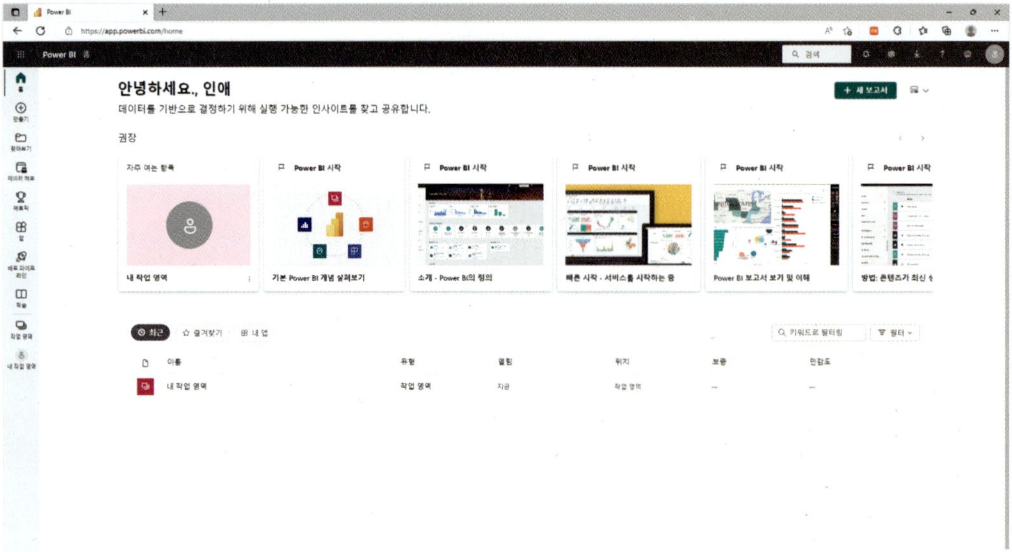

04 [내 작업 영역]을 클릭하여 이동하면 게시한 보고서 목록이 표시됩니다. 보고서를 게시하면 내 작업 영역에는 항상 동일한 이름을 가진 두 개의 파일이 표시됩니다. 하나는 보고서이며, 나머지 하나는 해당 보고서를 작성하기 위해 사용된 데이터 원본을 나타내는 데이터 세트입니다. [유형]이 보고서로 표시되어 있는 첫 번째 'Sales Analysis'를 클릭합니다.

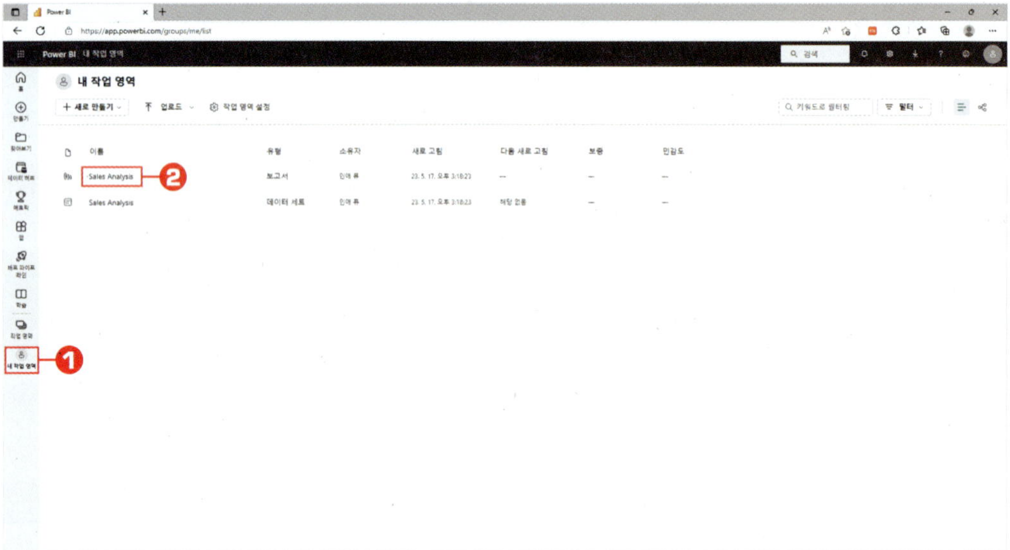

05 'Sales Analysis' 보고서가 표시됩니다.

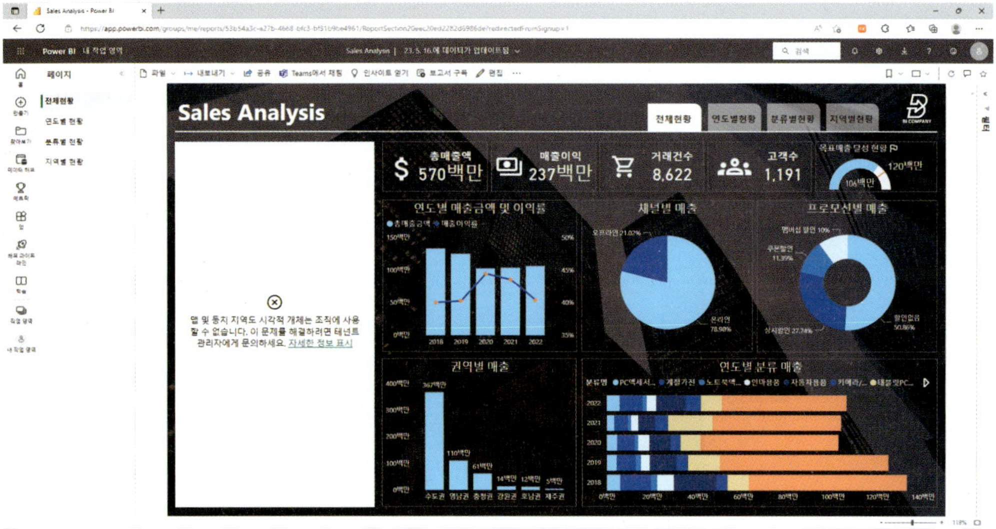

3 보고서 공유

Power BI Service에 게시된 보고서를 다른 사용자에게 공유할 수 있습니다. 단, 수신자는 Power BI Pro 이상의 라이선스를 가진 조직 내 사용자이어야 합니다.

01 'Sales Analysis' 보고서를 열고 화면 상단의 메뉴에서 [공유] 버튼을 클릭합니다.

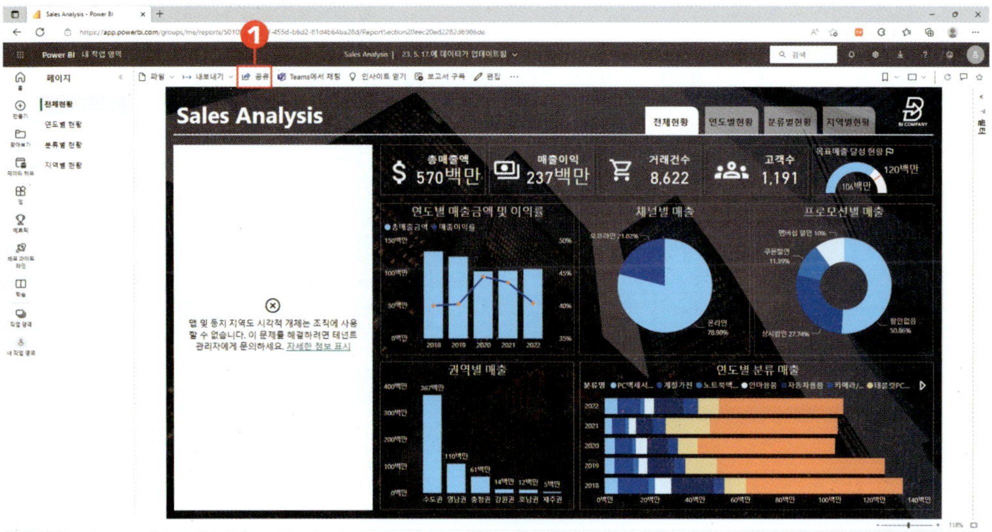

02 [링크 보내기] 창이 표시됩니다. [링크가 있는 조직 내 사용자가 보기 및 공유을(를) 할 수 있음]을 클릭합니다.

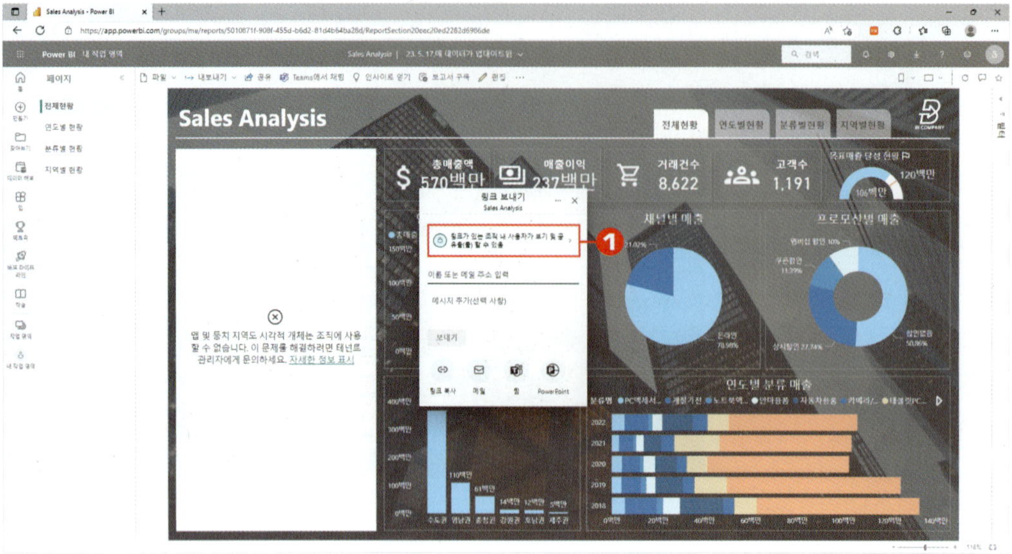

03 링크 보내기 유형 및 설정을 변경할 수 있습니다. 원하는 유형 및 설정을 선택하고 [적용]을 클릭합니다.

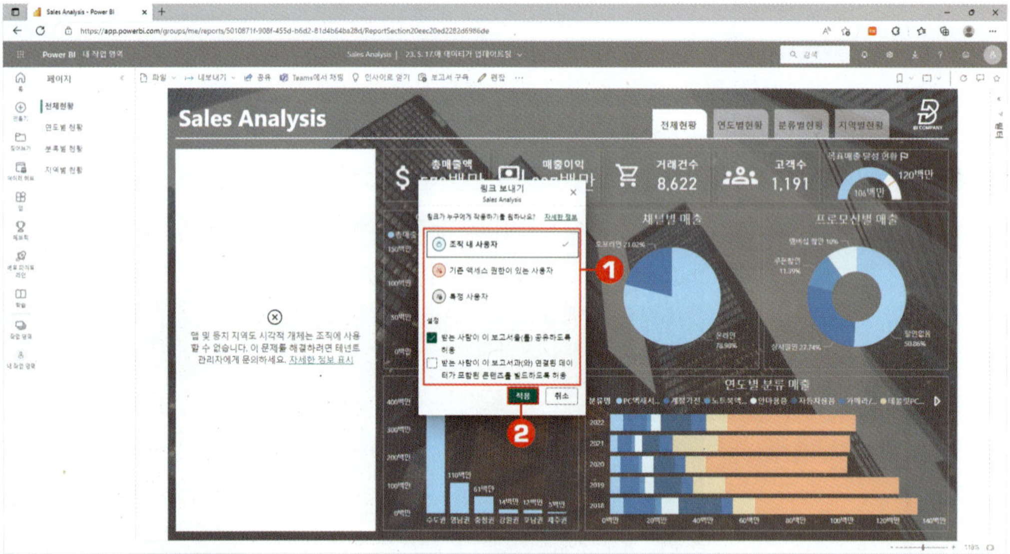

링크 보내기 유형

- [조직 내 사용자] 유형은 조직 내 사용자가 보고서에 액세스할 수 있으며 외부 사용자 또는 게스트 사용자에게는 작동하지 않습니다.
- [기존 액세스 권한이 있는 사용자] 유형은 보고서의 URL을 생성하지만 보고서에 대한 액세스 권한을 부여하지는 않으므로 이미 액세스 권한이 있는 사용자에게 링크를 보내려는 경우에 사용합니다.
- [특정 사용자] 유형은 특정 사용자나 그룹이 보고서에 액세스할 수 있습니다. 조직의 Azure AD(Azure Active Directory)에서 게스트 사용자에게 공유할 수 있습니다. 조직의 게스트가 아닌 외부 사용자에게는 공유할 수 없습니다.

링크 보내기 설정

- [받는 사람이 이 보고서을(를) 공유하도록 허용]을 체크하면 수신자가 보고서를 다른 사용자와 공유할 수 있습니다.
- [받는 사람이 이 보고서과(와) 연결된 데이터가 포함된 콘텐츠를 빌드하도록 허용]을 체크하면 수신자가 게시된 데이터 세트를 기반으로 다른 작업 영역에서 자체 보고서를 작성할 수 있도록 합니다.

04 [이름 또는 메일 주소 입력] 창에 공유하고자 하는 사용자의 이름 또는 메일을 입력하고 [보내기]를 클릭하면 해당 보고서를 확인할 수 있는 링크가 대상자의 메일(Outlook)로 전달됩니다.

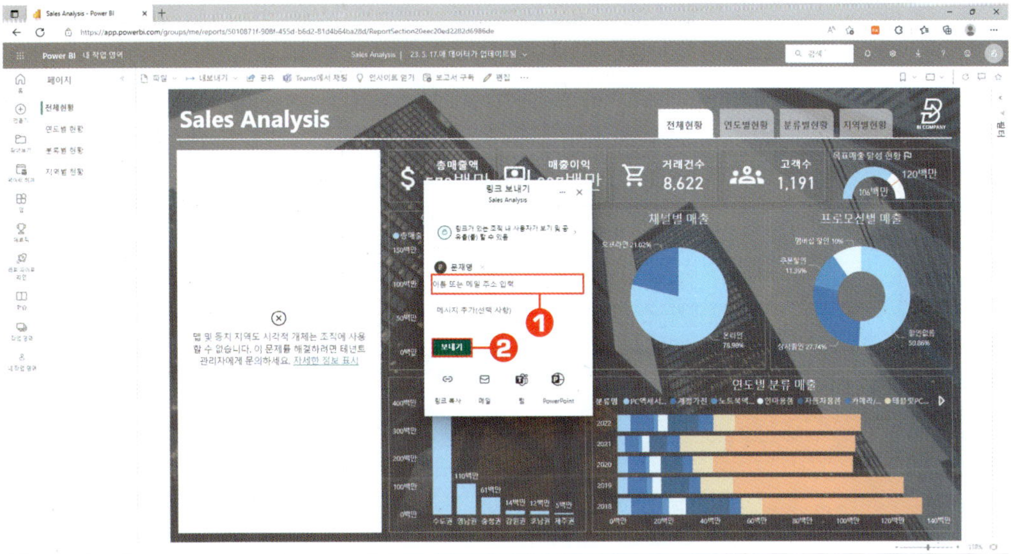

⊕ 조직 내 다수의 사용자에게 공유가 필요한 경우에는 [링크 복사] 옵션을 선택합니다. 해당 옵션을 사용하면 공유 가능한 링크가 자동으로 생성되고 복사되어 사용자의 이름 또는 메일을 일일이 입력하여 링크를 보낼 필요가 없습니다.

05 링크 보내기가 완료되면 [파일] 메뉴-[권한 관리]를 클릭합니다.

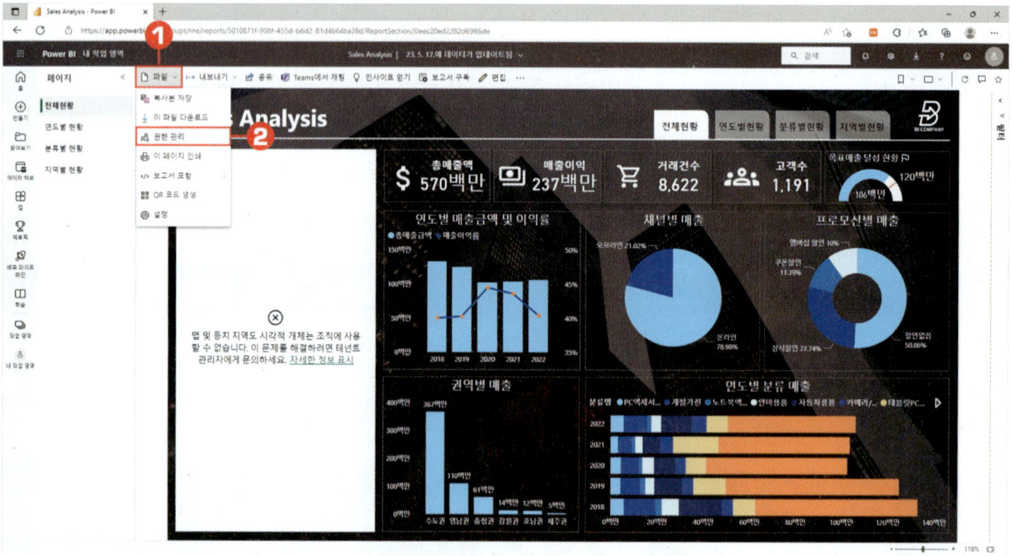

06 공유된 링크가 표시됩니다. 링크의 ⋮(추가옵션)을 클릭하면 해당 링크에 대한 편집을 할 수 있습니다.

02 대시보드 생성 및 공유

- 대시보드는 보고서에 있는 시각적 개체 중에서 필요한 개체만 담은 단일 페이지로 조직에서 중요 내용을 한 페이지로 요약하여 표시하고자 할 경우에 사용합니다. 단일 데이터 세트를 통해 시각화되는 보고서와 달리 대시보드는 여러 개의 데이터 세트 또는 보고서의 시각화를 표시할 수 있습니다.
- 대시보드는 Power BI Service의 기능으로 Power BI Desktop에서 사용할 수 없으며 Power BI Mobile에서는 보기 및 공유가 가능합니다.

1 대시보드 생성

보고서의 시각적 개체 중에서 중요한 개체만 고정하여 대시보드로 구성할 수 있습니다. 대시보드에 표시되는 시각화를 '타일'이라고 하며 사용자가 원하는 형태로 타일을 배치하여 대시보드를 구성할 수 있습니다.

01 'Sales Analysis' 보고서 [전체현황] 페이지의 '총매출액' 카드 개체에 마우스를 가져다 대고 (시각적 개체 고정)을 클릭합니다.

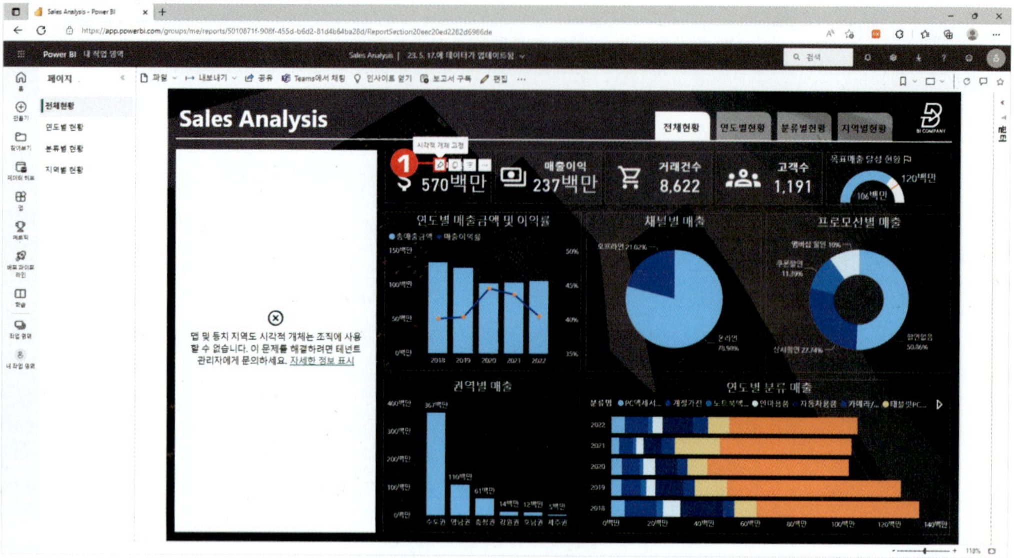

02 [대시보드에 고정] 대화상자가 표시됩니다. [타일 테마 지정]의 '대상 테마 사용'을 선택하고 [대시보드 이름]에 Sales Analysis를 입력한 다음 [고정]을 클릭합니다.

03 [대시보드에 고정됨] 알림이 표시되면 ×(닫기)를 클릭합니다.

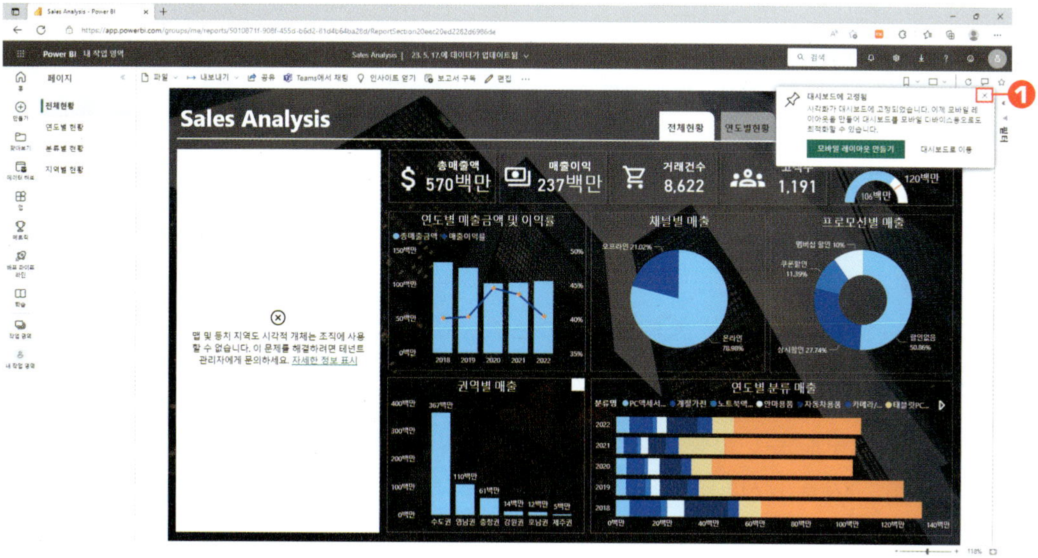

04 '매출이익' 카드 개체에 마우스를 가져다 대고 (시각적 개체 고정)을 클릭합니다.

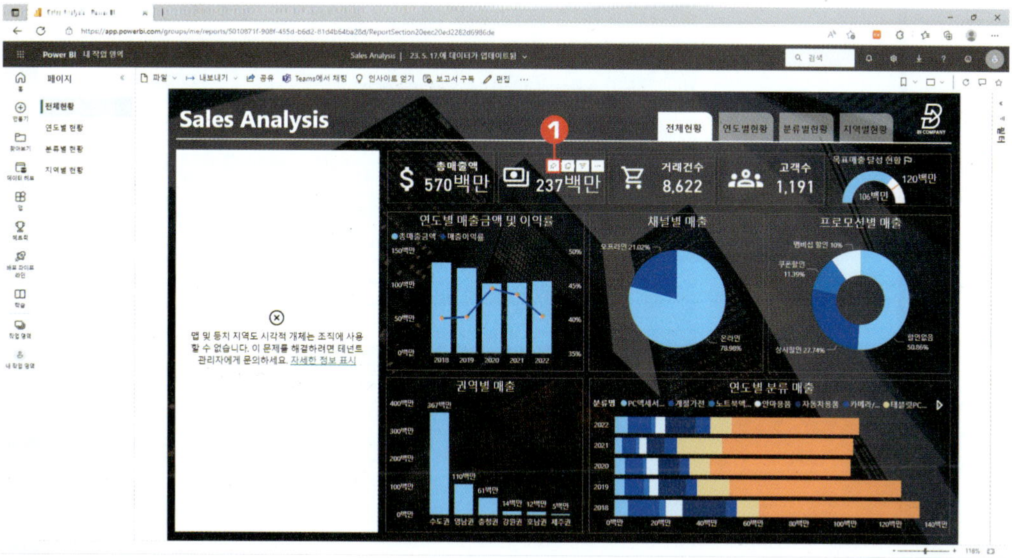

05 [대시보드에 고정] 대화상자가 표시됩니다. [타일 테마 지정]의 '대상 테마 사용'을 선택하고 [어디에 고정하시겠습니까?]에 '기존 대시보드'를 선택한 다음 [고정]을 클릭합니다.

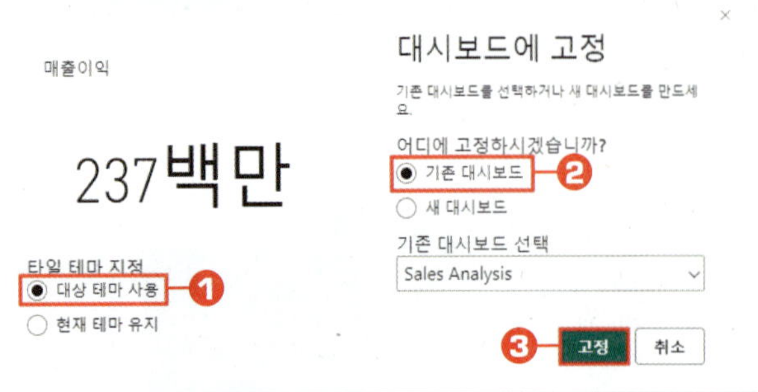

06 같은 방법으로 '거래건수', '고객수', '연도별 매출금액 및 이익률', '채널별 매출', '프로모션별 매출', '연도별 분류 매출' 개체를 대시보드에 고정합니다.

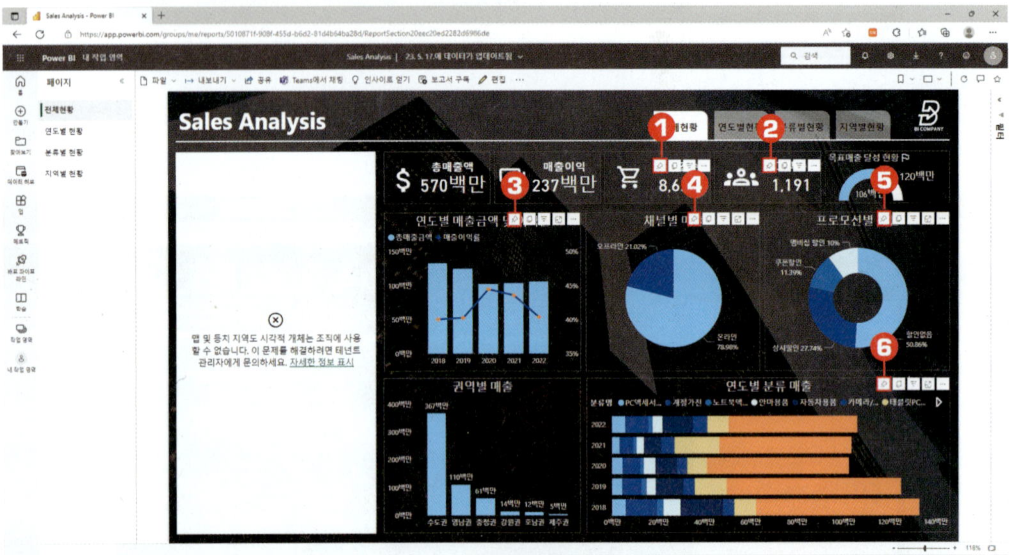

07 [연도별 현황] 페이지로 이동하여 '전년대비 매출 현황', '월별 매출' 개체를 대시보드에 고정합니다.

08 마지막으로 [분류별 현황] 페이지로 이동하여 '제품분류별 매출' 개체를 대시보드에 고정합니다.

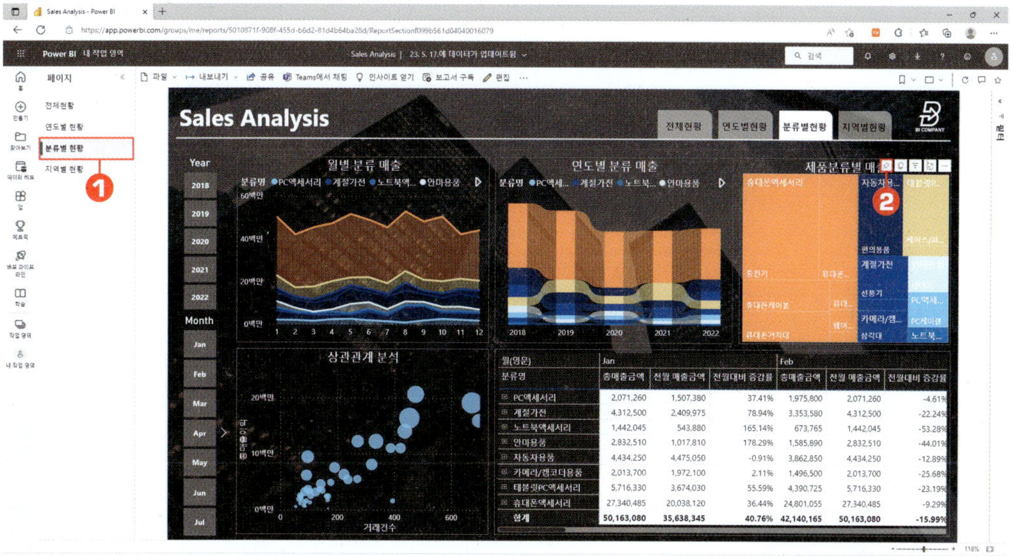

09 [내 작업 영역]을 클릭하여 이동하면 'Sales Analysis' 대시보드가 새롭게 표시됩니다. 'Sales Analysis' 대시보드를 클릭합니다.

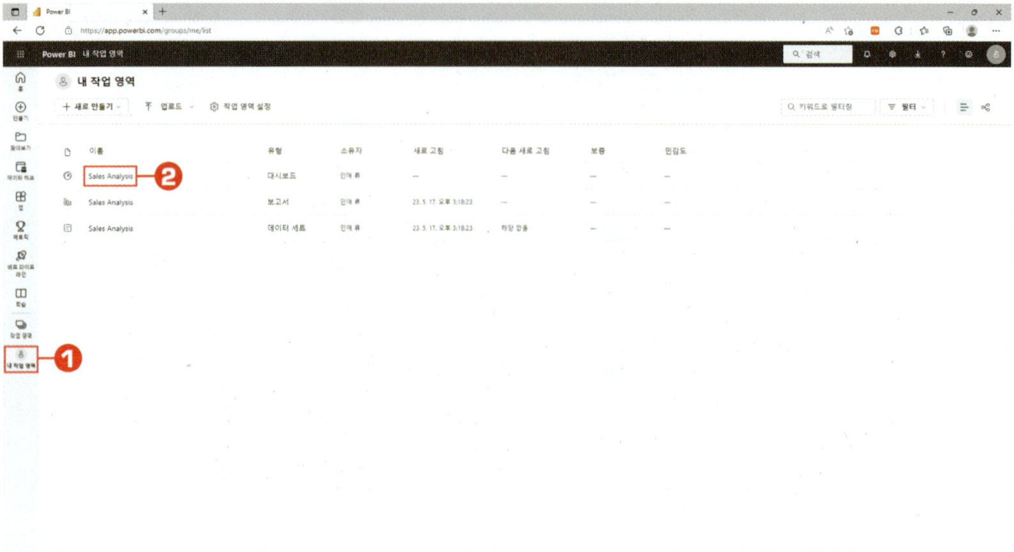

10 대시보드가 표시됩니다. 화면을 아래로 이동하여 '제품분류별 매출' 타일을 클릭합니다.

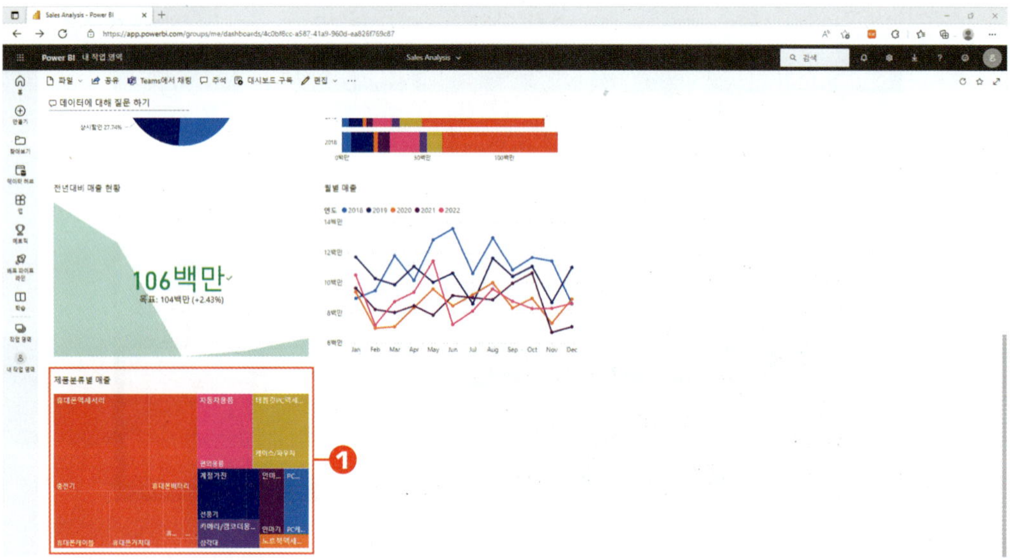

11 해당 타일이 포함된 [분류별 현황] 보고서 페이지로 이동됩니다.

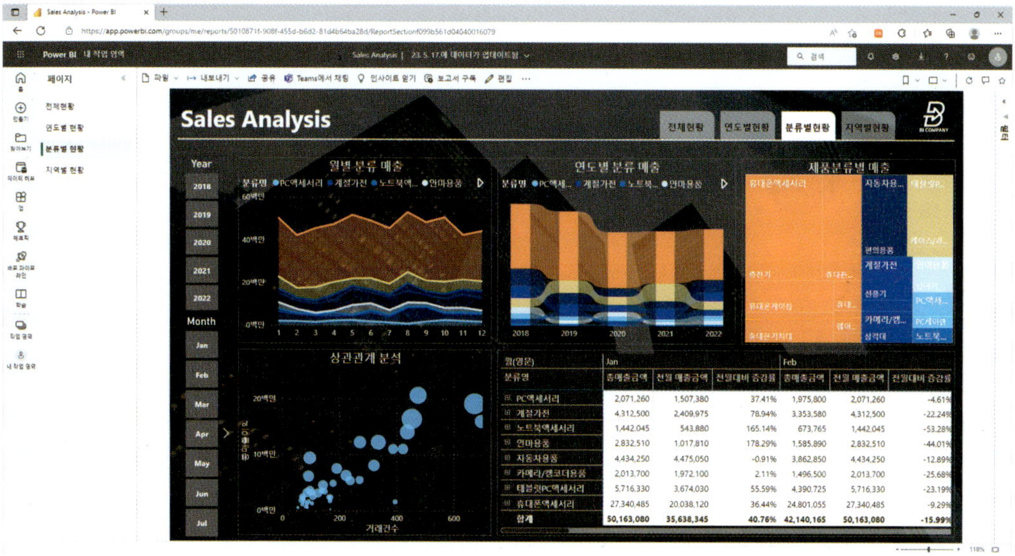

2 대시보드 편집

타일의 크기 및 위치를 변경하거나 대시보드 테마를 설정할 수 있습니다.

01 'Sales Analysis' 대시보드를 열고 [전체 화면 모드에서 열기]를 클릭합니다. 대시보드에 타일이 많은 경우에 전체 화면 모드를 사용하면 좀 더 수월한 편집 작업이 가능합니다.

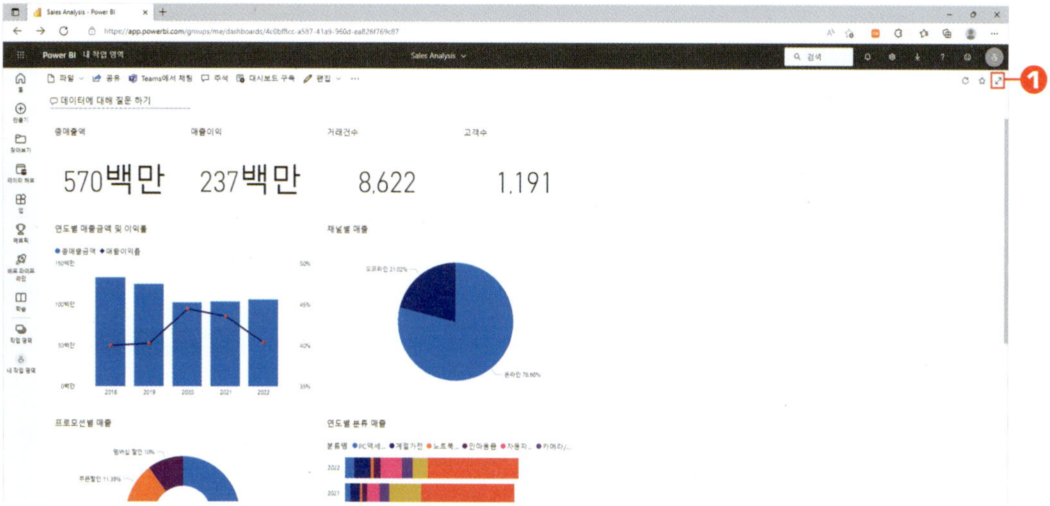

02 화면 하단의 ⤢(화면에 맞추기)를 클릭하고 '전년대비 매출 현황' 타일을 선택하여 '고객수' 타일 옆으로 드래그합니다.

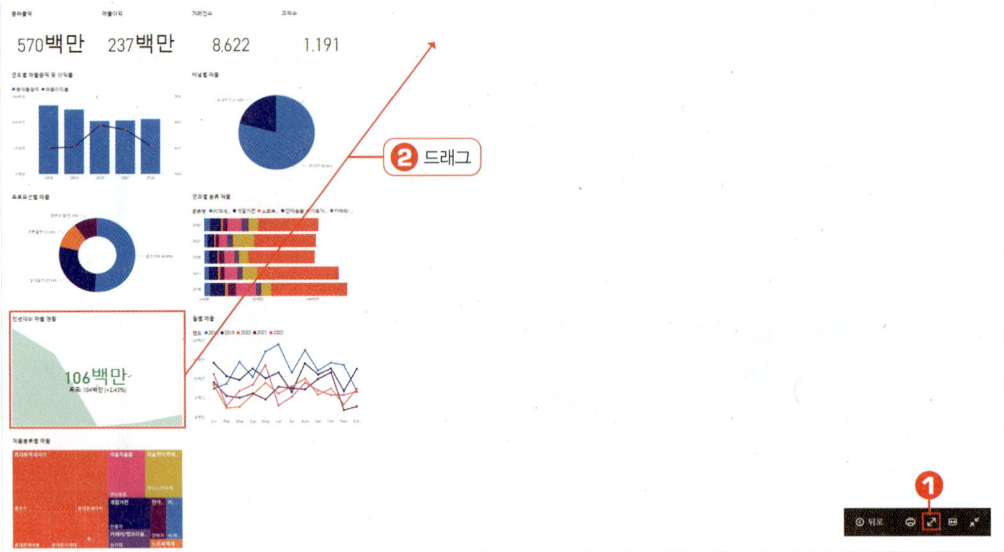

03 '전년대비 매출 현황' 타일의 모서리 ⌟를 드래그하여 크기를 조절합니다.

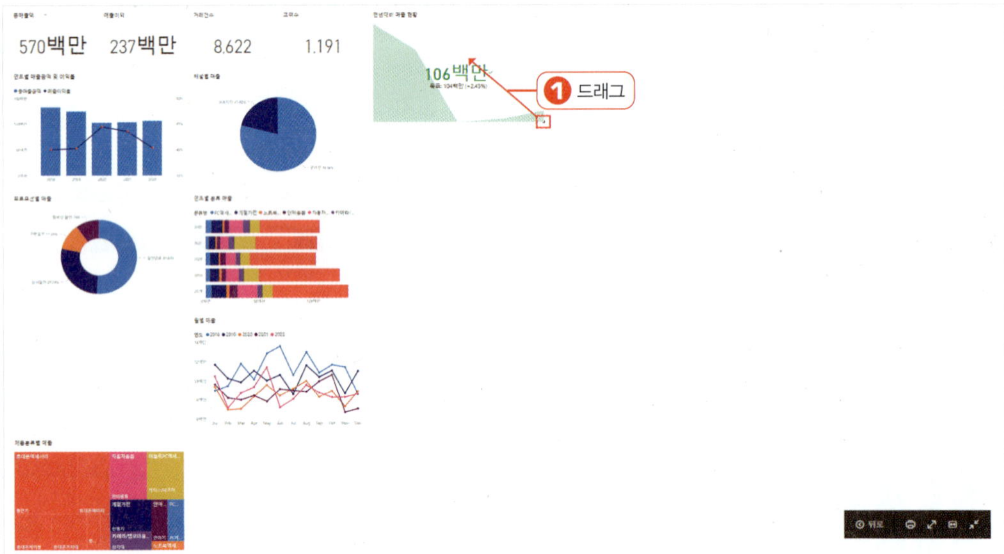

04 나머지 타일의 위치도 다음 그림과 같이 이동시킨 다음 (전체 화면 모드 닫기)를 클릭합니다.

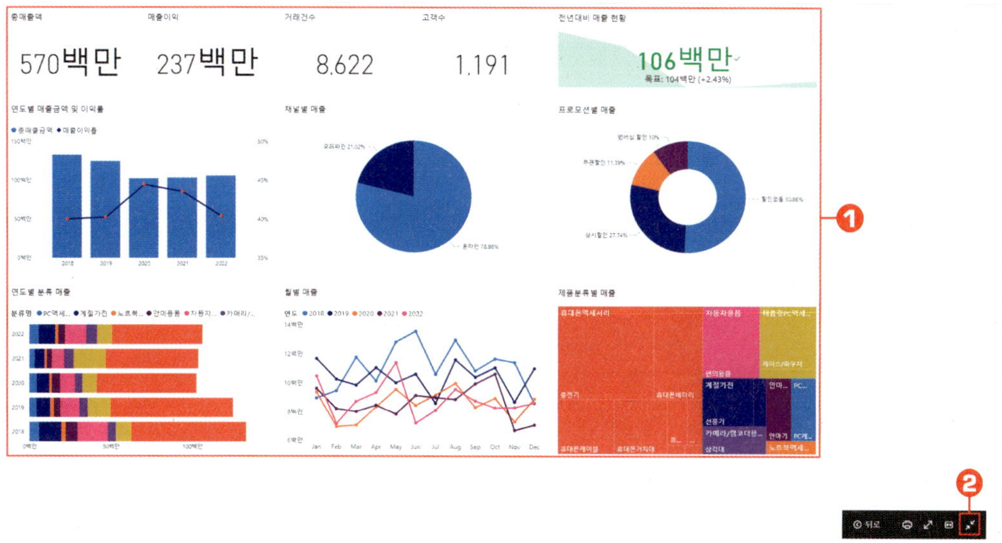

05 이번에는 대시보드의 테마를 변경해 보겠습니다. [편집] 메뉴 – [대시보드 테마]를 클릭합니다.

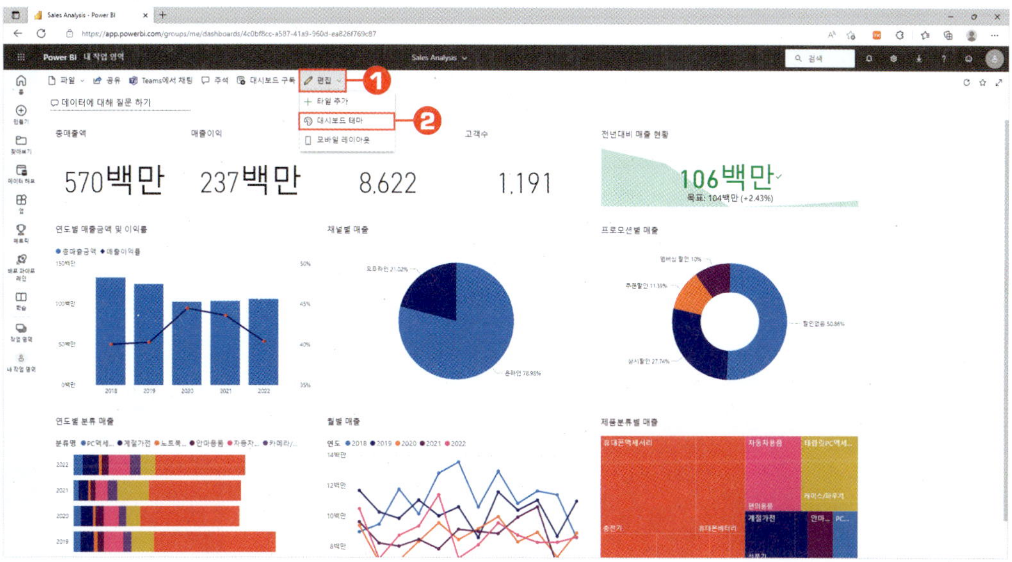

06 [대시보드 테마] 대화상자가 표시됩니다. 테마를 '어둡게'로 설정하고 [저장]을 클릭합니다.

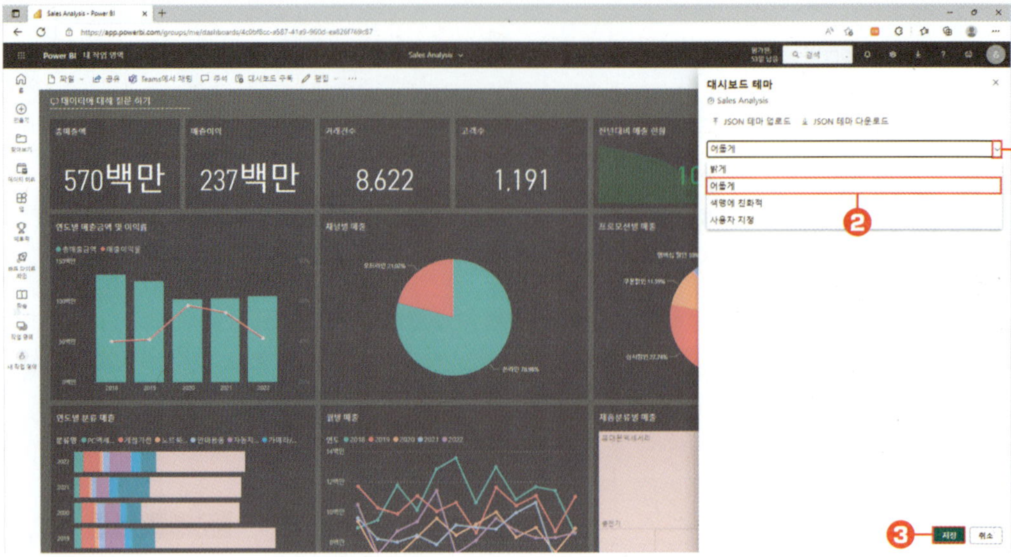

07 대시보드 테마가 변경됩니다.

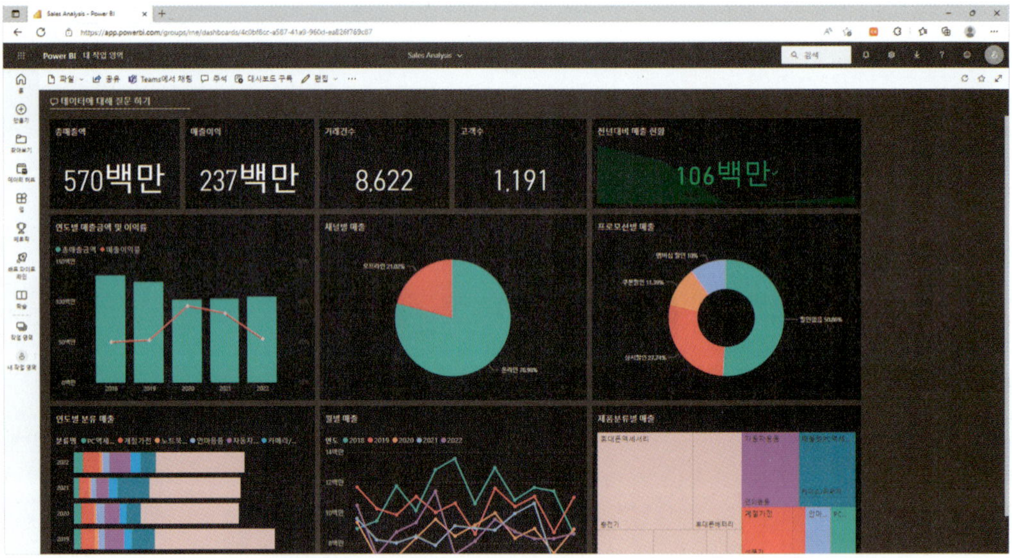

3 대시보드 공유

대시보드의 공유 방법은 보고서와 동일합니다.

01 'Sales Analysis' 대시보드 화면 상단의 메뉴에서 [공유] 버튼을 클릭합니다.

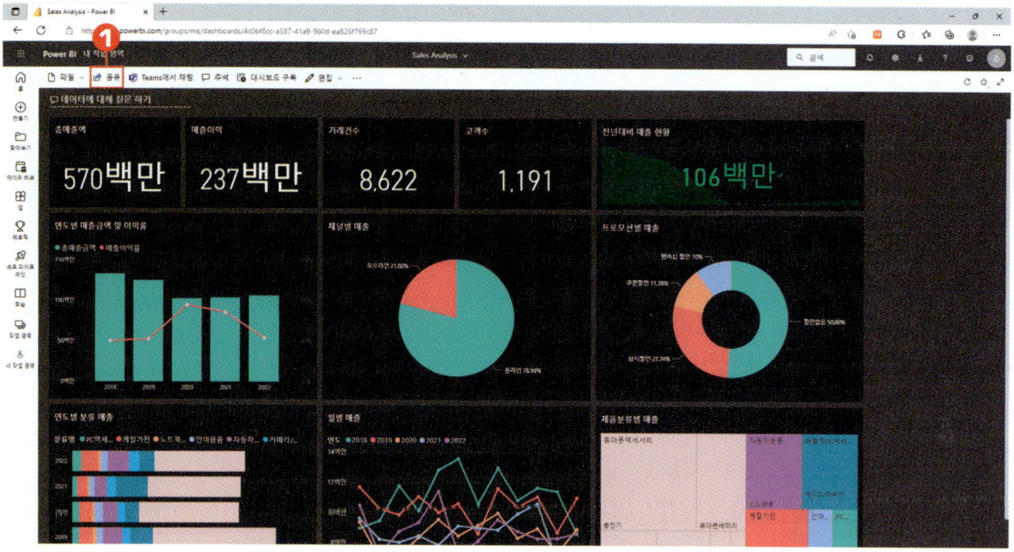

02 [대시보드 공유] 대화상자가 표시됩니다. [이름 또는 메일 주소 입력] 창에 공유하고자 하는 사용자의 이름 또는 메일을 입력하고 [액세스 허용]을 클릭합니다.

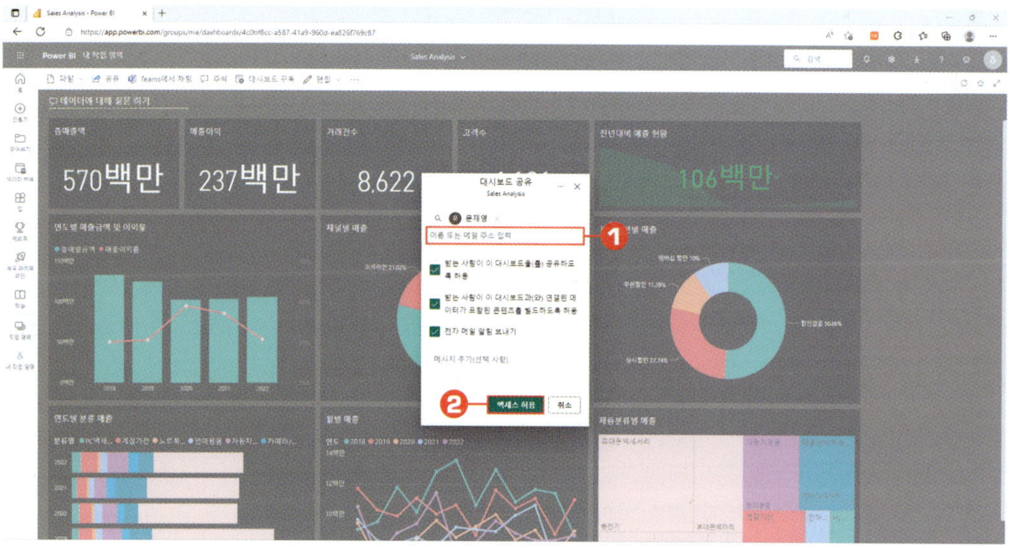

03 대시보드 공유가 완료되면 [파일] 메뉴-[권한 관리]를 클릭합니다.

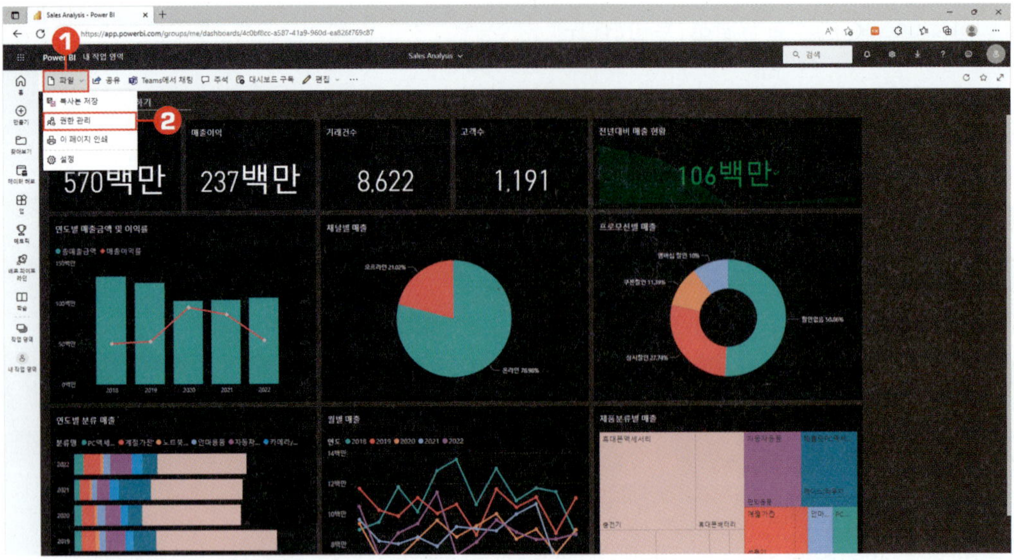

04 대시보드 액세스 권한이 있는 사용자 및 그룹의 목록이 표시됩니다. 사용 권한 …(추가옵션)을 클릭하면 '다시 공유 제거' 및 '액세스 권한 제거'를 할 수 있습니다.

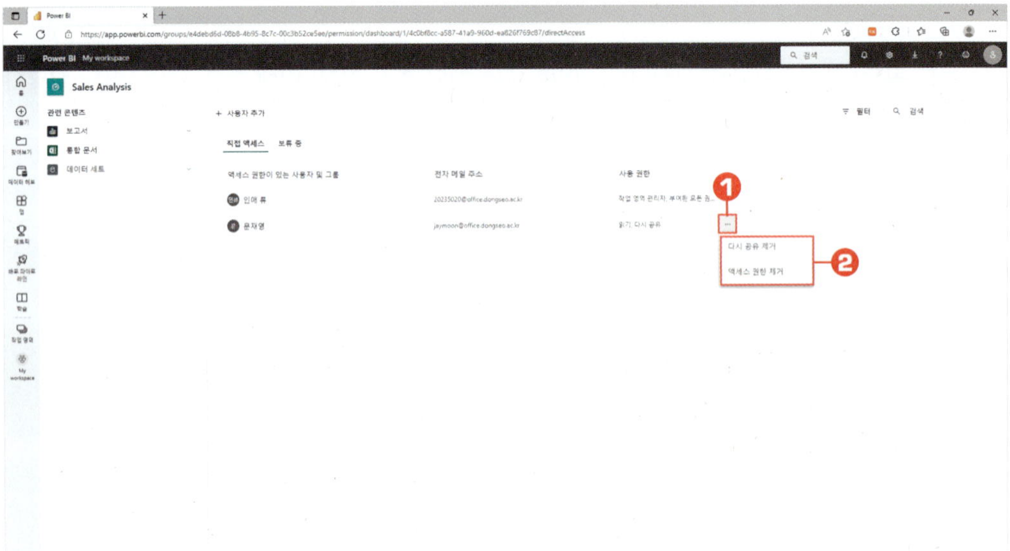

03 Power BI Mobile

▶ Power BI 모바일 앱을 설치하여 iOS(iPad, iPhone 또는 Apple Watch), Android(휴대폰 또는 태블릿)의 모바일 디바이스에서 보고서 및 대시보드를 확인하고 상호 작용할 수 있습니다.

1 Power BI Mobile 설치

iOS용 Power BI 앱은 iOS 15.0 이상을 실행하는 모든 디바이스에서 실행할 수 있으며, Android의 경우에는 Android 8.0 이상 운영체제를 실행하는 모든 디바이스에서 실행할 수 있습니다.

01 iOS 디바이스에서 App Store를 열어 'power bi'를 검색하고 [받기]를 눌러 다운로드합니다. (Android 디바이스의 경우 Google Play를 열어 'power bi'를 검색하고 [설치]를 눌러 다운로드합니다.)

02 다운로드가 완료되면 [열기]를 눌러 앱을 실행합니다.

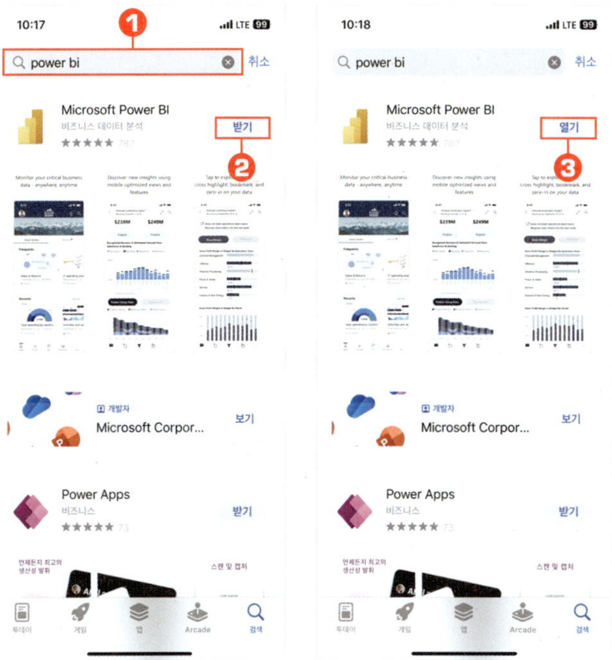

03 [로그인] 화면이 표시되면 Power BI 계정을 입력하고 [로그인]을 클릭합니다.

04 Power BI 앱에 대한 소개 화면이 표시되면 왼쪽 상단의 ×(닫기)를 클릭하여 해당 화면을 닫습니다.

05 Power BI 모바일의 [홈] 화면이 표시됩니다.

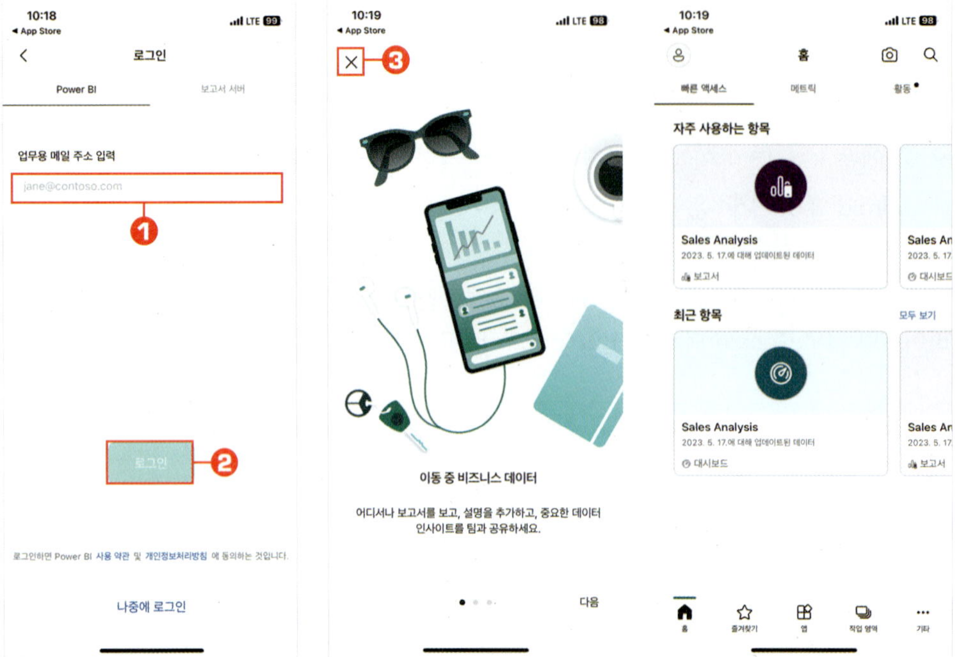

2 모바일 레이아웃 제작

Power BI 모바일 앱에서는 원본 대시보드 및 보고서의 형식을 그대로 표시하기 때문에 기본적으로 가로 방향으로 시각화됩니다. 따라서 PC 화면보다 비교적 작은 화면인 모바일 환경에서는 데이터를 효과적으로 파악하기 어려울 수 있습니다. Power BI Desktop 및 Power BI Service에서 제공하는 모바일 레이아웃 기능을 사용하면 모바일 디바이스에서 보기에 최적화된 모바일용 보고서 및 대시보드를 제작할 수 있습니다.

2.1 보고서 모바일 레이아웃

Power BI Desktop에서 보고서 모바일 레이아웃을 만들 수 있습니다. 변경 내용은 모바일 레이아웃에만 적용되며 기존 보고서에는 반영되지 않습니다.

01 'Sales Analysis.pbix' 파일을 열어 로그인합니다. [시각화] 창의 [보고서 페이지 서식 지정]을 클릭하여 [캔버스 배경] 옵션을 아래로 확장시킨 뒤 색을 '검정'으로 변경합니다.

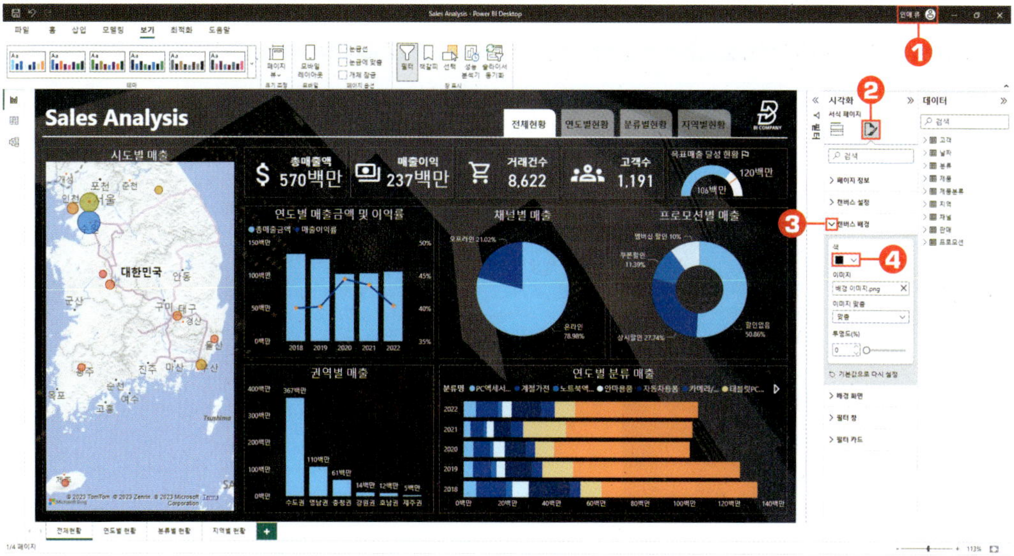

02 [보기]–[모바일] 그룹–[모바일 레이아웃]을 클릭합니다.

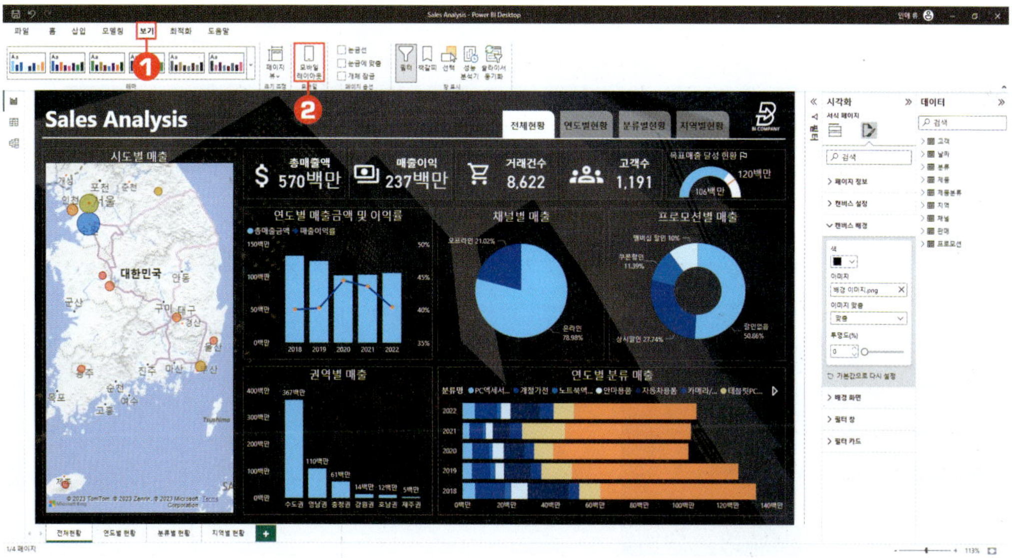

03 모바일 화면이 표시되고 화면 오른쪽에는 보고서 페이지의 모든 시각적 개체가 들어있는 [페이지 시각적 개체] 창이 표시됩니다. 시각적 개체 중에서 [텍스트 상자] 개체를 모바일 화면으로 드래그합니다.

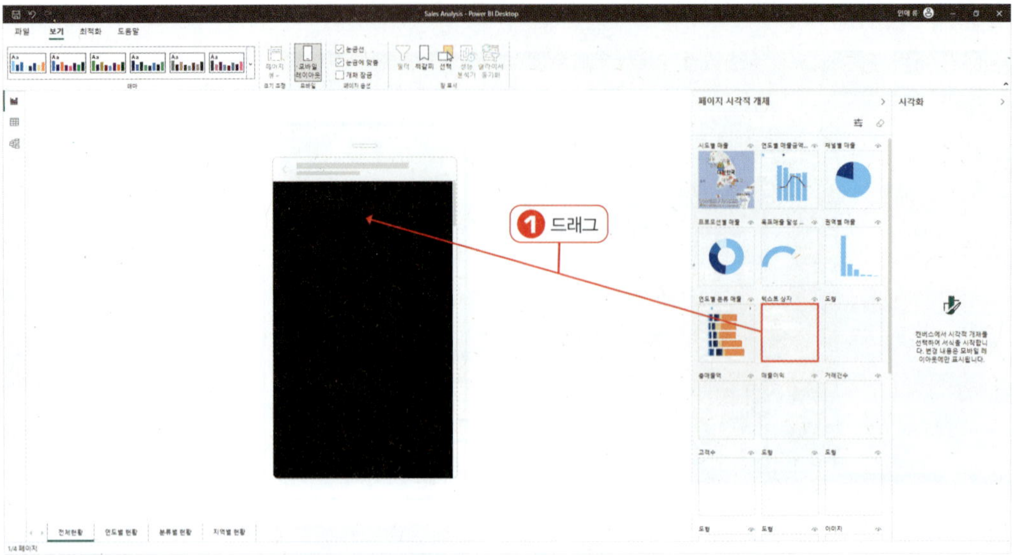

04 시각적 개체의 오른쪽 하단 모서리를 드래그하여 크기를 조절하고 바깥 선을 드래그하여 위치를 조정합니다.

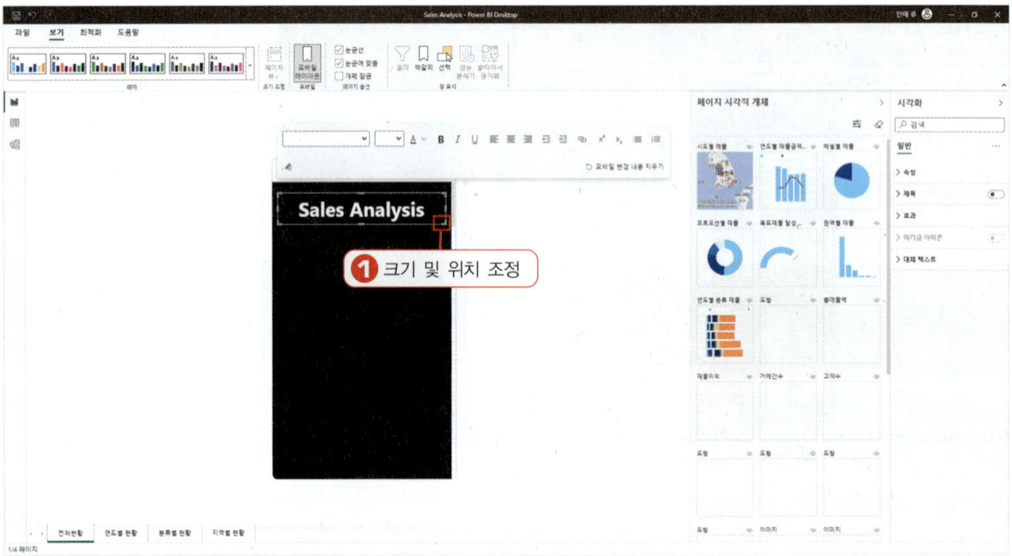

05 [총매출액] 개체를 드래그하여 가져오고 [시각화] 창–[일반]–[제목]을 클릭하여 배경색을 '흰색, 60% 더 어둡게'로 설정합니다.

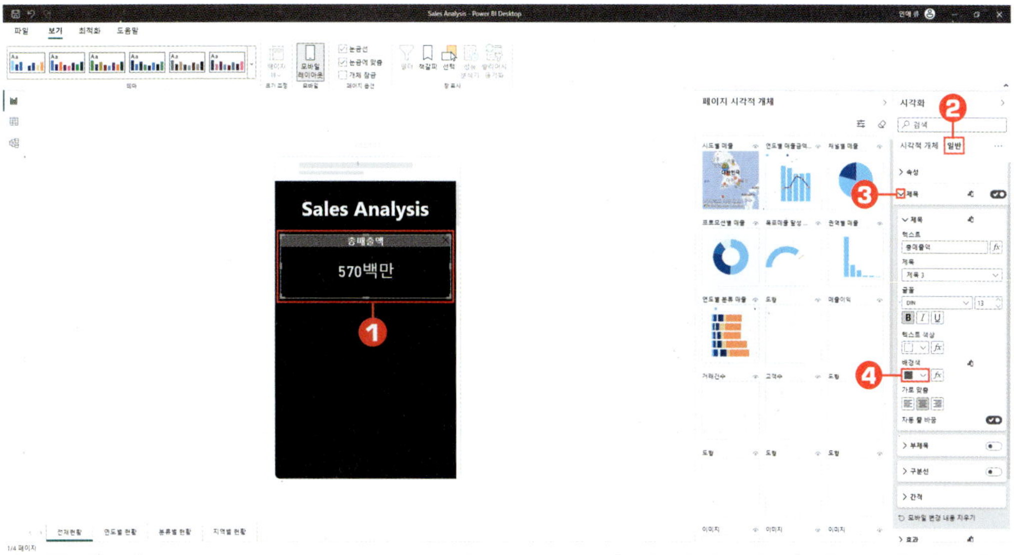

06 [효과] 옵션을 클릭하여 [시각적 테두리]를 활성화합니다.

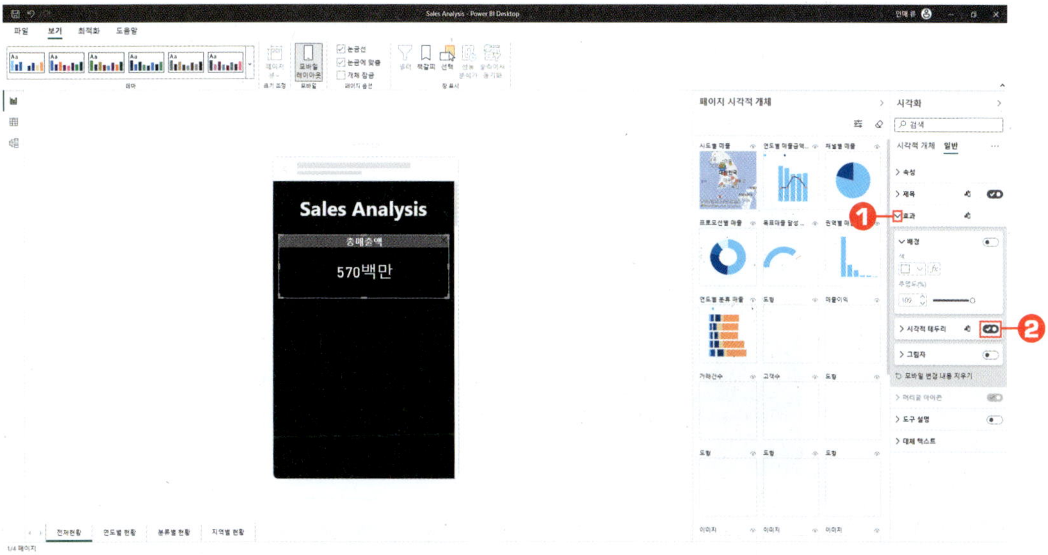

07 같은 방법으로 [매출이익], [거래건수], [고객수] 개체를 추가하여 디자인합니다.

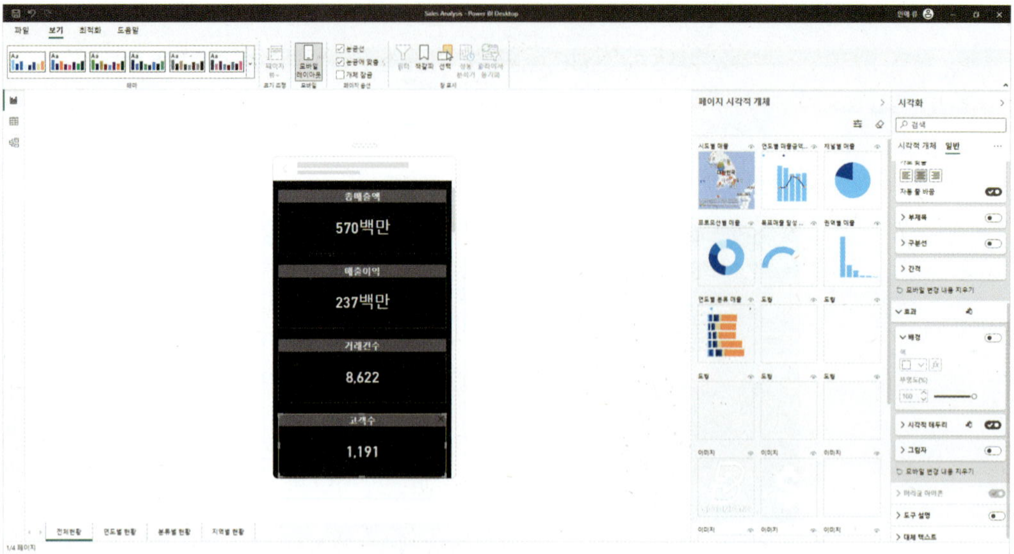

08 나머지 개체들도 추가하여 모바일 레이아웃을 완성시키고 [보기]–[모바일] 그룹–[모바일 레이아웃]을 클릭해 Power BI Desktop 화면으로 돌아갑니다.

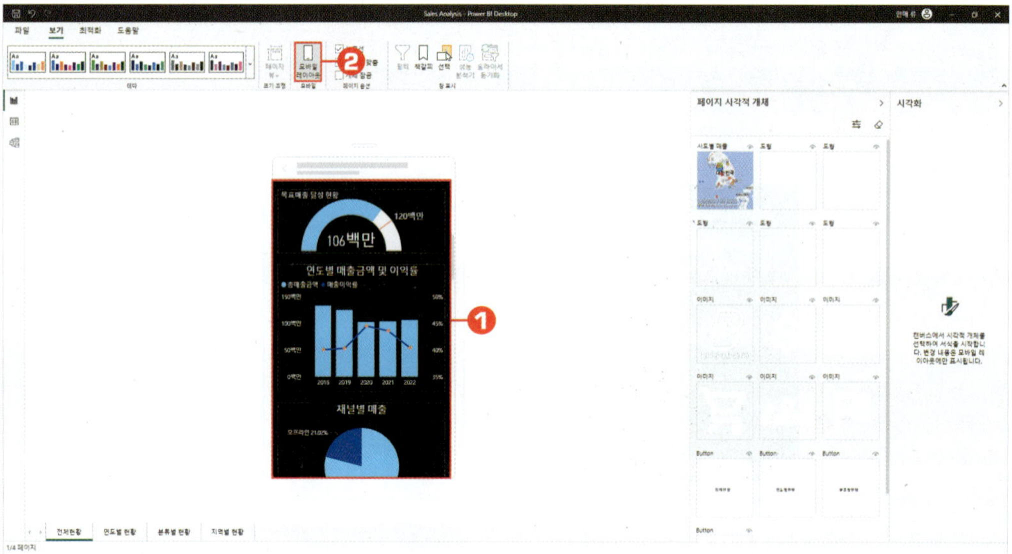

09 모바일 레이아웃이 적용된 보고서를 Power BI Service에 새롭게 게시하기 위해 [홈]-[공유] 그룹-[게시]를 클릭합니다.

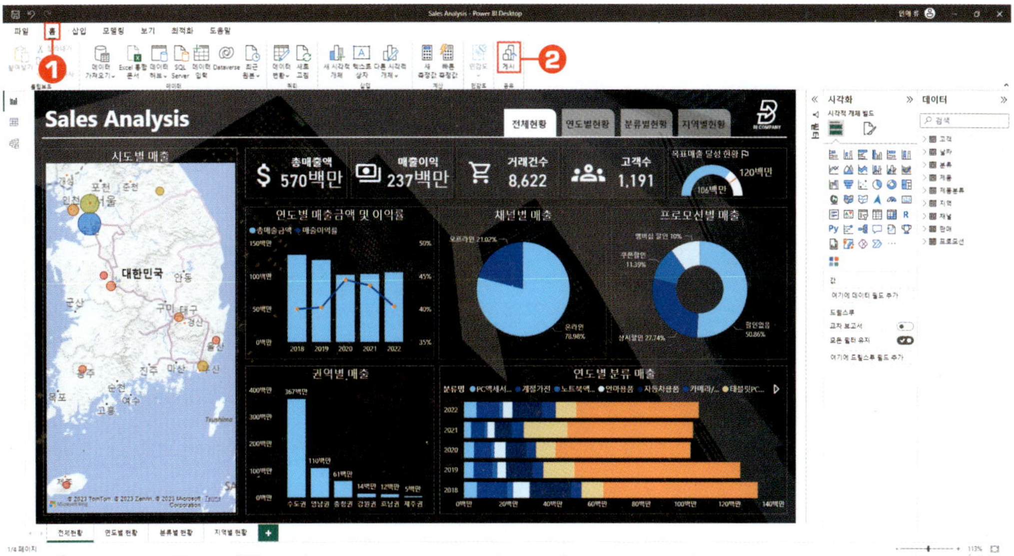

10 '변경 사항을 저장하시겠습니까?' 메시지가 표시되면 [저장]을 클릭합니다.

11 [Power BI에 게시] 대화상자가 표시되면 [내 작업 영역]을 선택하고 [선택]을 클릭합니다.

12 [이 데이터 세트를 바꾸시겠습니까?] 대화상자가 표시되면 [바꾸기]를 클릭합니다.

13 게시 성공 알림 메시지가 표시되면 [확인]을 클릭합니다.

2.2 대시보드 모바일 레이아웃

Power BI Service에서 대시보드 모바일 레이아웃을 편집할 수 있습니다. 변경 내용은 모바일 레이아웃에만 적용되며 웹 대시보드에는 반영되지 않습니다.

01 Power BI Service로 이동하여 'Sales Analysis' 대시보드를 열고 [편집] 메뉴–[모바일 레이아웃]을 클릭합니다.

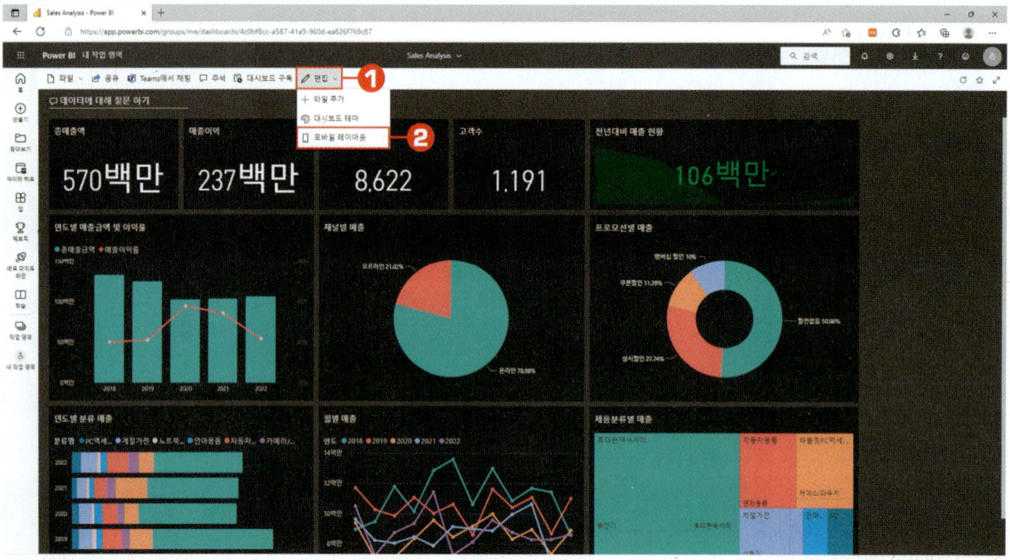

02 [모바일 레이아웃 편집] 화면이 표시됩니다. 대시보드의 경우 보고서와 달리 따로 설정할 필요 없이 기본적으로 모바일 디바이스 보기에 최적화된 화면을 제공하고 있으나 [모바일 레이아웃]에서 타일의 크기 및 순서를 조정하고 고정을 해제하여 사용자가 원하는 모습의 대시보드 모바일 레이아웃을 설정할 수 있습니다.

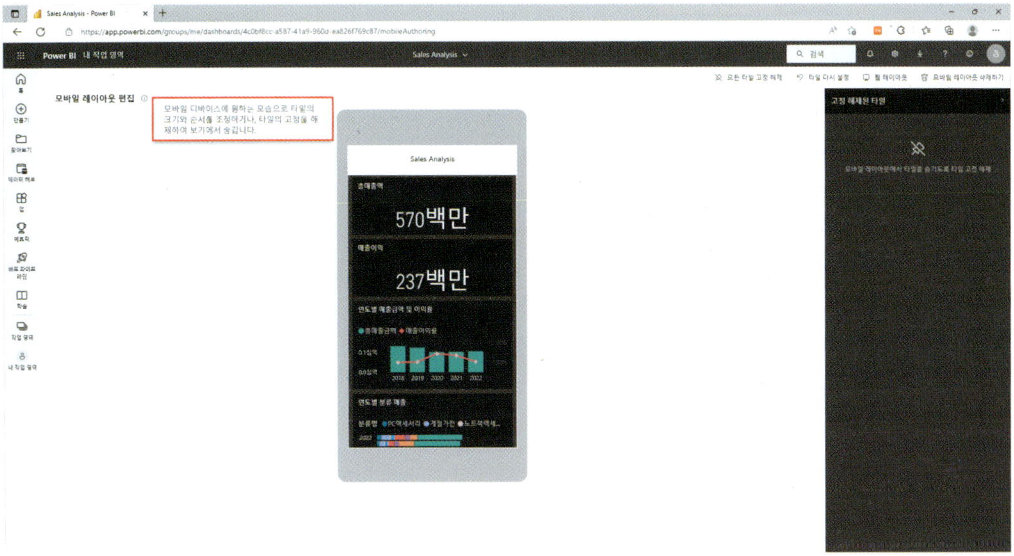

03 [타일]의 하단 모서리를 드래그하여 크기를 조절하고 타일의 순서를 변경합니다.

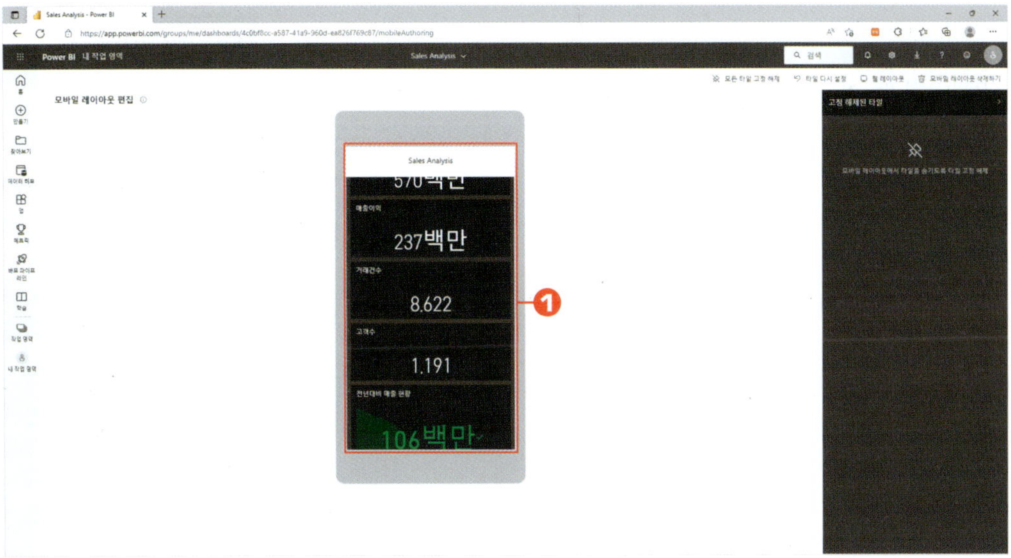

04 [타일]에 마우스를 가져다 대면 (타일 숨기기) 아이콘이 표시됩니다. 해당 아이콘을 클릭하면 화면 오른쪽 [고정 해제된 타일]에 해당 개체가 표시되고 모바일 레이아웃에서 숨김처리됩니다.

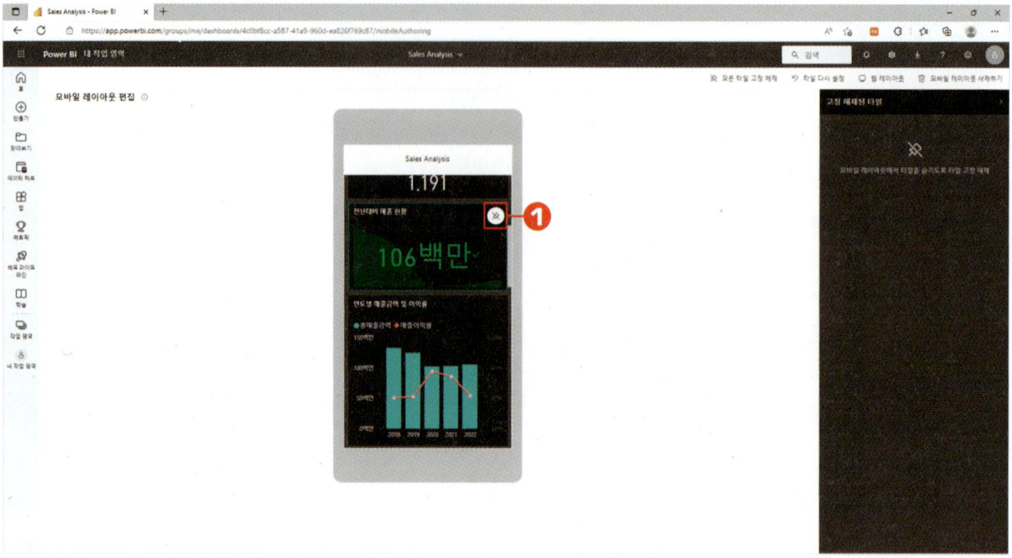

05 모바일 레이아웃 편집이 끝나면 화면 상단의 [웹 레이아웃]을 클릭합니다.

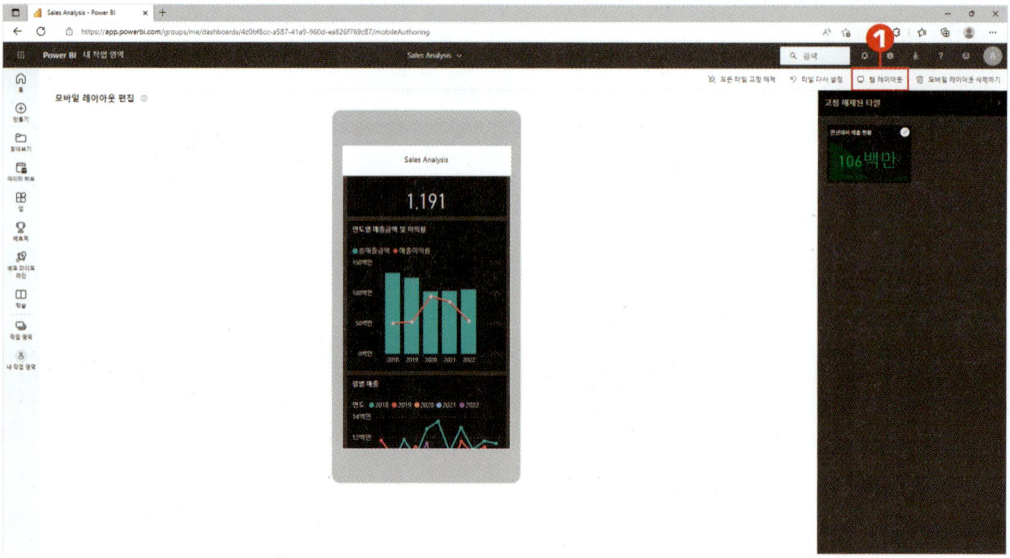

06 웹 대시보드 화면으로 돌아갑니다.

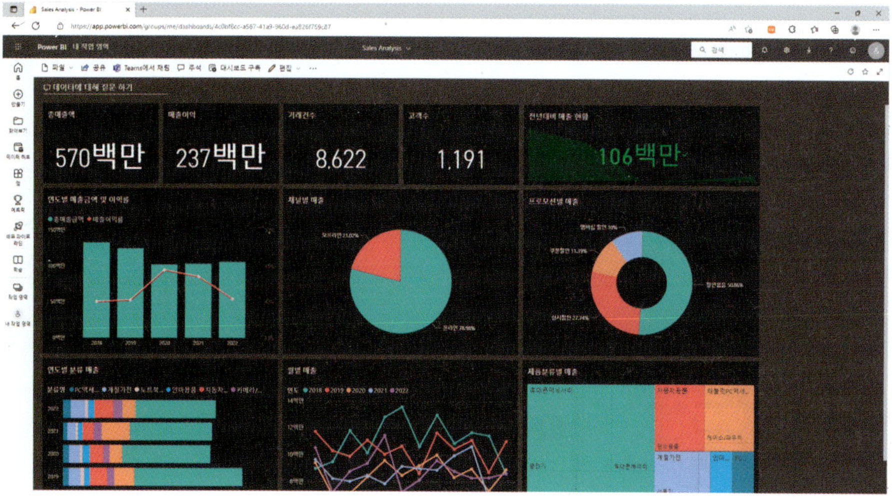

3 보고서 및 대시보드 확인

Power BI Mobile에서 보고서 및 대시보드를 확인하고 상호 작용할 수 있습니다.

01 Power BI 앱을 실행하여 화면 하단의 [작업 영역]을 누르고 'Sales Analysis' 보고서를 선택합니다.

02 'Sales Analysis' 보고서가 표시됩니다.

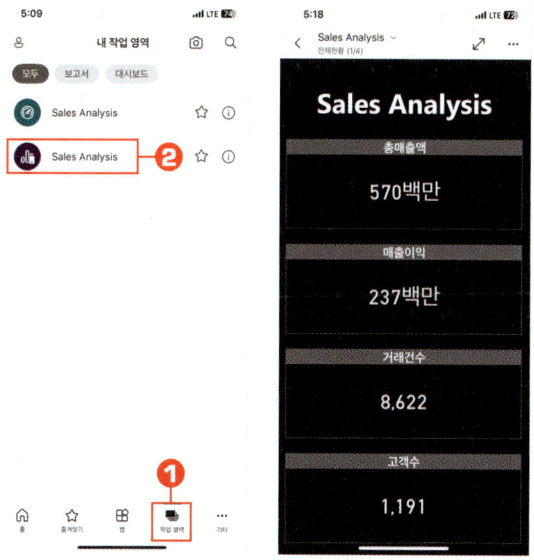

03 시각적 개체의 데이터 요소를 선택하면 다른 시각적 개체와 상호 작용됩니다.

04 시각적 개체 오른쪽 상단의 ··· 아이콘을 클릭하면 추가 옵션을 선택할 수 있습니다.

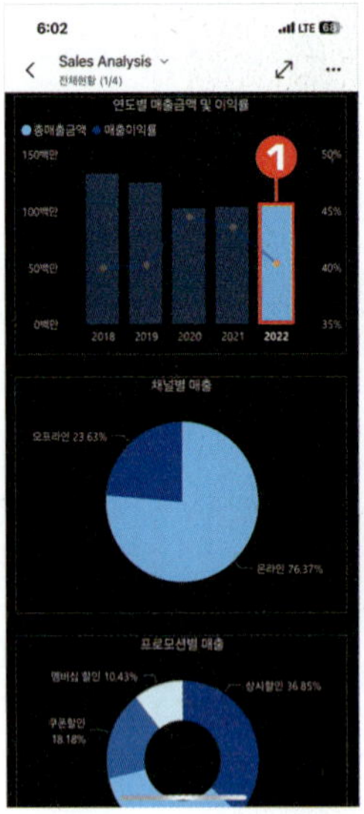

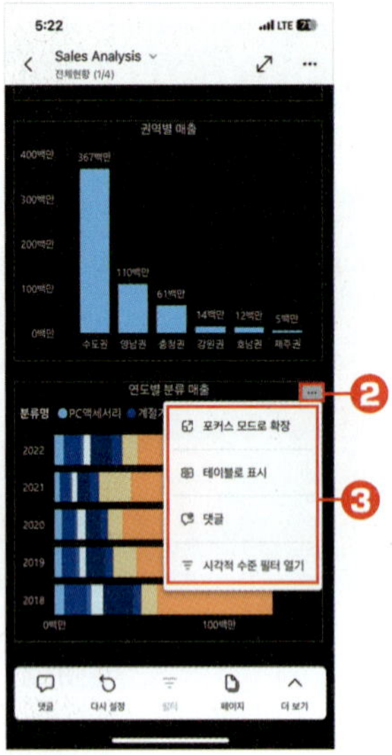

05 화면 하단의 [댓글] 버튼을 클릭합니다.

06 [새 댓글 추가]에 글을 입력하고 업로드하면 보고서 페이지 및 시각적 개체에 댓글을 추가하여 동료와 협업할 수 있습니다.

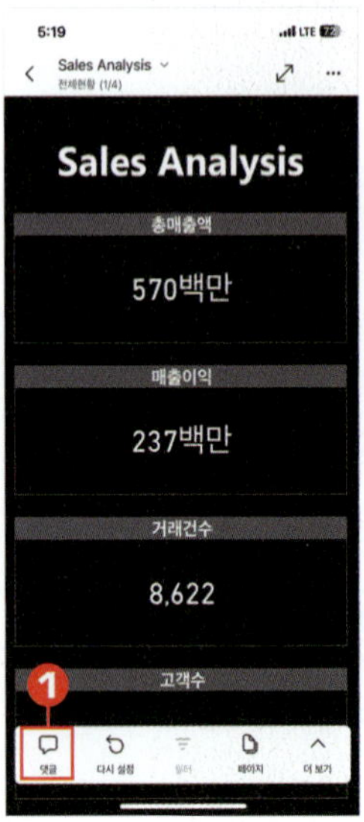

07 [댓글] 창을 닫고 [페이지]를 클릭하면 보고서 페이지를 선택할 수 있습니다.

08 [연도별 현황] 페이지를 선택합니다.

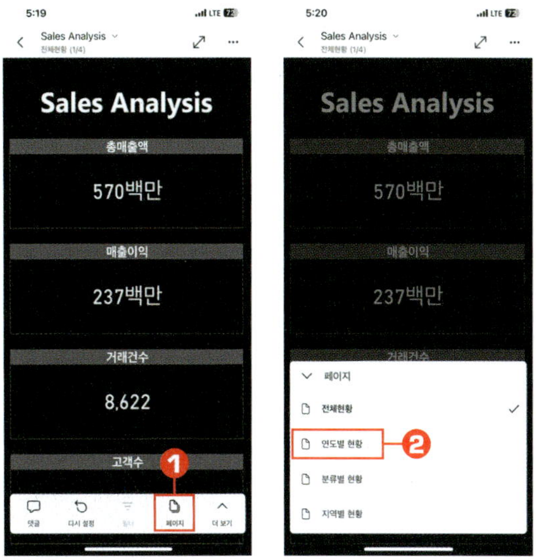

09 [연도별 현황] 페이지가 표시됩니다. 해당 페이지는 모바일 레이아웃을 설정하지 않았으므로 기존 보고서 페이지가 시각화됩니다.

10 모바일 디바이스의 화면을 가로 방향으로 변경하면 보고서를 더 크게 볼 수 있습니다.

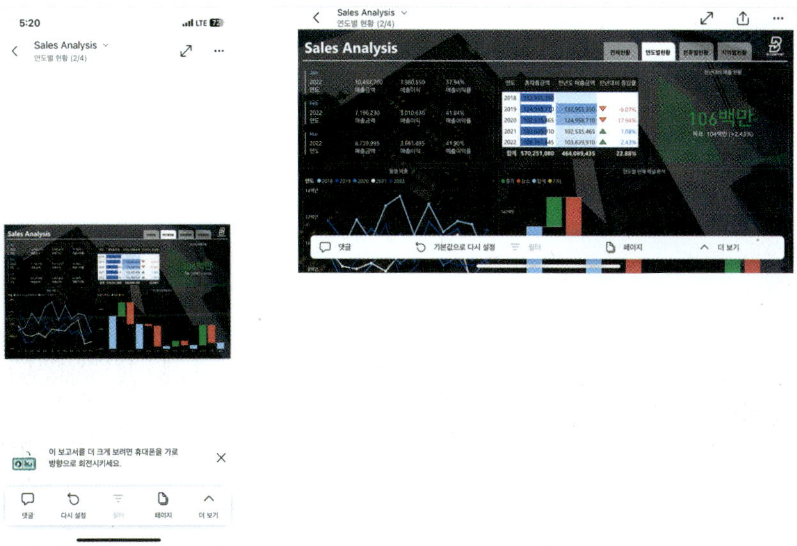

11 화면 상단의 보고서 이름 왼쪽에 있는 ∨(아래 화살표)를 클릭하고 [내 작업 영역을] 선택합니다.

12 'Sales Analysis' 대시보드를 선택합니다.

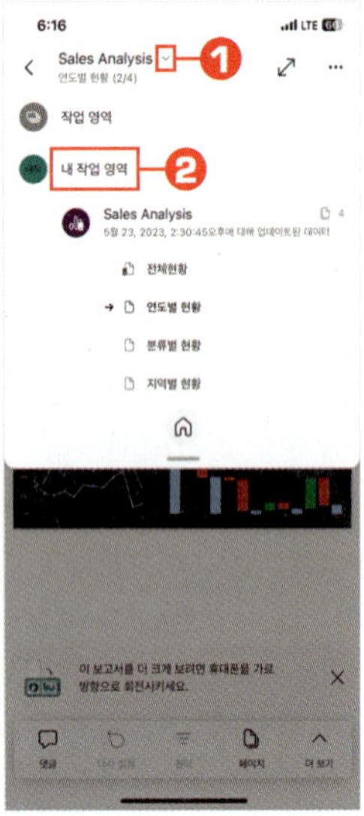

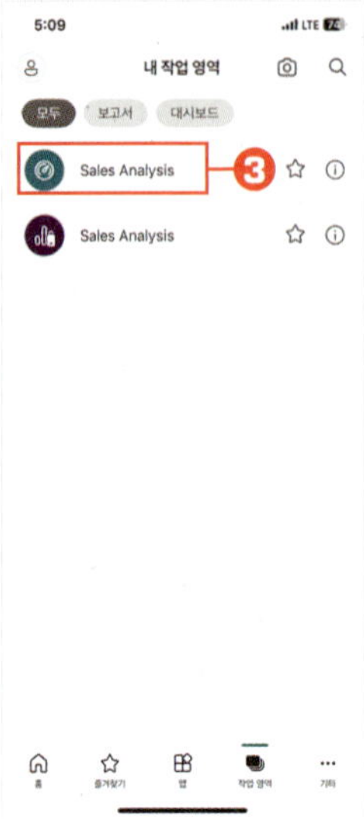

13 'Sales Analysis' 대시보드가 표시됩니다.

14 타일 오른쪽 상단의 ··· 아이콘을 클릭하면 추가 옵션을 선택할 수 있습니다.

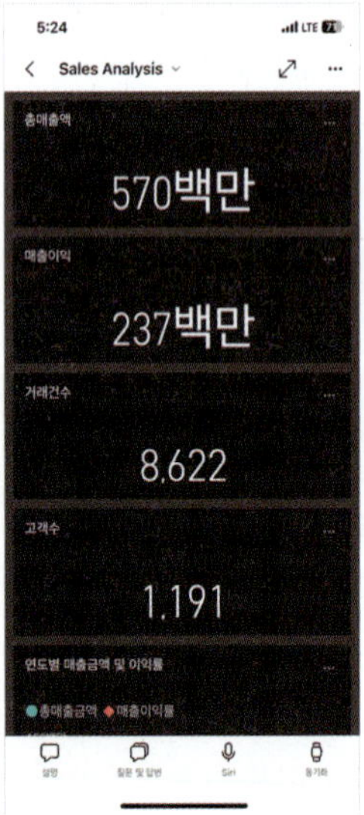

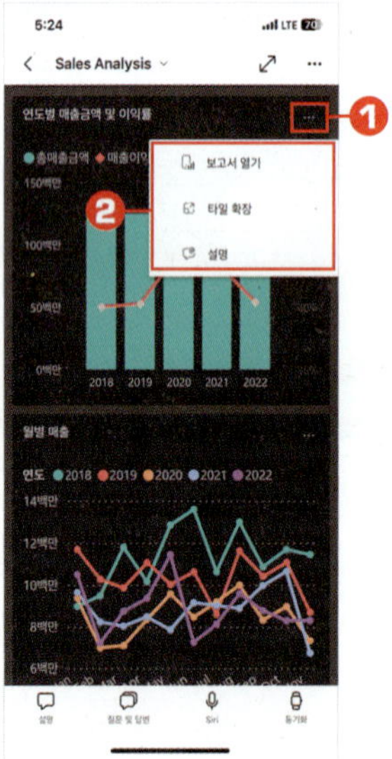

15 타일을 터치합니다.

16 타일이 확장되어 표시됩니다. 화면 하단 메뉴에서 [주석 달기]를 클릭합니다.

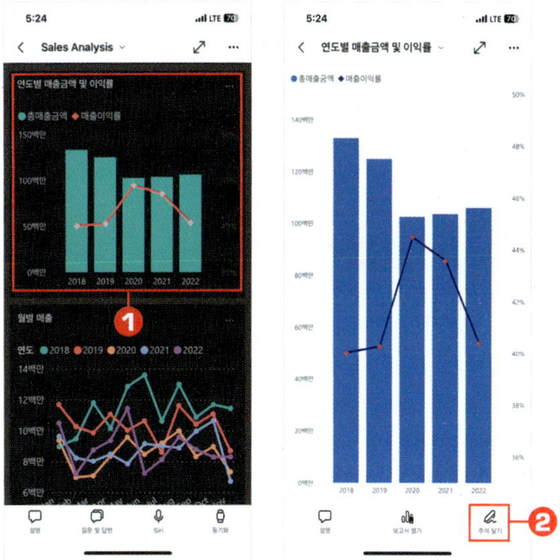

17 다양한 도구를 사용하여 주석을 작성하고 화면 오른쪽 상단의 (공유)를 클릭합니다.

18 공유 수단을 선택합니다.

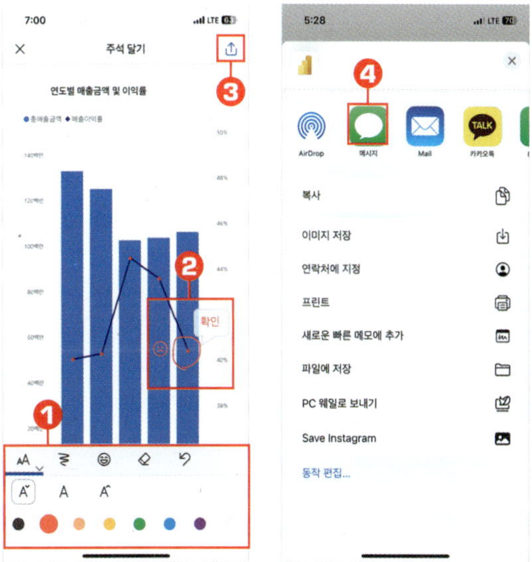

19 주석이 달린 타일의 이미지와 함께 링크가 생성되어 공유됩니다.

20 대시보드 화면으로 돌아와 모바일 디바이스의 화면을 가로 방향으로 변경하면 웹 대시보드 화면이 표시됩니다.

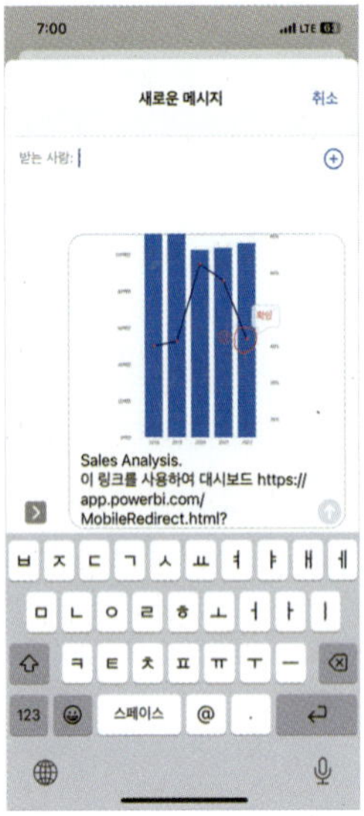

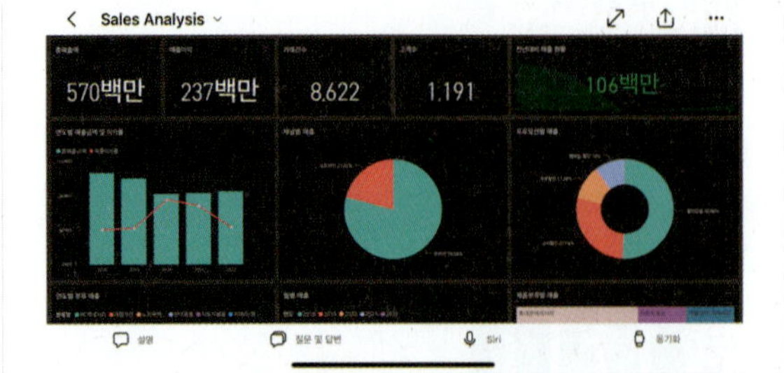

| 저자약력 |

심흥섭

동양대학교 교양학부에 재직 중이다. 데이터사이언스가 주요 관심연구분야이며, 연구활동분야로 중소기업/AgTech에 기술닥터평가위원과 기술닥터컨설팅을 주로 하고 있다.

류인애

동서대학교 ICT융합공학 대학원에 재학 중이며, 하프소프트 ICT 교육 전담 연구원으로 재직 중이다. 관심분야는 데이터 시각화, 웹 프로그래밍 등이다.

문재영

동서대학교 경영학부 경영학전공 교수로 재직 중이다. 주요 연구분야는 빅데이터분석, 품질경영, 데이터베이스 등이다.

Power BI

2023년 9월 5일 1판 1쇄 인쇄
2023년 9월 10일 1판 1쇄 발행

저 자 | 심흥섭 · 류인애 · 문재영
발 행 인 | 이수영
발 행 처 | 도서출판 청람
서울시 마포구 독막로 288(대흥동, 세양상가 109호)
전 화 | 02) 3272－2601~2
팩 스 | 02) 3272－2603
홈페이지 | http://www.crbooks.co.kr
이 메 일 | crbooks@daum.net
등 록 | 2000년 8월 26일 제6－0509호

ISBN 978-89-5972-982-1 93000 [정가 22,000원]